Werner Mittenzwei

BERTOLT BRECHT

Von der „Maßnahme"

zu

„Leben des Galilei"

WERNER MITTENZWEI

BERTOLT BRECHT

Von der „Maßnahme“

zu

„Leben des Galilei“

deb

verlag das europäische buch

Umschlaggestaltung
unter Verwendung einer Fotographie von
Gerda Goedhart

das europäische buch
Literaturvertrieb GmbH
Westberlin
ISBN: 3-920 303-78-4

Printed in the German
Democratic Republic
1400

VORBEMERKUNG

Die vorliegende Arbeit entstand 1959. Versucht wurde, die Entwicklung des Dramatikers Bertolt Brecht in den Jahren von 1930 bis 1938, von der Entstehung des Lehrstücks „Die Maßnahme“ bis zu dem Schauspiel „Leben des Galilei“ aufzuzeigen. Es ist eine literaturgeschichtliche Darstellung und Analyse der Stücke Brechts in einer bestimmten Periode. Theatertheorie und Inszenierungsweise des Dichters, so sehr sie mit der Entwicklung seines dramatischen Werkes im Zusammenhang stehen, konnten im Rahmen dieser Arbeit nicht untersucht werden. Die Einschränkung war notwendig, um die einzelnen Etappen der künstlerischen Entwicklung Brechts an Hand seines dramatischen Werkes in der engen Verflechtung mit dem Kampf der revolutionären Arbeiterklasse und ihrer Partei sichtbar machen zu können.

Als ich das fertige Buch Helene Weigel brachte, die mir den Zugang zu dem damals noch nicht völlig eingerichteten Bertolt-Brecht-Archiv ermöglichte, kam es in ihrem Hause zu einer Diskussion über diese Arbeit mit den Mitarbeitern des Berliner Ensembles. Das war zugleich der Beginn meiner Mitarbeit am Berliner Ensemble und meiner Freundschaft mit Manfred Wekwerth, dem Chefregisseur des Ensembles in jenen Jahren. Diese Zusammenarbeit führte zu neuen Einsichten, die mir halfen, in die Bereiche einzudringen, die in diesem Buch noch keine Darstellung gefunden hatten: in die praktische Theaterarbeit und in die bühnentheoretischen Ansichten Bertolt Brechts.

Von den hier vorliegenden Kapiteln würde ich die Passagen über das Lehrstück heute anders schreiben. Ich übergebe sie den Lesern jedoch in der ursprünglichen Fassung, weil sie in dieser Form Teil des Realismusstreits waren, wie er Ende der fünfziger und Anfang der sechziger Jahre um Brecht geführt wurde. Auch ist die ästhetische Fragestellung jener Zeit noch nicht von der Tagesordnung verschwunden. Gerade in den letzten Jahren ist die Diskussion über die politisch-ästhetischen Alternativen, vor denen sich Brecht zwischen 1930 und 1938 gestellt sah, erneut aufgebrochen.

Berlin, April 1976

Werner Mittenzwei

EINLEITUNG

Die Kulturpolitik der Kommunistischen Partei
und die
Situation des deutschen Theaters
zu Beginn der dreißiger Jahre

Mit Beginn der dreißiger Jahre vollzog sich innerhalb der künstlerischen Intelligenz ein Prozeß der Umorientierung. Ihr bester Teil suchte den Weg an die Seite der revolutionären Arbeiterklasse, während ein anderer Teil von seiner fortschrittlichen bürgerlichen Position abwich und sich der Reaktion in die Arme warf. Dieser Prozeß hatte allerdings seine Vorgeschichte und setzte in den dreißiger Jahren nicht schlagartig ein, nur traten in dieser Zeit die Symptome einer Veränderung mit aller Deutlichkeit hervor. Der Wandlungsprozeß einer ganzen Reihe von Dramatikern war keineswegs nur eine literarische Angelegenheit, eine Sache des Stils, vielmehr ist der Grund in den politischen Kämpfen jener Zeit zu suchen. So lassen sich die Veränderungen, die innerhalb des Theaters und bei den einzelnen Dramatikern vor sich gingen, nur erklären, wenn die politischen Ursachen einer konkreten Analyse unterzogen werden. Wie war zu Beginn der dreißiger Jahre die politische Situation? Im Spätherbst des Jahres 1929 brach mit dem großen Börsenkrach in New York eine Wirtschaftskrise aus, die die tiefste und andauerndste in der ganzen bisherigen Geschichte des Kapitalismus werden sollte. Auch Deutschland, dessen Industrie schon seit zwei Jahren stagniert hatte, wurde bald von der Krise erfaßt. Die Produktion sank erheblich. Im Jahre 1932, als die Krise ihren tiefsten Punkt erreichte, machte die Industrieproduktion nur noch 61,2 Prozent des Jahres 1928 aus.[1] Viele kleine und mittlere, ja sogar größere Betriebe

1 B. Gleitze, „Statistisches Lexikon", Tübingen 1935, S. 207.

hatten Bankrott gemacht. Die Folgen waren Massenarbeitslosigkeit und bitterste Not in der Arbeiterklasse, Ruin des Mittelstandes, Verpfändung und Versteigerung der kleinbäuerlichen Wirtschaften. Im Jahre 1932 erreichte die Zahl der Vollarbeitslosen unter den Gewerkschaftsmitgliedern 43,8 Prozent.[2] Fast die Hälfte aller organisierten Arbeiter war also während der Krise um Arbeit und Brot gebracht worden. Das Bestreben der Monopolkapitalisten, die Lasten der Weltwirtschaftskrise auf die Volksmassen abzuwälzen, führte zu einer immer stärkeren Unzufriedenheit der Werktätigen. Ein neuer revolutionärer Aufschwung begann sich abzuzeichnen. Bereits die Maikämpfe von 1929, bei denen es zur spontanen Errichtung von Barrikaden gegen den Polizeiterror gekommen war, ließen die Heftigkeit der bevorstehenden Klassenkämpfe ahnen. Rückblickend auf diese Kämpfe schrieb Ernst Thälmann am 1. Mai 1931: „Die Berliner Maibarrikaden signalisierten den revolutionären Aufschwung, der inzwischen neue, höhere Formen des Klassenkampfes auf allen Gebieten gezeitigt hat. Schon zeigen sich in Deutschland die Tendenzen einer revolutionären Krise, deren weiteres Ausreifen durch den Massenkampf des Proletariats beschleunigt und gesteigert werden kann."[3] 1930 setzte die Arbeiterklasse ihren Kampf mit Massenstreiks fort. Am 1. Juni 1930 waren 14 000 Arbeiter des Mansfelder Bergbaugebietes in den Streik getreten, im Juli streikten 40 000 Bergarbeiter in Rheinland-Westfalen. Der Einfluß der KPD auf die werktätigen Massen stieg. Das zeigte sich vor allem bei den Wahlen vom 14. September 1930, bei denen 4,6 Millionen für die KPD stimmten. Der Aufschwung der revolutionären Bewegung alarmierte die deutsche Bourgeoisie. Sie erkannte, „daß die in Deutschland noch erhalten gebliebenen demokratischen Freiheiten von der Arbeiterklasse für die Entfaltung der revolutionären Bewegung

2 Akademie der Wissenschaften der UdSSR, „Politische Ökonomie – Lehrbuch", Berlin 1955, S. 311.

3 E. Thälmann, „Kampfreden und Aufsätze", Berlin 1932, S. 51.

ausgenützt werden konnten"[4]. Die Koalitionspolitik der SPD erfüllte nicht mehr die in sie gesetzten Hoffnungen; sie war in den Augen der Massen diskreditiert. Nunmehr setzte die deutsche Bourgeoisie alles auf die von ihr großgezogene faschistische Hitler-Partei. Mit dem in dieser Zeit beginnenden Versuch, der faschistischen Bewegung die Macht zuzuschanzen, war für das deutsche Volk die Gefahr einer nationalen Katastrophe heraufgezogen. Der Schlag der aggressivsten Teile der deutschen Monopolbourgeoisie sollte sich in erster Linie gegen die Arbeiterorganisationen, vor allem aber gegen die KPD richten. Die deutschen Monopolkapitalisten hofften, nach der Zerschlagung der kommunistischen Parteiorganisationen die Hände für die Entfesselung eines neuen Krieges, der sich vor allem gegen die Sowjetunion richten sollte, freizubekommen. Dem deutschen Volke drohte durch die faschistische Bewegung die Gefahr, in die Katastrophe eines neuen Weltkrieges hineingezogen zu werden. In dieser Stunde höchster Not unterbreitete das ZK der KPD allen antifaschistischen, friedliebenden und demokratischen Kräften die „Programmerklärung zur nationalen und sozialen Befreiung des deutschen Volkes". Dieses Programm war für die Sammlung aller antifaschistischen Kräfte von großer Bedeutung. „Im Kampf gegen die faschistische nationalistische Demagogie zeigte die Partei der Nation den Weg der Befreiung von den eigenen und fremden Imperialisten und verteidigte die bedrohten demokratischen Rechte und Freiheiten."[5] Das Programm richtete den Hauptschlag gegen die revanchelüsternen deutschen Imperialisten, die sich im tiefen Gegensatz zu den Lebensinteressen der gesamten Nation befanden. Es war die Plattform für das Entstehen einer breiten antifaschistischen Front, um die sich die KPD in verstärktem Maße bemühte.

Im Jahre 1932 hatte die Weltwirtschaftskrise in Deutsch-

4 „35 Jahre Kommunistische Partei Deutschlands (1918–1953)"; in: „Dokumente der Sozialistischen Einheitspartei Deutschlands", Bd. V, Berlin 1956, S. 18.
5 Ebenda, S. 18 f.

land ihren Höhepunkt erlangt. Die Verelendung der Massen erreichte unvorstellbare Ausmaße; ihre revolutionäre Stimmung wuchs. Angesichts dieser Tatsache gestaltete die deutsche Monopolbourgeoisie im Januar 1932 ihr Bündnis mit Hitler enger. Sie lud Hitler zu ihrer Düsseldorfer Industriellenkonferenz und ließ ihn dort über die Notwendigkeit sprechen, die revolutionäre Bewegung zu unterdrücken. Die Kommunistische Partei verstärkte in dieser Zeit ihren Kampf um die Herstellung einer breiten Einheitsfront. Ihre Bemühungen scheiterten jedoch, trotz vieler Erfolge, die in der Zusammenarbeit mit einzelnen sozialdemokratischen Parteiorganisationen errungen wurden, an der starren Haltung der rechten SPD-Führung, die bei den Reichspräsidentenwahlen im Jahre 1932 aufrief, das „kleinere Übel", Hindenburg, zu wählen, während die KPD unter der Losung „Wer Hindenburg wählt, wählt Hitler; wer Hitler wählt, wählt den Krieg!" kämpfte. Der verstärkte Terror der herrschenden Klasse in Deutschland, die den Faschisten die Zügel locker ließ, und der immer weiter um sich greifende Abbau der demokratischen Freiheiten führte im Jahre 1932 zu einer revolutionären Situation. Die Sympathie, die die KPD unter den Volksmassen genoß, wuchs. Das zeigte sich zum Beispiel bei den Reichstagswahlen vom 6. November 1932, bei denen die Kommunistische Partei fast sechs Millionen Stimmen erhielt. Unzählige Streikkämpfe in den letzten Monaten des Jahres 1932 bewiesen, daß die Arbeiterklasse bereit war, die faschistische Gefahr abzuwehren; sie zeigten, daß es Möglichkeiten für ein einheitliches Auftreten der Arbeiterklasse gab. Die rechten Führer der SPD verhinderten jedoch das Zustandekommen einer breiten Einheitsfront gegen den Faschismus. „Sie tragen die historische Schuld für die Errichtung der faschistischen Diktatur."[6]

Die Kulturpolitik der Kommunistischen Partei war in den dreißiger Jahren auf die Lösung der großen politischen Hauptaufgaben gerichtet. Sie war ein inhärenter Bestand-

6 Ebenda, S. 19.

teil des umfassenden Kampfes, den das revolutionäre Proletariat um seine Befreiung führte. Alle Beschlüsse der Partei aus dieser Zeit gingen von der Einheit des ökonomischen, politischen und kulturellen Klassenkampfes aus. Daraus ergab sich die ganze Breite, Vielfalt und die revolutionäre Wirkung der proletarischen Kulturbewegung. Die Unterordnung aller Kultur- und Kunstfragen unter die allgemeine Politik der Partei schränkte aber keinesfalls die kulturelle und künstlerische Initiative ein, sondern ermöglichte sie erst in vollem Umfang. Indem die Partei das Proletariat lehrte, die Kunst und Kultur als Waffe zur Durchsetzung seiner Lebensinteressen gegen die imperialistische Kriegspolitik zu gebrauchen, weckte sie die schöpferischen Kräfte im Volk und brachte sie zur Entfaltung. Gerade weil die Arbeiterklasse in ihrer künstlerischen und kulturellen Betätigung vom Kampf um ihre Lebensinteressen ausging, schuf sie diesen Reichtum an Inhalten und Formen, entdeckte sie diese Vielzahl von künstlerischen Möglichkeiten und Lösungen, die die Größe und den Reichtum der neuen sozialistischen Kunst ankündigten.

Eine der politischen Hauptaufgaben, die zu Beginn der dreißiger Jahre vor der Kommunistischen Partei standen, war der Kampf gegen Faschismus und Militarismus und gegen die heraufziehende Kriegsgefahr. Es galt zu verhindern, daß die imperialistischen Kreise in Deutschland, die sich mehr und mehr auf die faschistische Bewegung stützten, das Volk in ihre Aggressionspläne hineinzog, die sich vor allem gegen die sozialistische Sowjetunion richteten. Deshalb war auch der Kampf um den Frieden unlösbar mit der Durchsetzung einer Politik der Freundschaft zur Sowjetunion verbunden. Diese politische Hauptaufgabe gab der proletarischen Kulturarbeit, die von der Partei geleitet wurde, ihren Inhalt. Aber auch die fortschrittlichen Organisationen, die nicht der Partei unterstanden, wurden durch die Politik der Kommunistischen Partei beeinflußt. Das Zentralkomitee gab im September 1929 die Programmschrift „Die kulturpolitischen Aufgaben der KPD und die Arbeit in der IFA" heraus, in der es die Grundzüge der Kulturpolitik zusammenfaßte. (1)* Gleich im ersten Punkt dieser Schrift hieß es, daß der Kampf aller Kulturorganisationen gegen den „Nationalismus, die imperialistische Kriegshetze" gerichtet werden müsse.[7] Die imperialistische Politik setzte durch Chauvinismus und Kriegshetze, durch das Streben nach Unterwerfung fremder Territorien die Existenz der deutschen Nation aufs Spiel. Sie widersprach den Lebensinteressen der arbeitenden Menschen und den Bedürfnissen des Volkes. Deshalb lenkte die Partei die gesamte Kulturarbeit auf die Aufdeckung der imperialistischen Machenschaften, der Kriegsvorbereitungen und der damit verbundenen Faschisierung des Staates. Als sich 1932 die internationale Situation zuspitzte, erklärte die Partei in ihrer Resolution auf dem Februar-Plenum: „Die Plenartagung des Zentralkomitees lenkt die Aufmerksamkeit der gesamten Partei und der ganzen Arbeiterklasse auf die ungeheuren Gefahren eines neuen imperialistischen Weltkrieges, eines Interventionskrieges der räuberischen Kapitalisten gegen die Sowjetunion, das sozialistische Vaterland der Arbeiter aller Länder ... Die Offensive des Kapitals gegen die Arbeiterklasse in allen kapitalistischen Ländern, die Lohnsenkung, die Vorstöße gegen die Erwerbslosen, die Faschisierung einer Reihe von Staaten, besonders Deutschlands, die erhöhte Rolle der Militärcliquen in der Politik der ost- und mitteleuropäischen Regierungen, sind untrennbare Bestandteile dieser Kriegsvorbereitungen gegen die Sowjetunion. Die Kommunistische Partei Deutschlands muß es sich ebenso wie die anderen Sektionen der Kommunistischen Internationale in der gegenwärtigen Situation zur ernstesten, brennendsten und wichtigsten Aufgabe machen, mit allen

* Ziffern in runden Klammern verweisen auf Anmerkungen am Schluß des Bandes.

7 „Die kulturpolitischen Aufgaben der KPD und die Arbeit in der IFA (Interessengemeinschaft für Arbeiterkultur)", „Kampf um die Massen", Nr. 5. Herausgegeben vom Zentralkomitee der Kommunistischen Partei. Als Manuskript gedruckt, Berlin 1929, S. 4.

Mitteln die breiten Massen des Proletariats und aller Werktätigen zum aktivsten Kampf gegen die imperialistische Kriegsgefahr aufzurütteln."[8] Die mahnenden Aufrufe der Partei fanden Widerhall in den breiten Schichten des Volkes und führten zu einer großen Massenbewegung. Einen sichtbaren Ausdruck fand diese Friedensbewegung in dem großen Amsterdamer Antikriegskongreß im September 1932.[9] Die konsequente Politik der Kommunistischen Partei wirkte so stark, daß auch Organisationen, die im Fahrwasser der herrschenden Klasse schwammen, auf die aufgeworfenen Fragen eingehen mußten. So sah sich der Schutzverband Deutscher Schriftsteller im Juli 1932 zu Diskussionen um die Frage von Krieg und Frieden genötigt. Gerade diese Aussprachen offenbarten, daß die Politik der Partei auch unter den Schriftstellern, den Intellektuellen immer mehr Fuß faßte.[10] Die Bemühungen der Partei, die Schriftsteller für den Friedenskampf zu gewinnen, veranschaulicht zum Beispiel sehr eindrucksvoll der Aufruf der „Internationalen Vereinigung der revolutionären Schriftsteller" zu einem großen literarischen Wettbewerb gegen den Krieg, den die „Rote Fahne" noch am 10. Januar 1933 veröffentlichte. Darin hieß es: „*Wir wenden uns hiermit an alle Schriftsteller der Welt*, Erzähler, Dichter, Dramatiker, die mit uns gewillt sind, mit der Waffe ihres Talents die Freiheit und den Fortschritt der menschlichen Gesellschaft gegen blutige Unterdrückung zu verteidigen!"[11]

Eine weitere wichtige Aufgabe war für die Partei die Verteidigung der Demokratie. Die Herrschaft des Monopolkapitals, das seine Stütze immer mehr im Faschismus suchte, hatte die demokratischen Errungenschaften der November-

8 „Über die Verschärfung der Widersprüche des Kapitalismus, die Kriegsgefahr und die Aufgaben der KPD"; in: „Zur Geschichte der Kommunistischen Partei Deutschlands", Berlin 1954, S. 307 f.

9 Siehe Aktenmaterial: Institut für Marxismus-Leninismus beim ZK der SED, Berlin; Archiv, Nr. 10/246/702.

10 Siehe Aktenmaterial: Ebenda, besonders Blatt 167, 168, 171, 310, 369, 491, 495, 498, 500, 582.

11 „Literarischer Wettbewerb gegen den Krieg"; in: „Rote Fahne", Nr. 8, vom 10. Januar 1933.

revolution allmählich wieder beseitigt; sie bedeutete Reaktion auf der ganzen Linie. Das Proletariat kämpfte für die Wiederherstellung der Demokratie, gegen den Imperialismus, weil es unter solchen Bedingungen auch bessere Möglichkeiten für seine endgültige Befreiung schafft. Indem das Proletariat gegen den Verderber der Nation, den deutschen Imperialismus, kämpfte, vertrat es gleichzeitig die Lebensbedürfnisse des gesamten arbeitenden Volkes, die Lebensinteressen der ganzen Nation. Auf diese Tatsache, die die gesamtnationale Bedeutung des Kampfes der KPD und dessen Humanismus zeigte, wies auch Bertolt Brecht bei der Verteidigung seiner „Mutter" hin, als er schrieb: „Wir können und müssen darauf hinweisen, daß unsere Aussagen keine beschränkt subjektiven, sondern objektive und allgemein-verbindliche sind. Wir sprechen nicht für uns als ein kleiner Teil, sondern für die gesamte Menschheit als der Teil, der die Interessen der gesamten Menschheit (nicht eines Teiles) vertritt. Niemand hat das Recht, daraus, daß wir kämpfen, den Schluß zu ziehen, wir seien nicht objektiv. Wer immer heute, um einen scheinbar objektiven Eindruck hervorzurufen, einen Eindruck, als kämpfte er nicht, hervorruft, der wird bei genauerer Betrachtung auf einem hoffnungslos subjektiven, die Interessen eines winzigen Teiles der Menschheit vertretenden Standpunkt ertappt werden können."[12]

Wie die Partei, so waren die Arbeiterkulturorganisationen und die fortschrittliche Kunst und Literatur von den reaktionären Maßnahmen der herrschenden Klasse betroffen. Die halbfaschistischen Regierungen der dreißiger Jahre schreckten vor keinem Mittel zurück. Ihre Maßnahmen und Methoden waren vielfältig; sie reichten von der Diskriminierung fortschrittlicher Künstler über finanziellen Druck bis zur brutalen Polizeigewalt. Allein die Tatsache, daß der reaktionäre Staatsapparat in den Jahren 1927 bis 1931 wegen Teilnahme an revolutionären kulturellen Veranstal-

12 B. Brecht, „Stücke", Berlin 1955–1959, Bd. V, S. 176 f.

tungen 6000 Jahre Gefängnis verhängte, offenbart das ganze Ausmaß des Feldzuges, den die herrschende Klasse gegen die revolutionäre Kunst führte.[13] Die Partei und die Arbeiterkulturbewegung standen in einem unentwegten Kampf gegen alle Versuche der Reaktion, die Rechte des Volkes weiter zu schmälern. So leitete die Partei durch ihre Politik die Offensive gegen das reaktionäre „Schund- und Schmutzgesetz". Sie trat gegen die Beschränkung der Schaffensfreiheit von Künstlern und Wissenschaftlern auf, kämpfte Schriftsteller, Regisseure und Schauspieler aus den Fesseln der reaktionären Justiz frei. Sie war stets die führende und organisierende Kraft, wo die Machtinteressen des Imperialismus die Kunst und Kultur bedrohten. Einen Höhepunkt fand dieses Eintreten für Demokratie und Fortschritt in der Verteidigung des Remarque-Films „Im Westen nichts Neues". Mit dem Verbot und dem faschistischen Aufmarsch gegen diesen Film demonstrierte die Reaktion ihren voll entfalteten Angriff auf jede fortschrittliche und humanistische Kunst. Die Kommunistische Partei hat diesen Film, der keine sozialistische, sondern eine fortschrittliche bürgerliche Tendenz vertrat, verteidigt. Dieser Kampf aber, der auch bei vielen anderen Anlässen geführt wurde, ging nicht nur um einen Film, um ein Kunstwerk oder um die Person eines Künstlers, er war ein Kampf um die Wiederherstellung und Erhaltung der Demokratie in Deutschland, der am konsequentesten von der Kommunistischen Partei geführt wurde.

Um die vor der Partei stehenden wichtigen Aufgaben erfüllen zu können, war es nötig, die Massen zu gewinnen. Es galt, den Arbeitern, Bauern, Angestellten und Intellektuellen den tiefen Interessengegensatz zwischen dem imperialistischen Machtstreben und den Eroberungsplänen einerseits und den Lebensbedürfnissen des einfachen Volkes andererseits bewußt zu machen. Die Partei lenkte in jenen

13 „Sechs Jahre Kulturreaktion"; in: „Rote Fahne", Nr. 159, vom 9. August 1931.

Jahren ihre Aufmerksamkeit auf die proletarischen Kulturorganisationen. In ihnen gab es sogar, wie eine Generalkontrolle der Partei bewies, mehr kommunistische Funktionäre als in den Gewerkschaften.[14] So waren alle Möglichkeiten gegeben, die Arbeit der proletarischen Kulturbewegung in den großen sozialen und nationalen Befreiungskampf einzubeziehen. In dem Dokument über die kulturpolitischen Aufgaben der Partei vom September 1929 hieß es deshalb auch folgerichtig: „Aber so wie heute die Kultur, die man dem Arbeiter einimpft, ein Werkzeug der bürgerlichen Klassenherrschaft ist, so können umgekehrt die kulturellen Bedürfnisse und Forderungen der Arbeiter bei einer richtigen Politik der Partei zu einem wichtigen Faktor in ihrem Befreiungskampf werden. Die kulturellen Bedürfnisse und Forderungen der Arbeiter sind eine wichtige Triebfeder in ihrem Kampf nicht nur um höheren Lohn, sondern gegen das *gesamte kapitalistische System.*“[15] Die Partei wandte sich damit gegen die Politik der rechten SPD-Führer und reformistischen Gewerkschaftsfunktionäre, die sich bemühten, die Kunst und die künstlerische Selbstbetätigung der Arbeiter aus der Politik herauszuhalten. Jedes Herabmindern der bewußten politischen Tätigkeit aber bedeutete, wie bereits Lenin in seiner Arbeit „Was tun?“ nachwies, eine Stärkung des ideologischen Einflusses der Bourgeoisie.[16] Die Sozialdemokratie hat gerade dadurch, daß sie den politischen Kampf aus den Kulturorganisationen hinauszudrängen versuchte, der bürgerlichen Ideologie Tür und Tor geöffnet. Man betrachte nur die Entwicklung solcher als sozialdemokratisch anzusprechenden Organisationen wie die „Volksbühne“ und den „Deutschen Arbeiter-Sängerbund“, deren Vorstände sich stets gegen ein sozialistisches Repertoire wehrten; sie waren immer mehr zu kleinbürgerlichen Institutionen herabgesunken.

14 „Die kulturpolitischen Aufgaben der KPD und die Arbeit in der IFA“, a. a. O., S. 6.

15 Ebenda, S. 3.

16 W. I. Lenin, „Werke“, Bd. 5, Berlin 1955, S. 394.

Den aktivierenden Einfluß der Kommunistischen Partei verspürten alle proletarischen Kulturorganisationen, obwohl nur wenige der unmittelbaren Leitung der Partei oder des Kommunistischen Jugendverbandes (KJVD) unterstanden. Tausende von Funktionären trugen die leninistische Politik der Partei in die meist sozialdemokratisch beherrschten Organisationen hinein und gewannen die Menschen für den Kampf der Partei. Die Menschen lernten begreifen, daß das imperialistische System, in dem sie lebten, den Bedürfnissen nach Kultur und Kunst entgegengesetzt war und daß es sich nicht lohnte, Kunst zu betreiben, ohne sich zugleich gegen die imperialistische Herrschaft zu wenden. Die Partei lehrte sie aber auch, eben diese Kunst als Waffe im Kampf für ihre Lebensrechte zu gebrauchen. So wurde die Arbeiterkulturbewegung mit ihren zahlreichen Organisationen zu einem bedeutenden Faktor bei der Bewußtseinsveränderung vieler Menschen. Die proletarischen Kulturorganisationen wurden Schulen des Umdenkens, der Erziehung zur Klassensolidarität und der marxistischen Weltanschauung. Besonders auf viele Intellektuelle, auf Wissenschaftler und Künstler hat die Arbeiterkulturbewegung wie ein Magnet gewirkt.

In der bereits genannten Programmschrift „Die kulturpolitischen Aufgaben der KPD und die Arbeit in der IFA" forderte die Partei: „Politisierung der Arbeiterkulturbewegung, Eingliederung ihrer Arbeit in den Rahmen unseres gesamten wirtschaftlich-politischen Kampfes, Erkenntnis sowohl der Entfaltungsmöglichkeiten der revolutionären Arbeiterkulturbewegung im Kapitalismus als auch ihrer Grenzen unter dem kapitalistischen System der Ausbeutung und Unterdrückung."[17] Diese Forderung entsprach der Leninschen Auffassung von der Parteiarbeit und Parteiliteratur. Sie zeigte, daß es der Partei gelungen war, die Leninschen Normen des Parteilebens auf allen Gebieten der

17 „Die kulturpolitischen Aufgaben der KPD und die Arbeit in der IFA", a. a. O., S. 5.

Parteiarbeit durchzusetzen. Man muß die Verschmelzung der Kulturarbeit mit der Parteiarbeit, die konsequente Anwendung der Lehre von der Partei auf die literarische und künstlerische Tätigkeit als einen Teil des gesamten Bolschewisierungsprozesses betrachten, der seit der Bildung des Thälmannschen ZK in der Partei vor sich ging. In der Arbeiterkulturbewegung bedeutete die Verwirklichung der Leninschen Prinzipien einen ständigen Kampf gegen reformistische und sektiererische Auffassungen. Hans Mrowetz schrieb in seiner Arbeit „Einige Probleme der kulturpolitischen Führungstätigkeit der Kommunistischen Partei Deutschlands im Massenkampf gegen Kriegsgefahr und Faschismus 1927–1932", daß vor der Partei die schwierige Aufgabe stand, die sozialreformistische Vereinsmeierei zu überwinden, ohne die Geschlossenheit der bestehenden Organisationen zu gefährden.[18] Die reformistischen Vereinstraditionen, die auch bis in die eigenen Kader hineinreichten, orientierten die Kulturarbeit nicht auf die großen politischen Aufgaben zur sozialen und nationalen Befreiung des Volkes, sondern machten sie zu einer bloßen Freizeitbeschäftigung. Es kam aber darauf an, die arbeitenden Menschen aller Schichten in einer großen „roten Kulturkampffront" zu sammeln, zu der der Essener Parteitag der KPD aufgerufen hatte. Die Partei schuf deshalb 1929 die „Interessengemeinschaft für Arbeiterkultur" (IFA), eine Dachorganisation aller Arbeiterkulturorganisationen gegen die Reaktion. Die IFA bezweckte den Zusammenschluß und die gegenseitige Hilfe von Kommunisten, parteilosen Arbeitern und oppositionellen Sozialdemokraten, ohne sie von ihren alten Organisationen abzuspalten. „Der IFA-Beschluß entsprach jener komplizierten Lage, die erforderte, die proletarisch-revolutionären Organisationen und Gruppen für die Arbeiter zum Vorbild zu machen, in den reformistisch geführten Mas-

18 H. Mrowetz, „Einige Probleme der kulturpolitischen Führungstätigkeit der Kommunistischen Partei Deutschlands im Massenkampf gegen Kriegsgefahr und Faschismus 1927–1932"; in: „Kultur und Arbeiterklasse", Berlin 1959, S. 15 ff.

senorganisationen zu arbeiten und neue, bislang unorganisierte Teile der Arbeiterklasse in die kulturelle und politische Arbeit einzubeziehen.“[19]

Die konsequente Kulturpolitik der Partei übte auch einen großen Einfluß auf breite Kreise der Intelligenz aus. Ihre besten Vertreter erkannten den tiefen Widerspruch, der auch durch ihr Leben ging, sie wurden sich bewußt, daß die Interessen des Monopolkapitals und des Militarismus in einem tödlichen Gegensatz zur deutschen Kultur und den Lebensbedürfnissen der Nation standen. Die bürgerlichen Intellektuellen, die in den Traditionen des klassischen Humanismus erzogen waren, die das große Erbe der deutschen Kultur in sich aufgenommen hatten, mußten resigniert oder erschreckt erfahren, daß das gesellschaftliche System, in dem sie lebten, diesen Traditionen feindlich gegenüberstand. Dieser tiefe gesellschaftliche Konflikt zog sich in der einen oder anderen Form durch das Leben und Schaffen der meisten ehrlich denkenden Intellektuellen; diejenigen, die ihn bis zur letzten Konsequenz ausfochten, und das waren die besten, führte er an die Seite der revolutionären Arbeiterklasse. Diese Orientierung auf das revolutionäre Proletariat war für viele ein langer Prozeß, der oft nicht gradlinig verlief und bei den verschiedenen Persönlichkeiten auch einen unterschiedlichen Reifegrad erreichte. Das zunehmende Tempo, mit dem die Faschisierung in Deutschland betrieben wurde, führte einen, wenn auch kleinen Teil der Intelligenz schneller an die Seite des kämpfenden Proletariats. Die großen Klassenkämpfe der dreißiger Jahre ließen die Intelligenz Erfahrungen sammeln und trieben sie zu Entscheidungen, die sie in der Zeit der relativen Stabilisierung schwerlich gemacht hätten. Natürlich gab es auch Intellektuelle, die dem Druck jener Regierungen erlagen, die den Faschismus nur vorbereiteten, und die erst unter dem Terror der voll ausgereiften faschistischen Diktatur Hitlers den entscheidenden Schritt zur Arbeiterklasse vollzogen.

19 Ebenda, S. 17.

Versucht man einen Überblick zu gewinnen, auf welche Weise sich die Annäherung breiter Kreise der Intelligenz an das revolutionäre Proletariat vollzog, so ergibt sich, daß die meisten Intellektuellen keineswegs sofort den Weg zur Kommunistischen Partei fanden, sondern sich über Organisationen, die der Kommunistischen Partei nahestanden, wie die Internationale Arbeiterhilfe, die Rote Hilfe, die Liga gegen den Imperialismus, den Klub der Geistesarbeiter, die Gesellschaft der Freunde des neuen Rußlands u. a., dem Proletariat näherten. Sie suchten zunächst ein Forum außerhalb der Partei, um am Kampf gegen den Faschismus auf kulturellem Gebiet teilnehmen zu können. Diesen Organisationen kam bei der Bewußtseinsumformung der Intelligenz in den dreißiger Jahren eine große Bedeutung zu. Viele Intellektuelle sind über die Arbeit und Teilnahme in diesen Organisationen zur Partei gestoßen. Die Möglichkeit, aus humanistischer Einstellung helfen zu können, sahen viele Intellektuelle am sichtbarsten in den proletarischen Massenorganisationen wie der Roten Hilfe, der Internationalen Arbeiterhilfe verwirklicht. (2) Sie ermöglichten der fortschrittlichen Intelligenz den Übergang vom bürgerlichen zum sozialistischen Humanismus. In einem Bericht des Reichskommissariats für Überwachung der öffentlichen Ordnung über die Rolle dieser Organisationen heißt es: „Im Zusammenhang mit der kommunistischen *Kunstpropaganda* muß auch die kommunistische *Intellektuellenpropaganda* behandelt werden, weil die KPD es verstanden hat, auf Umwegen über die Kunst und Kunstvertreter in weiten Kreisen der Intelligenz das Interesse für den Kommunismus zu wecken und zu beleben ... Es steht fest, daß eine nicht unerhebliche Anzahl deutscher Intellektueller auf dem Weg über die Internationale Arbeiterhilfe, die Liga gegen Imperialismus, die Rote Hilfe und pazifistische Organisationen aller Richtungen wie die Liga für Menschenrechte und die Deutsche Friedensgesellschaft usw. eine gewisse Annäherung an die kommunistischen Ideen gefunden haben und so zu Förderern der kommunistischen Einheitsfrontbewegung werden, wenn sie zunächst auch noch keine Anhänger der kommunistischen Weltanschauung in allen Punkten sind."[20]

Die Bewegung der Massen, ihr revolutionärer Schwung und ihre zunehmende Radikalisierung griffen immer mehr auf breite Kreise der Intelligenz über. Ein sehr deutliches Beispiel dafür war, daß im Mai 1931 die Schauspieler des „Volksbühnen"-Ensembles in Berlin geschlossen in die Revolutionäre Gewerkschaftsopposition eintraten. (3) Die Zeitung „Montag Morgen" schrieb dazu: „Wenn die Meldung richtig ist, so ist sie äußerst bemerkenswert. Erstens weil die Volksbühne als ein sozialdemokratisches Institut anzusehen ist, dessen Leitung in scharfem Gegensatz zu den Kommunisten steht. Zweitens weil es sich bei den Schauspielern um eine intellektuelle Berufsgruppe handelt, deren Radikalisierung ein wichtiges Symptom wäre."[21] Die „Rote Fahne" bemerkt zu den bestürzten Kommentaren in den bürgerlichen Zeitungen: „Mit Recht sehen die bürgerlichen Zeitungen in diesem Schritt einen Beweis für die Radikalisierung großer Gruppen der Intellektuellen."[22]

Das Theater war damals besonders stark in den Klassenkampf einbezogen; nicht nur, weil auf der Bühne die Forderungen und Ideale der verschiedenen Klassen ihre Widerspiegelung fanden, sondern weil der Kampf um den Gebrauch der Bühne als politische Tribüne überhaupt vor sich ging. Das Theater war in der Hand der herrschenden Klasse, die alle Mittel anwandte, um dem Proletariat die Bühne vorzuenthalten. Die bürgerliche Klasse gebrauchte das Theater aber zur Aufrechterhaltung ihrer Herrschaft. Sie benutzte dabei die mannigfaltigsten Formen, um die Unzufriedenheit

20 Institut für Marxismus-Leninismus beim ZK der SED, Berlin; Archiv, Nr. 12/227/456, Blatt 66.

21 „Volksbühnen-Ensemble kommunistisch?"; in: „Montag Morgen", Nr. 21, vom 26. Mai 1931.

22 „Die RGO und die Intellektuellen"; in: „Rote Fahne", Nr. 109, vom 27. Mai 1931.

der breiten kleinbürgerlichen Schichten abzufangen und zu neutralisieren. Über die Doppelfunktion des Theaters in jenen Jahren schrieb Friedrich Wolf: „Das Theater in Deutschland ist *zugleich* der Ort, den politischen Kampfgeist zu entfachen und ... ihn abreagieren zu lassen, es ist zugleich die *Alarmsirene* und das *Sicherheitsventil*, der *Alarmplatz* und das *Sanatorium*."[23] In den dreißiger Jahren wurde es in zunehmendem Maße Sprachrohr der Faschisierung. Bereits bei der Gründung der 1. Piscator-Bühne rief die Reaktion nach dem „Weltanschauungstheater der Rechtsgeistigen"[24], nach dem „Kampftheater der Rechten"[25]. Diese Forderung nach der Ablösung der „linksgeistigen Aktivität" und „rechtsgeistigen Passivität" durch eine Kampfdramatik der reaktionärsten Kräfte in Deutschland blieb lange Zeit unerfüllt. (4) So entschuldigte sich Heinrich Fischer 1930 in einem Rundfunkvortrag bei der Reaktion wegen des Ausbleibens einer rechtsgerichteten Dramatik. Er sagte: „Von Lippel bis Weismantel und Kamnitzer zeugen alle Dramatiker des Bühnenvolksbundes von dem ernsten Willen und ebenso von der Unzulänglichkeit, sich theatralisch den Dramatikern des Proletariats in ihrer künstlerischen Zeitverbundenheit ebenbürtig zu erweisen. Sollte aus ihrer Mitte ein deutscher Claudel erstehen, so werden wir ihn mit der gleichen Freude empfangen, mit der wir Bert Brecht und Lampel gespielt haben."[26] Da der „linksgeistigen Aktivität" nicht durch eine „rechtsgeistige" Dramatik zu begegnen war, versuchte die herrschende Klasse die junge sozialistische Dramatik mit dem Mittel des Gesetzes, des finanziellen Drucks und des Polizeiterrors zu bekämpfen. Sie bediente sich aber auch anderer, verfeinerter Mittel. Der zunehmende Druck der herrschenden Klasse auf

23 F. Wolf, „Aufsätze über Theater", Berlin 1957, S. 57.

24 Zitiert aus: „Rote Fahne", Nr. 205, vom 1. September 1927.

25 „Deutsche Zeitung", Nr. 207a, vom 4. September 1927.

26 H. Fischer, „Das Zeittheater"; abgedruckt in: „Die Szene", Blätter für Bühnenkunst, Herausgeber: Vereinigung künstlerischer Bühnenvorstände, Berlin 1930, XX. Jg., Heft 7, S. 345.

allen Gebieten des Lebens und die damit verbundene Zuspitzung des Klassenkampfes zerschlug auch die kleinbürgerlichen, utopischen Vorstellungen, die sich viele bürgerliche Intellektuelle nach der Katastrophe des ersten Weltkrieges gemacht hatten. Während aber ein Teil der Intelligenz sich des tiefen Widerspruchs zwischen den Machtinteressen der herrschenden imperialistischen Kreise und den Lebensbedürfnissen des Volkes bewußt wurde und den Weg zum Proletariat beschritt, fand ein größerer Teil nicht die Kraft, diesen einzigen Weg, der eine Lösung des Widerspruchs bot, zu beschreiten. Diesen kleinbürgerlichen Intellektuellen schwebte meist ein mehr oder weniger bestimmtes Gesellschaftsideal vor, mit dem sie zwar kein eigenes, egoistisches Klasseninteresse verfolgten, sondern vielmehr glaubten, die Lösung gefunden zu haben, um aus der gesellschaftlichen Misere bei Vermeidung des Klassenkampfes herauszukommen. Hier zeigte sich anschaulich die Schranke, die der größere Teil der deutschen Intelligenz in jenen Jahren nicht überwinden konnte. „Was sie zu Vertretern des Kleinbürgertums macht", so beschrieb schon Karl Marx in den fünfziger Jahren des vorigen Jahrhunderts eine solche Situation, „ist, daß sie im Kopfe nicht über die Schranken hinauskommen, worüber jener (shopkeeper – der Krämer – W. M.) nicht im Leben hinauskommt, daß sie daher zu denselben Aufgaben und Lösungen theoretisch getrieben werden, wohin jenen das materielle Interesse und die gesellschaftliche Lage praktisch treiben. Dies ist überhaupt das Verhältnis der *politischen* und *literarischen Vertreter* einer Klasse zu der Klasse, die sie vertreten."[27] Die zugespitzte Situation in den dreißiger Jahren drängte jedoch die Intellektuellen zur Entscheidung. Diese Zeit ließ keine Halbheiten und Kompromisse zu; jede Phrase, jede Beschönigung zerbrach an der harten politischen Wirklichkeit. Die große Wirtschaftskrise hatte das kapitalistische System

27 K. Marx, „Der achtzehnte Brumaire des Louis Bonaparte"; in: K. Marx und F. Engels, „Ausgewählte Schriften", Berlin 1952, Bd. I, S. 253.

in einem Ausmaß entblößt, daß der verderbenbringende Mechanismus des Monopolkapitals breiten Massen sichtbar wurde. Die kleinbürgerliche Intelligenz stand vor der Entscheidung, entweder ihren eigenen großen humanistischen Idealen untreu zu werden oder den Sprung aus ihrer kleinbürgerlichen Position an die Seite des revolutionären Proletariats zu machen. Johannes R. Becher schrieb damals über die politische Situation und die Haltung der Intelligenz: „Die Zeit der Lauen und derer, die um diesen heißen roten Brei ihre artistischen Tanzkunststücke vollführen, ist vorbei. Das Manövrieren der bourgeoisen Dichter mit der ‚reinen Kunst' gestaltet sich immer schwerer. Die ‚Neutralität' der Mitte wird gesprengt. Die ‚Einerseits – andererseits'-, die ‚Ja – aber'-Sager kommen immer mehr in Verlegenheit, denn die Geschichte verlangt von ihnen eine klare und entschiedene Stellungnahme."[28]

Eine Reihe von Dramatikern, die in den zwanziger Jahren in dem Ruf von fortschrittlichen, ja revolutionären Dichtern standen, hat dem zunehmenden Druck der herrschenden Klasse nicht standgehalten und ist auf ihre Linie eingeschwenkt. Sie haben den letzten entscheidenden Schritt an die Seite des kämpfenden Volkes zum Schaden ihrer eigenen künstlerischen Entwicklung und der gesamten Literatur nicht vollzogen. Ihre literarische Bedeutung ist in dem Maße gesunken, in dem sie sich von der revolutionären Arbeiterklasse entfernten.

Friedrich Wolf hat in einer 1934 geschriebenen Arbeit „Das zeitgenössische Theater in Deutschland" die Entwicklung der zehn bedeutendsten Dramatiker von 1918 bis zum Ausbruch des Faschismus verfolgt. (5) Er schrieb über sie: „Von den andern Weggenossen aber ist kein einziger auf der Linie geblieben. Es ist außerordentlich lehrreich, die immer mehr abbröckelnde Front zu verfolgen: den Weg der einzelnen Dramaturgen an ihren Werken und während be-

28 J. R. Becher, „Vor dem II. Weltkongreß der revolutionären Literatur Anfang Oktober 1930 in Charkow"; in: „Linkskurve", Berlin 1930, 2. Jg., Heft 10.

stimmter zeitlicher Etappen."[29] Untersucht man die Spielpläne der dreißiger Jahre nach den neuen dramatischen Werken dieser Dichter, so wird der Umorientierungsprozeß, den die Intelligenz damals durchmachte, deutlich. Hier nur einige der negativen Beispiele.

Walter Hasenclever, einer der führenden expressionistischen Dramatiker, galt nach dem ersten Weltkrieg als Revolutionär. Seine neuen Stücke, die in den dreißiger Jahren zur Aufführung gelangten, waren ausgesprochene Boulevardstücke. Bei ihm zeigte sich mit seltener Deutlichkeit der vollständige Rückzug von der „O-Mensch-Dramatik" zur seichten Unterhaltung, zum erotischen Reißer. Diese Entwicklung zeichnete sich in dem Werk „Napoleon greift ein" ab und wurde mit Stücken wie „Kommt ein Vogel geflogen" fortgesetzt. (6) Politik und Sozialkritik wurden von Hasenclever nur angetippt, aber nicht bis zu Ende durchdacht. Da infolgedessen die Probleme nicht zu Klassenfragen wurden, war ein Rückfall in die niveaulose, wirklichkeitsfremde Unterhaltung unausbleiblich. In seinen letzten Stücken vor 1933 aber war sogar jede Zeitkritik verschwunden. Hasenclevers Entwicklung als Dramatiker resultierte aus seiner kleinbürgerlichen weltanschaulichen Position. Hierzu nur noch ein Beispiel: Auf eine Umfrage der „Linkskurve" schrieb er 1932: „Ich bin der Meinung, daß Kriege kosmische Ereignisse sind, und glaube, obwohl ich überzeugter Pazifist bin, nicht an die Verhütung des Mordes durch politische Mittel ... Ich habe die Katastrophe, die der Ausbruch des Weltkrieges für meine Vorstellung war, nur einmal wieder erlebt, und zwar bei einem Erdbeben in Kalifornien. Die eine dauerte vier Jahre, die andere vier Sekunden. Beiden eigentümlich war das Zwangsläufige, Schicksalsbedingte und die Ohnmacht des Individuums."[30] Vom Standpunkt einer solchen Unveränderlichkeit der Gesell-

29 F. Wolf, „Aufsätze über Theater", a. a. O., S. 65.

30 W. Hasenclever, „Schriftsteller stellen sich"; in: „Linkskurve", Berlin 1932, 4. Jg., Heft 8.

schaft aus aber ließ sich die Wirklichkeit auf dem Theater nicht wiedergeben. Die Entwicklung Hasenclevers ist nur ein Beispiel, es ließen sich noch Dutzende anführen, man könnte diesen Weg bis zu Fragen der Regie, der Bühnengestaltung verfolgen.

Zur gleichen Zeit, als 1930 eine Berliner Bühne Hasenclevers Napoleon-Stück spielte, inszenierte Max Reinhardt Fritz von Unruhs „Phaea". Über die Aufführung schrieb Herbert Jhering: „Ein schlechtes Stück mehr – wer regt sich darüber auf? Noch ein schwacher Unruh – wer erwartet etwas anderes?... In Unruh drückt sich die ideologische Unklarheit einer ganzen Epoche aus."[31] Unruh galt als repräsentativer Dramatiker, aber auch bei ihm setzte der Rückzug in die unverbindliche Unterhaltung ein. Phaea, das ist eine Filmgesellschaft; anstatt jedoch die aufgeblähte Welt des kapitalistischen Films zu entlarven, wurde sie bei Unruh sentimentalisiert. Unruh scheiterte (trotz Reinhardts Regie), da die zugespitzten Klassenkämpfe Stellungnahme verlangten und keine Weltbeglückerphrasen mehr zuließen; er konnte sich später nicht einmal auf dem schmalen Terrain des Boulevardstücks halten und sank zur völligen Bedeutungslosigkeit herab.

In den dreißiger Jahren setzten sich auch die Stücke Ferdinand Bruckners durch. Von seiner kleinbürgerlichen Position aus gelang es Bruckner nicht, zu wirklich bedeutenden gesellschaftlichen Fragen durchzustoßen. Seine Problematik erstickte in der Vereinzelung, im Persönlichen, verlief sich im Pathologischen. Die gesellschaftliche Wirklichkeit wurde bei Bruckner durch eine engmaschige Ichbezogenheit ersetzt, seine Gedanken blieben steril, in sich selbst gefangen; die geistige Armut seiner Stücke ergab sich aus dem ganz bewußten Verzicht auf jede politische Auseinandersetzung. Hier sei nochmals Herbert Jhering zitiert: „In einem Jahre, das Weltentscheidungen ankündigt, das die Lebensgestaltung in Europa auf Jahrzehnte hinaus bestimmen will, das in China

31 H. Jhering, „Die zwanziger Jahre", Berlin 1948, S. 216 f.

und Indien Ereignisse ankündigt, die einen Weltteil umformen, in einem solchen Jahre schreibt Ferdinand Bruckner das Drama der sexualpathologischen Nabelbeschauer: ‚Die Kreatur'. Blutschande, lesbische Liebe, Sadismus, Zuhälterei – nichts wird dem Zuschauer erspart."[32]

1931 kam im Deutschen Theater Zuckmayers „Hauptmann von Köpenick" heraus. Einsichtige Kritiker erkannten schon damals, daß dieses „deutsche Märchen" keine Satire auf den preußischen Militarismus war, sondern eher eine Verklärung der Uniform. Zuckmayer vertilgte jeden satirischen Ansatz mit seiner vorsichtigen Ausgewogenheit von Licht und Schatten. Die herrschende Klasse wurde nicht angekratzt. Eben weil der Autor sich subjektiv auf keine Seite stellen wollte, geriet er objektiv auf die Seite der Herrschenden. Selbst ein so bürgerlicher Kritiker wie Alfred Kerr klagte am Ende seiner Kritik: „Aber wer schreibt mir ein Stück der deutschen Geschichte; der übel erprobten tausendjährigen Vergangenheit..., das vielleicht ihr abzuhelfen vermag? Heute das Schauspiel einer Republik..., die mit sehenden Augen alles zuläßt, was auf ihren Sturz gerichtet ist? und die nicht eingreift. Wer schreibt es, ... wenn auch zu spät???"[33]

Dieses Zurückweichen vor dem Druck, den die imperialistischen Kreise mit Beginn der dreißiger Jahre verstärkten, dieses Einschwenken in die direkte oder indirekte Apologetik ihres Systems war der kennzeichnende Zug bei den meisten bürgerlichen Dramatikern in jenen Jahren. Dabei soll nicht verschwiegen werden, daß ein großer Teil dieser Dramatiker bei Hitlers Machtantritt das Land verließ und oft große persönliche Opfer brachte. Sie unterschieden sich in ihrer Bildung und persönlichen Haltung oft beträchtlich vom kapitalistischen Businessman, was sie aber zu den literarischen Vertretern des kapitalistischen Systems werden ließ, war, und hier muß wieder an das Marxwort erinnert

32 Ebenda, S. 205.
33 A. Kerr, „Die Welt im Drama", Köln/Berlin 1954, S. 195.

werden, „daß sie im Kopf nicht über die Schranken hinauskommen, worüber jener nicht im Leben hinauskommt“[34]. Neben Beispielen eines Zurückweichens gab es auch solche eines offenen Übergangs zum Faschismus. Die Entwicklung von Johst war dafür typisch. Mit seinen Stücken „Wechsler und Händler“ und vor allem „Schlageter“ machte er sich zum Sprachrohr des Faschismus.

Diese Entwicklung der bürgerlichen Dramatik wurde erleichtert durch den allgemeinen Zustand, in dem das deutsche Theater sich damals befand. Was das bürgerliche Theater der zwanziger und dreißiger Jahre charakterisierte, war seine inhaltliche Entwertung und Veräußerlichung, seine glänzende und buntschillernde Fassade; dabei hatte es einen schwer zu überbietenden Grad von substanzloser Verfeinerung erreicht. Die großen Traditionen hatte man durch den andauernden und fortschreitenden Prozeß der Veräußerlichung entstellt und verfälscht. Das Bürgertum war nicht in der Lage, seine eigenen Werte zu erhalten. Typisch für diese Verfeinerung der Theaterkunst, die aber zugleich auf eine Veräußerlichung hinauslief, weil sie die inhaltliche, die gesellschaftliche Seite der Dramatik aushöhlte, war die Regiekunst Max Reinhardts. Je mehr das Theater von der Wirtschaftskrise geschüttelt wurde, desto mehr nahm die Veräußerlichung zu. Dazu kam bei vielen Dramatikern und Theaterleuten ein Unglaube an die Zukunft des Theaters. Man glaubte, daß das Theater von der „Konkurrenz“ des Films und des Sports erdrückt werde. Da von der bürgerlichen Position aus dem Theater keine neuen Inhalte zugeführt werden konnten, übertrug man die Reizwirkungen des Films auf das Theater, wodurch man die Zukunft des Theaters nur noch fragwürdiger machte. Das Starwesen, durch den Film forciert, nahm ein noch nie gekanntes Ausmaß an. Die Prinzipien und Maßstäbe verkehrten sich. Der Ausgangspunkt schien nicht mehr zu sein, neuen dramatischen Werken zur Aufführung zu verhelfen, sondern Schauspielern

34 K. Marx und F. Engels, „Ausgewählte Schriften“, a. a. O., Bd. I, S. 253.

zu glänzenden Rollen. Der Glanz des bürgerlichen Theaters verhüllte jedoch nicht, daß es unfähig war, neue Wege zu gehen, daß sich hinter der glänzenden Fassade der Verfall der bürgerlichen Dramatik verbarg, ja, daß der äußere Glanz nur die andere Seite des Verfalls war. Dieser Zustand des bürgerlichen Theaters veranlaßte Kerr zu dem treffenden Paradoxon, daß es „ein Unfug ist, wie gut jetzt in Berlin gespielt wird“[35].

Gegen das verflachende bürgerliche Theater hatte Bertolt Brecht bereits in den zwanziger Jahren seine Stücke gerichtet, allerdings ohne den Boden der bürgerlichen Welt zu verlassen. Der Übergang zur sozialistischen Dramatik vollzog sich bei ihm erst in den dreißiger Jahren. Die Entwicklung Brechts bis zu diesem Zeitpunkt hat bereits von verschiedenen Autoren eine umfassende wissenschaftliche Untersuchung erfahren. Hier sei auf die Arbeit von Ernst Schumacher „Die dramatischen Versuche Bertolt Brechts 1918–1933“ verwiesen.[36] Auf eine zusammenfassende Darstellung dieser Periode kann also verzichtet werden. Nur auf ein Merkmal der Brechtschen Stücke vor seinem Übergang zum Proletariat sei hier noch hingewiesen. Brechts Stücke waren gegen den bürgerlichen Theaterbetrieb gerichtet, den er treffend „Kulinarismus“ nannte. Dabei war er sich jedoch darüber im klaren, daß er dem „Kulinarismus“ in seinen eigenen Werken keineswegs völlig entgangen war. Worin Brechts Stücke sich von den Werken seiner bürgerlichen Zeitgenossen unterschieden, beschrieb er in den „Anmerkungen zur Oper ‚Aufstieg und Fall der Stadt Mahagonny‘“: „Mag ‚Mahagonny‘ so kulinarisch sein wie immer – eben so kulinarisch wie es sich für eine Oper schickt –, so hat es doch schon eine gesellschaftsändernde Funktion; es stellt eben das Kulinarische zur Diskussion, es greift die Gesellschaft

35 Zitiert aus: „Das Theater“, Illustrierte Monatsschrift für Theater und Gesellschaft, XI. Jg., Heft 2/1930, S. 27.

36 Außerdem auf: W. Hecht, „Die Entwicklung von Brechts Theorie des epischen Theaters 1918–1933“; in: „Studien“, Beilage des „Theaters der Zeit“, Nr. 9 und 10, Berlin 1958/59.

an, die solche Opern benötigt; sozusagen sitzt es noch prächtig auf dem alten Ast, aber es sägt ihn wenigstens schon (zerstreut oder aus schlechtem Gewissen) ein wenig an... Und das haben mit ihrem Singen die Neuerungen getan. Wirkliche Neuerungen greifen die Basis an."[37]

Diese „wirklichen Neuerungen" gingen von der jungen sozialistischen Dramatik aus, zu der sich Brecht in den dreißiger Jahren gesellte. Von ihr wurden neue Wege beschritten. Selbst Kerr gestand in seiner klagenden Schrift „Was wird aus Deutschlands Theater?", daß diese Stücke „an dieser späten Zeit gewiß das Fesselndste"[38] seien.

Die sozialistische Dramatik bildete sich zu Beginn der dreißiger Jahre heraus, sie ist aber undenkbar ohne die Entwicklung der revolutionären Arbeitertheaterbewegung. Hier ist nicht der Ort, einen Abriß der Entwicklung des revolutionären Arbeitertheaters zu geben[39]. Nur einige wichtige Entwicklungspunkte der neuen sozialistischen Dramatik sollen kurz skizziert werden.

Man wird der Entwicklung des revolutionären Arbeitertheaters nicht gerecht, wenn man es nur als ein einzelnes, isoliertes Glied betrachtet und nicht als einen Teil des großen breiten Stromes der gesamten Arbeiterkulturbewegung in jenen Jahren. Die Arbeiterklasse schuf sich damals unter schwersten Bedingungen eine Vielzahl von kulturellen Organisationen, die ein eindrucksvoller Beweis für den Bildungshunger, für das Streben der Arbeiter nach Kunst und Wissen waren.[40] Die großen Leistungen der sozialistischen Dramatik in den dreißiger Jahren, wie die Werke von Brecht, Wolf und Wangenheim, hatten ihren Nährboden in der

37 B. Brecht, „Anmerkungen zur Oper ‚Aufstieg und Fall der Stadt Mahagonny'"; in: „Stücke", a. a. O., Bd. III, S. 276.

38 A. Kerr, „Was wird aus Deutschlands Theater?", Berlin 1932, 17. Abschnitt.

39 Über dieses Thema liegt bereits eine Arbeit von K. Pfützner vor: „Das revolutionäre Arbeitertheater in Deutschland (1918–1933)"; in: „Schriften zur Theaterwissenschaft", herausgegeben von der Theaterhochschule Leipzig, Berlin 1959.

40 Siehe hierzu: H. Mrowetz, „Einige Probleme der kulturpolitischen Führungstätigkeit der Kommunistischen Partei Deutschlands im Massenkampf gegen Kriegsgefahr und Faschismus 1927–1932", a. a. O.

revolutionären Arbeiterkulturbewegung. Diese große Gesamtbewegung unter dem Einfluß der Kommunistischen Partei war es, die die einzelnen Leistungen erst möglich machte.

Gegen Ende der zwanziger Jahre nahm die proletarische Theaterbewegung einen schnellen Aufstieg. 1928 eroberten die kommunistischen Arbeiter und linken Sozialdemokraten die Führung des Deutschen Arbeiter-Theaterbundes, die sich bisher in den Händen der Reformisten befand. Arthur Pieck und Paul Fröhlich wurden Vorsitzende, Béla Balázs der künstlerische Obmann. Die sozialdemokratischen Funktionäre im Bund lehnten aber die Kunst als Mittel des Klassenkampfes ab. So kam es im April 1930 zur Spaltung, als die SPD ihre Mitglieder zwang, aus dem Bund auszutreten. Die Organisation selbst wurde dadurch nicht geschwächt. Das Kernstück der proletarischen Theaterbewegung waren die Agitprop-Truppen. Ihre Arbeit hat die sozialistische Dramatik wesentlich mit herausbilden helfen. Von ihrer politischen und literarischen Ausdruckskraft wurden die Werke Brechts, Wolfs und Wangenheims in den dreißiger Jahren in hohem Maße beeinflußt. Die sozialistischen Dramatiker haben stets mit großer Bewunderung von dem Theaterschaffen der Arbeiter gesprochen. So schrieb Brecht: „Wo sie (die Arbeiter – W. M.) selber dichteten und Theater machten, waren sie hinreißend originell. Die sogenannte Agitprop-Kunst, über die nicht die besten Nasen gerümpft werden, war eine Fundgrube neuartiger künstlerischer Mittel und Ausdrucksarten. In ihr tauchten längst vergessene großartige Elemente echt volkstümlicher Kunstepochen auf, den neuen gesellschaftlichen Zwecken kühn zugeschnitten. Waghalsige Abkürzungen und Komprimierungen, schöne Vereinfachungen (neben verunglückten); da gab es oft eine erstaunliche Eleganz und Prägnanz und einen unerschrockenen Blick für das Komplexe."[41]

41 B. Brecht, „Volkstümlichkeit und Realismus"; in: „Sinn und Form", Berlin 1958, 4. Heft, S. 500.

Nachdem sich die organisatorische Basis der Spieltrupps gefestigt hatte, erreichte die Agitprop-Bewegung zu Beginn der dreißiger Jahre eine neue, höhere Entwicklungsstufe. Sie kam vor allem auch dadurch zustande, daß man unzulässige Vereinfachung und Vulgarisierung überwand, die die politische Überzeugungskraft herabminderten. Neue Formen und Möglichkeiten der dramatischen Gestaltung bildeten sich heraus.

Diese höhere Entwicklungsetappe der proletarischen Theaterbewegung fiel in eine Zeit, als die imperialistischen Kräfte in Deutschland das Tempo der Faschisierung immer mehr forcierten. Ihre Herrschaftsmethoden zeigten sich mit aller Deutlichkeit auch auf dem Gebiete des Theaters. Revolutionäre proletarische Dramatiker oder solche, die dem Proletariat nahestanden, fanden für ihre Stücke keine Bühne mehr. Die herrschende Klasse demonstrierte, in wessen Händen die Theater lagen. So schrieb Ernst Toller, der gefühlsmäßig auf der Seite des Proletariats stand, resigniert auf eine Umfrage: „Die Situation in der dramatischen Dichtung? Die Reaktion bestimmt, welche Stücke gespielt werden dürfen, welche nicht."[42] Friedrich Wolf versuchte mit einem historischen Gleichnis auf die politische Gegenwart hinzuweisen, weil es ihm unmöglich war, mit einem revolutionären Zeitstück auf einer „regulären" Bühne unterzukommen. Seine „Matrosen von Cattaro" wurden in der Volksbühne trotzdem abgesetzt, dafür nahm die reformistische Volksbühnenleitung Georg Kaisers Stück „Mississippi" in den Spielplan auf. Für sein Schauspiel „Die Jungens von Mons" fand Wolf schon keine Bühne mehr. Die Aufführung von Brechts Stück „Die heilige Johanna der Schlachthöfe", das einige Bühnen schon angenommen hatten, wurde durch den zunehmenden faschistischen Einfluß in den Länderregierungen verhindert. (7) Friedrich Wolf schrieb in einem Aufsatz über die Schwie-

42 E. Toller, „Die Szene", Blätter für Bühnenkunst, Berlin 1931, XXI. Jg., Heft 5, S. 140.

rigkeit, Bühnen für revolutionäre Stücke zu finden: „Nach 1931 war an der Theaterfront kein Zweifel mehr möglich über den Aufmarsch des Faschismus: alle Bühnen, die früher mit unsren Stücken ‚volle Häuser' erzielt hatten, sie lehnten jetzt ‚prinzipiell' jedes unsrer Stücke ab, schon wegen der Theaterskandale, die immer häufiger mit einer Aufführung von Brecht oder Wolf verbunden waren. Ein Theaterdirektor erklärte mir, er könne schon deshalb unsre Stücke nicht mehr spielen, weil seine Versicherung jede Haftung für den Schaden bei einer unsrer Aufführungen ablehne."[43]

Die sozialistischen Dramatiker suchten nach einem Ausweg. Sie verbanden ihr dramatisches Schaffen jetzt auf das engste mit den proletarischen Spieltrupps, überhaupt mit dem Laienschaffen und den Kollektiven junger Schauspieler, die sich zu jener Zeit aus jungen und wenig beschäftigten Schauspielern zusammensetzten, so in Berlin die „Gruppe junger Schauspieler", in Leipzig das „Kollektiv junger Schauspieler", in Düsseldorf die „Truppe des Westens". Die größte Bedeutung aber erlangte die „Truppe 31" unter der Leitung Gustav von Wangenheims, die auch die engste Verbindung mit dem revolutionären Proletariat hatte. Sie brachte „Die Mausefalle" und „Da liegt der Hund begraben" heraus; das letzte Stück „Wer ist der Dümmste" führte die Truppe noch wenige Tage nach Hitlers Machtantritt auf. Viele fortschrittliche Schauspieler und Schriftsteller stellten sich den proletarischen Spieltrupps zur Verfügung. So entstanden Kollektive aus Berufsschauspielern und Laien, die Leistungen zustande brachten, denen selbst fortschrittliche bürgerliche Kritiker ihre Achtung nicht versagten.

Der qualitative Sprung, der in den meisten Agitprop-Truppen mit Beginn der dreißiger Jahre erreicht wurde, war auch zu einer politischen Notwendigkeit geworden, und zwar in zweierlei Hinsicht: der alte Agitprop-Stil mit seinen schematischen Figuren, vereinfachten Situationen und klassen-

43 F. Wolf, „Aufsätze über Theater", a. a. O., S. 60.

kämpferischen Losungen brachte fertige Ergebnisse, erklärte aber nichts. Er sagte wohl dem überzeugten Genossen etwas; den sozialdemokratischen Arbeiter, den Mittelständler und Kleinbauern, die zu gewinnen waren, schreckte er eher ab. Die Menschen sahen sich und das Leben in den schematisch überspitzten Gestalten nicht wiedergegeben. Dieser Stil war politisch und auch künstlerisch unzureichend geworden. Zum anderen waren aber künstlerische Leistungen noch aus einem ganz anderen Grunde notwendig: Die Regierung Brüning, die den Faschismus vorbereiten half, versuchte das fortschrittliche Theater dadurch zu erdrosseln, daß sie den sozialistischen Dramatikern die Bühnen sperrte und die Aufführungen der Agitprop-Truppen mit Hilfe der „Notverordnungen" als politische Veranstaltungen einfach verbot. So blieben 1932 und 1933 für den revolutionären proletarischen Dramatiker die Laienensembles oder die aus Laien und Berufsschauspielern zusammengesetzten Ensembles mit anerkanntem künstlerischem Niveau (für das Gutachten vorgelegt werden mußten) fast die einzige Möglichkeit, öffentlich aufgeführt zu werden. Friedrich Wolf berichtete über den Spieltrupp „Südwest" und sein Stück „Von New York bis Schanghai": „Die Qualifizierung der Truppe, die in ‚Schanghai' in ihrer technischen und ‚künstlerischen' Leistung es mit manchem professionellen Theater aufnehmen konnte, hat es ihr ermöglicht, das ganze Jahr 1932 bis zum März 1933 zu spielen."[44]

Um den neuen politischen Forderungen gerecht zu werden, um die Mehrheit der Arbeiterklasse, der werktätigen Bauern und der Angestellten zu gewinnen, um die Einheitsfrontpolitik in die Betriebe zu tragen, waren neue Formen der dramatischen Gestaltung nötig. Die kurze Szene mit ihrem Losungscharakter und ihrer Plakatierung mußte ersetzt werden durch die gründliche Analyse, durch längeres, auf Entwicklung angelegtes Spiel. Die Proletarisierung von Angestellten, der Ruin der Kleinbauern – das mußte durch

44 Ebenda, S. 48.

eine entwicklungsträchtige Fabel bewiesen werden. Die Agitprop-Szene wurde abgelöst durch das Agitprop-Stück. Diesen Prozeß haben die jungen sozialistischen Dramatiker, die früher für das professionelle Theater schrieben, kräftig vorangetrieben. Nachdem sie auf den regulären Bühnen nicht mehr für das revolutionäre Proletariat sprechen konnten, gewannen die Agitprop-Trupps, die jungen Schauspielkollektive große Bedeutung, nicht nur im allgemein politischen Sinne, sondern auch für ihre eigene künstlerische Entwicklung. Für Dramatiker wie Wolf, Wangenheim und auch Brecht wurden sie der Nährboden ihrer weiteren Entwicklung. Leider setzten diese Bemühungen erst spät ein; wären sie früher unternommen worden, ihr Nutzen für die politische Arbeit und für die Entwicklung der revolutionären proletarischen Dramatik ließe sich nicht hoch genug einschätzen. Im Jahre 1932, als es kein Theater mehr wagte, sich des Stücks eines sozialistischen Dramatikers anzunehmen, schrieb Friedrich Wolf drei Stücke für die Agitprop-Trupps: „Wie stehen die Fronten?“, „Von New York bis Schanghai“ und „Bauer Baetz“. Erst in der Emigration schuf Wolf wieder Stücke für das Berufstheater. Es ist selbstverständlich, daß sich die Stücke, die für das Laientheater geschrieben wurden, in ihrer ganzen dramaturgischen Konzeption, in der Anlage der Charaktere von denen, die für das Berufstheater geschrieben waren, unterschieden. Walther Pollatschek hat in seinem Buch „Das Bühnenwerk Friedrich Wolfs“ am Beispiel der Stücke Wolfs herausgearbeitet, welche unterschiedliche Gestaltung, selbst bei gleichem Thema, sich notwendig machte, als der Dichter für die politische Laienbühne schrieb.[45] Der Dramatiker mußte einfacher in der Charakterzeichnung sein, sich komplizierter psychologischer Motivierung enthalten, so daß die Rollen auch von Laien glaubhaft gespielt werden konnten; er mußte mit einer fast dekorationslosen Bühne auskommen; denn

45 Siehe: W. Pollatschek, „Das Bühnenwerk Friedrich Wolfs“, Berlin 1958, S. 162.

die Spieltrupps waren meist auf Saalbühnen angewiesen und besaßen keine finanziellen Mittel. Auch erhielt das Agitprop-Stück durch seine ganze Struktur eine größere didaktische Ausprägung. Friedrich Wolf, der seine Agitprop-Stücke hauptsächlich mit dem Spieltrupp „Südwest" zur Aufführung brachte, hat dem neuen Agitprop-Stück, dem realistischen Spiel entscheidend zum Durchbruch verholfen. Aber auch andere Dramatiker arbeiteten mit der Laienbühne. So Gustav von Wangenheim und Bertolt Brecht. Gustav von Wangenheim schuf seine analytischen Stücke in dem Kollektiv der „Truppe 31". Bertolt Brecht schrieb seine „Maßnahme" und „Die Mutter" für ein Ensemble, das aus Laien und Berufsschauspielern bestand.

Ermöglicht wurden die Aufführungen dieser Stücke in den Jahren der Weltwirtschaftskrise und der zunehmenden faschistischen Gewaltmaßnahmen durch die proletarische Besucherorganisation der „Jungen Volksbühne", die Ende 1930 entstand. Sie bildete sich aus den Sonderabteilungen der alten Volksbühne, die sich um Piscator geschart hatten, und stützte sich auf alle Kulturorganisationen des revolutionären Proletariats. Ende 1932 gab es Bestrebungen, alle Kräfte des proletarischen Theaters unter einer einheitlichen politischen und künstlerischen Führung zu zentralisieren. Der Anfang war gemacht mit dem dramaturgischen Kollektiv im Rahmen der „Jungen Volksbühne", in dem Vertreter der Dramatiker, Regisseure, Schauspieler und Funktionäre des Arbeiter-Theaterbundes (ATBD) vertreten waren. Der hereinbrechende Faschismus zerschlug dann alle Bemühungen. Durch die Besucherorganisation der „Jungen Volksbühne" gelangte auch das Schauspiel „Die Jungens von Mons", ein Stück gegen den Faschismus, für das Friedrich Wolf keine reguläre Bühne mehr fand, zur Aufführung sowie Johannes R. Bechers „Großer Plan". Es kam außerdem eine Reihe von Werken heraus, die heute vergessen sind, die aber mithalfen, die junge sozialistische Dramatik zu entwickeln. So die Stücke „Pariser Kommune" von Fritz Meingast, „Krause liegt schief" von Horst Büchner, „Eigener Herd ist Goldes wert" von H. B. Winrich. Die Stücke hatten in künstlerischer und politischer Hinsicht Schwächen; es hieße aber wenig Verständnis für die Entwicklungsschwierigkeiten zeigen, wollte man diese Werke mit heutigen Maßstäben messen. Doch ungeachtet des allgemeinen Aufschwungs, den die revolutionäre proletarische Dramatik in den dreißiger Jahren nahm, mangelte es noch an guten Stücken. In einem Artikel in der „Neuen Welt" vom Dezember 1932 hieß es über die Situation des proletarischen Theaters: „Wir haben Schauspielerkollektive (Truppe 31, andere sind im Entstehen begriffen). Aber woran es fehlt, sind die Stücke... Woran liegt das? Zunächst eine Tatsache: Wer heute ein Stück sucht, das, eindeutig und in künstlerischer Form gestaltet, Ausdruck der marxistischen Weltanschauung ist, wird sich vergeblich bemühen. Der Grund hierfür liegt darin, daß unsere vielfach in der kleinbürgerlichen Ideologie aufgewachsenen proletarischen Schriftsteller zwar meistens politisch den Übergang zum Kommunismus richtig vollzogen haben, in ihrem künstlerischen Schaffen hingegen immer noch von den Eierschalen bürgerlicher Auffassungen sich nicht frei machen können. Wie sollte es auch anders sein?"[46]

Die Vertreter der herrschenden Klasse registrierten durch ihren Staats- und Polizeiapparat jedes neue Stück und ließen sich über jeden Schritt des proletarischen Theaters berichten. Die Schikanen und der offene Terror gegen die Aufführungen von sozialistischen und antifaschistischen Autoren nahm von Monat zu Monat zu. (8) Allein die Methoden und Anschläge, sei es durch willkürliche Auslegung der Gesetze, durch finanziellen Druck, Beeinflussung durch Presse und Rundfunk, durch Polizeiterror, die der Staatsapparat anwandte, um ein Verbot der Aufführung von Brechts „Die Mutter" durchzusetzen, würden eine Darstellung für sich

46 „Theater im Auf- und Niedergang, II. Teil: Proletarisches Theater"; in: „Illustrierte Neue Welt", Nr. 10, Dezember 1932.

beanspruchen. In einer vielseitigen Denkschrift eines Staatsbeamten wurde das „kommunistische Theater" eingehend auf seine politische Wirkung untersucht und als eine „Schule des Bürgerkriegs" charakterisiert. In dieser Denkschrift heißt es einleitend: „Die Bemühungen der Kommunisten, aus den Reihen abgebauter Schauspieler Kollektive zu bilden, die werktätigen Massen für das Theater zu erobern und gleichzeitig ein Theater zu schaffen, ‚dessen Stücke revolutionären Inhalt haben, die aufklären und werben für die Stärkung und Festigung der proletarischen Einheitsfront', lassen sich bis zum Dezember 1930 zurückverfolgen."[47] (Auf die Einschätzung, die dabei die Stücke Brechts, „Die Maßnahme" und „Die Mutter", erfahren, soll später eingegangen werden.)

Die großen Schwierigkeiten, die die mit dem kämpfenden Proletariat verbundenen Dramatiker bei jeder Aufführung zu überwinden hatten, beeinflußten im starken Maße die Form, die Struktur ihrer Stücke. Es wurde schon darauf hingewiesen, daß die Arbeit mit Laien und unter beschränkten Bühnenverhältnissen andere Möglichkeiten der szenischen Gestaltung verlangte. Bertolt Brecht, Friedrich Wolf und Gustav von Wangenheim, die bedeutendsten Repräsentanten der revolutionären proletarischen Dramatik der dreißiger Jahre, gingen neue Wege. Sosehr sie sich auch voneinander unterschieden, gemeinsam war ihnen, daß sie sich künstlerisch auf beschränkte Möglichkeiten und Mittel orientierten. Sie stellten von vornherein alle Schwierigkeiten in Rechnung, um sozusagen aus der Not eine Tugend zu machen, d. h. sie suchten bei allen Einschränkungen, die ihnen die politische Lage aufzwang, neue Wege der dramatischen Gestaltung aufzuspüren, um an die proletarischen Massen heranzukommen. Alle drei Dramatiker waren bei Piscator in die Schule gegangen. Brecht gehörte zum dramatischen Kollektiv der Piscator-Bühne, von ihm war für die

47 Institut für Marxismus-Leninismus beim ZK der SED, Berlin; Archiv, Nr. 10/235/691, Blatt 209.

Spielzeit 1927/28 ein Schauspiel „Weizen“ angekündigt. (9) Friedrich Wolf arbeitete mit Piscator bei der Inszenierung von „Tai Yang erwacht“ zusammen. Beide Dramatiker haben den Einfluß Piscators auf ihr Schaffen stets betont. Friedrich Wolf schrieb 1933: „Wir müssen immer wieder betonen, daß die ganzen linken Theaterstücke des professionellen Theaters – sei es ein ‚analytisches‘ Stück wie Wangenheims ‚Mausefalle‘ oder eines der ‚episch‘-informierenden Stücke Brechts oder eines meiner Stücke –, daß alle diese Theaterstücke der ‚großen Form‘ undenkbar sind ohne die Vorarbeit der Agitprop-Trupps, ohne die Vorarbeit Piscators.“[48] Dieser Einfluß, wenn auch verschieden stark, bleibt unumstritten. Doch in den dreißiger Jahren gingen alle drei Dramatiker in ihrer Theaterarbeit Wege, die sich vom Piscator-Stil der zwanziger Jahre unterschieden, auch wenn sie Elemente seines Stils übernahmen.

Piscators Verhältnis zur proletarischen Theaterbewegung, seine Stellung in der Entwicklungsgeschichte der revolutionären Dramatik war schon damals, als seine Arbeit noch unmittelbare Gegenwart war, stark umstritten und ist es noch heute. Friedrich Wolf schrieb, daß „das dramatische Maschinengewehrfeuer der Agitprop-Truppen und die schwereren Volltreffer der Piscator-Bühne“[49] die sozialistische Dramatik ankündigten, daß sie aus diesen beiden Quellen hervorging. Während Berta Lask 1930 in einem Aufsatz der „Linkskurve“ gegen Piscator anführte: „Er ist der Ansicht, daß die vergangenen zehn Jahre eine einheitliche Entwicklungslinie des ‚politischen Theaters‘ bilden, eng verbunden mit dem Schicksal Piscators. Auch beim Rückblick bemerkt er nicht, daß dies nur in den ersten Jahren nach dem Krieg der Fall war und daß, seit einem gewissen Zeitpunkt, das ‚politische Theater‘ sich einerseits zum proletarischen revolutionären Theater, andererseits zur ‚Piscator-Bühne‘ entwickelt hat. Von diesen zwei Richtungen entfaltet sich

48 F. Wolf, „Aufsätze über Theater“, a. a. O., S. 23.
49 Ebenda, S. 10.

die eine trotz aller Schwierigkeiten weiter, während die zweite Richtung alle zwei Jahre eine zerschmetternde Niederlage erleidet."[50] Wenn auch Piscator mit der sogenannten 3. Piscator-Bühne (1930/31), die von den proletarischen Massenorganisationen getragen wurde, noch einmal einen engeren Kontakt zum revolutionären Proletariat fand, so hat doch Berta Lask insofern recht, als Piscators Arbeit in den Jahren 1927 bis 1929 mit beträchtlichen ideologischen Kompromissen verbunden war. Piscators Stil formte sich bei seinen Inszenierungen 1924 bis 1927 an der Volksbühne („Fahnen" und „Sturmflut" von Paquet, „Gewitter über Gottland" von Welk). Damals gab es nur wenige Stücke, die von einem konsequent sozialistischen Standpunkt aus konzipiert waren. Seine Methode bestand darin, daß er durch die Regie, mit den Mitteln des Films, der Projektion ersetzte, was den Stücken nach seiner Meinung fehlte. Über seine Regie schrieb Piscator: „Vielleicht ist die ganze Art meiner Regie nur entstanden aus einem Manko der dramatischen Produktion. Sicher wäre sie niemals so überragend in Erscheinung getreten, wenn ich eine adäquate dramatische Produktion vorgefunden hätte."[51] Und über seine erste Arbeit an der Volksbühne heißt es bei ihm: „Zum erstenmal inszenierte ich mit großen Mitteln, aber dennoch mit festen Anschauungen."[52] Als er sein eigenes Theater besaß, wurde er kompromißbereiter, und seine Anschauungen wurden lockerer. In der 1. und 2. Piscator-Bühne arbeitete er seinen Stil weiter aus und führte ihn zu technisch übersteigerten Experimenten. Ein riesiger technischer Bühnenapparat, Film und Massen von Darstellern wurden zu integrierenden Bestandteilen seiner Inszenierungskunst. (10) Auf die vielfältigen Mittel eines großen Theaters wollte Piscator, nachdem er seinen Inszenierungsstil entwickelt hatte, nicht mehr verzichten. Es war bezeichnend, daß Piscator, wenn die

50 B. Lask, „Erwin Piscator ‚Das politische Theater'"; in: „Linkskurve", Berlin 1930, 2. Jg., Heft 1.

51 E. Piscator, „Das politische Theater", Berlin 1929, S. 128.

52 Ebenda, S. 52.

Technik nicht seinen weitgespannten Vorstellungen nachkam, zu äußern pflegte: „Ja, dann können wir eben kein Theater machen."[53] Er wollte nicht mehr zurück in die kleinen Saalbühnen und Versammlungslokale, wie Kliems Festsäle und das Moabiter Gesellschaftshaus, in denen er 1920/21 mit seinem „Proletarischen Theater" aufgetreten war und wo auch Brecht dann 1932 seine „Mutter" zu spielen beabsichtigte. Theater mit moderner Bühnenmaschinerie, Film und große Mittel für Aufführungen lagen aber in den Händen der herrschenden Klasse. Piscator ist sich dieses Dilemmas stets bewußt gewesen, und er hat auch ganz bewußt den Weg des Kompromisses gewählt. Er glaubte damals, der Partei auch durch einen Kompromiß helfen zu können. Piscator, mit dem Marxismus wenig vertraut, in der Auswahl der Stücke oft von einer gefährlichen ideologischen Unbedenklichkeit, verlor sich dann in technische Experimente, die zwar meist vom Inhalt ausgingen, aber durch ihren komplizierten, kostspieligen Aufwand dazu beitrugen, daß Piscator bereits nach einem Jahr sein Theater wieder schließen mußte. 1930 verband er sich wieder enger mit dem Proletariat. An der sogenannten 3. Piscator-Bühne, die nur ein Jahr bestand, schuf er seine schönste Inszenierung, Friedrich Wolfs „Tai Yang erwacht". Es ist kein Zufall, daß Piscators Theaterarbeit schon 1931 ein Ende fand; er ging in die Sowjetunion und verfilmte dort Anna Seghers' „Aufstand der Fischer von St. Barbara". 1931 war der faschistische Druck, wirtschaftlich wie ideologisch, so stark geworden, daß es für das revolutionäre Proletariat keine Möglichkeit mehr gab, ein Theater mit allen technischen Mitteln zu bespielen, wie es Piscators Stil verlangte. Während aber andere den Kampf auch mit den beschränktesten Mitteln fortführten, wurde Piscator durch seine Vorstellung vom Theater immer mehr vom politischen Kampf der Arbeiterklasse abgedrängt.

Brecht, Wolf und Wangenheim zogen ihre Lehren aus dem

53 Ebenda, S. 169.

Weg Piscators, sie sahen bei aller Bewunderung für ihn, daß in der politischen Situation von 1931 ein Theaterspiel von der Art Piscators nicht mehr möglich war, ohne politische Konzessionen zu machen. Brecht entwickelte ein Theater äußerster Kargheit, das trotz mancher übernommener Elemente in seiner Gesamtheit dem Piscators entgegengesetzt war. Es wäre aber ein Fehler, wollte man hier zwischen dem Regisseur Piscator und den Dramatikern wie Brecht und Wolf einfach Vergleiche ziehen. Die Dramatiker konnten selbstverständlich in einer Situation wie der des Jahres 1931 dem proletarischen Theater entscheidendere Impulse geben, als das die Regisseure vermochten, die auf das Angebot von Stücken angewiesen waren. Wie es überhaupt eine alte Tatsache ist, daß die entscheidenden Veränderungen im Theater weder von Regisseuren noch von Schauspielern ausgehen, sondern von den Dramatikern. Schumacher, der in seinem Buch „Die dramatischen Versuche Bertolt Brechts 1918–1933" richtig die unterschiedlichen Entwicklungstendenzen zwischen Piscator und Brecht aufzeigt, muß jedoch zu einer falschen Bewertung kommen, wenn er fortgesetzt mechanisch die Arbeit des Regisseurs Piscator mit der des Dichters Brecht vergleicht. Ein richtiger Gedanke wird durch diesen mechanischen Vergleich oberflächlich und auch falsch. Schumacher schreibt: „Bei Piscator dominierte der Apparat, bei Brecht der Mensch (wenn auch in abstrakter Form). Piscator erreichte eine äußere Dynamik, während Brecht in seinen besten Stücken innere Spannung aus einfachen Verhältnissen erreichte... Aber gegenüber dem dramatisierenden Journalismus verteidigte Brecht als echter Dichter das künstlerische Prinzip..."[54] Durch diese mechanische Gegenüberstellung legte Schumacher dem Regisseur Mängel zur Last, die nur durch den Dramatiker zu beheben waren. Der Einfluß Bertolt Brechts und Friedrich Wolfs, wie auch der Gustav von Wangenheims, auf die sozialistische Dramatik

54 E. Schumacher. „Die dramatischen Versuche Bertolt Brechts 1918–1933", Berlin 1955, S. 209.

muß schon deshalb höher bewertet werden, weil sie als Dichter die Dramatik vom Inhalt her erneuern konnten.

Brecht, der von jeher unaufhörlich experimentiert hatte, suchte Ende der zwanziger Jahre nach neuen Wegen, um sich von dem Apparat des bürgerlichen Theaters frei zu machen, der das künstlerische Schaffen uniformierte und es im Sinne der bürgerlichen Ideologie ausrichtete. Diese Versuche führten Bertolt Brecht an die Seite der revolutionären Arbeiterklasse und ihrer Partei.

ERSTES KAPITEL

Brechts Entwicklung zum sozialistischen Dramatiker in der Zeit der Weltwirtschaftskrise (1930–1933)

1

„DIE MASSNAHME"

DER ÜBERGANG DES BÜRGERLICHEN INTELLEKTUELLEN ZUR ARBEITERKLASSE

Mit dem Lehrstück „Die Maßnahme" wandte sich Bertolt Brecht zum ersten Male der Gestaltung des proletarischen Kampfes zu, der geführt von der Kommunistischen Partei vor sich ging. Damit drang der Dichter in eine neue Welt ein. Er erschloß sich eine neue Thematik, die sein gesamtes Schaffen entscheidend beeinflußte. Dem Lehrstück „Die Maßnahme" kommt trotz einiger ästhetischer Schwächen eine besondere Bedeutung zu; denn in ihm sind die überaus komplizierten politischen und ästhetischen Probleme konzentriert, die sich für den bürgerlichen Schriftsteller aus dem Übergang auf die Seite des Proletariats ergeben. Diese Probleme sind nicht nur deshalb wichtig, weil sie zeigen, auf welchem Wege sich Brecht zum sozialistischen Dramatiker entwickelte, sondern sie werfen auch Fragen der allgemeinen Literaturentwicklung auf.

Der Übergang Brechts zur Arbeiterklasse vollzog sich in einer Zeit, so schrieb Alfred Kurella in der Zeitschrift „Literatur der Weltrevolution", „wo die Kommunistenhetze schärfste Formen angenommen hat und Intellektuelle, die einstmals mit dem Kommunismus sympathisierten, in Scharen zum Gegner überlaufen"[1]. Brecht zählte zu jenem kleinen

1 A. Kurella, „Ein Versuch mit nicht ganz tauglichen Mitteln"; in: „Literatur der Weltrevolution", Zentralorgan der internationalen Vereinigung revolutionärer Schriftsteller, Moskau 1931, Heft 4, S. 109.

Teil der deutschen Intelligenz, der sich von der zunehmenden Faschisierung nicht in die Knie zwingen ließ. Er folgte nicht jenen bürgerlichen Dramatikern, die den Rückzug in das belanglose Amüsiertheater, in eine unverbindliche, unverfängliche Thematik antraten. Er überwand die Schranken, die den kleinbürgerlichen Intellektuellen trotz aller rebellischen Vorstellungen und oft geübter geistiger Opposition an die bürgerliche Klasse fesselten. Der Bruch mit seiner Klasse war radikal, wenn auch auf politischem wie ästhetischem Gebiet äußerst kompliziert. Brechts Wendung zum Proletariat in den dreißiger Jahren kam für viele, die in ihm nur den Dramatiker eines geistvollen Formenexperiments, den Verfasser der „Dreigroschenoper" und der Oper „Mahagonny" sahen, überraschend. So schrieb Biha in der „Linkskurve" anläßlich der Aufführung der „Maßnahme": „Einer, der bisher außerhalb unserer Reihen stand, hat ein Stück geschrieben, das grundsätzlich auf dem Boden des Klassenkampfes steht, sich offen und mutig zur Kommunistischen Partei bekennt. In diesem Stück ist der Autor kein fremder Beobachter, sondern Mitkämpfer ... Wir hatten niemals bisher daran gedacht, Brechts Produktion als die eines revolutionären Kameraden zu betrachten ..."[2]

Bei einem genauen Studium der Werke Brechts wird man nicht übersehen können, daß es ihm schon ab Mitte der zwanziger Jahre immer darauf ankam, den Mechanismus der Gesellschaft zu erfassen und bloßzulegen. Selbst dort, wo manche nur Formenexperiment, exzentrische Originalität und Bilderstürmerei sahen, verbarg sich ein gesellschaftliches Problem. Bereits in der „Dreigroschenoper" und in „Mahagonny" war Brecht auf das Phänomen Geld gestoßen. In „Mahagonny" schildert Brecht, wie der Holzfäller Paul Ackermann, der drei Flaschen Whisky und eine Storesstange nicht bezahlen konnte, in der Glücksstadt Mahagonny zum Tode verurteilt wurde:

2 O. Biha, „Die Maßnahme"; in: „Linkskurve", a. a. O., 1931, Heft 1.

„Wegen Mangel an Geld
Was das größte Verbrechen ist
Das auf dem Erdenrund vorkommt."[3]

In dieser Zeit trug er sich mit Plänen zu den Dramen „Joe Fleischhacker in Chicago" (Weizen) und „Dan Drew" (Die Erie-Bahn); das erste kündigte Piscator bereits auf seiner Bühne an. Was alle diese Stücke aus der zweiten Hälfte der zwanziger Jahre charakterisierte, war der Versuch, den Mechanismus der kapitalistischen Wirtschaft zu erfassen. Elisabeth Hauptmann notierte am 26. Juli 1926 über die Arbeit Brechts: „Er behauptete, die Praktiken mit Geld seien sehr undurchsichtig, er müsse jetzt sehen, wie es mit den Theorien über Geld stehe."[4] Und im Oktober 1926: „Nach der Aufführung von ‚Mann ist Mann' beschafft sich Brecht Arbeiten über den Sozialismus und Marxismus und läßt sich aufschreiben, welche Grundwerke er davon zuerst studieren soll. Aus dem Urlaub schreibt er in einem Brief kurze Zeit später: ‚Ich stecke acht Schuh tief im »Kapital«. Ich muß das jetzt genau wissen ...'"[5] Das Studium des Marxismus, das ihn später auch an die von Hermann Duncker geleitete Marxistische Arbeiterschule führte, wurde zu einer bestimmenden Wende in seinem Leben.

Gleichzeitig mit dem Studium der Ökonomie, der Klassiker des Marxismus erfolgte auch die erste Konzeption des „epischen Theaters". Die neugewonnenen Erkenntnisse zeigten sich in Brechts dramatischem Schaffen zuerst in einer verschärften Gesellschaftskritik. Zwar hatte Brecht in der „Dreigroschenoper" und in „Mahagonny" die herrschende Klasse schon in dem Punkt kritisiert, wo sie am empfindlichsten ist, nämlich bei ihren materiellen Interessen, aber jener Angriff traf noch nicht ins Zentrum. Alfred Kerr hatte nicht ganz unrecht, als er meinte, die Menschen gingen nicht

3 B. Brecht, „Stücke", a. a. O., Bd. III, S. 246.
4 E. Hauptmann, „Notizen über Brechts Arbeit 1926"; in: „Sinn und Form", Zweites Sonderheft Bertolt Brecht, Berlin 1957, S. 243.
5 Ebenda.

in die „Dreigroschenoper" wegen des „Häppchens Kommunismus"[6], sondern um ein Unterhaltungsstück zu sehen, dessen politische Stoßkraft der Bürger nicht auf sich gerichtet fühlte. Politisch viel schärfer zupackend und die kapitalistische Gesellschaft gründlicher entlarvend war das Schauspiel „Die heilige Johanna der Schlachthöfe". Hier treten uns die Klassenkräfte schon nicht mehr abstrakt entgegen, Brecht gab ein wahres Bild von den Kämpfen der Klassen. Mit der „Heiligen Johanna" hatte er sich zu einem Standpunkt durchgerungen, der bei einem so wirklichkeitsverbundenen Dichtertypus, wie er es war, zu unmittelbar praktischen Schlußfolgerungen führen mußte. Der nächste Schritt führte folgerichtig an die Seite des Proletariats.

Das Lehrstück „Die Maßnahme" entstand kurz nach der „Heiligen Johanna der Schlachthöfe", die 1929/30 geschrieben wurde. (1) Es ist in vielerlei Hinsicht interessant, zu untersuchen, wie die Probleme der „Heiligen Johanna" in die Thematik der „Maßnahme" hinüberwuchsen, wie Brecht immer mehr zu jenen Kräften vordrang, die fähig waren, die Welt zu verändern. Brechts Johanna fragt:

„Gibt es hier nicht Leute, die etwas unternehmen?
Der Arbeiter: Ja, die Kommunisten.
Johanna: Sind das nicht Leute, die zu Verbrechen auffordern?
Der Arbeiter: Nein. (Stille.)
Johanna: Wo sind die Leute?"[7]

Die kommunistischen Arbeiter blieben in diesem Stück aber noch Randfiguren, sie standen nicht im Zentrum. Die Art aber, wie Brecht sie durch andere Gestalten des Stückes charakterisieren ließ, beweist, daß sie seine ganze Sympathie und sein politisches Verständnis besaßen. (2) Die Worte über den politischen Funktionär, die zu den schönsten dieser

6 A. Kerr, „Was wird aus Deutschlands Theater?", a. a. O., 23. These.
7 B. Brecht, „Stücke", a. a. O., Bd. IV, S. 131.

Dichtung zählen, kündigten schon die Gestaltung der revolutionären proletarischen Charaktere in der „Maßnahme" und der „Mutter" an:

„Keiner von diesen da
Hat nur für sich gesorgt:
Sondern für fremder Leute Brot
Liefen sie ruhlos.
...
Der Ungerechte geht offen über die Straße, aber
Der Gerechte versteckt sich.
...
Obgleich sie
Um geringen Lohn arbeiten und für viele nützlich sind
Lebt keiner von ihnen seine Jahre zu Ende
Ißt sein Brot, stirbt satt und wird
In Ehren begraben, sondern
Vor ihrer Zeit enden sie und sind
Erschlagen und zerstampft und in Schande verscharrt.'[8]

Vergleicht man diese Stelle mit dem „Lob der illegalen Arbeit"[9] aus der „Maßnahme", so wird der unterschiedliche Standpunkt, von dem aus die beiden Stücke geschrieben wurden, deutlich. Obwohl Brecht in der „Heiligen Johanna" bereits mit eindeutig marxistischen Kategorien arbeitete – das ganze Stück beweist eine profunde Kennntnis der Politischen Ökonomie –, ging er doch über die Haltung eines gerecht denkenden, aber noch unbeteiligten Beobachters nicht hinaus. In der „Maßnahme" dagegen ist er schon Mitkämpfer. Die Sache der Partei fand deshalb eine andere Darstellung.

Trotz dieser Unterschiedlichkeit, die nicht übersehen werden kann, gibt es eine Parallele in der Thematik beider Werke. Andererseits aber ist es außerordentlich interessant,

8 Ebenda, S. 195.
9 Siehe: Ebenda, S. 266 f.

zu verfolgen, wie intensiv bestimmte Probleme Brecht beschäftigten und wie sie aus dem Gestaltungsbereich der bürgerlichen Welt in die proletarische hinübergeführt wurden. Damit kommen wir zu den komplizierten Problemen des Übergangs, von denen oben die Rede war.

Ein Hauptthema der „Heiligen Johanna der Schlachthöfe" war die Frage nach der Gewaltanwendung. Um denselben Gedankenkreis, wenn auch von einer ganz neuen Fragestellung aus, geht es in der „Maßnahme". Bei dem Übergang kleinbürgerlicher Intellektueller auf die Seite des Proletariats spielte immer, besonders aber in revolutionären Situationen, die Frage der Gewalt, des revolutionären „Terrors" eine Rolle. Sie wurde für diese Menschen zu einem zentralen Problem, zu dem Grunderlebnis ihres Übergangs zum Proletariat. Ein Blick in die Geschichte lehrt, daß sich in Zeiten eines beginnenden revolutionären Umschwunges oder nach niedergeschlagenen Revolutionen fast immer eine Antigewalt-Ideologie herausbildete, die der herrschenden Klasse dazu diente, die unzufriedenen kleinbürgerlichen Schichten, vor allem die Intelligenz, von den revolutionären Massen zu isolieren und gefügig zu machen. Es sei hier nur auf die Ausbreitung des Tolstoianertums nach 1905 in Rußland und die expressionistische O-Mensch-Dichtung in Deutschland nach 1918 verwiesen. Der Weg der Intellektuellen zum revolutionären Proletariat wurde von der herrschenden Klasse gerade durch diese Schranke verbarrikadiert, wenngleich sie auch nicht die einzige war. Es galt sich hier durchzuringen, falsche bürgerliche Humanitätsvorstellungen zu überwinden und die Gewalt so zu begreifen, wie sie Marx und Engels schon im „Kommunistischen Manifest" erklären: „Die politische Gewalt im eigentlichen Sinn ist die organisierte Gewalt einer Klasse zur Unterdrückung einer andern."[10] Die Auseinandersetzung mit jener Antigewalt-Ideologie geschah in verschiedener Weise; ihr Ausgangspunkt war jedoch für die meisten Intellektuellen

10 K. Marx/F. Engels, „Werke", Berlin 1959, Bd. 4, S. 482.

nicht die theoretische, sondern die aktuell politische Seite des Problems.

Bei Brecht vollzog sich diese Auseinandersetzung zugleich einfacher und komplizierter als bei manchem anderen Intellektuellen. Der Dichter, der zu Beginn der zwanziger Jahre einen bis zum Nihilismus gehenden kritischen Standpunkt eingenommen hatte, schleppte keine Illusionen von der Art mit, wie sie bei einigen fortschrittlichen bürgerlichen Schriftstellern erst durch die grausame Wirklichkeit der Hitlerdiktatur zerstört wurden. In der „Heiligen Johanna" zeigte Brecht, wie sich der kleinbürgerliche Mensch, hier die Johanna, von Stufe zu Stufe zu der Erkenntnis durchringt, daß gegen Gewalt nur Gewalt hilft. Er läßt Johanna sagen: „Ich lauf von Pontius zu Pilatus und mein: wenn ich euch da oben helf, dann ist denen unter euch auch geholfen. Da ist so eine Art Einheit und wird am gleichen Strang gezogen, aber da war ich schön dumm. Wer denen, die arm sind, helfen will, der muß ihnen, scheint's, von euch helfen. Habt ihr denn gar keine Ehrfurcht mehr vor dem, was Menschenantlitz trägt? Da könnt es passieren, daß man euch auch nicht mehr als Menschen ansieht, sondern als wilde Tiere, die man einfach erschlagen muß im Interesse der öffentlichen Ordnung und Sicherheit!"[11] Brecht sah die Schwierigkeit nicht so sehr darin, sich zu dieser Wahrheit durchzuringen, sondern dann im gesellschaftlichen Leben und im politischen Kampf an ihr festzuhalten. Seine Titelheldin zerbricht an der auferlegten Belastungsprobe, sie klagt später: „Es kann nicht gut sein, was mit Gewalt gemacht wird. Ich gehör nicht zu ihnen. Hätten mich als Kind der Tritt des Elend und der Hunger Gewalt gelehrt, würde ich zu ihnen gehören und nichts fragen."[12] Damit zeigte Brecht, daß der Übergang kleinbürgerlicher Intellektueller zum Proletariat bei politischen Entscheidungen von Rückfällen, Reformismus und menschlichem Versagen begleitet

11 B. Brecht, „Stücke", a. a. O., Bd. IV, S. 106.
12 Ebenda, S. 158.

ist, wenn er nicht einen radikalen Bruch mit der alten bürgerlichen Klasse, ein Aufgehen in die Gesamtbewegung des Proletariats bedeutet. So ist diese großartige Dichtung, die „Heilige Johanna der Schlachthöfe", für Brecht vor allem eine Selbstverständigung geworden. Die Konsequenz aus diesem Stück ergab einen neuen weltanschaulichen Standpunkt, der in der „Maßnahme" zum ersten Male dichterisch fixiert, aber eigentlich noch auf der alten Thematik ausgetragen wurde.

Auch in der „Maßnahme" wurde die Frage der Gewalt aufgeworfen, allerdings von einem ganz anderen Aspekt. Es wäre gewiß eine unzulässige Verallgemeinerung, wollte man das Thema des Lehrstücks auf die Frage reduzieren: Darf man einen Genossen im Interesse der gemeinsamen Sache töten? Der ganze Gedankenkreis ist verzweigter und vielschichtiger. Die Agitatoren berichten von ihrer revolutionären Arbeit in China; sie war von Erfolg, aber sie mußten einen Genossen töten, der die Erfüllung ihrer politischen Aufgabe gefährdete. Die Handlung ist so angelegt, daß alles mit zwangsläufiger Notwendigkeit geschieht, daß kein Ausweichen möglich ist, sondern nur ein Ja oder Nein zur Frage, ob man einen Genossen töten darf oder nicht. Für Brecht war das kein zufälliges, abseitiges Thema; das geht schon daraus hervor, daß die beiden Lehrstücke „Der Jasager" und „Der Neinsager" thematisch direkt auf die spätere „Maßnahme" hinweisen, denn in diesen beiden Stücken wird der gleiche zugespitzte Konflikt behandelt. Nur ist dort die Umwelt, die Situation, in die der Konflikt gestellt wurde, noch abstrakter als in der „Maßnahme" und hat keinen Bezug zur revolutionären Bewegung. Ein Lehrer unternimmt mit seinem Schüler einen Marsch über das Gebirge, um Medizin für die kranke Mutter und für die von der Seuche befallene Stadt zu holen; der Junge erträgt die Strapazen des Marsches nicht, und der Lehrer ist vor die Entscheidung gestellt, entweder den Knaben zu töten oder ihn zurückzubringen und damit auf die Medizin für die von der

Seuche heimgesuchte Stadt zu verzichten. Als der Knabe mit seinem Tod einverstanden ist, sagt der Lehrer: „Er hat der Notwendigkeit gemäß geantwortet."[13] Nach einer Diskussion in der Karl-Marx-Schule in Neukölln schrieb Brecht den „Neinsager". In diesem Stück wird der Knabe zurückgebracht: „Dann wollen wir umkehren, und kein Gelächter und keine Schmähung sollen uns abhalten, das Vernünftige zu tun, und kein alter Brauch uns hindern, einen richtigen Gedanken anzunehmen."[14] Für diese Lösung schwächte der Dichter aber auch den Konflikt ab, indem er aus der Reise, die im „Jasager" unternommen wurde, um Medizin für die von der Seuche befallene Stadt zu holen, eine Forschungsreise machte.

In der „Maßnahme" nahm Brecht den aufs höchste zugespitzten Konflikt wieder auf und stellte ihn in eine politische Situation, um sich Antwort auf eine politische Frage zu geben. Die gesamte Fragestellung vom „Jasager" über den „Neinsager" bis zur „Maßnahme" hat einen politischen Kern; sie ist die Fortsetzung des Gewaltproblems, das der Dichter bereits in der „Heiligen Johanna der Schlachthöfe" aufgeworfen hatte. Gewaltanwendung gegen die Ausbeuter hatte er bereits in der „Heiligen Johanna" bedingungslos bejaht: Gegen Gewalt hilft nur Gewalt. Für den Intellektuellen, der auf die Seite des Proletariats überging, erwuchs nun aber die Frage: Wie verhalte ich mich den Menschen gegenüber, an deren Seite ich kämpfe? Die Johanna versagte aus Kleinmut, Schwäche, weil sie die letzte Schranke nicht überwand. In der „Maßnahme" spitzte Brecht einen solchen Fall bis zur äußersten Konsequenz zu: Wie verhalte ich mich zu einem Genossen, der aus Ungeduld gegen die Anordnung der Partei verstößt, weil er im Augenblick glaubt, einen besseren Weg zu wissen? Ist es gerechtfertigt, ihn zu töten, wenn es die Notwendigkeit verlangt?

Die ganze Fragestellung, die Brecht hier vorbringt, ist

13 B. Brecht, „Stücke", a. a. O., Bd. IV, S. 230.
14 Ebenda, S. 246.

natürlich äußerst abstrakt, äußerst konstruiert, äußerst unreal. Wie läßt es sich erklären, daß sie Brecht dennoch so stark beschäftigte? Dadurch vor allem, daß Brecht zu jener Zeit, im Jahre 1930, noch keine lebendige Beziehung zur revolutionären Arbeiterbewegung besaß, seine Hinwendung zum Marxismus aber ein sehr ernsthafter, sein ganzes weiteres Leben und Schaffen bestimmender Schritt war. Bei anderen Intellektuellen, die inmitten der revolutionären Bewegung standen, vollzog sich das Umdenken, das „Anderswerden", wie Johannes R. Becher es nennt, als ein langdauernder Prozeß; die Wirklichkeit schliff ihre konstruierten Ideen ab, korrigierte ihre abstrakten Fragestellungen; der politische Tageskampf konkretisierte ihre Ansichten, und so entstand allmählich ihr neues Bewußtsein. Brechts Schritt an die Seite des Proletariats geschah dagegen vor allem vom intellektuellen Erlebnis der marxistischen Theorie her. Mit der lebendigen Praxis des politischen Kampfes der Arbeiterklasse, die das einzige zuverlässige Kriterium für die Richtigkeit bestimmter Vorstellungen und Ideen ist, war er damals nur in geringem Maße verbunden. Er prüfte die Gedanken eines Themas nicht an eigenen Eindrücken aus der Praxis des revolutionären Klassenkampfes, sondern er konstruierte zunächst immer neue abstrakte Varianten, um so sein Thema zu erhärten. Natürlich besaß er genug Wirklichkeitssinn und politisches Wissen, um sich nicht in gedankliche Spielerei zu verlieren. Es soll hier nur darauf hingewiesen werden, daß sich dieser Prozeß des Übergangs gedanklich, ohne die konkrete Fülle der Wirklichkeit, der proletarischen Massenbewegung, vollzog.

Der Dichter geriet bei der Behandlung des Gewaltproblems in eine idealistische Fragestellung und in eine abstrakte Gestaltungsweise. Indem Brecht in der „Maßnahme" (und noch deutlicher im „Jasager") die Rechtfertigung einer Handlung, einer Maßnahme von ihren Folgen abhängig machte, gelangte er gedanklich, wenn vielleicht auch ungewollt, zu der abstrakten Antinomie von Gesinnung und

Folge. Die Tötung des Knaben wurde gerechtfertigt durch die Versorgung der Stadt mit Medizin, die Tötung des jungen Genossen mit der Erledigung der revolutionären Aufgabe. Brecht verlor sich infolge der fehlenden Verbindung mit dem konkreten, tagtäglichen Klassenkampf in eine Abstraktion. Hegel, der sich in seiner „Rechtsphilosophie" über das Dilemma von Gesinnung und Folge äußerte, faßte trotz seiner idealistischen Grundkonzeption die Frage dialektisch auf und bemerkte: „Der Grundsatz: bei den Handlungen die Konsequenzen verachten, und der andere: die Handlungen aus den Folgen beurteilen, und sie zum Maßstab dessen, was recht und gut sei, zu machen – ist beides gleich abstrakter Verstand."[15] In dieses Dilemma geriet Brecht unweigerlich, da die Handlung der Agitatoren durch die Technik des Lehrstücks sofort mit den Folgen konfrontiert wurde. Beides aber, Handlung und. Folge, stellte er abstrakt, statisch gegenüber, ohne die ganze Vielfalt von wirklichen, konkreten Beziehungen zu erfassen. Die Dualität von Gesinnung und Folge, wohin bei Brecht das Gewaltproblem geriet, stand im Zusammenhang mit einer abstrakten, undialektischen Auffassung von Freiheit und Notwendigkeit, von Individuum und Gesellschaft. Durch die abstrakte Fragestellung wurde die Handlung der beiden Lehrstücke vom Dichter so konstruiert, daß die Notwendigkeit ihren dialektischen Zusammenhang mit der Freiheit des Menschen verlor. Die gesamte Struktur des Lehrstücks, der Aufbau der wenig entwickelten Handlung machten ein dialektisches Umschlagen von Notwendigkeit in Zufälligkeit und umgekehrt nicht möglich. Auf diesen dialektischen Zusammenhang aber wies bereits Hegel hin: „Die Entwicklung des Widerspruchs, den die *Notwendigkeit* des *Endlichen* enthält, ist im Dasein eben das Umschlagen von Notwendigkeit in Zufälligkeit und umgekehrt."[16]

15 G. W. F. Hegel, „Grundlinien der Philosophie des Rechts", Leipzig 1911, S. 101.
16 Ebenda, S. 102.

Die Welt, wie sie in der „Maßnahme“ wiedergegeben wurde, erschien fetischisiert, unbeweglich und unmenschlich. Es ist daher kein Zufall, daß viele Literaturkritiker die Gestaltung der „Maßnahme“ mit der Unentrinnbarkeit der antiken Schicksalstragödie verglichen. Der Mangel an materialistischer Dialektik, der das ganze Stück durchzieht und der zu der idealistischen Konzeption führte, erklärt sich daraus, daß Brecht, wie schon angeführt, mit dem revolutionären Kampf der Arbeiterklasse noch nicht unmittelbar verbunden war, daß er bei der Gestaltung des Stückes daher nicht in vollem Maße von der objektiven Dialektik der Dinge und Tatsachen gelenkt wurde. Von der idealistischen Position, von dem noch nicht überwundenen Widerspruch zwischen theoretischer Aneignung der revolutionären marxistischen Theorie und der noch fehlenden persönlichen Erfahrung aus der revolutionären Praxis erklären sich die politischen und ästhetischen Schwächen des Stückes.

Ernst Schumacher, der sich in seinem Buch „Die dramatischen Versuche Bertolt Brechts 1918–1933“ bemüht nachzuweisen, daß Brecht in seinen Frühwerken, bevor er sich mit der marxistischen Theorie vertraut machte, auf dem Standpunkt des mechanischen Materialismus stand, geht auf die idealistische Position Brechts in der „Maßnahme“ nicht näher ein. Schumacher erkennt sehr wohl die Schwächen des Lehrstückes, wenn er schreibt: „Die sich anschließende ‚Maßnahme‘ stellt den Versuch dar, typische Erscheinungen dieses Kampfes um eine Veränderung der Gesellschaft innerhalb des subjektiven geschichtlichen Faktors, der proletarisch-revolutionären Partei, darzustellen, und zwar mit Hilfe der materialistischen Dialektik. Der Versuch blieb unvollkommen, weil Brecht nur formal konkret wurde – indem er die revolutionäre Bewegung zum Träger der Handlung machte –, aber von einer wirklichen Konkretisierung auch jetzt zurückschreckte.“[17] Obwohl

17 E. Schumacher, „Die dramatischen Versuche Bertolt Brechts 1918–1933“, a. a. O., S. 344 f.

Schumacher sehr ausführlich Kurellas Artikel „Ein Versuch mit nicht ganz tauglichen Mitteln“ zitiert und die abstrakte Gestaltung des Werkes hervorhebt, erfährt die idealistische Position Brechts in diesem Werk bei Schumacher keine Analyse. Würde Schumacher das tun, so käme er allerdings mit seiner etwas vereinfacht und mechanisch aufgefaßten Konzeption von dem materialistischen Grundcharakter der Brechtschen Frühwerke in Konflikt. Es ist überhaupt eine Schwäche der sonst so verdienstvollen Arbeit Schumachers, daß die theoretische Durchdringung des Stoffes durch eine Fülle von literaturgeschichtlichen Erläuterungen und Inhaltsangaben verdrängt wird.

Die oben dargelegte falsche Ausgangsposition Brechts erklärt auch einige politische Schwächen des Stückes. Sie müssen hier herausgearbeitet werden, um die Kompliziertheit des Übergangs, wie er sich im dramatischen Schaffen Brechts widerspiegelt, verständlich zu machen. Selbstverständlich darf man dabei keinen Augenblick vergessen, daß das Lehrstück damals eine starke aktivierende Wirkung hatte. Aber das wird noch darzustellen sein. Eine eingehende politische Untersuchung ist aber auch deshalb notwendig, weil ja Brecht und seine Mitarbeiter mit diesem Lehrstück politische Lehren vermitteln wollten. Die Zuschauer sollten an Hand dieser Lehren ihre eigenen Handlungen überprüfen. Der chinesische Schauplatz des Stückes war für Brecht eigentlich nur, wie Kurella es ausdrückte, ein abstraktes, geistiges „Manövergelände ... zur Exemplifizierung bestimmter Ideen“[18]. Brecht übertrug den Konflikt aus der Schuloper „Der Jasager“, den der Dichter aus dem japanischen Stück „Taniko“ entnommen hatte, auf die chinesische Befreiungsbewegung. Damit war aber noch keine Konkretisierung erreicht; denn von einer Konkretisierung kann man nur sprechen, wenn der Konflikt und die Charaktere organisch aus einer bestimmten historischen Situation hervorgehen.

18 A. Kurella, „Ein Versuch mit nicht ganz tauglichen Mitteln“, a. a. O., S. 101.

Obwohl die Ereignisse der chinesischen Revolution und des Kantoner Aufstands in der deutschen Arbeiterklasse sehr lebendig waren, sah man in dem chinesischen Schauplatz nur eine Art „Tarnung", die nötig war, um ein revolutionäres Werk gegen die Verbotsmaßnahmen der herrschenden Klasse durchzusetzen. In einem Polizeibericht aus dem Jahre 1932 hieß es auch dementsprechend: „Das Chorwerk ist nach außen hin getarnt; es soll angeblich in China spielen. Der Inhalt zeigt aber, daß nur anstelle des Wortes ‚China' das Wort ‚Deutschland' eingefügt werden brauchte und daß das gesamte Chorwerk auf deutsche Verhältnisse anzuwenden war."[19]

Die politische (und, wie noch darzulegen sein wird, auch eine ästhetische) Schwäche des Werkes besteht nun darin, daß der Handlung wegen ihres abstrakten Charakters die Beweiskraft fehlt. Gefährdet das Verhalten des jungen Genossen wirklich die Erfüllung der revolutionären Aufgabe? Die Gestaltung einer konkreten historischen Situation, aus der dies und die Berechtigung des Entschlusses der drei Agitatoren ablesbar wäre, ist in der „Maßnahme" durch einen allgemeinen Hinweis auf die Lehren der Klassiker ersetzt:

„*Der junge Genosse:* So frage ich: dulden die Klassiker, daß das Elend wartet?

Die drei Agitatoren: Sie sprechen von Methoden, welche das Elend in seiner Gänze erfassen.

Der junge Genosse: Dann sind die Klassiker also nicht dafür, daß jedem Elenden gleich und sofort und vor allem geholfen wird?

Die drei Agitatoren: Nein.

Der junge Genosse: Dann sind die Klassiker Dreck, und ich zerreiße sie; denn der Mensch, der lebendige, brüllt, und sein Elend zerreißt alle Dämme der Lehre. Darum mache ich

19 Institut für Marxismus-Leninismus beim ZK der SED, Berlin; Archiv, Nr. 10/235/691, Blatt 430.

jetzt die Aktion, jetzt und sofort; denn ich brülle und ich zerreiße die Dämme der Lehre. (Er zerreißt die Schriften.)

Die drei Agitatoren:

Zerreiße sie nicht! Wir brauchen sie
Jede einzelne. Sieh doch die Wirklichkeit!
Deine Revolution ist schnell gemacht und dauert einen Tag
Und ist morgen abgewürgt.
Aber unsere Revolution beginnt morgen
Siegt und verändert die Welt.
Deine Revolution hört auf, wenn du aufhörst.
Wenn du aufgehört hast
Geht unsere Revolution weiter.

Der junge Genosse: Hört, was ich sage: mit meinen zwei Augen sehe ich, daß das Elend nicht warten kann. Darum widersetze ich mich eurem Beschluß, zu warten.“[20]

Der Zuschauer wird aber mit Recht fragen: Wenden die drei Agitatoren die Lehre der Klassiker entsprechend der gegebenen Situation auch richtig an? Brechts allgemeine Darstellung macht ein Urteil schwer möglich. Damit wird aber zugleich die ethische Lösung des Konflikts höchst fragwürdig. In seinem schon zitierten Artikel schrieb Kurella: „Betrachten wir das Verhalten des jungen Genossen und der drei Agitatoren ..., so kommen wir zu dem Schluß, daß dieses Verhalten sehr viel mehr Gründe gibt zu behaupten, *der junge Genosse vertrete tatsächlich den Standpunkt des konsequenten Revolutionärs und Bolschewisten,* während die *Agitatoren Musterbeispiele für opportunistisches Verhalten seien,* für das, was man in der Sprache der dritten Internationale ‚rechte Abweichung‘ nennt, Abweichung, für welche mehr als ein Kommunist schon aus der Partei ausgeschlossen worden ist.“[21] Es ist sehr interessant zu lesen, wie Kurella als Vergleich die revolutionäre Situation von

20 B. Brecht, „Stücke“, a. a. O., Bd. IV, S. 295 f.
21 A. Kurella, „Ein Versuch mit nicht ganz tauglichen Mitteln“, a. a. O., S. 102.

1923 in Deutschland heranzog und das Verhalten der drei Agitatoren mit dem von Brandler, Thalheimer und Radek verglich. Aber das kann man wohl kaum aus dem Stück herauslesen. Die Frage, die man stellen muß, geht dahin: Hatten die politischen Lehren, in der Form, wie sie Brecht vermittelte, zu der Zeit, als das Stück entstand, einen positiven politischen Lehrwert? Die Antwort muß davon ausgehen, ob zu jener Zeit, 1930, eine revolutionäre Situation in Deutschland bestand. Falls ja, so konnte das Stück eine Wirkung auslösen, die der Absicht des Verfassers entgegengesetzt war. In einer revolutionären Situation mußten die Argumente der drei Agitatoren beschwichtigend wirken, den revolutionären Drang der Massen fesseln und eine Ähnlichkeit mit den Worten der rechten Abweichler in der KPD bekommen.

Zu Beginn der dreißiger Jahre zeichnete sich aber tatsächlich, wenn auch keine akute revolutionäre Situation, so doch ein revolutionärer Aufschwung ab. Auf der Tagung des Zentralkomitees vom 30. März 1930 wies Ernst Thälmann darauf hin, „daß die Möglichkeit des Hinüberwachsens in die revolutionäre Situation in einigen kapitalistischen Ländern besteht... Unsere wichtigste Aufgabe ist, das Proletariat schon jetzt zu entscheidenden revolutionären Kämpfen vorzubereiten, ohne den Eintritt in die revolutionäre Situation abzuwarten."[22] Die Lehre aber, die in der „Maßnahme" vermittelt wurde, orientierte die Massen in dieser gärenden Zeit nicht auf ihre nächsten Aufgaben, sondern verwies abstrakt auf die Lehren der Klassiker.

Um noch deutlicher zu zeigen, wie wenig die Lehre des Stücks zur Meisterung einer politischen Situation beitragen konnte, sei noch auf die Mai-Ereignisse des Jahres 1929 verwiesen. Sie waren das erste Anzeichen eines revolutionären Aufschwungs. Damals unternahm die herrschende Klasse

22 E. Thälmann, „Die Eroberung der Mehrheit der Arbeiterklasse" (Bericht des Genossen Thälmann über die Tagung des Erweiterten Präsidiums des EKKI. Gehalten im ZK der KPD am 30. März 1930), Berlin 1930, S. 3.

eine Provokation, um die Massen von der KPD zu isolieren. Die erbitterten Arbeiter verteidigten sich gegen den Terror der Zörgiebel-Polizei, errichteten Barrikaden und riefen nach Waffen. Auf dem Weddinger Parteitag der KPD analysierte Ernst Thälmann die Ereignisse sehr eingehend: „Aber solche politischen Demonstrationen, die in einer nicht akut revolutionären Situation gegen alle Repressalien der bürgerlichen Staatsgewalt, trotz aller Verbote von der Partei durchgeführt werden müssen, solche Bewegungen tragen auch gewisse Komplikationen in sich, wie sich das bei den Vorgängen am 1. Mai gezeigt hat."[23] Die Kompliziertheit der Situation bestand darin, daß die Bedingungen für eine akut revolutionäre Situation noch nicht gegeben waren, die Partei andererseits die kämpfenden Arbeiter aber nicht im Stich lassen konnte. Ernst Thälmann erklärte: „Die Partei hat vom ersten Augenblick an ihre volle Solidarität mit den Barrikadenkämpfern ausgesprochen. Das ist für eine Partei der proletarischen Revolution selbstverständlich. Die Partei konnte aber nicht dem Ruf nach dem bewaffneten Aufstand, der Forderung nach Bewaffnung nachgeben, weil alle objektiven Voraussetzungen dafür fehlten, weil keine akut revolutionäre Situation gegeben war, geschweige denn die Bedingungen für den bewaffneten Aufstand."[24] Vergleicht man die Mai-Ereignisse mit der „Maßnahme", so erkennt man erst richtig, was dem Stück fehlt: nämlich die lebendige Vielfalt und Kompliziertheit der Wirklichkeit. Das muß gesagt werden, auch wenn man weiß, daß die Wirklichkeit stets reicher ist als ihr Abbild. Dabei wären gerade die Mai-Kämpfe, die doch in der revolutionären proletarischen Literatur eine bedeutende Rolle spielten, ein Stoff gewesen, an dem der Konflikt des jungen Genossen hätte entwickelt und einer anderen Lösung hätte zugeführt werden können. Da Brecht aber auf Grund seiner ganzen Entwicklung von einem anderen Ausgangspunkt an die Gestaltung heran-

23 E. Thälmann, „Auszüge aus Reden (1925–1931)", a. a. O., S. 145.
24 Ebenda, S. 146.

ging, mußte er an diesem Stoff vorbeigehen. Allerdings wäre eine politische Situation wie die vom Mai 1929 in ihrer Kompliziertheit und Vielgestalt nicht mit den Mitteln des Lehrstücks zu bewältigen gewesen. Das zeigt, welche Grenzen dem Lehrstück und damit auch seiner politischen Wirksamkeit gesetzt sind.

Das Auseinanderreißen der dialektischen Einheit von Freiheit und Notwendigkeit in der „Maßnahme“ und die damit verbundene Fetischisierung der Notwendigkeit wurde bisher von den Gegnern des Marxismus ausgenutzt, um an Hand der Brechtschen Gestaltung eine maßlose Hetze gegen die Kommunistische Partei zu betreiben. So schrieb Jürgen Rühle, ein Mann, der sich nur durch maßlose Hetze und Verfälschungen Publizität verschaffen konnte und der es unternahm, solche Ansichten wie die des ehemaligen westdeutschen Außenministers von Brentano (3) in einem Buch „literaturgeschichtlich“ zu untermauern: „Das Lehrstück ‚Die Maßnahme‘, dessen Aufführung bisher in West noch Ost keine Bühne wagte (von Agitprop-Veranstaltungen abgesehen), ist ein Dokument von einer grausigen, statuarischen Größe, in seiner Wucht und Konsequenz beinahe einer antiken Tragödie vergleichbar – nur daß der Donnerkeil der Nemesis, der den Menschen gnadenlos zermalmt, nicht mehr vom olympischen Rat der Götter geschleudert wird, sondern vom Politbüro der bolschewistischen Partei.“[25] Wer Brechts „Maßnahme“ gelesen hat, wird vergebens nach einer Darstellung suchen, bei der der „Donnerkeil der Nemesis“ vom Politbüro geschleudert wird. Die Entscheidung über den jungen Genossen fällen die drei Agitatoren nach ihrem eigenen Gewissen, das entstanden ist in den Klassenkämpfen und aus den Erfahrungen der Ausgebeuteten. Deshalb fordern die Agitatoren von dem Kontrollchor, das heißt von dem revolutionären Proletariat, eine Antwort auf ihre Maßnahme. (Rühle macht diese objektiven Gegebenheiten gar nicht erst zum Gegenstand seiner Dar-

25 J. Rühle, „Das gefesselte Theater“, Köln/Berlin 1957, S. 220.

stellung, denn das Ziel seiner Arbeit ist ja nicht die wissenschaftliche Untersuchung, sondern die vorsätzliche politische Diffamierung. Aber nicht einmal in seiner hetzerischen Darstellung zeigte Rühle eine neue, eigene Seite, denn der eigentliche Spiritus rector dieser gehässigen Interpretation ist die Renegatin Ruth Fischer mit ihrem Buch „Stalin und der deutsche Kommunismus".)

Bei der Untersuchung der ästhetischen Seite der „Maßnahme" muß wieder an den Ausgangspunkt erinnert werden, von dem aus der Verfasser das Stück konzipierte. Die Auseinandersetzung mit dem Problem der Gewalt, wie sie Brecht führte, erfaßte nicht die gesellschaftliche Totalität, sondern verengte die Gestaltung auf ein ethisches Problem. Da sich aber der geistige Prozeß, das Durchringen zu einem Standpunkt nicht am historisch konkreten Material, nicht am praktischen politischen Erlebnis vollzog, waren bestimmte Prinzipien als Leitgedanken seiner gedanklichen Auseinandersetzung nötig. Bei Brecht führte das zu der Gegenüberstellung von Gefühl und Verstand, die sich aus der Antinomie von Gesinnung und Folge ergab. Auch hier ist wieder das undialektische Auseinanderreißen der Prozesse sichtbar, das nur zu verstehen ist, wenn man den Ausgangspunkt und das abstrakte, von der Praxis isolierte „Manövergelände" von Brechts Gedankenentwicklung im Auge hat. Diese Gegenüberstellung von Gefühl und Verstand war aber keineswegs ein lebensfremdes Problem. Kurella schrieb: „Der Widerstreit zwischen Verstand und Gefühl ist also ein Grunderlebnis des bürgerlichen Intellektuellen, der eben im Begriff ist, sich dem revolutionären Proletariat anzuschließen." (Bei Kurella gesperrt gedruckt. W. M.)[26] Er wies darauf hin, daß diese Frage nicht nur Intellektuelle beschäftigte, sondern auch viele Arbeiter bewegte, die unter den Einfluß bürgerlicher Ideen geraten waren. Die Abstraktheit aber, in der Brecht die Auseinandersetzung vollzog, hatte ästhetische Folgen. Es gelang ihm

26 A. Kurella, „Ein Versuch mit nicht ganz tauglichen Mitteln", a. a. O., S. 108.

dadurch nicht, diesen Gegensatz von Gefühl und Verstand in einen echten, aus revolutionärem Denken und Handeln hervorgehenden Konflikt umzusetzen. Deshalb können auch die Gestalten, so hervorragend sie in der sprachlichen Formung sind, die philosophische Kategorie nie ganz abstreifen.

Die ästhetische Schwäche der „Maßnahme“ besteht darin, daß die Figuren keine Selbständigkeit gegenüber der allgemeinen Idee, den ethischen Prinzipien haben, daß sie eigentlich nur Personifizierungen von Kategorien sind. Man kann jedoch diese Schwäche nur richtig einschätzen, wenn man die politische und ästhetische Kampfposition nicht aus dem Auge verliert, die Brecht gleich anderen revolutionär-proletarischen Schriftstellern Anfang der dreißiger Jahre einnahm. Die Schreibweise dieser Autoren war gegen den bürgerlichen Individualismus und Psychologismus gerichtet. Sie polemisierten damit gegen die bürgerliche psychologisierende Manier, „Menschen zu schaffen“. So berechtigt und nötig die Ablehnung des bürgerlichen Psychologismus war, der alle gesellschaftlichen Probleme in oberflächlicher Seelenanalyse erstickte, so falsch war es jedoch, die Charaktere unter eine Allgemeinheit zu determinieren, die die Selbständigkeit des Individuums auslöschte. Die dialektische Einheit von Individuellem und Gesellschaftlichem wurde bei Brecht aber schon deshalb zerrissen, weil seine gedankliche Problemstellung undialektisch war, weil er die Notwendigkeit abstrakt hervorhob. Gegen die fetischisierte Notwendigkeit konnten die Figuren in der „Maßnahme“ keine Selbständigkeit gewinnen. Auf die dialektische Einheit beider Momente in der Charaktergestaltung wies Hegel hin, bei dem es heißt: „Die wahrhaft *freie* Einzelheit aber, wie das Ideal dieselbe erheischt, hat sich nicht nur als Allgemeinheit, sondern ebensosehr als konkrete Besonderheit und als die einheitsvolle Vermittlung und Durchdringung dieser Seiten zu erweisen, welche *für sich* selbst als Einheit sind. Dies macht die Totalität des Charakters aus, dessen Ideal in der reichen Kräftigkeit der sich in sich zusammenfassenden Subjektivität besteht."[27] Das ist bei Hegel durchaus richtig erfaßt, man muß nur den Gedanken aus seiner idealistischen Umklammerung lösen. Der Dichter hebt durch die künstlerische Gestaltung der Dialektik von Gesellschaftlichem und Individuellem die Beschränktheit eines Gegenstandes auf.

Die marxistische Erkenntnis, daß der Mensch „das Ensemble der gesellschaftlichen Verhältnisse"[28] ist, auf die sich Brecht auch zu orientieren versuchte, blieb in seinen dramatischen Arbeiten vorerst noch unfruchtbar; denn er handhabte die richtige Erkenntnis noch undialektisch, so daß die relative Selbständigkeit der Figuren verlorenging. Die Gestalten blieben trotz aller Sprachgewalt abstrakt, schematisch. Die relative Selbständigkeit der Charaktere zugunsten des Gesellschaftlichen, des Allgemeinen zu negieren, war damals eine häufige Erscheinung in der jungen sozialistischen Literatur. Sie war zu einem Teil erklärlich aus der Abwehrstellung der revolutionären Schriftsteller gegen den bürgerlichen Individualismus. Selbständigkeit des Individuums heißt aber nicht, daß es losgelöst von der Gesellschaft existiert. Die Verabsolutierung des Individuums ist ebenso falsch und undialektisch wie die Verabsolutierung des Gesellschaftlichen. Was mit der Selbständigkeit der Charaktere bestimmt wird, ist der zwar aus einer ganz konkreten gesellschaftlichen Wirklichkeit hervorgegangene, aber aus sich selbst handelnde Mensch, der nicht die Personifizierung eines Prinzips, einer Idee oder einer philosophischen Kategorie darstellt. Das Gesellschaftliche, das Allgemeine kann nur durch die menschliche totale Individualität der Charaktere zum Ausdruck gebracht werden, wozu es der Selbständigkeit der Charaktere bedarf.[29] Die Form des Lehrstücks schränkt eine differenzierte und nuancenreiche Cha-

27 G. W. F. Hegel, „Ästhetik", Berlin 1955, S. 251 f.

28 K. Marx, „Thesen über Feuerbach"; in: K. Marx/F. Engels, „Werke", Berlin 1958, Bd. 3, S. 534.

29 Siehe auch: Hegel, „Ästhetik", a. a. O., S. 544.

rakterzeichnung zweifellos in starkem Maße ein, macht sie aber nicht unmöglich. Es ist deshalb nicht richtig, wenn man auf die Form des Lehrstücks, des Oratoriums verweist und daraus ableitet, daß diese Formen keine Charakterzeichnung verlangen. Der Aufbau einer Figur in diesen Formen unterscheidet sich zwar beträchtlich vom Drama und Roman, aber auch er hat eine, eben der bestimmten Form gemäße Totalität. Diese Totalität kann aber vom Lehrstück, vom Oratorium nur mit bestimmten Inhalten erreicht werden; denn die Gestaltungsmöglichkeiten dieser Formen, darauf wurde schon hingewiesen, sind begrenzt.

Es war notwendig, auf die politischen und ästhetischen Schwächen des Stückes hinzuweisen. Das alles bedeutet jedoch nicht, die politische Wirkung des Lehrstückes in Frage zu stellen. Brecht schuf mit der „Maßnahme" ein Werk, das trotz seiner Mängel das Klassenbewußtsein und die Klassendisziplin des Proletariats stärkte und die Arbeiter auf die Theorie des Marxismus lenkte. Die Lieder, wie „Lob der illegalen Arbeit" und „Lob der Partei", gehören zu den großen Schönheiten unserer sozialistischen Literatur. Brechts erster Versuch, Menschen aus der Arbeiterklasse und die weltverändernde Kraft ihrer Partei zu gestalten, war unbeschadet aller notwendigen Einwände politisch wie literaturgeschichtlich eine Großtat. Die kommunistische Presse erkannte dies ebenso wie die Schwächen des Werkes. Die „Rote Fahne" schrieb am 24. Dezember 1930: „Trotz dieser Fehler ist aber die Aufführung ein für die deutsche revolutionäre Bewegung politisch und künstlerisch außerordentlich wichtiger erstmaliger Versuch."[30] Und am 20. Januar 1931: „Wir müssen politisch ja sagen, weil die Vorzüge der propagandistisch positiven *Gesamtwirkung* die Nachteile der ideologischen Unklarheiten größtenteils aufwiegen ... Künstlerisch, literarisch und musikalisch ist die ‚Maßnahme' epochal."[31]

30 „Hat die ‚Maßnahme' Lehrwert?"; in: „Rote Fahne", Nr. 300, vom 24. Dezember 1930.

31 Durus, „‚Die Maßnahme' im Großen Schauspielhaus"; in: „Rote Fahne", Nr. 16, vom 20. Januar 1931.

Die herrschende Klasse verfolgte das Werk auf ihre Weise, nämlich durch ihren Sicherheits- und Polizeiapparat. In dem Polizeibericht I AN 2162 e/21. 12. 1932 (Landeskriminalpolizeiamt Berlin – I^2 e 3330/P 13) hieß es über das Lehrstück „Die Maßnahme“: „Es wurde in ihm u. a. gezeigt, wie der revolutionäre Gedanke in die Polizei- und Militärkasernen zu tragen sei. In einem anderen Bilde wurde dargestellt, wie verbotene Druckschriften verteilt und die Polizei dabei hinters Licht geführt werden könne ... Mit allen Mitteln wird anscheinend versucht, die Parteimitglieder, auch soweit sie nicht zum eigentlichen Am-Apparat gehören, für die Zersetzungstätigkeit zu gewinnen und anzulernen.“[32] Das Landeskriminalpolizeiamt Berlin berichtete in Akte 2164 p vom 15. Februar 1933 über eine Aufführung der „Maßnahme“ in Erfurt: „Das Stück ist ein kommunistisches Lehrstück. In den einzelnen Szenen wird die Strategie und Taktik der illegalen kommunistischen Arbeit (insbesondere der Zersetzungsarbeit in Armee und Polizei) dargestellt.“[33] Die Erfurter Aufführung wurde von der Polizei aufgelöst. Am Schluß dieses Berichtes hieß es lakonisch: „Die Auflösung ist auf Grund des § 14, Ziffer 5 des Reichsvereinsgesetzes erfolgt. Gegen die Veranstalter ist ein Verfahren wegen Vorbereitung zum Hochverrat eingeleitet worden.“[34] (4)

32 Institut für Marxismus-Leninismus beim ZK der SED, Berlin; Archiv, Nr. 10/235/691, Blatt 430.
33 Institut für Marxismus-Leninismus beim ZK der SED, Berlin; Archiv, Nr. 10/236/692, Blatt 10.
34 Ebenda.

2

„DIE MUTTER"

DIE GESTALTUNGSPROBLEME DER SOZIALISTISCHEN DRAMATIK ZU BEGINN DER DREISSIGER JAHRE

Ein Jahr nach der Aufführung der „Maßnahme" beendete Bertolt Brecht die Arbeit an einem neuen Werk, „Die Mutter", nach dem Roman von Maxim Gorki. Die erste Aufführung erfolgte 1932 am Todestag der großen Revolutionärin Rosa Luxemburg.

Bevor Brecht die Arbeit an der „Mutter" aufnahm, hatten Günther Weisenborn und der Dramaturg der Berliner Volksbühne, Günther Stark, eine Dramatisierung von Gorkis Roman geschaffen. Als Brecht zu dieser Arbeit hinzugezogen wurde, lag das Buch von Weisenborn und Stark bereits fertig vor. Mit einem Mitarbeiterkollektiv, zu dem Slatan Dudow, Hanns Eisler und Günther Weisenborn gehörten, schrieb Brecht das Stück jedoch völlig neu. Stark schied aus dem Kreis der Mitarbeiter aus, da ihm seine Tätigkeit als Dramaturg nicht die Zeit ließ, an der Arbeit weiterhin teilzunehmen.[35]

Brecht ging über diese erste Dramatisierung weit hinaus; sie blieb für ihn eigentlich nichts weiter als eine Anregung. Weisenborn und Stark hatten sich genau an den Gorkischen Roman gehalten und nicht mehr als eine Dramatisierung dieses Werkes für das Theater geschaffen, die trotz ihres geschickten dramaturgischen Aufbaus nur die sehr vereinfachte und dezimierte äußere Handlung von Gorkis Roman

35 Nach einer Auskunft der Mitarbeiterin Brechts Elisabeth Hauptmann.

auf die Bühne brachte. Erst die Kenntnis dieser Bühnenfassung ermöglicht es, die umfassende Neugestaltung des Stoffes durch Brecht richtig zu erkennen. Deshalb soll hier in knapper Zusammenfassung der Szenenaufbau, wie er von Weisenborn und Stark entworfen wurde, wiedergegeben werden:

1. Szene: Kleine Hütte, die aus zwei Kammern besteht.

Die Mutter hört von Marja, daß sich ihr Sohn in schlechter Gesellschaft befinde. Doch der Kleinrusse erzählt ihr, wer Pawels Freunde wirklich sind. Pawel berichtet seinen Genossen, daß neue Flugblätter in die Fabrik gebracht werden müssen, da sonst der Verdacht auf den verhafteten Ssidor fällt. Die Mutter will die Flugblätter in die Fabrik bringen.

2. Szene: Das Innere eines Fabrikhofes.

Die Mutter hat die Flugblätter in die Fabrik gebracht. Die Arbeiter führen eine heftige Diskussion mit dem Direktor. Der Kleinrusse lehrt die Mutter an einem Fabrikschild das Lesen.

3. Szene: Offenes Feld, eine Scheune, Dämmerung.

Die Genossen haben sich versammelt und beraten über den 1. Mai. Issai, ein Polizeispitzel, wird entdeckt und vertrieben. Rybin will auf ihn schießen, doch Pawel fordert Rybin auf, die Pistole in den Fluß zu werfen.

4. Szene: Vor Ssomows Gasthaus. Offener Platz – von Häusern eingeschlossen.

Die Arbeiter demonstrieren am 1. Mai. Pawel und seine Genossen werden verhaftet.

5. Szene: Gefängnis – Besuchszimmer.

Die Mutter besucht Pawel im Gefängnis und erfährt von ihm die Adressen der Bauern, die mit der Bewegung sympathisieren. Sie steckt Pawel einen Zettel zu, der ihn davon informiert, daß die Genossen seine Befreiung aus dem Gefängnis planen. Pawel lehnt den Plan ab.

6. Szene: Offener Dorfplatz in Nikolskoje.

Die Mutter bringt Flugblätter in das Dorf. Rybin wird gefesselt von den Gendarmen gebracht. Die Mutter findet jedoch Rybins Freunde im Dorf.

7. Szene: Nächtliche Straße. Laterne. Wind.

Die Mutter hilft bei der Befreiung der Genossen aus dem Gefängnis. Der Plan mißlingt. Die Geflohenen werden wieder eingefangen.

8. Szene: Vornehmer Gerichtssaal.

Der Prozeß gegen Pawel und seine Genossen. Die Mutter berichtet vor Gericht, daß sie erst um Freiheit für ihren Sohn bitten wollte. Jetzt jedoch bitte sie nicht mehr. Sie werde an Pawels Stelle treten und seine große Sache fortführen.

Weisenborn und Stark gaben dann ihrem Stück folgende Schlußszene:

„(Der Gerichtshof betritt wieder den Saal. Ein Gendarm läutet. Vorsitzender erhebt sich. Alles steht auf.)

Vorsitzender: Die Arbeiter Wlassow, Nachodka, Wessowtschikow, Gussew, Gukin, Masin und Ssagarow sind angeklagt des gemeinschaftlichen Aufruhrs und Hochverrats. Sie haben alle ihre Verbrechen eingestanden. Die Untersuchung des Gerichts hat ergeben, daß sie schuldig sind! (Gericht weiter.)

(Während der Rede des Vorsitzenden dreht sich die Bühne. Der Gerichtssaal verschwindet. Die Mutter geht hinaus, geht schweigend über einen langen Gang. Es erscheint eine Freitreppe vor dem Gerichtsgebäude. Unten wartet eine Menge von Menschen auf das Urteil. Die Mutter tritt durch das Gerichtsportal auf die Treppe. Man hört im Hintergrund den Vorsitzenden eintönig weitersprechen. Die Menge der Wartenden wird still.)

Stimme des Vorsitzenden: ... für alle Angeklagten lebenslängliche Zwangsarbeit in Sibirien.

Mädchen: Wie ist das Urteil?

Andere: Wie ist das Urteil?

Die Menge (flüsternd): Wie ist das Urteil?

Mutter (lächelnd): Lebenslängliche Zwangsarbeit in Sibirien!

(Bewegung in der Menge.)

Stimmen: Lebenslängliche Zwangsarbeit. Lebenslängliche Zwangsarbeit... Das ist furchtbar?... Das müssen doch Verbrecher gewesen sein!... Sieh die Wlassowa! Sie lächelt. (Alle sehen die Mutter an.)... Sie lächelt! Wahrhaftig!

Mädchen: Warum lächelst du? Ist das so lustig, was du erzählt hast? Wie kannst du dabei lächeln?

Mutter: Der Prozeß ist mit diesem Urteil nicht zu Ende. Der Prozeß geht weiter. Es geschieht nur, was das Schicksal des Volkes ist. Dagegen hilft kein Sibirien und kein Urteil. Eine Idee kann man nicht töten mit Gewalt. (Es wird dunkel. Aus dem Hintergrund dringt Gesang.) Lebenslänglich Sibirien... Was tut's? Laßt uns lächeln, liebe Freunde (sie weint), seid fröhlich, liebe Freunde.

(Der Gesang wird lauter. Alle Herumstehenden beginnen zu singen. Im Gerichtsgebäude leuchten die Fenster auf.) – (Lied Nr. 5).

(Dunkel – Vorhang.)"[36]

Die Dramatisierung der „Mutter" durch Weisenborn und Stark hatte aber auch noch eine andere Schwäche; sie ließ gerade das vermissen, was Gorki so meisterhaft gelungen war, indem er gestaltete, wie aus der bedrückten und unwissenden Pelagea Wlassowa Schritt für Schritt eine Revo-

36 Bertolt Brecht-Archiv, Berlin; „Die Mutter" von Stark und Weisenborn, Archiv-Mappe Nr. 441, Blatt 78 und 79.

lutionärin wurde. Die großartige, tiefgreifende Wandlung und Entwicklung, die diese Frau durchmachte, kam in der Arbeit von Weisenborn und Stark nicht überzeugend zum Ausdruck. In ihrer Gestaltung blieb die Entwicklung der Mutter bruchstückhaft und mußte durch die Kenntnis des Romans ersetzt werden. Die Beweggründe der Mutter waren entweder allzu äußerlich gezeichnet oder fehlten ganz. Der innere Umgestaltungsprozeß der Figur wurde nicht sichtbar. Das auf der Bühne zu zeigen, war allerdings auch außerordentlich schwierig, denn die beiden Autoren konnten nicht von den Mitteln Gebrauch machen, die Gorki als Romancier zur Verfügung standen. Das Handlungsgerüst, das sich Weisenborn und Stark gebaut hatten, genügte aber nicht, um die stufenweise Entwicklung der Mutter zur Revolutionärin überzeugend herauszuarbeiten.

Ohne hier einen ausführlichen Vergleich zwischen der Dramatisierung und dem Stück Brechts geben zu wollen, soll darauf hingewiesen werden, wie Weisenborn und Stark das Verhältnis zwischen Pawel und seinen Genossen gestalteten. Die beiden Autoren hoben nämlich alle anderen Figuren so negativ von den Revolutionären ab, daß der Eindruck entstand, sie bildeten nur eine kleine Sekte. Die Unzufriedenheit der Menschen mit dem herrschenden System, der Gärungsprozeß in allen Kreisen des ausgebeuteten Volkes, der Siegeszug der weltweiten revolutionären Arbeiterbewegung, alles das blieb bei Weisenborn und Stark in Ansätzen stecken.

Die Gestaltung Brechts zeigte, daß der Dichter auf dem Wege, den er mit der „Maßnahme" eingeschlagen hatte, weitergegangen war. Er war inzwischen enger mit dem politischen Kampf des revolutionären Proletariats verwachsen. Schon mit seinen ersten Lehrstücken hatte er ein neues Publikum gefordert, einen proletarischen Zuschauerkreis. Für die Arbeiter wollte Brecht schreiben, und von den Arbeitern war er bereit zu lernen. Er suchte engen Kontakt mit der Arbeiterbewegung. Anfänge einer solchen Verbindung stellte er erstmals her, als er in der Karl-Marx-Schule in Berlin-Neukölln seinen „Jasager“ diskutieren ließ. Alle Reden wurden genau protokolliert, und danach nahm er mit einer fast pedantischen Genauigkeit umfangreiche Änderungen am Stück vor.[37] Ein weiterer Schritt zur Herstellung einer festen Verbindung mit dem proletarischen Zuschauer waren die Diskussionen um die „Maßnahme“. Diese fanden bereits in revolutionären Organisationen statt. Sie blieben nicht ohne Einfluß auf Brechts weiteres Schaffen und gaben ihm Anregungen für seine Arbeit an der „Mutter“. Über die „Maßnahme“ kam es zum Beispiel zu einem von der „Internationalen Tribüne“ veranstalteten Diskussionsabend. Im Mittelpunkt dieser Aussprache stand die Frage „Hat die Aufführung der ‚Maßnahme‘ einen politischen Lehrwert für die Zuschauer und die Aufführenden?“[38] Bei der Uraufführung des Werkes in der Philharmonie ließ Brecht Fragebogen mit einer ähnlichen politischen Problemstellung verteilen. Auch an der „Maßnahme“ begann Brecht sofort nach den Diskussionen politische Änderungen vorzunehmen. Über diese Diskussion mit Brecht schrieb die „Welt am Abend“: „Brecht antwortete, das Stück sei so angelegt, daß man jederzeit Änderungen vornehmen könne. Es sei möglich, Teile hinein- oder herauszumontieren. Schon jetzt seien viele Änderungen, die sich aus den Anregungen der beantworteten Fragebogen ergeben hätten, vorgenommen worden.“[39] Unter dem Einfluß des neuen proletarischen Publikums bildete sich für Brecht in diesen Jahren eine Arbeitsweise heraus, die er dann später an seinem Theater im ersten deutschen Arbeiter-und-Bauern-Staat fortführte. Die Aussprachen zwischen dem Autor und den Arbeitern, die ein Kritiker damals treffend „kollektive Produktionsberatung“[40]

37 Siehe: B. Brecht, „Stücke“, a. a. O., Bd. IV, S. 248–253.

38 „Hat die ‚Maßnahme Lehrwert? – Diskussion über das Lehrstück von Brecht und Eisler“; in: „Rote Fahne“, Nr. 300, vom 24. Dezember 1930.

39 „Aussprache über ‚Die Maßnahme‘“; in: „Welt am Abend“, Nr. 298, vom 22. Dezember 1930.

40 „Hat die ‚Maßnahme‘ Lehrwert? – Diskussion über das Lehrstück von Brecht und Eisler“; a. a. O.

nannte, wurden für den Dichter ein wichtiger Faktor seiner literarischen Arbeit. Hier kommt das tiefe Bedürfnis Brechts zum Ausdruck, mit seinen Arbeiten Teil der großen Gesamtbewegung der revolutionären Arbeiterklasse zu sein, sich in ihren Kampf einzuordnen. Brecht suchte das Urteil der revolutionären Arbeiter und schätzte ihr auf das Wesentliche gerichtetes Denken. Es gefiel ihm, daß die Arbeiter auch beim Kunstwerk nach Zweck und Nutzen fragten. Brecht begab sich in eine Lehre, die er zeit seines Lebens nicht wieder aufkündigte und von der er stets mit der größten Hochachtung sprach. Hier bildeten sich für ihn neue Maßstäbe und Kriterien heraus, die von den Bedürfnissen der revolutionären Klasse bestimmt wurden. Diese Jahre waren eine Zeit des Lernens, die sein gesamtes Denken umkrempelte. Wie tief diese ersten Berührungen mit der Arbeiterklasse auf den Dichter einwirkten, das spricht aus einem Bericht Wieland Herzfeldes, der bei Diskussionen anwesend war, die Brecht auf der Marxistischen Arbeiterschule, der sogenannten MASCH, führte. „Es kam ihm weniger darauf an", schrieb Herzfelde, „sich mit Schriftstellerkollegen, Kritikern oder sonstigen kulturbeflissenen Leuten auseinanderzusetzen, als von den Erfahrungen revolutionärer Arbeiter und von ihrer Reaktion auf seine Dichtung zu lernen. Und es war für mich ein neuartiges und ergreifendes Erlebnis, einem Schriftsteller zuzuhören, der mit der Ernsthaftigkeit, mit der ein Ärztekonzil über eine schwierige Diagnose sprechen mag, über Fragen des Theaters, über Fragen der Verbindung der Theaterarbeit mit der revolutionären Arbeit diskutierte."[41]

Die Tatsache, daß Brecht stets auf die Kritik des einfachen Arbeiters und des politischen Revolutionärs einging, daß er ihnen zubilligte, über die Gestaltung des Stückes mitzureden, fand stets die Mißbilligung der bürgerlichen Literaturkritik. So vermerkte von Balluseck abfällig: „Andere

41 W. Herzfelde, „Über Bertolt Brecht"; in: „Neue Deutsche Literatur", Berlin 1956, Heft 10, S. 12.

als ideologische Vorwürfe stören ihn nicht... Es ist nur die massive politische Kritik, die ihn aus dem Text bringen kann."[42]

Die Bemühungen Brechts um ein neues Publikum zeigen, daß er dem Bürger nichts mehr zu sagen hatte. Mit den Lehrstücken wandte sich Brecht von dem weitverzweigten Apparat des bürgerlichen Theaters ab. Er fand nicht nur einen neuen Zuschauer-, sondern auch einen neuen Darstellerkreis. So erfolgte in den dreißiger Jahren die fruchtbare Berührung Brechts mit dem politischen Laientheater, das einen nicht unbeträchtlichen Einfluß auf seine politische und literarische Entwicklung ausübte. Um den Dichter scharte sich ein neuer Mitarbeiterkreis, der zum Teil aus Menschen bestand, die, wie Hanns Eisler, schon seit längerer Zeit ihr künstlerisches Schaffen mit der Partei verbunden hatten. Brecht verwurzelte dadurch nicht nur mehr mit dem politischen Kampf der Partei, sondern drang damit auch teilweise in die Erlebniswelt des Proletariats ein.

Wie diese neue Welt des Proletariats auf Brechts Anschauungen und sein ganzes Schaffen einwirkte, zeigt sehr anschaulich die „Mutter". Die bürgerliche Presse stellte deshalb auch bei der Aufführung des Stückes erbittert fest, daß sich Brecht nun „endlich zu seinen wahren Genossen"[43] bekannt habe. Seit der Zeit gab es von dieser Seite, die seine provokatorische „Dreigroschenoper" und „Mahagonny" immerhin noch interessiert hingenommen hatte, kein Pardon mehr. So schrieb die „Germania" am 19. Januar 1932 über den kommunistischen Dichter Brecht: „Hinter ihm aber steht ja gar nicht sein Individualwille. Nicht seine Formansicht. Hinter ihm steht – das bewies der Abend im Komödienhaus – die ganze kommunistische Ideologie. Sie stand hinter Piscator als einen Bühnentechniker. Sie steht hinter Brecht als einen Bühnenschriftsteller, der sich lang-

42 L. v. Balluseck, „Dichter im Dienst", Wiesbaden 1956, S. 86.
43 „Katholisches Kirchenblatt", Nr. 6, vom 7. Februar 1932, S. 15.

sam durchentwickelt hat zu einem der literarischen Interpreten des Bolschewismus in Deutschland. Damit ist er nicht mehr ästhetisch zu werten, sondern *politisch*. Sein ‚neues' Stück, sein neues Mitarbeitergremium bestätigen das."[44]

Brecht war zu einem tapferen Mitkämpfer der revolutionären Partei der Arbeiterklasse geworden, insofern beurteilte ihn die bürgerliche Presse ganz richtig. Seine enge Verbundenheit mit der Partei zeigte sich schon in der Wahl des Themas. In einer Zeit der zunehmenden Faschisierung war die Stellung zur Sowjetunion und zu den Errungenschaften der Oktoberrevolution ein wahrer Prüfstein für eine fortschrittliche und revolutionäre Haltung. Hetzten doch selbst die sogenannten „linken Kommunisten" in gleicher Weise wie die bürgerliche Presse gegen die Sowjetunion. Der faschistische Druck auf die Intellektuellen machte sich vor allem in dieser skrupellosen Verleumdungskampagne bemerkbar. Indem man ein völlig verfälschtes Bild über die sowjetische Wirklichkeit gab, wollte man die unzufriedenen Intellektuellen von den deutschen Zuständen ablenken und sie auf der Grundlage einer antibolschewistischen Plattform sammeln. Resolutionen gegen die Sowjetunion, wie die der 82 Vertreter der deutschen Intelligenz Ende 1930, ließen erkennen, daß viele Intellektuelle der faschistischen Hetze erlagen. Wie massiert dieser Druck der imperialistischen Kräfte war, geht auch daraus hervor, daß sich unter jenen Intellektuellen Schriftsteller befanden, die später mutig gegen den Faschismus und die antikommunistischen Torheiten auftraten.

In einer solchen Zeit war ein Stück nach einem Roman von Maxim Gorki eine politische Tat, da sich die antisowjetische Hetze damals auch gegen Gorki richtete, der sich fest zur Sowjetmacht bekannte und sich damit, wie Wilhelm Pieck 1931 in einem Aufsatz über den sowjeti-

44 H. Bachmann, „Die kommunistische ‚Mutter'"; in: „Germania", Nr. 19, vom 19. Januar 1932.

schen Dichter schrieb, unterschied „von einer Reihe von feigen schwankenden Dichter-Intellektuellen, die wohl vorübergehend mit der Arbeiterbewegung kokettierten, aber vor der klaren Fragestellung des Klassenkampfes zurückschreckten ...“[45] Brecht sah in der Arbeit an einem Stoff aus der russischen Arbeiterbewegung, geschrieben von einem weltberühmten Dichter, dessen Bekenntnis zur Sowjetunion die reaktionären Kreise in aller Welt aufbrachte, die beste Möglichkeit, gegen die Sowjethetze Front zu machen. Im September 1931 wandte er sich in einem Interview der „Roten Fahne“ scharf gegen die antisowjetischen Rundfunkvorträge der Deutschen Welle. Brecht sagte: „Man muß zumindestens verlangen, daß die Möglichkeit gegeben wird, auf diese *subjektiv hetzerischen* Reden gegen die Sowjetunion von derselben Stelle aus zu *antworten*! Die Methode der unwidersprochenen Vorträge ist ein Mißbrauch des Rundfunks, der nur durch Zulassung von Diskussionen der Vertreter verschiedener Richtungen verhindert werden kann.“[46]

Mit ihrem Verleumdungsfeldzug gegen die Sowjetunion versuchte die herrschende Klasse die kleinbürgerlichen Schichten zu beeinflussen. Brechts Antwort auf die ideologische Kampagne des Klassengegners war die dramatische Gestaltung der „Mutter“. Mit diesem Stück wollte er die Arbeiter für die Politik der KPD mobilisieren. Deshalb ist Gorkis Romanstoff bei Brecht auch vom deutschen Standpunkt aus gesehen, und die Charaktere des Stückes sind, trotz des russischen Milieus, mehr in Deutschland als in Rußland angesiedelt. So schreibt auch G. N. Snamenskaja über Brechts „Mutter“, „dem Wesen nach wird überhaupt nicht Rußland gezeigt“[47]. Nicht recht hat G. N. Snamen-

45 W. Pieck, „Reden und Aufsätze – Auswahl aus den Jahren 1908–1950“, Berlin 1954, Bd. I, S. 141.

46 „Bekannte Schriftsteller zu der Rußlandhetze des Deutschlandsenders“; in: „Rote Fahne“, Nr. 168, vom 3. September 1931.

47 Г. Н. Знаменская, Бертольт Брехт – Сатирик; in: Литература Германской Демократической Республики, Издательство Академии наук СССР, Москва 1958 г., стр. 375.

skaja jedoch, wenn sie meint, Brecht habe die deutsche Wirklichkeit am Ende des ersten Weltkrieges wiedergegeben. Vielmehr erfaßte der Dichter die deutschen Zustände während der Wirtschaftskrise zu Beginn der dreißiger Jahre. Er wollte in seinem Stück die marxistische Theorie und die Politik der Kommunistischen Partei, die von Ernst Thälmann geführt wurde, zum „Lehrgegenstand" und Erlebnis für die Arbeiter machen.

Es ist heute wohl kaum noch nötig, die schöpferische Eigenständigkeit der Brechtschen Arbeit nachzuweisen, wie das in früheren Jahren der Fall war, da Brecht oft der Vorwurf der bloßen Bearbeitung von Stücken, ja sogar der des Plagiats gemacht wurde. (In den zwanziger und dreißiger Jahren gehörte vor allem der Theaterkritiker Alfred Kerr zu denen, die diesen Vorwurf am lautesten erhoben.) Ernst Schumacher hat in seinem Buch „Die dramatischen Versuche Bertolt Brechts 1918–1933" sehr gründlich die unterschiedliche Gestaltung des Stückes an jeder einzelnen Szene herausgearbeitet.[48]

Daß Gorki die Entwicklung einer Frau zum Gegenstand seines großen revolutionären Romans machte, war kein Zufall. Im Los der proletarischen Frau des zaristischen Rußlands flossen Not, Erniedrigung und Unterdrückung einer ganzen Klasse zusammen; und wo sich solche Frauen erhoben, um ihren Söhnen zu folgen, da wurde am deutlichsten sichtbar, daß sich eine ganze Klasse auf dem Marsch befand. Auch bei Brecht gewann dieses Thema einen politischen Aspekt. Es entstand, wie Walter Benjamin schrieb, ein neues „Familiendrama"[49] auf dem Theater. Die expressionistische Dramatik hatte vor allem den Generationskonflikt, die sich entwickelnde Feindschaft der Generationen, herausgearbeitet. Durch diese Konfliktstellung wurde in vielen Stücken die gesellschaftliche Kollision in eine private

48 Siehe: E. Schumacher, „Die dramatischen Versuche Bertolt Brechts 1918–1933", a. a. O., S. 382–408.

49 W. Benjamin, „Ein Familiendrama auf dem epischen Theater"; in: „Sinn und Form", Zweites Sonderheft Bertolt Brecht, a. a. O., S. 235–238.

Sphäre abgebogen und einer klassenmäßigen Erfassung entzogen. Bei Gorki wie bei Brecht überwindet die Mutter ihr anfängliches Unverständnis, sie folgt ihrem Sohn auf dem Wege zur Partei. Ja, Brecht verstärkte diese Tendenz noch: Die Mutter tritt an die Stelle ihres im Klassenkampf gefallenen Sohnes. Durch die Gemeinsamkeit der Sache zwischen Mutter und Sohn rückte die gesellschaftliche Kollision, der Klassenkonflikt in den Mittelpunkt. Deshalb schrieb die „Germania“: „Das Ganze ist eine eindeutige, klipp und klare Heroisierung eines revolutionären Frauentypus, herausgeführt aus der bürgerlichen in die klassenkämpferische, proletarische Welt.“[50] Diese neue Konzeption eines Familiendramas muß man zugleich als eine Polemik Brechts gegen den Generationskonflikt der Expressionisten auffassen. Wie Friedrich Wolf, der 1930 mit seiner Tai Yang eine mutige, aufrüttelnde Frauengestalt auf die Bühne gestellt hatte, so schuf jetzt Brecht mit der Wlassowa eine Frauenfigur, die zur politischen Arbeit, zum revolutionären Kampf aufrief. Mit diesen Figuren unterstützten Bertolt Brecht und Friedrich Wolf den praktischen Kampf der Partei. Seit dem Weddinger Parteitag hob die Partei die Gewinnung der Frauen für die revolutionäre Arbeit besonders hervor. Ernst Thälmann wies wiederholt darauf hin, daß man keine Vernachlässigung dieser Aufgabe dulden dürfe. In einer Resolution des ZK der KPD vom 14. Mai 1931 hieß es: „Wirklich konkrete praktische Arbeit zur Erfassung, Mobilisierung und Eingliederung der Frauen in alle Kämpfe – das ist uns besonders jetzt möglich, wo unter den Auswirkungen der Krise, der Erwerbslosigkeit, der Teuerung, des Unternehmerangriffs, der Kulturreaktion (§ 218) die Arbeiterinnen, Angestellten und Hausfrauen noch schwerer betroffen sind als die Männer.“[51] Von diesem Gesichtspunkt aus wird auch deutlich, warum Brecht der

50 H. Bachmann, „Die kommunistische ‚Mutter‘ “; a. a. O.

51 E. Thälmann, „Vorwärts unter dem Banner der Komintern“, herausgegeben vom ZK der KPD, Berlin 1931, Anhang.

wirtschaftlichen Not, dem Kampf um die tägliche warme Suppe einen größeren Raum gab als Gorki. Brechts Mutter sagt: „Ich drehe jede Kopeke dreimal um. Ich versuche es so und versuche es so. Ich spare einmal am Holz und einmal an der Kleidung. Aber es langt nicht. Ich sehe keinen Ausweg."[52] So kommt in der Lage der Mutter die Not und Ausweglosigkeit der proletarischen Frauen, gesteigert durch die Weltwirtschaftskrise, zum Ausdruck.

In der dritten Szene griff Brecht ein Problem auf, das Gorki noch nicht bewegte, das jedoch für die deutschen Zuschauer der dreißiger Jahre von großer Bedeutung war: der Kampf gegen den Reformismus in der Arbeiterbewegung. In der Figur des Karpow zeichnete Brecht einen Reformisten, der mit den Herrschenden verhandeln, aber nicht gegen sie kämpfen will, der lieber das „kleinere Übel" in Kauf nimmt, wenn er damit den Kampf umgehen kann. Karpow redet den Arbeitern zu: „Kollegen, der Betrieb steht nicht so gut, wie wir vielleicht meinen. Wir können euch nicht verschweigen, was uns Herr Suchlinow mitgeteilt hat, daß der Schwesterbetrieb in Twer stillgelegt wird und 700 Kollegen von morgen ab auf der Straße liegen. Wir sind für das kleinere Übel. Jeder Klarblickende sieht mit Sorge, daß wir vor einer der größten Wirtschaftskrisen stehen, die unser Land je durchgemacht hat."[53] Brecht ging auch in dieser Szene wieder von einer deutschen Situation der dreißiger Jahre aus. (5) Auf dem XI. Plenum der KPD wurde festgestellt, daß gerade die Politik des „kleineren Übels" eine große Rolle spielte. Die Partei sah damals eine ihrer Aufgaben darin, bei den Millionenmassen von Arbeitern Klarheit über den Schwindel der SPD mit der Politik des „kleineren Übels" zu schaffen. Brechts großartiges „Lied vom Flicken und vom Rock" war eine dieser „praktischen Methoden"[54], die Ernst Thälmann forderte, um den Arbeitern

52 B. Brecht, „Stücke", a. a. O., Bd. V, S. 8.

53 Ebenda, S. 28.

54 E. Thälmann, „Die Aufgaben der Partei in der Präsidentschafts- und Preußen-Wahlkampagne", Berlin 1932, S. 19.

die betrügerische SPD-Politik vom „kleineren Übel" klarzumachen. Hier, aber nicht nur in dieser Szene, verwandte Brecht Elemente des Agitprop-Spiels, die er jedoch zugleich weiterentwickelte. In der ersten Fassung des Stückes zeigte der Dichter eine Wandlung des Reformisten Karpow, der, nachdem er verhaftet wurde, sich den revolutionären Arbeitern anschließt und am 1. Mai, die rote Fahne tragend, von Polizisten erschossen wird. Die proletarische Kritik wandte sich vor allem gegen diese Gestaltung des Reformisten Karpow. So hieß es in der „Roten Fahne": „Der Vertrauensmann, dieser kleine Tarnow des zaristischen Rußland, ist nicht überzeugend. Einen richtigen alten Reformisten schmeißt das bißchen Mißtrauen der Belegschaft nicht um ... Ihn allzu plötzlich zu einem Revolutionär werden zu lassen, der er sicher vor Jahren einmal war, heißt: die Unterschiede zwischen Bolschewisten und Menschewisten verkleistern ..."[55] Brecht änderte auf Grund der Kritik die Szene, indem er eine neue Gestalt einführte, den Arbeiter Smilgin, dem in der Maidemonstrationsszene der Text Karpows zufiel. Aber auch das bedeutete noch keine Lösung. Politisch war jedoch eine solche Gestaltung keineswegs ein so „schlimmer Fehler"[56], wie damals die Kritik schrieb. In einer Zeit, in der viele sozialdemokratische Arbeiter die Scheinopposition ihrer Partei erkannten und der revolutionären Politik der Kommunistischen Partei folgten, war diese Charakteristik bis zu einem gewissen Grade eine richtige Verallgemeinerung. Daß sie politisch nicht zu überzeugen vermochte, berührt ein ästhetisches Problem. Die Konzeption des Lehrstücks setzte hier einer allseitigen und vertieften Menschengestaltung bestimmte Grenzen. Überall dort, wo sehr komplizierte Probleme Gestaltung verlangten, erwiesen sich die Mittel des Lehrstücks, im ästhetischen wie politischen Sinne, als unzureichend.

55 P. Brand, „Brechts Lehrstück ein großer Erfolg"; in: „Rote Fahne", Nr. 14, vom 19. Januar 1932, Beilage.
56 „Die Mutter"; in: „Nachrichten", Nr. 15, vom 19. Januar 1932.

Auch die achte Szene, die Landagitation der Wlassowa, unterscheidet sich wesentlich von Gorkis Roman. Ein solcher Charakter wie Rybin, der ganz aus den russischen Verhältnissen herausgewachsen war, der die Unruhe und die revolutionäre Stimmung des russischen Bauern widerspiegelte, war für Brechts Stück, das doch eigentlich die deutschen Zustände zeigte, nicht denkbar. So übernahm Brecht auch nur den Namen dieses Bauern. Es wäre falsch, die Veränderung nur vom Gesichtspunkt der dramatischen Gestaltung aus zu beurteilen, denn ihr voraus gingen vor allem politische Überlegungen. Der Dichter wollte ja mit seinem Lehrstück unmittelbar politisch wirken. Die Szenen sollten in den gegenwärtigen Klassenkampf eingreifen. Die Bündnispolitik mit den werktätigen Bauern wurde seit dem Bauernhilfsprogramm der KPD von 1931 verstärkt in den Vordergrund der Parteiarbeit gerückt. Diese Politik den Menschen mit den Mitteln des Theaters nahezubringen, war Brecht, wie auch Friedrich Wolf, der zur gleichen Zeit den „Bauer Baetz" schrieb, eine politische Verpflichtung. Die Szene „Landstraße", das Gespräch der Mutter mit dem Landarbeiter Jegor Luschin entstand ganz aus der politischen Situation von 1931. Da sagt die Wlassowa zu Jegor(6):

„Ich bin selber Arbeiterin und finde es nicht richtig, daß ihr überhaupt nicht mit den Arbeitern, die es hier gibt, gesprochen habt, weil ihr eben auch alles wißt. Ihr hättet vor allem davon ausgehen müssen, daß, wo ein Arbeiter sitzt, noch nicht alles verloren ist. Jedenfalls muß ich ihnen ihre Zeitungen bringen . . .

Jegor: Das ist eine Dickköpfige. Solche Leute kümmern sich einfach nicht um die Wirklichkeit. Bauer ist Bauer und Arbeiter ist Arbeiter."[57]

Um die politische Wirkung gerade dieser Szene zu verstehen, ihre Bedeutung für die Arbeit der Kommunistischen Partei vor 1933, sei auf die Ausführungen Ernst Thälmanns

57 B. Brecht, „Die Mutter" – Mit Anmerkungen des Dichters und Geleitwort von Karl Götting, Basel 1946, S. 106 f.

über die Landagitation in seiner Schrift „Die Aufgaben der Partei in der Präsidentschafts- und Preußen-Wahlkampagne" hingewiesen. Dort heißt es: „Dann müssen alle aufs Land geschickt werden, gewissermaßen zu einem roten Landsonntag mit bestimmtem Material ... Wir müssen bestimmte Dörfer und Güter besuchen, was beim letzten Wahlkampf leider nicht geschehen ist, wo manchmal Tausende von Menschen wohnen."[58] Brechts Werk war „*Teil* der allgemeinen proletarischen Sache ..., ‚Rädchen und Schräubchen' "[59] des großen Mechanismus der revolutionären Arbeiterpartei, wie es Lenin von der Literatur forderte. Die Rolle, die das Stück im politischen Kampf spielte, geht auch daraus hervor, daß Szenen aus der „Mutter" während des Wahlkampfes gespielt wurden, so in der großen Wahlkundgebung im Berliner Sportpalast Ende Februar 1932, auf der Walter Ulbricht sprach.[60]

Politische Überlegungen waren es auch, die Brecht bestimmten, die „Mutter"-Handlung bis zum Sieg der Oktoberrevolution fortzuführen. Damals kämpfte die KPD gegen die heraufziehende Kriegsgefahr. Brecht unterstützte die Partei in ihren ideologischen Aufgaben, indem er die Handlung erweiterte und in einigen Szenen zeigte, wie die Wlassowa gegen den imperialistischen Krieg auftrat. Er wollte damit agitatorisch im Sinne der Partei wirken und politische Lehren vermitteln. Er benutzte die politischen Erfahrungen der revolutionären Arbeiter, zeigte ihren Witz, ihre Schlauheit und ihre Härte im täglichen Klassenkampf. So wurde die Szene „Vor einer vaterländischen Kupfersammelstelle" zu einer der schönsten und wirkungsvollsten des Stückes. Wenn die Mutter die Bourgeoisweiber anfährt: „Ja, ich bin eine Bolschewikin. Aber ihr seid Mörderinnen, wie ihr da steht! Kein Tier würde sein Junges hergeben, so wie ihr das

58 E. Thälmann, „Die Aufgaben der Partei in der Präsidentschafts- und Preußen-Wahlkampagne", a. a. O., S. 22 f.

59 W. I. Lenin, „Parteiorganisation und Parteiliteratur"; in: W. I. Lenin, „Werke", Berlin 1958, Bd. 10, S. 30.

60 Mitteilung in: „Welt am Abend", Nr. 48, vom 26. Februar 1932.

eure: ohne Sinn und Verstand, für eine schlechte Sache. Euch gehört der Schoß ausgerissen. Er soll verdorren, und ihr sollt unfruchtbar werden, wie ihr da steht. Eure Söhne brauchen nicht wiederzukommen. Zu solchen Müttern? Schießend für eine schlechte Sache sollen sie erschossen werden für eine schlechte Sache. Aber ihr seid die Mörderinnen"[61], so spricht aus dieser Gestaltung der Zorn und die leidenschaftliche Parteilichkeit des sozialistischen Dichters.

Brechts Verbundenheit mit der Partei, sein konsequenter Klassenstandpunkt riefen denn auch die bürgerliche Presse auf den Plan. Sie führte einen wahren Feldzug gegen die Aufführung der „Mutter". Der Kampf um die Aufführung dieses Stückes gibt ein sehr anschauliches Bild von der zunehmenden Faschisierung, von den Schwierigkeiten und letzten Endes von der Unmöglichkeit, ein sozialistisches Stück auf die Bühne zu bringen. Die Aufführungsgeschichte der „Mutter" zählt mit zu den unvergessenen Schlachten des revolutionären Proletariats vor 1933. Aus der Fülle des Pressematerials und der Polizeiberichte kann hier nur auf einige Fakten hingewiesen werden. Unermüdlich rief zum Beispiel die Zeitung „Germania" nach dem Eingreifen der Polizei und hetzte zum Verbot des Stückes, das die „Gruppe junger Schauspieler" im Rahmen der „Jungen Volksbühne" herausbrachte. Im gleichen Stil schrieb die Zeitung „Der Jungdeutsche" unter der Überschrift „Theater als Bürgerkriegsschule": *„Und dennoch – dennoch! – gibt es trotz aller hochentwickelten Polizeigewalt eine Möglichkeit, den Kampf gegen diesen Staat in völlig eindeutiger und sehr einprägsamer Weise zu predigen! ... Der Freibrief ‚Kunst' ermöglichte diese Gewaltpropaganda, ohne daß die sonst so wachsame Polizei sich veranlaßt fühlte einzuschreiten ..."*[62] Der Kritiker des „Katholischen Kirchenblatts" sprach von einem „bedauerlichen Zeugnis für die Laxheit der Auffassung auch

61 B. Brecht, „Stücke", a. a. O., Bd. V, S. 113.
62 „Theater als Bürgerkriegsschule"; in: „Der Jungdeutsche", Nr. 15, vom 19. Januar 1932.

an maßgebenden Dienststellen"[63] und forderte ein „sofortiges Verbot". Die „Germania" brachte einen Artikel unter der Schlagzeile „Unhaltbare Passivität"[64], die gleiche Zeitung schrieb am 6. Februar 1932: „Wir wollen deshalb mit diesen Zeilen das Polizeipräsidium wieder einmal zum *Nachdenken* darüber anregen, ob das in einem hiesigen Theater seit Wochen aufgeführte kommunistische Propagandastück ‚*Die Mutter*' nicht allem widerspricht, was diese Behörde im und am Staat zu schützen und vor seinen Bürgern gewissenhaft zu verantworten hat. *Wie lange gedenkt das Polizeipräsidium den Staat diesem Treiben noch preiszugeben?*"[65]

Diese Hetze führte dann auch bald zum Einschreiten der Polizei bei der Aufführung des Stückes für die Internationale Arbeiterhilfe im Moabiter Gesellschaftshaus. Der Beschreibung dieser Aktion durch Ernst Schumacher[66] sei hier noch hinzugefügt: Die Haltlosigkeit des Verbots, das mit baupolizeilichen Vorschriften begründet wurde, wird deutlich, wenn man berücksichtigt, daß in diesem Saal vorher ein Theaterstück mit dem Titel „Die polnische Wirtschaft" gespielt wurde, gegen das die Polizei nichts einzuwenden hatte.[67]

Die Polizei, die Dienststellen des Innenministeriums überwachten die Aufführung von Anfang an und hatten ihre Maßnahmen getroffen. Es bedurfte dazu keineswegs der scharfmacherischen Angriffe der „Germania" und anderer Zeitungen. So hieß es in einem Polizeibericht: „Im Januar d. Js. brachte die ‚Junge Volksbühne' das Lehrstück ‚Die Mutter' von Brecht zur Aufführung, das als kommunistisches Propagandastück für die legale und illegale Vorbereitung des bewaffneten Aufstands gewertet werden

63 „Katholisches Kirchenblatt", Nr. 6, vom 7. Februar 1932.

64 „Unhaltbare Passivität"; in: „Germania", Nr. 29, vom 29. Januar 1932 (Leserzuschrift).

65 Zitiert in: „Nachrichten", Nr. 31, vom 6. Februar 1932.

66 E. Schumacher, „Die dramatischen Versuche Bertolt Brechts 1918–1933", a. a. O., S. 418.

67 „‚Mutter' mit Hindernissen"; in: „Welt am Abend", Nr. 50, vom 29. Februar 1932.

muß."[68] Und jener Verfasser der schon genannten Denkschrift an den Oberregierungsrat Erbe schrieb: „Im Januar d. J. errang die ‚Gruppe junger Schauspieler' einen besonderen Erfolg mit der Aufführung des von Brecht, Eisler und Weisenborn für die Bühne bearbeiteten Gorki-Romans ‚*Die Mutter*' im Lustspielhaus, Friedrichstr. 236. Hauptträger dieser Aufführung ist wiederum die ‚Junge Volksbühne'. In dem Stück ‚Die Mutter' werden die Vorbereitungen und Vorarbeiten für Streiks und Demonstrationen, die legale und illegale Kleinarbeit, die politische Schulungs- und Antikriegsarbeit so drastisch zur Darstellung gebracht, daß die Presse von einem ‚*Theater als Bürgerkriegsschule*' schreibt..."[69] Diese Denkschrift machte deutlich, daß die Faschisierung auf allen Gebieten des Lebens bereits so vorgeschritten war, daß die Aufführung eines revolutionären, sozialistischen Stückes unmöglich wurde.

Brechts parteiverbundene Position in den großen Klassenkämpfen des Jahres 1932 zeigt deutlich, welchen qualitativen Sprung der Dramatiker in seiner Entwicklung gemacht hatte. Als er in den Jahren 1929 und 1930 die „Heilige Johanna der Schlachthöfe" schrieb, war er ein zwar sehr klarsehender, aber doch nur sympathisierender Betrachter; mit der „Mutter" stand er bereits in den Reihen der proletarischen Revolutionäre. In der „Johanna" spielte die Partei nur eine Nebenrolle, in der „Mutter" sah der Dichter die Gesellschaft direkt vom Blickpunkt der Partei als dem Vortrupp der revolutionären Arbeiterklasse. Dadurch gelang es ihm auch, die gesellschaftlichen Kräfte in den richtigen Relationen zu sehen und die Welt als veränderlich darzustellen. Die neue weltanschauliche Sicht Brechts durchdrang sein gesamtes Schaffen bis zu speziellen Fragen der Gestaltung und der Sprache. Paul Rilla arbeitete den unterschiedlichen weltanschaulichen Standpunkt mit aller

68 Institut für Marxismus-Leninismus beim ZK der SED, Berlin; Archiv, Nr. 10/235/691.
69 Ebenda, Blatt 210/211.

Schärfe heraus, als er schrieb: „Betrachtet man aus der Brechtschen Produktion die Bühnenstücke ‚Die Mutter' (nach Gorki) und ‚Die heilige Johanna der Schlachthöfe' (mit dem Schauplatz Chicago), so hat man dieselbe welthistorische Antithese wie in den Gedichten von der Moskauer Metro und von der Stadt New York."[70]

Es ist deshalb unverständlich, daß Ernst Schumacher in seinem Buch „Die dramatischen Versuche Bertolt Brechts 1918–1933" nicht nur eine falsche Entstehungszeit der „Heiligen Johanna der Schlachthöfe" angab, nämlich 1931/32, offensichtlich verführt durch die Uraufführung von Szenen im Rundfunk, sondern das Werk auch entwicklungsgeschichtlich völlig falsch einordnete. Ausgehend von dem falschen Entstehungsjahr übersieht Schumacher ganz diese „welthistorische Antithese" beider Werke, von der Rilla sprach, und versucht nun die politische und literarische Entwicklung Brechts irgendwie zurechtzubiegen, wenn er schreibt: „‚Die heilige Johanna der Schlachthöfe' war aber nicht nur Ausdruck des Bemühens von Brecht, aktuelle, brennende, hochbedeutende Erscheinungen der gesellschaftlichen Wirklichkeit literarisch zu bewältigen, sondern auch Ausdruck einer subjektiven ethisch-moralisch-politischen ‚Selbstverständigung', wie wir sie bereits aus den ‚Lehrstücken' kennen. Brecht war mit ‚Die Maßnahme' und ‚Die Mutter' eindeutig auf die Seite der proletarisch-revolutionären Kräfte übergegangen, aber das hieß nicht, daß er sich schon in allen entscheidenden Punkten im wirklichen inneren ‚Einverständnis' mit der Praxis dieser Bewegung, vor allem mit der Handhabung der Gewalts-Theorie befunden hätte. Unter dieser inneren ‚Nötigung', sich vor allem mit dieser Frage auseinanderzusetzen, verlieh Brecht daher dem Mädchen Johanna in verstärktem Maße jene kleinbürgerlichen, auf ‚Verstehen' und Verständigung der Klassen drängenden reformistischen Züge, mit denen in erster Linie die in das Lager des Proletariats übergehenden Intellektuellen fertig

70 P. Rilla, „Essays", Berlin 1955, S. 454 f.

werden müssen."[71] Schumacher kommt natürlich mit der Thematik der „Heiligen Johanna" nicht zurecht, wenn er das Stück entwicklungsgeschichtlich nach der „Mutter" einordnet und die „Heilige Johanna" sozusagen als die letzte Stufe politischer Erkenntnis Brechts vor Ausbruch der Hitlerdiktatur charakterisiert.

Mit der „Mutter" vollzog Brecht einen weiteren Schritt an die Seite der Partei. Die proletarische Kritik hob das allgemein hervor. Eine Ausnahme machte in dieser Beziehung die „Illustrierte Neue Welt". In einer sehr harten Kritik heißt es: „Gerade, weil wir glauben, daß Brecht noch viel für das proletarische Kampftheater leisten kann, müssen wir ihn kritisieren. Und unsere wesentliche Kritik ist: er hat aus der Kritik seiner ‚Maßnahme' nicht gelernt. Ist nicht vorwärtsgekommen. Gewiß, er räumt im Gegensatz zur ‚Maßnahme' der gefühlsmäßigen Wirkung diesmal einen breiten Raum ein, aber er hat den Kontakt mit der Arbeiterschaft nicht aufgenommen und blieb der Wirklichkeit des Klassenkampfes weiter fremd."[72] Die Meinung, daß Brecht aus der „Maßnahme" nichts gelernt habe, ist nicht richtig, wie diese Kritik überhaupt Brecht nicht gerecht wurde. Trotzdem ist sie bemerkenswert, denn sie berührt, allerdings ohne daß es vom Verfasser beabsichtigt wäre, die Beziehung von politischer Absicht und literarischer Menschengestaltung.

Es ist schon dargelegt worden, wie es Brecht gerade in der „Mutter" darauf ankam, mit seinem Stück politisch zu wirken. Er wollte politische Verhaltensweisen für die Zuschauer praktikabel machen. Im Gegensatz zum spätbürgerlichen Drama hob er bei den Menschen seines Stückes ihre unterschiedliche ökonomische Stellung und politische Haltung hervor, um damit dem Zuschauer die Einsicht in die vielfältigen Methoden des Klassenkampfes zu erleichtern. So

71 E. Schumacher, „Die dramatischen Versuche Bertolt Brechts 1918–1933", a. a. O., S. 442.

72 S. M. „‚Ast' oder ‚Klassenkampf'"; in: „Illustrierte Neue Welt", Nr. 1/1932.

schrieb Brecht in den Anmerkungen zur „Mutter“: „Aber nur durch sehr starke politische oder wenigstens philosophische oder verhaltenspraktische Interessen des Zuschauers kann das Theater einer neuen gesellschaftlichen Funktion zugeführt werden.“[73] Es ging ihm bei der Charaktergestaltung nicht darum, den Figuren durch psychologische Anreicherung Fülle und Profil zu geben, nicht um psychologische Differenzierung schlechthin, sondern um eine *„anwendbare, politische Psychologie“*[74]. Diese Auffassung machte Front gegen die bürgerliche psychologisierende Gestaltung, die den Klassenunterschied, die soziale Differenzierung zu umgehen versuchte und durch eine überfeinerte, ausgeklügelte Psychologie ersetzte.

In diesem Zusammenhang sei auf die Entwicklung der Literatur Ende der zwanziger und Anfang der dreißiger Jahre verwiesen. Die Ablehnung der „bürgerlichen Psychologie“ als Gestaltungsmittel zog sich fast durch die gesamte revolutionäre Literatur. Der durchaus richtige Kampf gegen eine Schreibweise, die die Psychologie mißbrauchte, um die Klassengegensätze zu verdecken, wurde aber zu einer Ablehnung der Psychologie überhaupt. Dadurch verengte sich trotz der zielklaren politischen Argumentation die politische Wirkung der revolutionären Literatur. Es fehlte schon damals nicht an Stimmen, die vor einer solchen sektiererischen Position warnten. Das rückhaltlose Bemühen, mit den Mitteln des Theaters politisch zu wirken, das Theater der „privaten Sphäre“ zu entreißen, führte eine Reihe von Dichtern auf diesen abwegigen kunsttheoretischen Standpunkt. Am radikalsten zugespitzt hat wohl Majakowski seine Absicht. So schrieb er 1929 in der Illustrierten „Ogonjok“ über seine Satire „Das Schwitzbad“: „Das Schwitzbad ist ein publizistisches Werk, und deshalb schildert es nicht sogenannte ‚lebendige Menschen‘, sondern lebendig gewordene Tendenzen. Die Aufgabe des Theaters der Gegenwart be-

73 B. Brecht, „Stücke“, a. a. O., Bd. V, S. 167.
74 Ebenda, S. 170.

steht darin, die Propaganda, Agitation und Tendenz lebendig zu machen ... Das Schwitzbad – als ein Theaterwerk – hat die Aufgabe, für Theateragitation, Theaterpropaganda, für Tendenztheater zu kämpfen – gegen Kammerkunst und Mißbrauch von Psychologie."[75]

Die Bemühungen Brechts, mit seinen Stücken politische Wirkungen zu erzielen, direkt in den Klassenkampf einzugreifen, führten bei ihm nicht zu einer völligen Ablehnung der Psychologie. Nur in seinen ersten Lehrstücken trat die psychologische Charakterisierung fast ganz zurück. „Die Mutter" war ja auch deshalb ein Schritt über die „Maßnahme" hinaus, weil dem Dichter in diesem Werk eine tiefere Menschengestaltung gelang. Die Frontstellung gegen die bürgerliche Dramatik mit ihrer überwuchernden Psychologie veranlaßte Brecht, die „politische Psychologie", wie er es nannte, hervorzuheben. Diese Bemühungen bewiesen, wie sehr Brecht bestrebt war, seine Werke zu einem Teil der gesamten Bewegung des revolutionären Proletariats zu machen. Aus diesem Grunde unterzog er auch alle bisherigen Gestaltungsmittel einer radikalen Überprüfung, um zu erproben, inwieweit sie für eine sozialistische Dramatik geeignet wären. Jedoch entging Brecht zu Beginn der dreißiger Jahre nicht einer Einengung seiner Mittel; das zeigte sich vor allem in der Art und Weise, wie er das Typische herausbildete.

Die marxistische Ästhetik sieht im Typischen die Erfassung des Wesentlichen. Aber die marxistische Kategorie des Typischen als eine neue Qualität besteht darin, das Wesen nicht nur als die Bewegung schlechthin zu begreifen, wie Hegel, der das Wesen definierte als existent „durch seine eigne, die unendliche Bewegung des Seins"[76], sondern als eine Bewegung der Klassen. Dieses Typische als das Wesent-

75 W. Majakowski, „Was ist das Schwitzbad?", Artikel im „Ogonjok"; zitiert aus: Programmheft Nr. 30, Volksbühne Berlin, Spielzeit 1958/59, „Das Schwitzbad", Berlin 1959, S. 13.

76 G. W. F. Hegel, „Wissenschaft der Logik", II. Teil, Leipzig 1948, S. 4; siehe auch: W. I. Lenin, „Aus dem philosophischen Nachlaß", Berlin 1954, S. 44.

liche aber ist Ausdruck der Gesamtheit des menschlichen Wesens. Das Typische umfaßt das Gesellschaftliche und das Individuelle, ist die mehr oder weniger gelungene Einheit beider Momente, wobei das Hauptgewicht auf der Erfassung der Gesamtheit des menschlichen Seins liegt. Das Typische darf nicht auf das unmittelbar Politische eingeengt werden, vielmehr ist das Politische ein Teil, und zwar ein beachtlicher Teil, dieser *Gesamtheit* des menschlichen Wesens. Gerade darauf zielte Marx' Analyse der künstlerischen Produktion in der Einleitung zur „Kritik der politischen Ökonomie" und in der „Sickingen-Debatte" hin.

Brecht bemühte sich, das „menschliche Wesen als ‚das Ensemble aller gesellschaftlichen Verhältnisse'"[77] aufzufassen. Seine politischen Anschauungen nährten sich damals aber hauptsächlich aus der Beschäftigung mit der marxistischen Theorie, ohne daß sie durch ein adäquates Verhältnis zur politischen Praxis des revolutionären Massenkampfes ergänzt worden wären. Deshalb trat auch in seinem Werk das Allgemeine in den Vordergrund. Die politische Tendenz ging nicht bei allen Figuren in der Gesamtheit ihrer menschlichen Wesenskräfte auf, sondern erhielt hier und da eine hervorgehobene Selbständigkeit. Es sei hier noch hinzugefügt: die Einheit von Gesellschaftlichem und Individuellem schließt nicht aus, daß das Gesellschaftliche die bestimmende Seite darstellt, die das Individuelle beeinflußt, formiert, aber gerade diese dialektische Wechselbeziehung kann nur durch die Einheit beider Momente gestaltet werden.

Noch deutlicher wird das Problem, wenn man die Charaktergestaltung Brechts mit der Gorkis vergleicht. Das mag auf den ersten Blick als unzulässig erscheinen. Gewiß, Gorki hatte als Romancier weitaus mehr Möglichkeiten, seine Gestalten vielseitig zu charakterisieren. Brecht versuchte auch

77 B. Brecht, „Anmerkungen zur ‚Dreigroschenoper'"; in: „Stücke", a. a. O., Bd. III, S. 158. Siehe auch: K. Marx, „Thesen über Feuerbach"; in: „Werke" Bd. 3, a. a. O., S. 534.

gar nicht, den Reichtum der Seelen- und Milieuschilderung Gorkis auf die Bühne zu übertragen. Doch hier geht es nicht um eine Genrefrage. Es ist selbstverständlich, daß die Charaktergestaltung im Drama, auch im epischen Drama, anderen Gesetzen unterliegt als im Roman. Es interessiert hier nur, wie die allgemeine Erfassung des Typischen von beiden Dichtern vorgenommen wurde.

Im Werk Gorkis gewann die marxistische Theorie, die politische Unterweisung nie die didaktische Selbständigkeit wie zum Beispiel bei Brecht in der Szene: „Pelagea Wlassowa erhält ihre erste Lektion in Ökonomie", obwohl der Roman als Genre wissenschaftliche Exkurse eher aufnehmen kann als das Drama. Bei Brecht hob sich sozusagen der politische Aspekt aus der Handlung, aus der Menschengestaltung solistisch hervor, wurde didaktisch unterstrichen, während bei Gorki die politische Seite der Handlung den Gestalten immanent ist. Dadurch gelang Brecht in der Menschenzeichnung nicht in jedem Falle die relativ ausgewogene Einheit von Gesellschaftlichem und Individuellem wie Gorki. Die Verselbständigung des Gesellschaftlichen bei Brecht liegt aber nicht etwa in seiner klaren, vernunftbetonten sprachlichen Diktion – sie ist vielmehr ein Vorzug –, es geht um ein grundsätzliches Gestaltungsproblem. Die abstrakte Betonung des Gesellschaftlichen schmälerte nämlich letzten Endes auch die politische Wirkung, auf die es dem Dichter doch ankam. Einige Kritiker, so auch Andor Gábor 1932 in der „Linkskurve", verschärften den Einwand noch, indem sie behaupteten, daß dem Zuschauer in der „Mutter" das Erlebnis fehle. In einer solchen einseitigen Verallgemeinerung wird der Einwand jedoch falsch, und Brecht wandte sich mit Recht dagegen, als er schrieb: „So also gehen selbst politisch aufgeklärte Leute ins Theater! ... Die Arbeiter, die das Stück ansahen, gingen denn auch keineswegs ohne Erlebnis aus der Vorstellung der ‚Mutter'."[78] Aber die große propagandistische Rolle, die Gorkis Roman

78 B. Brecht, „Stücke", a. a. O., Bd. V, S. 167.

in der revolutionären Arbeiterbewegung der ganzen Welt spielte, zeigt, daß die politische Wirkung nicht durch eine mehr oder weniger starke Betonung des politischen Moments, nicht durch solistische Hervorhebung des Gesellschaftlichen erzielt wird, sondern dadurch, daß der Dichter die Gesamtheit des menschlichen Wesens erfaßt.

Gorki wie Brecht waren mit der revolutionären Arbeiterbewegung eng verbunden. Während aber Gorki den Kampf des Proletariats aus seinem eigenen praktischen Erleben kannte, die Not und Unterdrückung dieser Menschen selbst erlitten hatte, war Brecht über die marxistische Theorie zur Arbeiterklasse gekommen; die sinnlich konkreten Erfahrungen des alltäglichen Klassenkampfes, den die Arbeiter führten, fehlten Brecht. Es ist daher nur natürlich, daß sich dieser unterschiedliche Erfahrungsbereich auch in der künstlerischen Darstellung widerspiegeln mußte. Die sinnlich konkrete Erfahrung ist maßgebend für die Erfassung und dramatische Gestaltung eines Gegenstands. Sie gewinnt eine besondere Bedeutung für die Schriftsteller, die sich von der bürgerlichen Klasse losrissen und sich auf die Seite des Proletariats stellten; denn für sie tat sich eine neue Welt auf, die nicht nur theoretisch, sondern auch praktisch begriffen werden mußte. Die Gestaltung des neuen Menschenbildes, das Erfassen der größtmöglichen Einheit von Gesellschaftlichem und Individuellem war aber um so eher möglich, je mehr der Dichter sich die Welt der Arbeiterklasse im wahrsten Sinne des Wortes in theoretischer und praktischer Hinsicht aneignete. Über die Notwendigkeit des praktisch konkreten Eindringens in die Wirklichkeit kann man schon bei Hegel den sehr treffenden Satz lesen: „Nach dieser Seite hin muß der Künstler sich nicht nur viel in der Welt umgesehn und mit ihren äußeren und inneren Erscheinungen bekannt gemacht haben, sondern es muß auch Vieles und Großes durch seine eigene Brust gezogen, sein Herz muß schon tief ergriffen und bewegt worden sein, er muß viel durchgemacht und durchlebt haben, ehe er die echten Tiefen des Lebens zu konkreten Erscheinungen herauszubilden imstande ist."[79] Auch Lenin betonte in dem Artikel „Parteiorganisation und Parteiliteratur" die konkrete Seite, als er schrieb, daß die Literatur erfüllt sein muß von dem „lebendigen Atem der lebendigen proletarischen Sache"[80].

In der „Mutter" gibt es neben der ergreifenden Gestalt der Pelagea Wlassowa noch mehrere Figuren, die in ihrer ganzen menschlichen Totalität und Tiefe erfaßt sind. Daneben stehen aber auch Figuren, die vom Dichter nicht in der Gesamtheit ihres menschlichen Wesens und ihrer gesellschaftlichen Universalität gesehen, sondern nur mehr oder weniger Träger einer bestimmten Funktion sind. Vor allem die Genossen Pawels, Iwan Wessowtschikow, Andrej Nachodka, Anton Rybin, Smilgin und Mascha, sind blaß gezeichnet. Ja, selbst bei der Figur des Pawel vermißt man die von Brecht gewohnte scharfe Charakteristik und wohldurchdachte Physiognomie seiner Helden. Dabei sind diese Gestalten durchaus nicht alle Nebenfiguren, die eine Zeichnung mit wenigen Strichen rechtfertigen. Die Schwächen in der Gestaltung resultieren zu einem Teil auch aus dem Aufbau der Fabel. Bevor das aber näher begründet wird, macht sich ein kurzer Exkurs über die Fabel bei Brecht nötig.

Ein wesentlicher Punkt, in dem Brecht mit der „Poetik" des Aristoteles übereinstimmte, war die Bedeutung der Fabel für das dramatische Kunstwerk. Wie Aristoteles hielt Brecht die Fabel für „die Seele des Dramas"[81]. Er sah sehr früh, daß in der Fabel alle Anstrengungen des Dramatikers kulminierten, daß sich in ihr die gesellschaftliche und künstlerische Einsicht des Dichters offenbarte. Die Dramatiker der verschiedenen Jahrhunderte haben ihre Fabeln verschieden aufgebaut. Die Konstruktionen, die sie fanden, repräsentieren in bestimmter Hinsicht den Grad gesellschaftlicher Erkenntnis ihrer Zeit und ihrer Klasse. In den

79 G. W. F. Hegel, „Ästhetik", a. a. O., S. 292.
80 W. I. Lenin, „Parteiorganisation und Parteiliteratur", a. a. O., S. 31.
81 B. Brecht, „Kleines Organon für das Theater", in: „Versuche", Heft 12, Berlin 1953, S. 114.

Jahren, da sich Brecht mit dem Marxismus beschäftigte und die Gesetzmäßigkeit der gesellschaftlichen Veränderungen erkannte, überprüfte er alle Kunstmittel auf ihre Anwendbarkeit in der Gegenwart. Auch das Schema der Fabelbildung im bürgerlichen Drama untersuchte er und fand: „Mehr und mehr werden wir gestört durch die Primitivität und Sorglosigkeit der Abbildungen menschlichen Zusammenlebens, und dies nicht nur bei den alten Werken, sondern auch bei zeitgenössischen, wenn sie nach alten Rezepten gemacht sind. Unsere ganze Art zu genießen beginnt unzeitgemäß zu werden."[82] Der Dichter suchte nach neuen Möglichkeiten, um den höheren Grad gesellschaftlicher Einsicht, der ihm als Marxist möglich war, auch in der Fabel abzubilden. Um die neuen gesellschaftlichen Erkenntnisse in die Fabel einfließen zu lassen, schien ihm der alte, eng verflochtene und verknüpfte Fabelaufbau hinderlich. Er versuchte die Fabel auf neue Weise zu erzählen, dabei verfocht er hauptsächlich den „Grundsatz ‚Eines nach dem andern', der bei einer Dramatik der Exposition, der Knotenschürzung und des Kulminationspunktes immerfort außer Kurs gesetzt werden muß"[83]. Brecht war der Meinung, die einzelnen Geschehnisse müßten im dramatischen Werk so miteinander verbunden werden, daß man „mit dem Urteil dazwischenkommen"[84] könne. Seine Ansicht über die Fabel bildete sich jedoch im Verlauf vieler Jahre heraus, im Prozeß stets neuer Versuche und Experimente. Dabei waren Umwege nicht immer zu vermeiden. So experimentierte Brecht Ende der zwanziger Jahre am Lehrstück. Nun bestand eine wesentliche Schranke des Lehrstücks aber gerade darin, daß dieser Stücktypus nur eine einfache, ziemlich eingleisige und unkomplizierte Fabel möglich machte, mit der die komplizierten gesellschaftlichen Zusammenhänge der modernen kapitalistischen Gesellschaft nur unvollkommen

82 Ebenda.
83 B. Brecht, „Stücke", a. a. O., Bd. IX, S. 174.
84 B. Brecht, „Kleines Organon für das Theater", a. a. O., S. 135.

widergespiegelt werden konnten. Dazu kam, daß Brecht der Lehrstück-Fabel sehr montagemäßige Züge verlieh, wodurch der gesamte Handlungsverlauf nur locker zusammengehalten wurde. Das alles, die Einschränkungen und eine gewisse Vereinfachung in der Fabelführung, setzte aber auch einer auf die Gesamtheit der menschlichen Beziehungen zielenden Menschengestaltung bestimmte Grenzen.

Worin bestanden nun die Schwierigkeiten, als Brecht die Fabel zur „Mutter" herausarbeitete? Zunächst soll die Fabel wiedergegeben werden, wie sie der Dichter selbst beschrieb:

„So seht ihr also die proletarische Mutter den Weg gehn
Langen gewundenen Weg ihrer Klasse, seht, wie zuerst
Ihr die Kopeke fehlt am Lohn ihres Sohnes: sie kann ihm
Seine Suppe nicht schmackhaft kochen. So verwickelt sie
 sich
In einen Kampf mit ihm, fürchtet, ihn zu verlieren. Dann
Hilft sie ihm widerwillig bei seinem Kampf um die Kopeke
Ständig befürchtend, ihn nun im Kampf zu verlieren. Lang-
 sam
Folgt sie dem Sohn in das Dickicht der Lohnkämpfe. Dabei
Lernt sie lesen. Verläßt ihre Hütte, betreut noch andere
Als den Sohn, doch in gleicher Lage Befindliche, gegen die
 sie
Einstmals kämpfte um ihren Sohn, nun kämpft sie mit
 ihnen.
So beginnen die Wände zu fallen um ihren Herd. Ihr Tisch
 beherbergt
Mancher anderen Mutter Sohn. Zum Versammlungsraum
Wird die Hütte, die einmal für zweie zu klein war. Aber den
 Sohn
Sieht sie nur selten. Der Kampf entführt ihn ihr.
Und sie selber steht im Gedränge der Kämpfenden. Das Ge-
 spräch
Zwischen dem Sohn und der Mutter wird zum Zuruf
Während der Schlacht. Am Ende fällt er. Nicht mehr

Möglich war ihr's, ihm die Suppe zu schaffen auf dem
einzigen
Weg, den es gab. Aber nun steht sie schon
Im dichtesten Getümmel der unaufhörlichen
Riesigen Klassenschlacht. Immer noch Mutter
Mehr noch Mutter jetzt, vieler Gefallener Mutter
Kämpfender Mutter, Ungeborener Mutter, räumt sie
Jetzt im Staatswesen auf. Gibt den Herrschenden Steine
In das erpreßte Mahl. Reinigt Waffen. Lehrt
Ihre vielen Söhne und Töchter die Sprache des Kampfes
Gegen den Krieg und die Ausbeutung, Mitglied einer Heeres-
macht
Über den ganzen Planeten, Verfolgte und Verfolgerin
Nichtgeduldete und Unduldsame. Geschlagene und Uner-
bittliche."[85]

Mit der „Mutter" durchbrach Brecht bereits die Form des Lehrstücks, ohne jedoch die Grenzen dieses Stücktypus schon völlig hinter sich zu lassen. Das wirkte sich auch auf den Aufbau der Fabel aus. Einerseits ist sie keineswegs so eingleisig und unkompliziert wie die der früheren Lehrstücke, andererseits aber baute sie der Dichter noch in der Art seiner ersten Lehrstücke auf. Das hatte zur Folge, daß Handlungsteile und Figuren – so vor allem die Geschichte Pawels und seiner Genossen – vom Fluß der gesamten Fabel wenig erfaßt, mehr in den Rahmen didaktischer Demonstrationen hineingestellt wurden. Ein Kriterium für eine Fabel aber wird immer sein, inwieweit sie hilft, die Entwicklung der Gestalten voranzutreiben, ob sie Situationen und Konflikte ermöglicht, die den Umschlag von einer Qualität in die andere sichtbar machen. Von dieser Bewegung und Dialektik der Fabel wurden aber nicht alle Handlungsteile der „Mutter" berührt. Die literarischen Figuren, die mit der Fabel bis zu einem bestimmten Grad nur durch die didaktischen Elemente verbunden waren, vermochte der

85 Berliner Ensemble, „Theaterarbeit", Dresden 1952, S. 121.

Dichter nicht in ihrer ganzen menschlichen Totalität zu erfassen; denn eine allseitige, vielfältig differenzierte Menschengestaltung braucht als Voraussetzung eine verzweigte und sorgfältig verknüpfte Fabel, die in ihre Drehpunkte und Sprünge den großen Teil der Figuren in irgendeiner Weise einschließt. Auf die Fabel kommt alles an, sie ist, wie Brecht später einmal formulierte, „das Herzstück der theatralischen Veranstaltung... Das große Unternehmen des Theaters ist die ‚Fabel', die Gesamtkomposition aller gestischen Vorgänge, enthaltend die Mitteilungen und Impulse, die das Vergnügen des Publikums nunmehr ausmachen sollen."[86]

Ein weiterer Grund für die Schwierigkeit der Fabelbildung in der „Mutter" ist auch darin zu suchen, daß sich Brecht, trotz der schöpferischen Neugestaltung, im bestimmten Maße an die Grundstruktur der Gorkischen Romanfabel halten mußte. Diese wurde aber bestimmt von den Gesetzen des Romans, insbesondere des großen Entwicklungsromans. Wenn es Brecht auch durchaus gelungen ist, Gorkis Romanstoff neu zu gestalten, die Grundstruktur, die auf eine solistische Entwicklung der Titelgestalt angelegt ist, mußte er mit übernehmen. Die Entwicklungsgeschichte der Mutter ist auch in Brechts Stück sehr geschlossen und überzeugend erzählt. Von den anderen Handlungsteilen wurde aber nur die Geschichte des Lehrers Lapkin mit der Gesamtfabel organisch verbunden.

Gerade die Lehrerszenen zeigen, daß überall da, wo Brecht eine wirklichkeitsintensive und umfassende Fabel in Bewegung setzte, ihm auch eine eindrucksvolle Menschengestaltung gelang. Die Gestalt des Lehrers Lapkin (Wessowtschikow) (7) zählt neben der Mutter zu den stärksten und schönsten des ganzen Stückes. Auch diese Figur ist episch angelegt; so teilt zum Beispiel der Lehrer dem Publikum seine Gedanken mit, erzählt, wo er gewesen ist, was er vorhat usw.: „Ich komme da ermüdet von der Bierkneipe, den Kopf noch voll von Debatten, wobei ich wieder großen

86 B. Brecht, „Kleines Organon für das Theater", a. a. O., S. 135.

Ärger mit diesem Dummkopf Sachar hatte, der mir immer widersprach, obwohl ich natürlich recht hatte, und freue mich schon auf meine ruhigen vier Wände. Ich denke, ich nehme noch ein Fußbad und lese dabei die Zeitung."[87] Wie allseitig und lebendig wurde der Lehrer gestaltet, der sich mit seinen eigenen Widersprüchen herumschlägt! Er ist ein Mensch mit dem anerzogenen Gebildetendünkel seiner Klasse, und doch ist er, wenn erst auch widerspenstig, von selbstloser Hilfsbereitschaft. Er, der meint, Wissen helfe nicht, und der alle Bücher und Maschinen, den ganzen Krempel, ins Meer werfen möchte, lehrt die Arbeiter das Abc. „Er ist Lehrer, und es ist für ihn schwierig, nicht zu lehren. Eine Hand ist nach ihm ausgestreckt worden, und er fühlt sich außerstande, sie zurückzustoßen."[88] Er ist der bürgerliche Intellektuelle mit humanistischer Erziehung, der sich gegen das Wort „Klassenkampf" verwahrt, und doch zeigt er den Arbeitern, wie es geschrieben wird. Er, der auf dem Standpunkt steht, der Mensch bleibe sich immer gleich, hat selbst schon das Kaiserbild von der Wand genommen. Er, der in Melancholie versinken möchte, duldet in seiner Wohnung eine illegale Druckerei; er schreibt schon selbst Flugblätter gegen das herrschende System, aber er protestiert, wenn die Mutter von ihrem kärglichen Lohn Mitgliedsbeiträge für ihre Partei bezahlt. „Seine Proteste beschränken sich auf seine Worte; praktisch sitzt er, ohne Protest, in der Küche, während im Wohnzimmer die Sache der Revolution betrieben wird."[89]

Hier gelang Brecht eine Gestalt, in der die widerspruchsvolle Haltung eines großen Teils der deutschen Intelligenz Ende der zwanziger und zu Beginn der dreißiger Jahre zum Ausdruck kam. Bei der Gestaltung dieser Menschen und ihrer Zeit, schrieb der Dichter Lion Feuchtwanger, komme es darauf an, zu erfassen: „Wie wir hilflos bemüht waren, das Alte festzuhalten, während wir uns nach dem Neuen sehnten, wie wir das Neue fürchteten, während wir doch er-

87 B. Brecht, „Stücke", a. a. O., Bd. V, S. 50.
88 „Die Erziehung des Lehrers Lapkin"; in: „Theaterarbeit", a. a. O., S. 137
89 „Theaterarbeit", a. a. O., S. 140.

kannten, daß es das Bessere sei, wie wir schwankten und hofften und bangten: das seltsame Lebensgefühl, das die Berührung und Trennung dieser beiden Pole entstehen ließ ..."[90] Brecht kam hierbei zugute, daß er solche Intellektuelle, wie er einen im Lehrer Lapkin abgebildet hatte, genau kannte, daß er eine konkrete Vorstellung von ihren Grübeleien, ihren Sehnsüchten und Träumen besaß. Der schwierige, alle Seiten des Lebens berührende Übergang von der bürgerlichen Klasse auf die Seite des revolutionären Proletariats war ja für Brecht ein Erlebnis, das, um mit Hegel zu reden, tief „durch seine eigene Brust gezogen"[91] war. Die lebendige, in der Gesamtheit ihres menschlichen Wesens erfaßte Figur des Lehrers, die gerade deshalb politisch so reich ist, beweist sehr nachdrücklich, wie notwendig auch das praktische und konkrete Erleben für eine große realistische Menschengestaltung ist. Andererseits war diese tiefe Gestaltung nur möglich, weil Brecht in den Lehrer-Szenen die Fabel verdichtete, die Lehrer-Handlung eng mit der Entwicklungsgeschichte der Mutter verband und die Figur des Lehrers mit den anderen Gestalten verknüpfte, so daß die Möglichkeit einer reichen und vielseitigen Charakterisierung gegeben war.

Die Bedeutung der „Mutter" für die weitere Entwicklung Brechts ist von den Literaturhistorikern nie so recht erkannt und gewürdigt worden. Dabei finden sich in diesem Stück schon alle Ansätze der großen Gestaltungskunst von Brechts späteren Werken. Die Methode der künstlerischen Gestaltung, wie sie dann in der „Mutter Courage" hervortritt, hat bereits in der „Mutter" ihren Ausgangspunkt. Man vergleiche nur die Antikriegspropaganda der Mutter Wlassowa in der XIII. Szene („Vor einer vaterländischen Kupfersammelstelle") mit Szenen aus der „Mutter Courage", um zu sehen, wie sich hier eine satirisch entlarvende Diktion herausgebildet hat, deren Ziel es ist, gesellschaftliche Ursachen bloß-

90 L. Feuchtwanger, „Exil" (Nachwort), Berlin 1957, S. 813 f.
91 G. W. F. Hegel, „Ästhetik", a. a. O., S. 292.

zulegen. Vor der Kupfersammelstelle erklärt Pelagea Wlassowa: „Ich habe ja nur ein ganz kleines Becherchen. Das gibt höchstens fünf, sechs Patronen. Wie viele davon treffen schon? Von sechs vielleicht zwei und von den zwei höchstens eine tödlich. Ihr Kessel da ist schon für mindestens zwanzig Patronen, und die Kanne von der Dame da vorn, das ist überhaupt eine Granate. Eine Granate, die nimmt gleich auf einmal fünf bis sechs Mann."[92] Derselbe satirische Ton, der die Phrasen der herrschenden Klasse auf die Spitze treibt und dadurch das egoistische Klasseninteresse enthüllt, findet sich, wenn auch auf einer anderen Ebene, in der „Mutter Courage". Im Gespräch des Feldwebels mit dem Werber (I. Szene) ist die satirische Überhöhung zwar nicht bewußte Taktik der betreffenden Gestalt wie bei der Mutter Wlassowa, sondern ein Mittel, das ermöglicht, eine Gestalt als Produkt der damaligen gesellschaftlichen Verhältnisse zu zeigen und diese Zustände zugleich zu kritisieren, so, wenn zum Beispiel der Feldwebel über den Krieg spricht: „Man merkt's, hier ist zu lang kein Krieg gewesen. Wo soll da Moral herkommen, frag ich? Frieden, das ist nur Schlamperei, erst der Krieg schafft Ordnung. Die Menschheit schießt ins Kraut im Frieden. Mit Mensch und Vieh wird herumgesaut, als wär's gar nix. Jeder frißt, was er will, einen Ranken Käs aufs Weißbrot und dann noch eine Scheibe Speck auf den Käs." Und er fügt hinzu: „Nur wo Krieg ist, gibt's ordentliche Listen und Registraturen, kommt das Schuhzeug in Ballen und das Korn in Säck, wird Mensch und Vieh sauber gezählt und weggebracht, weil man eben weiß: Ohne Ordnung kein Krieg!"[93]

Diese Diktion, der hohe Grad sprachgestaltender Kraft, erwuchs aus der tiefen Einsicht in die Zusammenhänge der menschlichen Gesellschaft, die Brecht durch die Lehre des Marxismus-Leninismus und durch die Teilnahme am Kampf der Kommunistischen Partei gewann. „Die Mutter" beweist

92 B. Brecht, „Stücke", a. a. O., Bd. V, S. 107.
93 B. Brecht, „Stücke", a. a. O., Bd. VII, S. 64.

trotz bestimmter Schwächen den qualitativen Sprung in der literarischen Entwicklung Brechts. Seine Gestaltung war reifer und tiefer geworden, weil sie zum Wesentlichen vordrang. Die Sprache in der „Mutter“ war schärfer als in der „Dreigroschenoper“ und in „Mahagonny“. Witz und Ironie enthüllten, klagten an. Anstelle des ironisierten menschlichen Glückstrebens trat der Kampf gegen Ausbeutung und Unterdrückung, der die ganze Dichtung durchdrang, der Sprache die ätzende Schärfe, die vorausschauende Klarheit und die schöne menschliche Zukunftsfreudigkeit gab; hier entwickelte sich, was Brecht zu dem außergewöhnlichen Sprachgestalter der neueren deutschen Literatur machte.

Man betrachte, wie bei Brecht die Kenntnis von den Gesetzen der Gesellschaft auch die sprachliche Gestaltung vertiefte, und vergleiche zu diesem Zwecke einige Szenen aus dem „Dickicht der Städte“, einem Werk, das geschrieben wurde, als sich Brecht nur für den „Kampf an sich“ interessierte, mit dem Stück „Die Mutter“, das von dem Kampf des revolutionären Proletariats gegen die herrschende Klasse handelt. Im „Dickicht der Städte“ steht zum Beispiel folgendes Gespräch zwischen Mutter und Sohn:

„*Garga:* Nein, sage nicht zu mir: O George! Das vertrage ich nicht gut, ich will es nicht mehr hören.

Mae: Du willst nicht mehr? Aber ich? Wie soll ich leben? Wie die Wände schmutzig sind, und der Ofen hält keinen Winter mehr.

Garga: Ach, Mutter, es liegt auf der Hand, es geht nicht mehr lang, mit dem Ofen nicht und nicht mit der Wand.

Mae: Nein, das sagst du! Bist du denn blind?

Garga: Und nicht mit dem Brot im Schrank und nicht mit dem Kleid auf dem Leib, und auch mit deiner Tochter geht es nicht mehr lang!

Mae: Ja, schreie nur! Sage es nur, daß es alle hören. Wie alles umsonst ist und alles zuviel, was Mühe ist, und man wird weniger davon! Aber wie soll ich leben? Und ich lebe noch so viele Zeit."[94]

Schon aus den wenigen Sätzen wird der Unterschied zur Schreibweise der „Mutter" sichtbar. Brechts Übergang zur marxistischen Weltanschauung veränderte auch seine Sprache. Er erreichte eine neue Qualität. Im „Dickicht" verdrängt ein breiter, von Reflexionen überwuchernder Lyrismus eine wirklichkeitsintensive Gestaltung, denn dieser Lyrismus stand in unmittelbarem Zusammenhang mit der idealistischen Grundhaltung, die Brecht in diesem Werk bezog. Vergleicht man damit die Szenen in der „Mutter", so wird deutlich, wie die Einsicht in die Klassenkämpfe seine sprachliche Diktion veränderte und auf eine höhere Stufe führte. Trotz der Einengung durch die Übergangsform des Lehrstücks ist die Menschengestaltung in der „Mutter" vollkommener, weil sie realistischer ist. In dem Maße, wie sich die wirklichen Klassenkämpfe in der Fabel widerspiegelten, verlor die Sprache Brechts ihre frühere lyrische Monotonie, die alle Figuren gleichermaßen charakterisierte. Nunmehr hoben sich die einzelnen Charaktere und ihr geistiges Gesicht schärfer voneinander ab, die Sprache, jetzt kräftiger und kontrastreicher, enthielt mehr Witz und Weisheit.

In der „Dreigroschenoper" treten die gesellschaftskritischen Akzente ungleich schärfer als im „Dickicht der Städte" hervor, weiten sich zu direkten Angriffen auf die bestehende Gesellschaftsordnung, so, wenn zum Beispiel Peachum zum Polizeichef Brown sagt:

„Vertragen wir uns doch alle. Wir halten uns doch alle an das Gesetz! Das Gesetz ist einzig und allein gemacht zur Ausbeutung derer, die es nicht verstehen oder die es aus nackter Not nicht befolgen können. Und wer von dieser Ausbeutung seinen Brocken abbekommen will, muß sich streng an das Gesetz halten.

94 B. Brecht, „Stücke", a. a. O., Bd. I, S. 244.

Brown: So, Sie halten also unsere Richter für bestechlich!

Peachum: Im Gegenteil, Herr, im Gegenteil! Unsere Richter sind ganz und gar unbestechlich: mit keiner Geldsumme können sie dazu bestochen werden, Recht zu sprechen!"[95]

Mit dieser aggressiven Spitze wird satirisch die bürgerliche idealistische Vorstellung von Recht und Gerechtigkeit attackiert und der bürgerliche Staat bloßgestellt. Aber um wieviel eindringlicher und tiefer ist die Entlarvung des bürgerlichen Staats in der „Mutter", die einen Höhepunkt hat in dem Lied:

„Sie haben Gesetzbücher und Verordnungen
Sie haben Gefängnisse und Festungen
(Ihre Fürsorgeanstalten zählen wir nicht!)
Sie haben Gefängniswärter und Richter
Die viel Geld bekommen und zu allem bereit sind.
Ja, wozu denn?
Glauben sie denn, daß sie uns damit kleinkriegen?
  Eh sie verschwinden, und das wird bald sein
  Werden sie gemerkt haben, daß ihnen das alles nichts
    mehr nützt."[96]

Die parteinehmende Gestaltung in der „Mutter" drang zu dem Wesentlichen vor, sie machte Widersprüche sichtbar und deckte Zusammenhänge auf. Dadurch wurde auch die sprachliche Diktion Brechts reicher. In welchem Frühwerk des Dichters gibt es solch eine genaue sprachliche Differenzierung und gestalterische Vielfalt? Da ist der gesellschaftskritische Humor, der von den Szenen in der Gutsküche ausgeht, und da ist das Leid der Mutter um den gefallenen Sohn, die aber trotz alledem weiterkämpft wie ihr Sohn: „Fürchtet doch nicht so den Tod und mehr das unzulängliche Leben!"[97] Das Stück zeigt die Sprache der klugen

95 B. Brecht, „Stücke", a. a. O., Bd. III, S. 109.
96 B. Brecht, „Stücke", a. a. O., Bd. V, S. 68.
97 Ebenda, S. 99.

und witzigen Agitatorin, die Sprache der Empörung und der Wut und auch das Pathos der Revolution. Mag manches der früheren Werke auch organischer, geschlossener sein, an sprachlichem Reichtum und an Schönheit wird die „Mutter" selten erreicht. Die Schönheit der Brechtschen Sprache hat Arnold Zweig, selbst ein Meister des Wortes, gewürdigt, als er bewundernd schrieb: „Nirgendwo sind die geheimnisvollen Gesetze verletzt, Gesetze der Interferenz, des Sichkreuzens und Synkopierens, mit denen im dichterischen Gebilde der innere Sinn und der grammatische Satzbau gegeneinanderspielen; nirgendwo auch hört man so hinreißend geheime Musik wie in diesen Versen, zum Beispiel denen aus der ‚Mutter' und der ‚Maßnahme' . . ."[98] Dabei muß nochmals betont werden, daß der qualitative Sprung nicht als Ergebnis einer bloß formalen Vervollkommnung sprachlicher Meisterschaft zu werten ist, sondern sich aus der Meisterung der gesellschaftlichen Wirklichkeit ergab, in die Brecht durch seine Beschäftigung mit dem Marxismus immer tiefer eindrang.

Zu einer der schönsten Szenen zählt die „Vor einer vaterländischen Kupfersammelstelle". In dieser Szene wird das unterschiedliche Verhalten einzelner Menschen zum Krieg, werden aber auch die widersprechenden Seiten im Menschen selbst dargestellt. So ist die Wlassowa die listig Agitierende, die zornig Verfluchende und die menschlich Hilfreiche. Dadurch wird nicht nur das Wesen des Krieges enthüllt, sondern auch gezeigt, wie gegen ihn gekämpft werden kann. So begrenzt der Ausschnitt aus der Wirklichkeit in dieser Szene ist, so weit und umfassend ist zugleich die Gestaltung. Indem der Dichter die widersprüchlichen gesellschaftlichen Verhaltensweisen aufdeckte, erschloß er sich die Möglichkeit, die Menschen klarer und differenzierter zu charakterisieren. Im Vergleich dazu ist die Schlußszene aus dem 1926 abgeschlossenen Werk „Mann ist Mann", die ebenfalls eine gegen

98 A. Zweig, „Aufgang Bertolt Brechts", 1934; in: „Essays – Erster Band", Berlin 1959, S. 346.

den imperialistischen Krieg gerichtete Tendenz hat, weniger stark und sprachlich bei weitem nicht so faszinierend. Was Brecht zu der Gestaltungskraft und Meisterschaft in der „Mutter“ führte, war vor allem die Tatsache, daß er das Wesen des imperialistischen Krieges begriff und die Gesellschaft, in deren Schoß er entstand, vom Standpunkt der fortschrittlichsten Klasse, des Proletariats aus, kritisierte und bekämpfte.

Seit sich Brecht auf die Seite der revolutionären Arbeiterklasse stellte, ist sein Werk von jenem Optimismus durchdrungen, der vom Wissen um die Veränderlichkeit der Welt bestimmt wird. Ein Wissen, von dem Brecht später einmal sagte, das es überhaupt erst ermöglicht, die heutige Welt auf dem Theater wiederzugeben.[99] Seine Oper „Mahagonny“ ließ Brecht noch mit dem Satz enden: „Können uns und euch und niemand helfen.“[100] Das war die Ratlosigkeit und die Verzweiflung des ehrlichen Intellektuellen, der die bürgerliche Welt am Ende, aber auch selbst noch keinen Ausweg sah. Drei Jahre später hatte sich Brecht durch die bürgerlichen Vorstellungen hindurchgekämpft, und das Ende der bürgerlichen Welt erwies sich als Anfang der sozialistischen Gesellschaft. Im Kampf für diese Gesellschaftsordnung setzte Brecht fortan seine gesamte Kraft ein. Seine scharfe gesellschaftskritische Sprache paarte sich mit einem revolutionären Pathos ganz eigener Art. Es ist ein Pathos, weit entfernt von überspannter Leidenschaftlichkeit, voll Klarheit und ruhiger Gewißheit. Diese Gewißheit, die nicht vom Glauben an ein Ideal, sondern vom Wissen um die neue Welt bestimmt wird, spricht aus den Schlußversen des Stückes:

„Wer niedergeschlagen wird, der erhebe sich!
Wer verloren ist, kämpfe!

99 B. Brecht, „Kann die heutige Welt durch Theater wiedergegeben werden?“; in: „Schriften zum Theater“, a. a. O., S. 9.
100 B. Brecht, „Stücke“, a. a. O., Bd. III, S. 258.

Wer seine Lage erkannt hat, wie soll der aufzuhalten sein?
Denn die Besiegten von heute sind die Sieger von morgen
Und aus niemals wird: heute noch."[101]

In diesen Versen, die knapp ein Jahr vor der faschistischen Diktatur geschrieben wurden, liegen die ganze Kraft und Siegesgewißheit, die Erfahrung und Weisheit der revolutionären Arbeiterklasse und ihrer Partei. Aus Brechts Worten klingt die durch nichts zu zerstörende Gewißheit vom kommenden Sieg des Sozialismus in Deutschland, mit der ein Jahr später die Kommunisten in die Emigration, in die Zuchthäuser und in den Tod gingen.

Dieser Weg von dem „Können uns und euch und niemand helfen"[102] bis zu dem optimistischen „heute noch"[103] war für den Dramatiker Brecht außerordentlich kompliziert. Bürgerliche Kritiker, die Brecht bis heute nicht verzeihen können, daß er Kommunist wurde, machen sich die Erklärung seines Übergangs sehr leicht. So schrieb Jürgen Rühle, getreulich den Anregungen der Renegatin Ruth Fischer folgend: „Das verlorene Paradies – der romantische Wundergarten Baals – mußte durch ein neues Paradies, ein moderneres, der Realität gegenüber strapazierfähigeres ersetzt werden. Das ist das Geheimnis, warum Brecht wie so viele, die einst für die schrankenlose Freiheit geschwärmt hatten, schließlich in die Marschkolonnen des Totalitarismus fand. Der Individualismus schlug dialektisch in Kollektivismus um, denn der Kollektivismus ist das Über-Ich des modernen Menschen."[104] Das ganze „Geheimnis" des Übergangs besteht für Rühle in dem dialektischen Umschlagen von schrankenlosem Individualismus – wie er ihn in Brechts Erstlingswerk „Baal" vorzufinden meint – in den „Kollektivismus". Wie wenig dieser Kritiker die Dialektik zu handhaben weiß, geht schon aus seiner fragwürdigen Interpretation des „Baal" her-

101 B. Brecht, „Stücke", a. a. O., Bd. V, S. 116 f.
102 B. Brecht, „Stücke", a. a. O., Bd. III, S. 258.
103 B. Brecht, „Stücke", a. a. O., Bd. V, S. 117.
104 J. Rühle, „Das gefesselte Theater", a. a. O., S. 201.

vor. Es sei deshalb hier nur an die Bemerkung Brechts über sein Stück erinnert: „Das Stück ‚Baal' mag denen, die nicht gelernt haben, dialektisch zu denken, allerhand Schwierigkeiten bereiten. Sie werden darin kaum etwas anderes als die Verherrlichung nackter Ichsucht erblicken."[105] Rühle zieht, anstatt eine exakte Untersuchung der dialektischen Wechselbeziehung zwischen den gesellschaftlichen Widersprüchen in Deutschland Ende der zwanziger und Anfang der dreißiger Jahre und dem künstlerischen Schaffensprozeß zu geben, widersinnige geistesgeschichtliche Vergleiche von Brecht zu Nietzsche und dem Faschismus. Diese geistigen Bocksprünge sind eine ganz bewußte Diffamierung des Dichters, sind literarischer Handlangerdienst für die antikommunistische Politik des westdeutschen Staates. Auf eine wirklich dialektische Untersuchung kam es Rühle ja auch gar nicht an. Seine politische Absicht bestand vielmehr darin, den Übergang Brechts zur Arbeiterklasse aus den historischen Zusammenhängen herauszulösen; denn es war die immer stärkere Faschisierung in jenen Jahren, die den besten Teil der deutschen Intelligenz in starkem Maße zu der Klasse drängte, die dem Faschismus wirklich begegnen konnte. Freilich, die Dialektik läßt sich schwerlich zur Verschleierung gesellschaftlicher Vorgänge mißbrauchen; so blieb es Rühle nur vorbehalten, das, was Leute vom Schlage Ruth Fischers politisch schon viel nackter ausgesprochen haben, als ein „Geheimnis" ganz besonderer Art zu konstruieren, um den Übergang Brechts zum revolutionären Proletariat zu erklären.

Wie schwer es den bürgerlichen Literaturhistorikern fällt, den Übergang Brechts zur Arbeiterklasse, zum Marxismus zu beschreiben, geht auch aus der Darstellung des Heidelberger Professors Otto Mann hervor, die er in seinem Buch „B. B. – Maß oder Mythos?" gibt. In dem Kapitel „Brechts Weg zum Marxismus" heißt es: „Es war nicht undenkbar, es

105 B. Brecht, „Bei Durchsicht meiner ersten Stücke"; in „Stücke", a. a. O., Bd. I, S. 8.

wäre auch der westlichen Situation angemessener gewesen, daß Brecht Christ geworden wäre. Doch hat vielleicht der verblasene Hochflug des Expressionismus in ihm einen antimetaphysischen Komplex erzeugt."[106] Auch in dieser Darlegung wird Brechts Weg isoliert von der gesellschaftlichen Entwicklung, von dem politischen Zustand im Deutschland der dreißiger Jahre betrachtet. Da sich mit einer historisch konkreten Untersuchung die politischen Diffamierungsabsichten nicht bewerkstelligen lassen, muß Mann zu diesen hypothetischen Erklärungen greifen. Die bürgerliche Literaturkritik findet es eben bitter, daß der bedeutendste Dramatiker, den die deutsche Literatur seit den Klassikern hervorgebracht hat, sich nicht auf ihrer Seite befindet, denn sie weiß nur zu gut, daß der sozialistische Weg Brechts symptomatisch für die Entwicklung der deutschen Literatur ist.

106 O. Mann, „B. B. – Maß oder Mythos?", Heidelberg 1958, S. 62 f.

3

DAS LEHRSTÜCK UND DIE ENTWICKLUNG DER SOZIALISTISCHEN DRAMATIK

Das Lehrstück ist eine dramatische Form mit vorherrschend didaktischen Elementen. Die Bezeichnung wurde zu Anfang der dreißiger Jahre auf die verschiedensten, oft sehr unterschiedlichen Stücke angewandt. So nannte Friedrich Wolf sein Schauspiel „Tai Yang erwacht" ein Lehrstück. Die Revuen Wangenheims wie „Die Mausefalle" und „Da liegt der Hund begraben" reihte man ebenfalls unter die Lehrstücke ein. Als der eigentliche Theoretiker und Praktiker des Lehrstücks galt jedoch bereits damals Bertolt Brecht. Aber auch Brechts Lehrstücke sind sehr unterschiedlich; man betrachte nur „Das Badener Lehrstück vom Einverständnis" oder die anderen um 1929 entstandenen Lehrstücke mit der „Mutter", die ja gleichfalls im Stil der Lehrstücke geschrieben ist.

Brechts Hinwendung zum Lehrstück fiel in eine Zeit, in der er sich immer klarer auf die Arbeiterklasse orientierte. Je mehr er sich mit der marxistischen Theorie und dem Kampf der Arbeiterklasse vertraut machte, um so radikaler wurde seine Ablehnung des bürgerlichen Theaterbetriebs. Er erkannte, daß sich das Theater, ebenso wie die Stätten materieller Produktion, in der Hand der herrschenden Klasse befand, die es als Instrument ihrer Herrschaft gebrauchte. Einer Dramatik aber, die auf die Veränderung der bestehenden Gesellschaft zielte, war der Bühnenapparat verschlossen. Mit ihm ließ sich nur das durchsetzen, was den Bestand der herrschenden Klasse nicht gefährdete. Als der faschistische Druck ständig zunahm, wurde es vollends unmöglich, den bürgerlichen Theaterapparat anders als zur direkten oder indirekten Apologetik des kapitalistischen Systems zu verwenden.

Brecht teilte damals nicht die Illusion vieler oppositionell gestimmter Dramatiker, Musiker und Schauspieler, die durch ihr Können den Apparat zu beherrschen meinten. „Denn in der Meinung, sie seien im Besitz eines Apparates, der in Wirklichkeit sie besitzt, verteidigen sie einen Apparat, über den sie keine Kontrolle mehr haben, der nicht mehr, wie sie noch glauben, Mittel für die Produzenten ist, sondern Mittel gegen die Produzenten wurde, also gegen ihre eigene Produktion (wo nämlich dieselbe eigene, neue, dem Apparat nicht gemäße oder ihm entgegengesetzte Tendenzen verfolgt)."[107] In einer Fußnote bemerkte Brecht: „Die Produzenten aber sind völlig auf den Apparat angewiesen, wirtschaftlich und gesellschaftlich, er monopolisiert ihre Wirkung, und zunehmend nehmen die Produkte der Schriftsteller, Komponisten und Kritiker Rohstoffcharakter an: das Fertigprodukt stellt der Apparat her."[108] Die Abhängigkeit des Dramatikers von diesem Apparat ist ein sehr wichtiges Faktum. Wer es unbeachtet läßt, wird die schwierige und komplizierte Entwicklung der jungen sozialistischen Dramatik nicht richtig verstehen. Der Kampf der Arbeiterklasse konnte in einer Situation, wie sie in Deutschland Anfang der dreißiger Jahre bestand, von der revolutionären Dramatik nur unterstützt werden, wenn sie mit dem Apparat des bürgerlichen Theaters brach. Ein Dramatiker, der auf dem Apparat beharrte, der nicht auf ihn verzichtete, mußte in zugespitzten Klassenkampfsituationen entweder aufhören, ein Dramatiker zu sein, oder aber dem bürgerlichen Theater, das hieß dem Klassengegner, Konzessionen machen.

Brecht lernte aus dem Beispiel Piscators, daß, wenn der

107 B. Brecht, „Anmerkungen zur Oper ‚Aufstieg und Fall der Stadt Mahagonny'", in: „Stücke", a. a. O., Bd. III, S. 260.
108 B. Brecht, ebenda, S. 262.

Bruch mit dem Apparat nicht vollzogen wurde, Kompromisse mancherlei Art die Folge waren. Mit der ihm eigenen Konsequenz brach er mit dem Theaterapparat und suchte nach einer Form des Schauspiels, die den umfangreichen Apparat entbehren konnte. Er fand sie im Lehrstück für die Laienbühne. Indem er für Laien und Schauspieler Stücke schrieb, die außerhalb des bürgerlichen Theaterbetriebs ihr Publikum fanden, hoffte er Neuerungen durchzusetzen, die eine Veränderung der Gesellschaft zum Inhalt hatten. Deshalb schrieb er zusammen mit Hanns Eisler 1930 einen offenen Brief an die Veranstalter der Neuen Musik, die es abgelehnt hatten, die Verantwortung für die Aufführung der „Maßnahme“ zu übernehmen: „Wenn Sie Ihre so wichtigen Veranstaltungen, in denen Sie neue Verwendungsarten der Musik zur Diskussion stellen, weiterführen wollen, dann dürfen Sie sich auf keinen Fall in finanzielle Abhängigkeit von Leuten oder Institutionen begeben, die Ihnen von vornherein soundso viele und vielleicht nicht die schlechtesten Verwendungsarten aus ganz anderen als künstlerischen Gründen verbieten ... Haben wir nicht immer nach Laienkunst gerufen? Hatten wir nicht schon lange Bedenken gegen diese großen, von hundert Bedenken gehemmten Apparate?“[109]

Im Laufe seiner Arbeit am Lehrstück experimentierte Brecht mit den verschiedensten Elementen, um diesen Stücktypus zu entwickeln. So verwandte er Elemente des bürgerlichen Lehrstücks, des Oratoriums. Vor allem aber griff er die Technik der proletarischen Spieltruppen auf, der Agitprop-Truppen, deren „eigentümlichen und neuartigen Stil“[110] er besonders hervorhob. In seinen letzten Lehrstücken, vor allem in der „Mutter“, verband er dann die Eigenart des Agitprop-Spiels mit der entwickelten Technik des bürgerlichen Theaters. So unterschiedlich die einzelnen Lehrstücke Brechts sind, sie haben alle den Verzicht auf

109 B. Brecht, „Stücke“, a. a. O., Bd. IV, S. 308 f.
110 Ebenda, Bd. V, S. 150.

einen komplizierten Bühnenapparat und auf eine psychologisch verzweigte Charakterdarstellung gemeinsam. Schon die Struktur des Laientheaters machte das erforderlich. Die proletarischen Kollektive, die unter den schwierigen Bedingungen der Notverordnungen arbeiten mußten, konnten keinen umfangreichen Apparat brauchen. Sie konnten auch, da in ihnen Laienspieler tätig waren, keine psychologisch komplizierten Charaktere auf die Szene bringen.

Die Gründe für die Hinwendung Brechts zum Lehrstück sind damit nicht erschöpft. Die objektiven Bedingungen sind nur die eine Seite des Problems. Gleichzeitig und vor allem ging es Brecht darum, ideologisch von der bürgerlichen Welt loszukommen. Seit seiner Beschäftigung mit der marxistischen Philosophie und Ökonomie wußte er, daß die bürgerliche Klasse nur bekämpft werden konnte, wenn man ihrer Welt etwas Besseres entgegenzusetzen hatte. Provokationen wie die „Dreigroschenoper“ und „Mahagonny“ griffen nicht ihre Basis an. Dies erkennend, versuchte Brecht, noch bevor die marxistische Weltanschauung bei ihm bestimmend wurde, von dem Standpunkt der bloßen Negation abzugehen. Es begannen seine Bemühungen, „das Lehrhafte auf Kosten des Kulinarischen immer stärker zu betonen“[111].

Was aber war der Lehrgegenstand? Im „Ozeanflug“ („Flug der Lindberghs“), seinem ersten Lehrstück, war es das wissenschaftliche Verhalten, der naturwissenschaftliche Fortschritt. Brecht erkannte jedoch bald, daß die gesellschaftlichen Probleme, um die es ihm ging, damit nicht berührt wurden. Je mehr er nun versuchte, diese Probleme zum Gegenstand zu machen, um so mehr näherte er sich der Gedankenwelt der marxistischen Theorie. Schon bevor er mit dem Lehrstück experimentierte, war er bei der Arbeit an den Stücken „Joe Fleischhacker in Chicago“, „Dan Drew“ und „Der Brotladen“, in denen er sich mit der kapita-

111 B. Brecht, „Anmerkungen zur Oper ‚Aufstieg und Fall der Stadt Mahagonny‘“, in: „Stücke“, a. a. O., Bd. III, S. 276.

listischen Gesellschaftsordnung auseinandersetzte, auf das Studium des Marxismus gelenkt worden. Die genannten Werke sind jedoch Fragment geblieben, und das zeigt, auf welche Schwierigkeiten Brecht stieß. Er kannte damals noch nicht die Mittel, um diesen Problemen beizukommen. Die Lehrstücke, denen er sich dann zuwandte, sind bei ihm daher in vielerlei Hinsicht eine Form des Übergangs zur sozialistischen Dramatik. Sie boten ihm die Möglichkeit, mit der hochentwickelten bürgerlichen Dramatik zu brechen, ohne an ihre Stelle sofort eine andere, ebenso hochentwickelte dramaturgische Technik setzen zu müssen, über die er damals noch nicht verfügte. Die Schwierigkeit bestand gerade in der Frage: Wie sind die gesellschaftlichen Prozesse zu gestalten, kann überhaupt in einem Individuum, in seiner Geschichte, die auf der Bühne dargestellt wird, der ganze komplizierte Prozeß der kapitalistischen Gesellschaft abgebildet werden? Bei Piscator, den im Grunde die gleiche Frage bewegte, heißt es hierzu: „Nicht mehr das Individuum mit seinem privaten, persönlichen Schicksal, sondern die Zeit selber, das Schicksal der Massen ist der *heroische Faktor der neuen Dramatik.*“[112] Und, sich auf Brecht beziehend, schreibt Piscator weiter: „Er (der Mensch – W. M.) ist untrennbar verbunden mit den großen politischen und ökonomischen Faktoren seiner Zeit oder, wie Brecht einmal pointierte: ‚Jeder chinesische Kuli ist, um sein Mittagbrot zu verdienen, gezwungen, Weltpolitik zu treiben.‘ Er ist in allen seinen Äußerungen und Innerungen dem Schicksal seiner Epoche verhaftet, gleichgültig wie seine Stellung auch sein mag.“[113]

In diesem Punkt verknüpfte sich bei Brecht – aber nicht nur bei ihm – Richtiges mit Falschem. Eine fortschrittliche Absicht hob sich teilweise durch ihre undialektische Handhabung auf. Brechts Kampf richtete sich gegen die bürgerliche Kunst, in der das Private das Gesellschaftliche über-

112 E. Piscator, „Das politische Theater“, a. a. O., S. 131.
113 Ebenda.

wucherte, in der nicht gesellschaftliche Prozesse abgebildet, sondern Zufälligkeiten durch mehr oder minder kunstvolle Psychologisierung zu Problemen aufgebauscht wurden. Die Stoßrichtung gegen diesen Verfall der bürgerlichen Kunst war selbstverständlich vollauf berechtigt. Die bürgerlichen Schriftsteller unterschlugen die gesellschaftliche Notwendigkeit, die sich gegen ihre Klasse richtete; dadurch drang die Zufälligkeit ins Zentrum ihrer Gestaltung. Der dialektische Zusammenhang von Notwendigkeit und Zufall, von Gesellschaftlichem und Individuellem, von Allgemeinem und Besonderem war zerrissen. Die Zufälligkeit, der private Konflikt, mußte durch Psychologie und mehr und mehr durch Pseudo-Psychologie ausgefüllt werden. So entstand eine dramatische Literatur des „Privaten", die losgelöst vom gesellschaftlichen Leben existierte.

Gegen diese Art Dramatik wandte sich Brecht, indem er versuchte, das Private ins Historische zu steigern. Er wollte eine Gestaltung, bei der an der Geschichte eines einfachen Menschen die Triebkräfte der Gesellschaft ablesbar waren. Auch die alltäglichen Vorgänge sollten vom Blickpunkt des Historischen aus gestaltet werden. In dem richtigen Bemühen, der idealistischen bürgerlichen Gestaltungsweise eine konsequent materialistische Position entgegenzusetzen, vernachlässigte Brecht jedoch in der Praxis seiner Lehrstücke die ständige Wechselbeziehung zwischen Notwendigkeit und Zufall, zwischen Gesellschaftlichem und Individuellem, über die Engels in einem Brief an Joseph Bloch aus dem Jahre 1890 schreibt: „Es ist eine Wechselwirkung aller dieser Momente, worin schließlich durch alle die unendliche Menge von Zufälligkeiten (d. h. von Dingen und Ereignissen, deren innerer Zusammenhang untereinander so entfernt oder so unnachweisbar ist, daß wir ihn als nicht vorhanden betrachten, vernachlässigen können) als Notwendiges die ökonomische Bewegung sich durchsetzt."[114] Engels machte gerade

114 F. Engels an Bloch – Brief vom 21./22. September 1890; in: K. Marx und F. Engels, „Ausgewählte Schriften", a. a. O., Bd. II, S. 459.

darauf aufmerksam, „daß das Endresultat stets aus den Konflikten vieler Einzelwillen hervorgeht, wovon jeder wieder durch eine Menge besonderer Lebensbedingungen zu dem gemacht wird, was er ist; es sind also unzählige einander durchkreuzende Kräfte, eine unendliche Gruppe von Kräfteparallelogrammen, daraus eine Resultante – das geschichtliche Ergebnis – hervorgeht..."[115] Eben die „Wechselwirkung aller dieser Momente", ohne die auch die künstlerische Gestaltung nicht auskommen kann, ging bei Brecht damals verloren, und damit auch der dialektische Zusammenhang von Notwendigkeit und Zufall, von Gesellschaftlichem und Individuellem. Das Bestreben des Dichters, die geschichtlichen Prozesse zu erfassen und den Menschen als politisches Wesen zu zeigen, eliminierte das Moment des Zufälligen. Dadurch erlangte die Notwendigkeit das Übergewicht und zerriß den lebendigen dialektischen Zusammenhang.

In den Lehrstücken geschah das vor allem durch den Abbau einer komplizierten und verknüpften Fabel. Nur eine verzweigte Fabel ermöglicht die Widerspiegelung jener „einander durchkreuzenden Kräfte", von der Engels sprach, und kann die Notwendigkeit aus dem Zufall selbst hervorgehen lassen. Die Fabeln der Lehrstücke aber waren sehr locker zusammengefügt. Brecht sagte sogar einmal über die „Maßnahme", das Werk sei so angelegt, daß leicht Veränderungen vorgenommen und ganze Szenen umgestellt werden könnten.[116] Tatsächlich besitzen viele Lehrstücke nur eine einfache Fabel. Die einzelnen Handlungskomplexe sind durch den Chor zusammengehalten. Da eine solche eingleisig geführte Fabel sehr selten ein wirkliches Abbild des Reichtums an menschlichen Beziehungen geben konnte, also auch nicht der sehr komplizierten politischen Beziehungen, suchte Brecht im Chor und im Kommentar einen Ersatz.

115 Ebenda.

116 „Hat die ‚Maßnahme' Lehrwert?"; in: „Rote Fahne", Nr. 300, vom 24. Dezember 1930; siehe auch: „Aussprache über ‚Die Maßnahme'", „Welt am Abend", Nr. 298, vom 22. Dezember 1930.

So schob sich das didaktische Element vollends in den Vordergrund.

Diese Einseitigkeit war eine Folge des Auseinanderreißens der dialektischen Zusammenhänge. Denn es bleibt ein Irrtum zu glauben, es genüge, die Gegensätze herauszuarbeiten, um dialektische Beziehungen herzustellen. Werden die Gegensätze nicht durch ständige Wechselbeziehungen miteinander „vermittelt", wie Engels einmal schrieb[117], so bleibt die Auffassung mechanisch. In den Lehrstücken aber machte die ganze Struktur der Fabel diese dialektische Beziehung unmöglich oder schränkte sie zumindest stark ein. Damit büßte das Lehrstück an lebendiger Wirklichkeit ein und verlor sich in eine Enge, die der dialektischen Auffassung diametral entgegengesetzt war. Die dialektische Einheit von Unterhaltung und Belehrung, der keine wirklich volksverbundene Literatur entsagen kann, wurde in den meisten Lehrstücken auseinandergerissen.

Brecht erkannte die Grenzen des Lehrstücks sehr früh. Er sah ein, daß mit diesem Stücktypus nur sehr beschränkte Wirkungen erzielt werden konnten. Das führte ihn auch dazu, daß er später zum Beispiel eine Aufführung der „Maßnahme" nicht mehr gestattet. (8) Es muß auch gesagt werden, daß die hier dargelegten Schwächen nicht in gleichem Maße auf alle seine Lehrstücke zutreffen. Bereits in der „Mutter" ist erkennbar, daß dem Dichter der Rahmen des eigentlichen Lehrstücks zu eng wurde, daß er nach neuen Mitteln suchte, wenn er auch die Grenzen des Lehrstücks noch nicht völlig sprengte.

Die dem Lehrstück anhaftenden erkenntnistheoretischen Schwächen haben ihre klassenmäßige Wurzel. Alfred Kurella schrieb in seiner gründlichen Untersuchung der „Maßnahme" 1931 dazu: „Wir können hier zum erstenmal die klassenmäßige Wurzel dieser idealistischen Betrachtungsweise der Autoren feststellen. Wir haben hier den idealistischen Rest der Denkweise des radikalen Kleinbürgers vor

117 F. Engels, „Dialektik der Natur", Berlin 1952, S. 226.

uns, den die Erfahrung aus dem Lager der Bourgeoisie zum Proletariat treibt ..."[118] Brechts Lehrstücke zeigen seinen Übergang vom bürgerlichen zum marxistischen Denken. Der Dichter versuchte, Probleme vom Standpunkt des Marxismus aus zu lösen, konnte sich jedoch, bei allem subjektiven Bemühen, von bürgerlichen Einflüssen noch nicht restlos frei machen. In vieler Hinsicht waren die Lehrstücke Selbstverständigung des Dichters über komplizierte weltanschauliche Probleme. Vom „Ozeanflug" („Flug der Lindberghs") bis zur „Mutter" wird der gesamte, außerordentlich verschlungene Prozeß seines Vordringens zum Marxismus, zur Arbeiterklasse deutlich. Um sich von der bürgerlichen Ideologie endgültig loszureißen, bedurfte es langwieriger Auseinandersetzungen. Die eingewurzelten Denkgewohnheiten ließen sich in den diffizilen literarischen Schaffensproblemen nicht immer mit jener Radikalität überwinden, die Brechts politische Entscheidungen kennzeichnete.

Erschwert wurde dieser Prozeß noch dadurch, daß Brechts Bekanntschaft mit dem Marxismus einseitig vom intellektuellen Erlebnis der Theorie her erfolgte. Seine literarische Gestaltung vollzog sich in der Weise, daß er für die neugewonnene weltanschauliche Erkenntnis das einzelne Beispiel suchte, für das Allgemeine das Besondere; eine Methode, von der Goethe sagte: „Es ist ein großer Unterschied, ob der Dichter zum Allgemeinen das Besondere sucht oder im Besondern das Allgemeine schaut. Aus jener Art entsteht Allegorie, wo das Besondere nur als Beispiel, als Exempel des Allgemeinen gilt; die letztere aber ist eigentlich die Natur der Poesie ..."[119] Diese letztere Methode blieb bei Brecht vorerst noch unvollkommen, weil in jener Zeit des Übergangs zum Marxismus bei ihm noch nicht das intellektuelle Erlebnis der Theorie mit der praktischen Er-

118 A. Kurella, „Ein Versuch mit nicht ganz tauglichen Mitteln"; in: „Literatur der Weltrevolution", a. a. O., S. 105.

119 J. W. Goethe, „Maximen und Reflexionen über Literatur und Ethik – Aus Kunst und Alterthum"; Goethes Werke (Sophien-Ausgabe), Bd. 42 (Zweite Abteilung), Weimar 1907, S. 146.

fahrung und dem Erlebnis des proletarischen Kampfes verschmolz.

Eine Betrachtung des Lehrtheaters muß, um nicht einseitig zu sein, auf eine weitere Tendenz dieses Stücktypus hinweisen. Das Bestreben, die Kunst zu einer Unterabteilung der Pädagogik zu machen, ging vor allem von einem Kreis von Dramatikern und Komponisten aus, die dem Theater wieder eine nützliche gesellschaftliche Funktion zuweisen wollten. Bei der Suche nach etwas, das mit Nutzen für die Gesellschaft von der Bühne aus gelehrt werden könne, stießen sie auf den Marxismus und die Welt der Arbeiterklasse. So wurde das Lehrstück außer für Brecht auch für einige andere Dramatiker zu einer Form des Übergangs von der bürgerlichen zur sozialistischen Dramatik. Es führte aber auch noch in eine andere Richtung, nämlich zur ideologischen Unterstützung der reaktionärsten Kräfte der Bourgeoisie. Diese bürgerlichen Vertreter des Lehrstücks benutzten bestimmte Elemente des didaktischen Theaters zum formalistischen Experiment. Die psychologisierende Technik, überzüchtet und inhaltsleer geworden, schlug in die gewollte Primitivität um. Die didaktischen Elemente gaben Gelegenheit zu einer artistischen Gruppierung des Stoffes und zu raffinierten Lösungsversuchen. Die bürgerlichen Autoren versuchten ein Interesse, das sie nicht mehr aus dem Inhalt ihrer Werke ableiten konnten, durch formalistische Spielerei zu wecken. Das bürgerliche Lehrstück dieses Typus wies deutlich alle Symptome der verfallenden bürgerlichen Kunst auf. Mit dem Formenexperiment verbunden war bei einigen Autoren eine sehr aktive Propagierung reaktionärer Tendenzen, so zum Beispiel in dem „Christoph Columbus“ (9) des französischen katholischen Schriftstellers Paul Claudel und in Goerings „Südpolexpedition des Kapitän Scott“. Es lag in der objektiven Lage der bürgerlichen Klasse begründet, daß Versuche, ein didaktisches, vernunftbetontes bürgerliches Drama zu schaffen, inhaltlich stets in ihr Gegenteil umschlagen mußten, in eine mystifizierte Welt, in formalistische Spielerei. Dieses Umschlagen der didaktischen Mittel in ihr Gegenteil hat Herbert Jhering bereits 1930 am Beispiel von Paul Claudels „Columbus“ nachgewiesen: „Was geschaffen war, um aufzuklären, wird hier dem Glauben unterstellt. Was desillusionierend gedacht war, dient einer neuen Illusion. Was beweisen sollte, nüchtern durch Belege, wird verwandt, um unkontrollierbare, seelische Zwischenwelten zu illustrieren. Wirklichkeit wird Symbol. Wahrheit Allegorie... Alles ist aus der Verantwortlichkeit des Geistes genommen. Ideologie wird durch Mythologie ersetzt.“[120]

Von einer solchen Richtung muß man selbstverständlich die Lehrstücke Brechts scharf trennen. Sie bilden ihrer ganzen Struktur nach eine neue Form, mit der sich der bürgerliche Intellektuelle der marxistischen Theorie und der Arbeiterklasse näherte. Daran ändert auch der Umstand nichts, daß bürgerliche Schriftsteller Elemente einer epischen Technik aufgriffen, die von Brecht entwickelt worden war. (10) Ein bloßer Vergleich der Formelemente Brechts mit denen der bürgerlichen Lehrstückautoren würde formalidealistisch bleiben und die Werke aus ihrer konkreten historischen Situation und aus ihrer Klassenbeziehung herauslösen. Hier sei deshalb noch einmal zusammenfassend gesagt: Brechts Entwicklung ging vom fortschrittlichen bürgerlichen Lehrstück zum proletarischen Lehrstück, als zu Beginn der dreißiger Jahre die Faschisierung auf allen Gebieten zunahm. Indem er, wie zum Beispiel in der „Mutter“, Traditionen des bürgerlichen Dramas mit der Technik des Agitprop-Spiels verband, sprengte er bereits die Grenzen dieses Stücktypus. Man wird den Brechtschen Lehrstücken nur gerecht, wenn man Tendenzen, die hier der übersichtlichen Darstellung wegen nacheinander untersucht wurden, im Schnittpunkt aller Momente gemeinsam erfaßt.

Der bürgerlichen Kritik ist deshalb auch eine Einsicht in die Zusammenhänge, die bei Brecht zum Lehrstück führ-

120 H. Jhering, „Die zwanziger Jahre“, a. a. O., S. 210 f.

ten, versperrt geblieben. Selbst Alfred Kerr, dessen anständige antifaschistische Gesinnung außer Zweifel steht, hielt Brecht damals geradezu für den „Typus der Verworrenheit“[121], der gestalterische Unfähigkeit unbekümmert mit einer neuen Dramentheorie bemäntelte. Für Kerr, wie für viele bürgerliche Kritiker und Literaturhistoriker, war das Lehrstück einfach ein kunsttheoretischer Anachronismus. Er bekämpfte das Lehrstück als ein „Leerstück“. In seiner Schrift „Was wird aus Deutschlands Theater?“ schrieb er: „Bescheidenheit, die zwar sagt, das alte Drama sei ausgepumpt, die aber nun zufügt: also machen wir ein noch viel älteres Theater nach, das noch viel ausgepumpter ist; das schon im Mittelalter überwunden war; die moralities. Der Frühkalk. Auf! nach Urväter Art – als noch kein entwickeltes Drama bestund.“[122] Und der reaktionäre Kritiker H. Bachmann schrieb in der „Germania“ über Brecht: „Er hat in Wirklichkeit unsere Entwicklung um mehrere Jahrhunderte zurückgeschraubt und bedient sich der Primitivform des vorshakespearischen Theaters, das auch ‚episch‘ war und sein mußte, weil die Künste immer ihre Formen so lange voneinander entlehnen, bis sie zu ihrem Wesen und damit zu ihrer Form durchfinden.“[123] Die bürgerlichen Kritiker vom Schlage Bachmanns wußten sehr wohl in der politischen Wertung einen Unterschied zwischen den bürgerlichen und den proletarischen Lehrstücken zu ziehen. Die Form aber lösten sie von den konkreten historischen Bedingungen des Klassenkampfes, unter denen diese Werke entstanden waren. Selbst Kerr, der doch in Wort und Schrift oft gegen den hereinbrechenden Faschismus auftrat, sah Inhalt und Form des proletarischen Lehrstücks nicht im Zusammenhang mit den Bedingungen, unter denen Anfang der dreißiger Jahre Aufführungen von Werken sozialistischer Dramatiker nur noch möglich waren. Noch weniger

121 A. Kerr, „Was wird aus Deutschlands Theater?“, a. a. O., S. 24.
122 Ebenda, 18. Abschnitt.
123 H. Bachmann, „Die kommunistische ‚Mutter‘“; a. a. O.

vermochte er zu verstehen, welch komplizierter gedanklicher Prozeß in den Dramatikern vorging, die sich von der bürgerlichen Klasse losgesagt hatten und mit ihrer Kunst vorbehaltlos auf die Seite des revolutionären Proletariats traten. Kerrs Kritik ging von einer abstrakten gradlinigen Entwicklung der dramatischen Form aus; er begriff nicht den widerspruchsvollen Prozeß, in dem sich die Dramatiker vom Alten losrissen und dem Neuen zuwandten.

Die kritische Einschätzung des Lehrstücks war notwendig, um zu zeigen, welche Bedeutung diesem Stücktypus als Übergangsform bei der Herausbildung der sozialistischen Dramatik zukommt. Außer in dem 1934 geschriebenen Stück „Die Horatier und die Kuriatier" hat Brecht diese Form nicht mehr angewendet. Der marxistische Dialektiker, der er geworden war, mußte sie zu eng finden, um die vielfältigen und komplizierten Erscheinungen der Gesellschaft wiederzugeben.

In Brechts spätere Arbeiten aber gingen einige der Elemente ein, die er am konsequentesten im Lehrstück ausprobiert und angewandt hatte. Als Beispiel sei hier nur auf die neue Art hingewiesen, wie Brecht seine Gestalten exponierte. Pelagea Wlassowa wird in der „Mutter" einfach eingeführt, indem sie sich an die Zuschauer wendet und erzählt: „Fast schäme ich mich, meinem Sohn diese Suppe hinzustellen. Aber ich kann kein Fett mehr hineintun, nicht einen halben Löffel voll ... Was kann ich, Pelagea Wlassowa, Witwe eines Arbeiters und Mutter eines Arbeiters, tun?"[124] Diese episierende Form der Exposition behielt Brecht auch in seinen späteren Stücken bei. In dem Parabelstück „Der gute Mensch von Sezuan" stellt sich Wang vor: „Ich bin Wasserverkäufer hier in der Hauptstadt von Sezuan. Mein Geschäft ist mühselig."[125] Brecht ging dabei von dem Gedanken aus[126], daß in der üblichen dramatischen Exposition

124 B. Brecht, „Stücke", a. a. O., Bd. V, S. 7 f.
125 Ebenda, Bd. VIII, S. 211.
126 Nach einer Angabe der Mitarbeiterin Bertolt Brechts Elisabeth Hauptmann.

sozusagen die Formen der bürgerlichen Gesellschaft konserviert seien. Ebenso wie die bürgerliche Gesellschaft im praktischen Leben ein steifes Zeremoniell des Vorstellens von Personen eingeführt habe, sei auch die Exposition der Gestalten im Drama von einem Zeremoniell bestimmt. Eine sozialistische Dramatik sollte daher nach Meinung Brechts schon durch die Form der Exposition die völlig anderen Beziehungen der Menschen untereinander zum Ausdruck bringen. Das ermöglichte Brecht eine auf das Wesentliche zielende Gestaltung und befreite die dramatische Handlung von naturalistischem Beiwerk. In der üblichen Technik war der Dramatiker, vor allem wenn er eine komplizierte Handlung einzuführen hatte, oft gezwungen, die Exposition über den ganzen ersten Akt auszudehnen, was die Entwicklung der Fabel hemmte. So hatten Weisenborn und Stark bei ihrer Dramatisierung der „Mutter" eine breite Exposition anlegen müssen, um erst einmal die Verhältnisse Pelagea Wlassowas und ihres Sohnes dem Zuschauer bekannt zu machen. (11) Brechts episierende Exposition gestattete es, die Gestaltung zu verdichten und zu konzentrieren, sie schied naturalistischen Ballast aus und half, die Fabel schnell in Fluß zu bringen. Brecht hat diese Form – die er nie ausschließlich anwandte, sondern nur, wo es vom Stoff her vorteilhafter erschien – in seinen späteren Werken noch verbessert und vervollkommnet und damit stets eine eindrucksvolle Gestaltung erreicht.

ZWEITES KAPITEL

Der Kampf Bertolt Brechts gegen den Faschismus

Der Übergang zum sozialistischen Realismus

1

DAS DÄNISCHE EXIL

Es gibt kaum ein Ereignis, das so gewaltsam in das Leben Bertolt Brechts eingriff wie jener verhängnisvolle 30. Januar 1933. Die faschistische Diktatur, der schonungslose Terrorfeldzug gegen die revolutionäre Arbeiterklasse begann. Der Dichter hat diese Jahre mit der fortschrittlichen Arbeiterklasse und ihrer Partei mitgelitten und mitgekämpft.

Die letzten entscheidenden Schritte, die zu Hitlers Machtantritt führten, wurden von den führenden Kreisen des deutschen Monopolkapitals in den letzten Monaten des Jahres 1932 unternommen. Die Bestrebungen dieser Kräfte charakterisiert am eindeutigsten das Schreiben einer Gruppe deutscher Konzernherren vom November 1932 an den Reichspräsidenten von Hindenburg, in dem es heißt: „Wir erkennen in der nationalen Bewegung, die durch unser Volk geht, den verheißungsvollen Beginn einer Zeit, die durch Überwindung des Klassengegensatzes die unerläßliche Grundlage für einen Wiederaufstieg der deutschen Wirtschaft erst schafft. Wir wissen, daß dieser Aufstieg noch *viele Opfer erfordert.* Wir glauben, daß diese Opfer nur dann willig gebracht werden können, wenn die *größte Gruppe dieser nationalen Bewegung* führend an der Regierung beteiligt wird. Die Übertragung der verantwortlichen Leitung eines mit den besten sachlichen und persönlichen Kräften ausgestatteten Präsidialkabinetts an den Führer der größten nationalen Gruppe wird die Schlacken und Fehler, die jeder Massenbewegung notgedrungen anhaften, ausmerzen und

Millionen Menschen, die heute abseits stehen, zu bejahender Kraft mitreißen."[1] Dieses Schreiben zeigt, welche Kräfte Hitler wirklich an die Macht gebracht haben. Es offenbart zugleich den Klassencharakter des Faschismus, der auf dem XIII. Plenum des EKKI als „die offene terroristische Diktatur der reaktionärsten, am meisten chauvinistischen, am meisten imperialistischen Elemente des Finanzkapitals" definiert wurde.[2] Auf den Klassencharakter des Faschismus hinzuweisen war um so notwendiger, da die faschistische Demagogie das ganze Gewicht darauf legte, ihn zu verschleiern, und vorgab, die faschistische Bewegung würde die alten Klassengegensätze „aufheben". Die Unklarheit vieler Menschen über den Klassencharakter des Faschismus hat dazu geführt, daß sie sich durch Hitlers Versprechungen irreleiten ließen und so zu seinem Machtantritt beitrugen. Die sozialdemokratischen Führer sind diesen demagogischen Reden der Faschisten nicht nur nicht entgegengetreten, sondern haben durch ihre eigenen Erklärungen zur Desorientierung der Massen beigetragen. Wenn zum Beispiel Otto Bauer behauptete, der Faschismus sei eine Form der Staatsmacht, die über beiden Klassen, dem Proletariat und der Bourgeoisie, stehe, so arbeitete er damit der faschistischen Demagogie direkt in die Hände. Auch die Auffassung des englischen Sozialisten Brailsford, der Faschismus sei „aufständisches Kleinbürgertum, das von der Staatsmaschine Besitz ergriffen hat", lenkte die Arbeiterklasse nur von ihren wirklichen Feinden ab.[3] Die rechten Führer der SPD unternahmen nichts, um die Arbeiterklasse gegen die heraufziehende Barbarei zu mobilisieren. Sie schlugen die wiederholten Angebote der KPD zur Einheitsfront aus und arbeiteten lieber mit der Bourgeoisie zusammen. Diese Politik

1 „Dokumentation der Zeit", Berlin 1953, Heft 53, Spalte 3014 f., vom 1. September 1953.

2 G. Dimitroff, „Die Offensive des Faschismus"; in: Pieck, Dimitroff, Togliatti, „Die Offensive des Faschismus und die Aufgaben der Kommunisten . . .", Berlin 1957, S. 87.

3 Ebenda, S. 87.

der rechten SPD- und Gewerkschaftsführer verhinderte ein einheitliches Auftreten und ermöglichte den Sieg der Faschisten in Deutschland. Die KPD erließ sofort, nachdem die Hitler-Hugenberg-Papen-Regierung die Macht ergriffen hatte, einen Aufruf zum „Generalstreik gegen die faschistische Terrorherrschaft", in dem es hieß: „Dies neue Kabinett der offenen faschistischen Diktatur ist die brutalste und unverhüllte Kriegserklärung an die deutsche Arbeiterklasse, an das deutsche Volk."[4] Aber auch in dieser Stunde der höchsten Gefahr lehnten die Führer der SPD und des ADGB jede gemeinsame Aktion ab, da Hitler doch „legal" zur Macht gekommen sei. Selbst noch als Hitler durch eine Presse-Notverordnung jede Kritik an der neuen Regierung verbot und Hindenburg durch einen Erlaß den gewählten Reichstag auflösen ließ, also zu einer Zeit, als die Faschisten ihre Verfassungsfeindlichkeit bereits handgreiflich demonstrierten, bestanden die rechten Funktionäre auf ihrer Politik des „Abwartens". Die Arbeiterklasse, in der entscheidenden Stunde zersplittert und ohne einheitliche Führung, kämpfte dennoch gegen die faschistische Machtergreifung. Überall in Deutschland kam es zu großen Protestdemonstrationen, die sich in einigen Städten bis zum Generalstreik ausdehnten. Die rechten sozialdemokratischen Führer aber verharrten weiter beim „Abwarten". Als dann schließlich die Faschisten den Reichstag in Brand steckten, schufen sie damit den Vorwand, alle Arbeiterorganisationen zu unterdrücken und Tausende von kommunistischen und sozialdemokratischen Funktionären zu verhaften. In der Nacht des 27. Februar 1933 begann mit einem Massenaufgebot von Polizei, SA und SS eine brutale Jagd auf Arbeiterfunktionäre und antifaschistische Menschen.

Unter diesen erschwerten Bedingungen des Terrors und der brutalen Gewalt war die Kommunistische Partei die

4 „Zur Geschichte der Kommunistischen Partei Deutschlands" – Eine Auswahl von Materialien und Dokumenten aus den Jahren 1914-1946, herausgegeben vom Institut für Marxismus-Leninismus beim ZK der SED, Berlin 1954, S. 353.

einzige Organisation, die den Kampf gegen den Hitlerfaschismus fortsetzte. Ihr Ziel war es, die Macht der Faschisten in Deutschland zu stürzen, um dadurch demokratische Verhältnisse wiederherzustellen und die Gefahr eines Krieges zu bannen. Auf der Reichskonferenz in Brüssel, die im Oktober 1935 stattfand, unterzog die Partei ihre bisherige Politik einer kritischen Überprüfung. Die Konferenz beschloß, daß die Hauptaufgabe der Partei die Herstellung der Aktionseinheit der deutschen Arbeiterklasse sei und eine Volksfront aller Hitlergegner für den Sturz des Faschismus gebildet werden müsse. Die Beschlüsse von Brüssel führten den Widerstandskampf gegen den Faschismus innerhalb und außerhalb Deutschlands auf eine neue Stufe.

Brecht hatte sich in den politisch aufreibenden Februartagen des Jahres 1933 in der Privatklinik des Dr. Mayer einer Operation unterziehen müssen. Während seiner Krankheit bereitete man in Wien die Aufführung der „Maßnahme" vor, und Brechts große Sorge war, daß sein Werk in dieser politisch gespannten Situation unverfälscht zur Aufführung gelangte. Am 27. Februar erreichte ihn in der Klinik ein Anruf aus Wien, sein Freund Hanns Eisler, der Komponist der „Maßnahme", berichtete ihm von dem großen Erfolg der Aufführung im Wiener Konzerthaus.[5] In der Nacht des gleichen Tages brannte in Berlin der Reichstag. Der Dichter konnte sich zunächst verbergen und verließ am darauffolgenden Tag Deutschland. (1) Die Polizei durchsuchte sofort seine Berliner Wohnung in der Hardenbergstraße und beschlagnahmte dabei ein Exemplar des wenige Tage vorher in Buchform veröffentlichten Stückes „Die Mutter".[6] Brecht war über Nacht ein Flüchtling geworden, der wie Tausende von Arbeiterfunktionären von den Faschisten gejagt wurde. Früher war er im Gegensatz zu anderen Schriftstellern wenig gereist. Jetzt zog er als Flüchtling von Land zu Land, „öfter

5 Siehe: H. Pelzer, „Eh' die Nacht ein Ende fand" (Ein Gespräch mit Hanns Eisler); in: „Filmspiegel", Berlin 1959, S. 9.

6 Nach einem mündlichen Bericht der Mitarbeiterin Bertolt Brechts Elisabeth Hauptmann.

als die Schuhe die Länder wechselnd", wie es in einem seiner schönsten Gedichte heißt.[7]

Über Prag – Wien fuhr er erst in die Schweiz und dann von dort nach Frankreich, wo ihn eine Einladung der dänischen Schriftstellerin Karin Michaelis erreichte, nach Dänemark zu kommen. Karin Michaelis, eine bürgerliche Schriftstellerin mit einer hochachtenswerten antifaschistischen Gesinnung, hat viel für die vom Faschismus verfolgten Menschen getan. Ihr Haus auf Thurö war für viele Flüchtlinge das erste Asyl, bis die Schriftstellerin 1940, nach der Besetzung Dänemarks durch faschistische Truppen, selbst zum Flüchtling wurde. Sie war schon früher mit Helene Weigel, der Gattin des Dichters, bekannt geworden. Brecht, der mit seiner Familie, darunter zwei kleinen Kindern, aus dem faschistischen Deutschland geflohen war, nahm das Angebot gern an und reiste nach Dänemark weiter. Der Umweg über die Schweiz rettete Brecht vielleicht vor der Verhaftung, da die faschistische Geheime Staatspolizei zu dieser Zeit die deutsch-dänische Grenze genau überwachen ließ, um Antifaschisten beim Grenzübergang festzunehmen.[8] Der Dichter fand zunächst in einem kleinen Haus von Karin Michaelis auf Thurö eine Heimstätte. Später übersiedelte er dann auf die benachbarte Insel Fünen, in die Nähe von Svendborg.[9] Von April 1939 bis April 1940 lebte er in Schweden. Materielle Sorgen, die vielen emigrierten Antifaschisten das Leben unsagbar erschwerten, sind Brecht im wesentlichen erspart geblieben. Er fand auch im Ausland stets hilfsbereite Freunde und besaß in seiner tapferen Frau einen Kameraden und Helfer, der dafür sorgte, daß Brecht immer und überall seiner schriftstellerischen Arbeit nachgehen konnte. Dennoch war die Zeit der Emigra-

7 B. Brecht, „Gedichte", Berlin 1961, Bd. IV, S. 150.

8 Siehe Schreiben der Geheimen Staatspolizei an alle Polizeidienststellen; in: Archivmaterial: Institut für Marxismus-Leninismus beim ZK der SED, Berlin; Archiv, Nr. 011/3, Blatt 125 u. 142.

9 Siehe: K. Michaelis, „Der kleine Kobold" – Die Lebenserinnerungen der Dichterin, Wien 1948, S. 257.

tion alles andere als sorgenfrei. Die Misere des Exils, die aus tausend Kleinigkeiten bestand und auf die Dauer den Menschen doch zu zermürben drohte, ging auch an Brecht nicht vorüber. Feuchtwanger hat das einmal in einem Vortrag über die Arbeitsprobleme des Schriftstellers im Exil beschrieben; es heißt dort: „Die Leiden der Verbannung sind nur in seltenen Augenblicken heroisch, sie bestehen zumeist in kleinen, albernen Mißlichkeiten, denen sehr oft etwas leise Lächerliches anhaftet. Aber die Überwindung dieser kleinen äußeren Schwierigkeiten kostet im günstigen Fall viel Zeit und Geld."[10] Was den Dichter jedoch am empfindlichsten traf, war, abgespalten zu sein vom politischen Geschehen in Deutschland und vom lebendigen Strom der deutschen Sprache. Gerade Brechts Dichtung lebte ja bis in die sprachliche Gestaltung hinein von der lebendigen Beziehung und dem engen Kontakt mit den arbeitenden und kämpfenden Menschen in Deutschland. Er hatte mit dem großen Interesse des Künstlers dem Volke „aufs Maul" geschaut und sich in die Sprache der revolutionären Arbeiter hineingehört. Der ganze Rhythmus und Klang seiner Dichtung formte sich doch im Kampf der Arbeiterklasse um die Befreiung vom kapitalistischen Joch. Es sei hier nochmals Lion Feuchtwanger zitiert, weil er sehr eindrucksvoll die Schwierigkeiten beschrieb, denen sich der Schriftsteller ausgesetzt sah, der für lange Zeit von der Sprache seines Volkes abgetrennt war. „Die Sprache ändert sich von Jahr zu Jahr. In den zehn oder elf Jahren unseres Exils ist das Leben sehr schnell weitergegangen, es hat für tausend neue Erscheinungen tausend neue Worte und Klänge verlangt. Wir hören die neuen Worte für diese neuen Erscheinungen zuerst in der fremden Sprache. Immer und für alles haben wir den Klang der fremden Sprache im Ohr, ihre Zeichen dringen täglich, stündlich auf uns ein, sie knabbern an unserm eigenen Ausdrucksvermögen.

10 L. Feuchtwanger, „Die Arbeitsprobleme des Schriftstellers im Exil"; in: „Sinn und Form", Beiträge zur Literatur, Berlin, Heft 3/1954, S. 349.

Einem jeden unter uns kommt es vor, daß sich manchmal das fremde Wort, der fremde Tonfall an die erste Stelle drängt."[11] (2)

Das Exil machte Brecht härter und unnachgiebiger gegen seine Feinde. Voller Ungeduld arbeitete er von seiner dänischen Insel aus am Sturz der Hitlerdiktatur. Er hoffte auf die baldige Vernichtung des Faschismus, die ihm den Weg in die Heimat freigab. Wenn man von ihm erzählt, er habe sich stets geweigert, für die kurze Zeit eine fremde Grammatik zu erlernen, so spricht daraus, wie ungeduldig er auf den Zusammenbruch des Hitlerreiches wartete. Sein Gedicht „Gedanken über die Dauer des Exils" gibt die Sehnsucht des Dichters nach Deutschland wieder:

„Schlage keinen Nagel in die Wand
Wirf den Rock auf den Stuhl!
Warum vorsorgen für vier Tage?
Du kehrst morgen zurück.

Zieh die Mütze ins Gesicht, wenn Leute vorbeigehn!
Wozu in einer fremden Grammatik blättern?
Die Nachricht, die dich heimruft
Ist in bekannter Sprache geschrieben."[12]

Das richtige Verständnis für das dichterische Werk Brechts während der Emigrationszeit erschließt sich nur, wenn man von den Verhältnissen und Schwierigkeiten ausgeht, vor denen sich die politischen Emigranten in jenen Jahren gestellt sahen. Welche politischen Verhältnisse fanden sie in den skandinavischen Ländern vor?

Gerade die an Deutschland angrenzenden Länder waren für die politische Arbeit der deutschen Antifaschisten von besonderer Bedeutung. Von hier aus erfolgte die Aufnahme von Verbindungen mit der illegal kämpfenden Kommunistischen Partei im Heimatland. Meistens waren diese Län-

11 Ebenda, S. 350.
12 B. Brecht, „Gedichte", a. a. O., Bd. IV, S. 142.

der auch für die von den Faschisten verfolgten Menschen der erste Anlaufpunkt. In den ersten Jahren der Hitlerdiktatur spielte Dänemark für die politische Arbeit in Norddeutschland eine wichtige Rolle. Allerdings erlaubten auch hier die Verhältnisse nicht, einen ungehinderten Kampf gegen die Hitlerbarbarei zu führen. Die herrschenden Kreise des Landes arbeiteten mit den Vertretern Hitlerdeutschlands zusammen. So wurde zum Beispiel der deutsche Botschafter in Kopenhagen über jeden Schritt der antifaschistischen Bewegung unterrichtet. Auch untere Dienststellen der dänischen Polizei arbeiteten mit den Deutschen Hand in Hand. (3) Die gemeinsamen Maßnahmen der deutschen und dänischen Dienststellen waren vor allem auf die Verfolgung von geflüchteten deutschen Kommunisten gerichtet. Sehr aufschlußreich ist ein Schreiben des Polizeidirektors von Kopenhagen an den Polizeipräsidenten von Berlin, das zeigt, welchen Schwierigkeiten und Gefahren die Kommunisten noch ausgesetzt waren, als sie den antifaschistischen Kampf gegen Hitler vom freieren Ausland aus fortsetzen wollten. Der Brief hat folgenden Wortlaut:

„Am 25. März 1933 habe ich angefragt, ob die deutsche Polizei im Besitze Auskunfte zur Ausfindung der deutschen kommunistischen Instruktoren, die sich in Dänemark aufhalten, wäre, und ob diese Auskunften gefälligst zu meiner Verfügung gestellt werden können.

Ich gestatte mir die Sache in gefällige Erinnerung zu bringen, und wäre, wenn Ihr selbstverständlich mühevoller Dienst Ihnen die Zeit frei läßt, sehr dankbar die begehrten Auskunften zu empfangen."[13]

Zu der Behinderung durch die dänischen Behörden kam noch hinzu, daß die deutschen Faschisten in Dänemark ein weitverzweigtes Spitzelsystem besaßen. Trotz dieser Hemmnisse entfaltete sich in Dänemark eine starke antifaschistische Bewegung, die sich von der großen Anti-

13 Institut für Marxismus-Leninismus beim ZK der SED, Berlin; Archiv, Nr. 011/3, Blatt 23.

faschistischen Konferenz der skandinavischen Länder im April 1933, auf der auch Henri Barbusse sprach, bis zum heldenhaften Widerstand des dänischen Volkes während der faschistischen Besetzung erstreckte. Dabei wurden zwischen den deutschen Emigranten und den dänischen Arbeitern und fortschrittlichen Intellektuellen mannigfache Beziehungen geknüpft. In den Berichten der faschistischen Diplomaten und Spitzel kam daher auch wiederholt zum Ausdruck, daß die Einstellung des dänischen Volkes gegenüber Hitlerdeutschland keineswegs erfreulich sei. So heißt es in einem Bericht an das Sicherheitshauptamt, daß die Einstellung der Bevölkerung gegenüber dem nationalsozialistischen Deutschland deshalb nicht gut sei, weil „einmal in Dänemark der Marxismus noch eine maßgebliche Rolle spielt und weil Dänemark zu einem Tummelplatz von Emigranten, von jüdischen, kommunistischen, marxistischen und pazifistischen Elementen geworden ist“[14].

Betrachtet man die deutsche Emigration in Dänemark näher, so muß man feststellen, daß auch sie noch gekennzeichnet war von jener politischen Zersplitterung der demokratischen Kräfte, die in Deutschland den verhängnisvollen Machtantritt Hitlers nicht verhindern konnte. Die deutsche Emigration in Skandinavien war in viele kleine Gruppen aufgespalten. So unterhielten die verschiedenen politischen Richtungen ihre eigenen Emigrantenkomitees, die aber keine organisierte Verbindung untereinander besaßen. Als die bedeutendste Organisation der politischen Emigration bewährte sich die Internationale Rote Hilfe (IRH), der das Emigrantenkomitee (Emko) angeschlossen war. Daneben bestand das Matteotti-Komitee, das hauptsächlich sozialdemokratische Antifaschisten betreute, und das Intellektuellen-Komitee, dem Menschen der verschiedensten Richtungen angehörten und das zahlenmäßig das größte war. Wie widerspruchsvoll und kompliziert die Lage innerhalb

14 Institut für Marxismus-Leninismus beim ZK der SED, Berlin; Archiv, Nr. 38/9 a, Blatt 293.

der deutschen Emigration in Dänemark war, geht schon daraus hervor, daß neben den genannten Organisationen auch ein Emigrantenkomitee der „Schwarzen Front“ existierte. Die Leute dieses Komitees gehörten zu den Anhängern des emigrierten Nationalsozialisten Otto Strasser und erblickten ihre Hauptaufgabe in der Bekämpfung des Kommunismus. Obwohl sich ihr politisches Programm von dem Hitlers nicht wesentlich unterschied, nutzten sie die antifaschistische Bewegung auf ihre Weise aus. Antikommunistische Tendenzen gab es aber auch in den anderen Gruppen der Emigration, bis in die Reihen der Sozialdemokraten hinein. Selbst diese Menschen, die vor den Faschisten ins schützende Ausland geflohen waren, hatten noch nicht die Lehren aus der Niederlage von 1933 gezogen. Die Arbeit der Partei in den ersten Jahren der Emigration war daher unsagbar schwer. Die Niederlage, die die Arbeiterklasse durch den Machtantritt Hitlers erlitten hatte, warf ihre Schatten auch auf die politische Arbeit im Exil.

Wer von den Mitgliedern der Kommunistischen Partei nach Dänemark entkommen konnte, das war mehr oder weniger zufällig gewesen. Nun mußte mit diesen Menschen, unter denen es in der ersten Zeit noch starke Meinungsverschiedenheiten über die taktische Weiterführung der Arbeit gegeben hatte, der Kampf fortgesetzt werden. Die der Partei ergebenen Genossen hatten daher in den ersten Jahren sowohl gegen radikales Sektierertum als auch gegen Erscheinungen der Resignation zu kämpfen.

Diese Auseinandersetzungen erreichten nach der Brüsseler Parteikonferenz ihren Höhepunkt und führten dazu, daß die Partei bei Ausbruch des spanischen Bürgerkrieges als ein gefestigtes Kollektiv auftrat, das in den darauffolgenden Jahren den politischen Kampf der dänischen Emigration gegen den Hitlerfaschismus leitete. Daß sich die Partei in der Emigration mit verschiedenen, von der Politik des Zentralkomitees abweichenden Richtungen, mit kapitulantenhaften Stimmungen und verräterischen Elementen auseinandersetzen mußte, hat letzten Endes zur Festigung der Partei geführt.

Die Gruppe der deutschen Kommunisten in Dänemark war zahlenmäßig klein, dennoch reichte ihr politischer Einfluß bis in die verschiedensten Gliederungen der Emigration. Wo die Mitglieder der Partei auch auftraten, versuchten sie die von der Partei vertretene Politik der Volksfront durchzusetzen. Aber erst nach Überwindung der parteifeindlichen Elemente konnte diese Politik zur Basis der gesamten Arbeit gemacht werden. Der Widerstand der rechten Sozialdemokraten und trotzkistischer Gruppierungen verhinderte jedoch gemeinsame Volksfrontaktionen. Deshalb kam es auch nicht zur Bildung eines Volksfrontausschusses wie in Frankreich, obwohl es solche Bemühungen auch in Dänemark gab.

Gemeinsame Aktionen der deutschen Parteien und Organisationen in der skandinavischen Emigration bahnten sich erst während der letzten Jahre des zweiten Weltkrieges in Schweden an. Allerdings hatte sich in Schweden schon 1938 ein Volksfrontausschuß gebildet, der aber nur kurze Zeit bestand. Er gab die Zeitschrift „Norddeutsche Tribüne“ heraus. Es charakterisiert die Schwierigkeiten in der skandinavischen Emigration, daß es erst wieder Ende 1944 zur Gründung eines „Arbeitsausschusses“ aller deutschen antifaschistischen Organisationen in Schweden kam, dem Vertreter der KPD, der SPD, der Gewerkschaften und des Kulturbundes angehörten; aber selbst da noch behielt sich die Ortsgruppe der Stockholmer SPD vor, sich an der Arbeit des Ausschusses nur von Fall zu Fall zu beteiligen.[15]

Als diese Bemühungen um gemeinsame Aktionen gegen den Hitlerfaschismus schließlich in Schweden von Erfolg gekrönt wurden, lebte Brecht bereits in Amerika. (4) Aber an

15 Siehe: „Gründung des Arbeitsausschusses deutscher antifaschistischer Organisationen in Schweden“; in: „Politische Information“, Stockholm 1944, II. Jahrgang, Nr. 21, vom 1. November 1944.

dem antifaschistischen Kampf der deutschen Emigration in Dänemark, der von der Partei geleitet wurde, war er unmittelbar beteiligt. Die bürgerliche Literaturkritik in Westdeutschland versucht heute die antifaschistische Tätigkeit Brechts zu verkleinern. So schrieb W. E. Süskind in seinem Brecht-Porträt abwertend: „Es ist nicht bekannt geworden, daß er anders als durch Fortführung seines Werkes dem Nationalsozialismus entgegengearbeitet hätte, und auch sein ‚Bolschewismus' blieb auf dem höchstpersönlichen Gleis."[16] Süskind möchte einen Trennungsstrich zwischen politischer Tätigkeit und Brechts Dichtung ziehen. Seine Bemerkung beabsichtigt letzten Endes nichts anderes, als Brecht zu entpolitisieren. Andererseits versucht er den antifaschistischen Kampf und die Politik der Partei als zwei verschiedene Dinge anzusehen, um so den Dichter wiederum von der Partei absondern zu können. Die Partei verfolgte jedoch in den Jahren der faschistischen Diktatur kein anderes Ziel als den Sturz Hitlers und den Aufbau einer neuen demokratischen Ordnung. Sie versuchte, alle Klassen und Schichten des Volkes für dieses Ziel zu gewinnen. Für die emigrierten sozialistischen Schriftsteller konnte es deshalb im Exil keine wichtigere Parteiaufgabe geben, als diese Politik mit ihren Mitteln als Schriftsteller in der wirkungsvollsten Form zu vertreten. So schrieb Wilhelm Pieck in der Zeitschrift „Die Internationale" über die Aufgaben der Emigration: „Die *Hauptaufgabe der politischen Emigration besteht in der Aufklärung der werktätigen Massen in Deutschland über das Kriegsverbrechen Hitlers*, über den Friedenswillen der Völker, den Hitlerfaschismus zu stürzen und ihnen zu ermöglichen, die nationale Unabhängigkeit des deutschen Volkes zu sichern und Garantien für die Herbeiführung und Sicherung des Friedens zu schaffen."[17]

16 W. E. Süskind, „Bert Brecht"; in: „Die großen Deutschen" – Deutsche Biographie. Herausgegeben von Hermann Heimpel, Theodor Heuss, Benno Reifenberg, V. Bd., Berlin 1957, S. 517.

17 W. Pieck, „Lehren von München"; in: W. Pieck, „Reden und Aufsätze", Berlin 1954, Bd. I, S. 311.

Brechts gesamte Arbeit in der Emigration vollzog sich im Sinne dieser Aufgabenstellung, die die Partei den deutschen Emigranten gegeben hatte. Des Dichters Werke, auch die, denen ein historischer Stoff zugrunde lag, entstanden aus seinen politischen Bemühungen zum Sturze der Hitlerdiktatur. Die Stücke „Die Rundköpfe und die Spitzköpfe", „Furcht und Elend des Dritten Reiches", „Die Gewehre der Frau Carrar" und auch „Leben des Galilei" wurden für die unmittelbaren politischen Aufgaben geschrieben. Sie gehörten zu den literarischen Waffen gegen Hitler vor dem zweiten Weltkrieg. Bei Brecht bildeten politische Arbeit für die revolutionäre Arbeiterklasse, die ja die Interessen des gesamten werktätigen Volkes vertrat, und dichterisches Schaffen eine unlösbare Einheit. Sie machte die großen Leistungen des Dichters erst möglich. Daß er seine schriftstellerische Arbeit stets als Beitrag für den allgemeinen Kampf der Partei gegen den Faschismus auffaßte, demonstriert vielleicht am besten seine kleine Schrift „Fünf Schwierigkeiten beim Schreiben der Wahrheit", die in Deutschland illegal als Flugschrift verbreitet wurde. (5) Sie gab wertvolle Hinweise für die illegale Arbeit. In ihr beschrieb Brecht die Methoden, der sich revolutionäre Menschen von Konfutse bis Lenin bedienen mußten, um in den Zeiten der blutigen Reaktion von den Massen gehört zu werden. Vor allem aber stellte Brecht die kleine operative Form, die er in den ersten Jahren des Faschismus hauptsächlich bevorzugte, ganz in den Dienst des politischen Tageskampfes. So entstanden in jenen Jahren die deutschen Satiren für den deutschen Freiheitssender, die hart und schonungslos dem Hitlerfaschismus die Maske vom Gesicht rissen. Es seien hier nur die Satiren wie „Was der Führer nicht weiß", „Schwierigkeit des Regierens", „Wörter, die der Führer nicht hören kann", „Die Sorgen des Kanzlers", „Dauer des Dritten Reiches" erwähnt.

1935 und 1937 trat Brecht auch auf den großen internationalen Schriftstellerkongressen zur Verteidigung der

Kultur in Paris und Madrid hervor. Charakteristisch für ihn war, daß er in seiner Rede in Paris die Aufmerksamkeit der versammelten Schriftsteller „nur auf einen einzigen Punkt“[18] gelenkt haben wollte, nämlich auf den Klassencharakter des Faschismus. Er erklärte, daß nur die Menschen dem Faschismus wirksam begegnen können, die seine Ursache erkannt haben. Deshalb zeigte er auf, woraus der Faschismus hervorgegangen war, und wies auf das einzige Land in der Welt hin, in dem es keinen Boden für ein faschistisches System gab, auf die sozialistische Sowjetunion. Brecht schloß seinen Diskussionsbeitrag mit den Worten: „Das wollte ich zum Kampf gegen die überhandnehmende Barbarei sagen, damit es auch hier gesagt sei oder damit auch ich es gesagt habe.“[19] Wo Brecht auch auftrat, war er stets ein mit der Kommunistischen Partei verbundener Schriftsteller, dessen Werk ein Teil der großen revolutionären Gesamtbewegung ausmacht. Als zum Beispiel 1937 unter den exilierten deutschen Schriftstellern in Frankreich Kräfte hervortraten, die den Kampf gegen den Faschismus getrennt von den Kommunisten führen wollten, meldete sich Brecht mit einem Brief an die Generalversammlung des „Schutzverbandes Deutscher Schriftsteller in Frankreich“ zu Wort. In diesem Schreiben verteidigte Brecht leidenschaftlich die von der Partei vertretene Politik der Volksfront. Wie schon bei der Diskussion um sein Stück „Die Mutter“ wies er darauf hin, daß die Kommunisten für die Freiheit und Demokratie der ganzen deutschen Nation kämpfen und dafür jedes Opfer gebracht haben. Bei Brecht heißt es:

„Werte Kollegen, ich höre, daß in letzter Zeit große Diskussionen stattgefunden haben, welche zu immer stärkerer Uneinigkeit unter den exilierten Schriftstellern führten. Einige Leute sollen der Meinung sein, daß der Kampf

18 B. Brecht, „Rede auf dem I. Internationalen Schriftstellerkongreß zur Verteidigung der Kultur / Paris 1935“; in: B. Brecht, „Die Tage der Commune“, Versuche, Heft 15, Berlin 1957, S. 137.
19 Ebenda, S. 141.

gegen den Fascismus getrennt von den Kommunisten unter uns geführt werden könne. Demgegenüber möchte ich feststellen, daß die Kommunisten unter uns immer jedes Opfer gebracht haben, um einen gemeinsamen Kampf um Freiheit und Demokratie für Deutschland zu ermöglichen. Es scheint mir nicht viel verlangt, wenn man an alle Antifascisten die Forderung stellt, sich ebenso zu verhalten. In dieser Zeit zunehmender Verwirrung ist es eine Hauptaufgabe der antifascistischen Schriftsteller, den Sinn für die Trennung des Wichtigen vom Unwichtigen zu schärfen. Wichtig aber ist allein der umfassende, mit allen Mitteln geführte unermüdliche Kampf gegen den Fascismus auf breitester Grundlage. –

Mit kameradschaftlichen Grüßen: Bert Brecht."[20]

Der Brief zeigt, daß sich Brecht jederzeit für die von der Partei inspirierte Volksfrontpolitik verantwortlich fühlte.

Die Zusammenarbeit Brechts mit der Kommunistischen Partei vollzog sich in Dänemark natürlich in anderen Formen, als das vor 1933 in Deutschland der Fall gewesen war. In Deutschland hatte der Dichter in den Jahren 1931 und 1932 mit den verschiedenen Organisationen des revolutionären Proletariats in steter lebendiger Verbindung gestanden. Aus dieser Zusammenarbeit heraus, für einen bestimmten politischen Zweck und eine bestimmte Organisation, entstanden damals, in den schweren Klassenkämpfen Anfang der dreißiger Jahre, seine Werke. Vor 1933 lebte er in einem Kreis parteierfahrener Menschen, mit denen er zusammenarbeitete. Auch konnte er stets die Richtigkeit und Wirkung seines Wortes am revolutionären Proletariat selbst ablesen. Nach 1933 war das alles anders. Die Faschisten hatten die zahlreichen gut organisierten Gliederungen der deutschen Arbeiterbewegung zerschlagen. Die Freunde saßen in den faschistischen Gefängnissen oder waren in der ganzen Welt

20 B. Brecht, „Brief an die Generalversammlung des ‚Schutzverbandes Deutscher Schriftsteller in Frankreich'"; in: „Neue Weltbühne", Prag 1937, Nr. 46, S. 1464.

verstreut. Brecht selbst wohnte auf einer dänischen Insel. Die Partei in der dänischen Emigration mußte sich erst wieder sammeln. Dazu kamen die Auseinandersetzungen mit parteifeindlichen Erscheinungen. Die Streitigkeiten, die einige verräterische Elemente in die Partei hineinzutragen versuchten, mögen Brecht vielleicht neben anderen Umständen bewogen haben, mehr Kontakt mit den dänischen Kommunisten zu suchen. In den darauffolgenden Jahren kam es jedoch zu einer guten und fruchtbringenden Zusammenarbeit zwischen dem Dichter und den deutschen emigrierten Kommunisten. So schrieb Willi Grünert in seinem Erinnerungsbericht über die Emigrationszeit: „Die Genossen deutschen Emigranten, insbesondere die Genossen Willi Grünert und Kurt Krauter, nahmen mit den obengenannten Künstlern (gemeint sind Bertolt Brecht und Helene Weigel – W. M.) die Verbindung auf."[21] Er berichtete weiter, wie Bertolt Brecht und seine Frau, Helene Weigel, die Genossen bei ihrer Propagandaarbeit unterstützten. Den wertvollsten und wirksamsten Beitrag gegen den Faschismus leistete Brecht jedoch mit seinem dichterischen Werk. Seine antifaschistische Tätigkeit vollzog sich stets von der Position der Partei aus, weil er in der revolutionären Arbeiterklasse und ihrer Partei die einzige Kraft sah, die in der Lage war, den Kampf aller Klassen und Schichten gegen die Hitlerdiktatur zu organisieren. Die Bedeutung seiner Arbeit wird erst dann voll verstanden, wenn man die genauen Umstände und die politischen Konstellationen in der Emigration kennt, in die er mit seiner Dichtung eingriff. Es sei hierfür nur ein Beispiel aufgezeigt.

Bei Ausbruch des spanischen Bürgerkrieges schrieb Brecht in wenigen Monaten sein Stück „Die Gewehre der Frau Carrar". Damals gab es in der Emigration in Dänemark Gruppierungen, so vor allem der Trotzkisten, die ihre Auf-

21 Institut für Marxismus-Leninismus beim ZK der SED, Berlin; Archiv Erinnerungsbericht über die dänische Emigration von Willi Grünert, Rostock. (Bericht noch nicht katalogisiert.)

gabe darin sahen, den allgemeinen politischen Aufschwung, der mit den spanischen Ereignissen alle Emigranten erfaßt hatte, abzutöten. In einer solchen Situation trat Brecht mit seinem Stück auf und half, eine konsequent antifaschistische Politik, wie sie die Partei vertrat, in der Emigration durchzusetzen. Hier, wo die Partei nur über geringe Möglichkeiten verfügte, ihre Meinung zu verbreiten, wurde Brechts kleines Stück zu einem unmittelbaren Instrument der Partei. Der Dichter bemühte sich deshalb auch, das politische Anliegen seines Schauspiels wirksam zu machen. So schrieb er in einem Brief an die Schauspieler der Kopenhagener Aufführung von „Die Gewehre der Frau Carrar":

„Liebe Genossen, ... nun noch eine Frage: Ihr solltet im Emigrantenheim besprechen, ob Ihr die zweite Aufführung für das Heim, d. h. überhaupt die Emigration, ausnützen wollt (natürlich nur taktvollst). Immerhin ist es schön, daß die Emigranten im fremden Land nicht nur für sich, sondern für alle vom Faschismus Bedrohten sprechen. Und man könnte ruhig erfahren, daß Ihr eben kulturell weiterarbeitet in der Emigration. Aber das ist eine politische Frage, Ihr müßt das diskutieren. Meine Meinung ist jedenfalls, daß Eure Aufführung der ‚Gewehre' eine schöne Leistung der Kopenhagener Emigranten ist, die in Dänemark, wie die Zeitungen zeigen, uns nützt."[22] Da im Emigrantenheim in Kopenhagen politische Veranstaltungen verboten waren, riet Brecht den Genossen, doch zu diskutieren, inwieweit man für die Aufführung des Stückes die Emigration in Anspruch nehmen konnte.

In den Jahren, die Brecht in Dänemark verbrachte, bildeten er und die Schauspielerin Helene Weigel, seine Frau, das literarische Zentrum der Emigration. Durch die konsequente Parteilichkeit ihrer Kunst leisteten sie auch einen entscheidenden politischen Beitrag. Sie halfen mit ihren Mitteln als Künstler die weltanschaulich verschiedenen, im ganzen

22 Bertolt Brecht-Archiv, Berlin; „Die Gewehre der Frau Carrar", Material zu Carrar u. a., Archiv-Mappe Nr. 239, Blatt 52.

Land verstreuten antifaschistischen Kräfte zu sammeln. Die aufklärende und erziehende Rolle ihrer Kunst kann nicht genug betont werden. Als zum Beispiel in Dänemark die opportunistische Theorie vom veränderten Charakter des Faschismus aufkam, mit der man den Menschen einreden wollte, der Faschismus sei gegenwärtig nicht mehr so gefährlich und aggressiv wie 1933/34, trug Brecht mit seiner Dichtung dazu bei, die richtige politische Orientierung der Partei durchzusetzen. Viele Menschen hörten durch seine Dichtung wieder die Stimme der illegal kämpfenden revolutionären Partei der deutschen Arbeiterklasse. Wie stark der politische Eindruck seines Dichterwortes war – in so mancher Veranstaltung aufrüttelnd von Helene Weigel gesprochen –, geht aus vielen schriftlichen und mündlichen Berichten hervor. Brecht sprach zu dem Klassenbewußtsein der arbeitenden Menschen, und viele, die damals der Misere der Emigration zu erliegen drohten, spürten aus seinen Worten und Versen wieder die große, unbesiegbare Kraft der revolutionären Arbeiterklasse. In den Erinnerungsberichten von emigrierten Mitgliedern der Kommunistischen Partei werden immer wieder die Namen Bertolt Brecht und Helene Weigel genannt und ihre Hilfe und Unterstützung gerühmt, die sie allen antifaschistischen Veranstaltungen und den Arbeiterorganisationen gaben.

Auch der abgelegene Wohnsitz des Dichters auf der Insel Fünen isolierte ihn nicht vom politischen und literarischen Leben. Sein Haus in Svendborg wurde zu einem Treffpunkt vieler Antifaschisten. Zu ihm kamen fortschrittliche Schriftsteller, Wissenschaftler und Arbeiter, um sich Rat zu holen. Karin Michaelis erzählt in ihren Lebenserinnerungen, daß Brechts Haus ein Sammelplatz für Flüchtlinge gewesen sei, und Ruth Berlau schrieb von Brecht als dem „Flüchtling als Magnet“[23]. Am 23. April 1939 übersiedelte Brecht nach

23 Siehe: K. Michaelis, „Der kleine Kobold“, Lebenserinnerungen der Dichterin, a. a. O., S. 257. – R. Berlau, „bertolt brecht – I. Brecht als Flüchtling“; in: „Freie Welt“, Berlin, Jg. 1958, Nr. 36.

Schweden. In dem einen Jahr seines dortigen Aufenthalts war er der Vorsitzende des Schutzverbandes Deutscher Schriftsteller in Schweden.[24]

Die politische Kleinarbeit der Emigration konnte letzten Endes nur von Menschen geleistet werden, die auch durch Hitlers Amoklauf die Gewißheit des kommenden Sieges nicht verloren. Brecht hat einmal diese mühselige illegale Kleinarbeit, die er und viele andere Antifaschisten leisteten, in einem Gedicht beschrieben. In den wenigen Verszeilen ist da alles gesagt: die Mühseligkeit, die verzweifelnde Ungeduld und die Siegesgewißheit.

„Tag um Tag
Arbeitest du an der Befreiung
Sitzend in der Kammer schreibst du.
Willst du wissen, was du von deiner Arbeit hältst?
Sieh den kleinen Kastanienbaum im Eck des Hofes
Zu dem du die Kanne voll Wasser schlepptest!“[25]

Man kann diesen allgemeinen Überblick der dänischen Emigrationszeit Brechts nicht abschließen, ohne auf die schwierige Lage einzugehen, vor die sich insbesondere die Dramatiker im Exil gestellt sahen.[26] Bereits vor 1933 hatten es die vorfaschistischen Regierungen mit ihren Notverordnungen den sozialistischen Dramatikern fast unmöglich gemacht, ihre Stücke auf den professionellen Bühnen unterzubringen. Die revolutionäre Arbeiterbewegung schuf sich damals jedoch Organisationen und Foren, mit denen sie die neue Dramatik erfolgreich durchzusetzen verstand. 1933 wurden diese Organisationen von der faschistischen Diktatur zerschlagen. Die Dramatiker selbst wurden gejagt und

24 Institut für Marxismus-Leninismus beim ZK der SED, Berlin; Archiv, kurze handschriftliche Notiz des damaligen Sekretärs der Gruppe des Schutzverbandes in Schweden Dr. W. Steinitz. (Notiz noch nicht katalogisiert.)

25 B. Brecht, „Gedichte“, a. a. O., Bd. IV, S. 143.

26 Siehe hierzu auch: F. C. Weiskopf, „Unter fremden Himmeln“ – Ein Abriß der deutschen Literatur im Exil 1933–1947, Berlin 1948, S. 27.

verfolgt. Wie Brecht, so mußten auch Friedrich Wolf und Gustav von Wangenheim ins Ausland fliehen. Beschämend war dagegen die Haltung, die die Leitung der großen Volksbühnenorganisation einnahm. Sie hatte schon vor Hitlers Machtübernahme die Interessen der Arbeiter verraten; 1933 kapitulierte sie jämmerlich vor den Faschisten.

Von den emigrierten Schriftstellern hatte es der Dramatiker am schwersten, weil er für seine Arbeit das Instrument der Bühne brauchte. Aber das war ihm im gesamten deutschen Sprachgebiet während der Hitlerherrschaft genommen. Klaus Mann schrieb damals über die Lage des emigrierten Dramatikers: „Hat das freie deutsche Buch es heute bitterschwer: der deutsche Dramatiker, der den Ehrgeiz nicht los wird, sein Stück in deutscher Sprache auf der Bühne zu sehen, hat es wohl noch schwerer. Wohin kann er sich wenden?“[27] Außerhalb der Sowjetunion war eine Aufführung kaum möglich. Wenn eine Bühne des Auslandes es wagte, ein deutsches antifaschistisches Stück zu spielen, so hatte das sofort diplomatische Schritte und finanziellen Druck der Hitlerregierung zur Folge. Es gab eigentlich nur eine einzige professionelle deutschsprachige Bühne, die es wagte, antifaschistische Stücke herauszubringen, das Züricher Schauspielhaus, ein Privattheater unter der Direktion von Ferdinand Rieser. Hier erlebten die Stücke von Brecht und Wolf ihre Uraufführung.

Aber auch auf dieser Bühne war jede Aufführung den Schikanen und Machinationen der Faschisten ausgesetzt, die ihren Einfluß über ihre diplomatischen Vertretungen ausübten. Es sei nur an die Schlacht um die Aufführung von Friedrich Wolfs „Professor Mamlock“ 1934 in Zürich erinnert. Nachdem es auf diplomatischem Wege nicht gelungen war, gegen das Stück vorzugehen, inszenierten die Faschisten durch ihre Schweizer Agenten, die „Fröntler“, eine wahre Straßenschlacht vor dem Theater, so daß das ge-

27 K. Mann, „Zürichs Schauspielhaus“; in: „Neue Weltbühne“, Prag, Heft 16/1937, S. 490.

samte Gebäude zum Schutz mit Stacheldraht umgeben werden mußte.[28] Die Direktion des Züricher Schauspielhauses nahm jedoch nur die antifaschistischen Stücke in ihr Repertoire auf, deren außergewöhnliche künstlerische Qualität von vornherein einen Erfolg verbürgten. Eine Pflegestätte des sozialistischen Dramas konnte das Theater, das ganz auf Geschäftsbasis aufgebaut war, nicht sein. Die hohen Eintrittspreise ermöglichten nur einem sehr zahlungskräftigen Publikum den Theaterbesuch. Dem Arbeiter, an den sich die sozialistischen Dramatiker wie Brecht und Wolf doch in erster Linie wandten, blieb das Züricher Schauspielhaus verschlossen. Klaus Mann schrieb in dem schon erwähnten Artikel: „Ich kenne junge Schweizer Autoren von Rang, die das Schauspielhaus niemals betreten, einfach weil sie es sich nicht leisten können."[29] Doch so aggressive und anklagende Stücke wie Brechts „Gewehre der Frau Carrar" und „Furcht und Elend des Dritten Reiches" hätte auch das Züricher Schauspielhaus nicht auf die Bühne bringen dürfen. Als Brechts Szenenfolge „Furcht und Elend des Dritten Reiches" nach dem Kriege in der Schweiz erstmalig gespielt wurde, bemerkte ein Kritiker sehr richtig: „Aber machen wir uns nichts vor: Hätte es damals eine schweizerische Bühne gewagt, das Stück auf ihren Spielplan zu setzen, so wäre Herr von Bibra im Eiltempo auf dem Politischen Departement erschienen, und bevor auch nur eine erste Probe stattgefunden hätte, wäre die ganze Sache durch ein Mottasches Machtwort verboten gewesen."[30]

Brechts Pläne von einem neuen Aufführungsstil und sein Wunsch nach einem neuen Publikum erwiesen sich in den Jahren der Hitlerherrschaft als völlig unerfüllbar. Dennoch setzte er seine fast aussichtslos erscheinenden Bemühungen um eine neue sozialistische Theaterkunst auch im Exil fort.

28 Siehe: W. Pollatschek, „Das Bühnenwerk Friedrich Wolfs", a. a. O., S. 375 f.
29 K. Mann, „Zürichs Schauspielhaus", a. a. O., S. 495.
30 Basler Arbeiter-Zeitung, vom 10. Januar 1947. – Giuseppe Motta war 1937 Schweizer Bundespräsident, Freiherr Sigismund von Bibra deutscher Gesandter in Bern.

Wie zu Beginn der dreißiger Jahre schrieb er in den ersten Jahren der Emigration für kleine Trupps, die sich aus emigrierten Schauspielern und Laien zusammensetzten. Er hoffte, hier am ehesten seine politischen Absichten verwirklichen zu können. Doch ständige Ensembles von jungen, gleichgesinnten Schauspielern konnten sich auf die Dauer im Exil nicht halten, weil sie sich nur da durchsetzen konnten, wo sie eine Stütze in den Organisationen eines revolutionären Proletariats besaßen. Die Auflösung von Wangenheims „Truppe 1931“ im Exil bestätigt das nur; dieses Ensemble war geschlossen in die Emigration gegangen, zuerst in die Schweiz, später nach Frankreich, aber nirgends konnte es die materiellen Voraussetzungen für eine Aufführung aufbringen. In den ersten Jahren war es schwer, in der Emigration überhaupt Theateraufführungen zustande zu bringen. Erst in den letzten Kriegsjahren, in der Zeit der Antihitlerkoalition, ergaben sich etwas bessere Voraussetzungen. Auf den großen professionellen Bühnen, soweit sie nicht durch den Krieg beeinträchtigt waren, ließen sich dann eher antifaschistische Stücke durchsetzen. Aber wie viele Theater gab es in Europa, die vom Kriege und seinen Auswirkungen unberührt geblieben waren?

Brecht, der leidenschaftliche Theaterpraktiker, hat das Fehlen der Bühne in der Emigration wohl am schmerzlichsten gespürt. Er vermochte in jenen Jahren seine Vorstellung von einem neuen Aufführungsstil nicht zu verwirklichen. Selbst die großartige Aufführung seines „Galilei“ in Amerika wurde nur durch die finanziellen Opfer eines großen Schauspielers, Charles Laughton, ermöglicht, der sein Geld nicht am Theater verdiente. Seine Hilfe war aber erschöpft, als er wieder an seinen Lebensunterhalt denken mußte. Gerade über das amerikanische Theater, das von Brechts Vorstellung über eine neue Theaterkunst wohl am weitesten entfernt war, hat der Dichter harte Worte gebraucht. Obwohl hier nicht der Ort ist, darauf näher einzugehen, sollen einige dieser Bemerkungen Brechts über den amerikanischen Theaterbetrieb nicht unerwähnt bleiben. Es handelt sich um einen Gedichtentwurf über das Theaterspielen, der sich in den Notizen zum „Galilei" befindet. Er ist eine schonungslose Verurteilung des bürgerlichen professionellen Theaters, wie es in den meisten kapitalistischen Ländern noch heute üblich ist. Es gibt wohl kaum ein weiteres Zeugnis eines Dichters, in dem die Kunstfeindlichkeit des Kapitalismus so angeprangert wird wie in diesem Gedichtentwurf. Brecht schreibt, daß man sich fragen müsse, wo man in der kapitalistischen Welt noch Theater spielen könne, und er antwortet satirisch: in den aufgelassenen Hurenhäusern, in denen die Rauschgifte verkauft werden, wobei die Kostüme von den Gangstern bezahlt werden und mitspielt, wer einen Job braucht. Brecht fragt und antwortet:

„Vor wem soll gesprochen werden?
Vor den Unterdrückern der Wahrheit.
...
Was erhofft man sich?
Daß die Wahrheit durchsickert."[31]

Der große Wunschtraum des Dichters von einem neuen Theaterspiel und einem neuen Publikum erfüllte sich erst bei seiner Heimkehr in die staatliche Ordnung, für die er seit Ende der zwanziger Jahre unermüdlich gekämpft hatte.

31 Bertolt Brecht-Archiv, Berlin; „Leben des Galilei" – Notizen – Deutsch, Archiv-Mappe Nr. 648, Blatt 133.

2

„DIE RUNDKÖPFE UND DIE SPITZKÖPFE“

BERTOLT BRECHTS EINSICHT IN DAS WESEN DES FASCHISMUS

In den Jahren 1932 bis 1934 schrieb Brecht an dem Stück „Die Rundköpfe und die Spitzköpfe“. Das Werk wurde wiederholt umgearbeitet, bis es 1936 in Kopenhagen aufgeführt werden konnte. Als Brecht die noch frischen Druckfahnen mit in die Emigration nahm, wußte er, daß er das Stück in der damaligen Fassung nicht herausbringen konnte. Die Machtübernahme der Faschisten veranlaßte ihn, den politisch verantwortungsbewußten Schriftsteller, sein Stück von neuem zu überdenken und zu überarbeiten.

Es drängte Brecht jedoch, gleich in den ersten Monaten der Emigration ein Werk herauszubringen. Er wollte zeigen, daß die fortschrittliche Kunst durch Hitler nicht erstickt werden konnte, daß die Dramatiker vom freieren Ausland aus weiterarbeiteten. Da aber eine Neufassung dieses Kampfstückes gegen die Hitlerdiktatur nicht in wenigen Wochen und Monaten geschrieben werden konnte, erinnerte sich Brecht an einen Stoffkreis, der ihn in den Jahren 1927/28 stark interessiert hatte. Damals plante er u. a. die Stücke „Joe Fleischhacker in Chicago“ (Weizen), „Dan Drew“ (Die Erie-Bahn), die Fragment geblieben sind. Diese Stücke spielen im amerikanischen Milieu, das Brecht am geeignetsten erschien, um die Lebensgesetze der kapitalistischen Gesellschaft zu zeigen. Auf diesen Stoffkreis griff Brecht zurück, als ihm in Paris, angeregt durch die Bekanntschaft mit der emigrierten deutschen Tänzerin Tilly Losch, der Gedanke kam, ein Ballettlibretto zu schreiben. Da die Arbeit in sehr kurzer Zeit fertiggestellt werden mußte, konnte er nur einen Stoff wählen, der ihm vertraut war, dessen Problematik er in anderen Werken schon erfaßt hatte. So entstand das Ballett „Die sieben Todsünden der Kleinbürger".

Durch die finanzielle Hilfe des Gatten von Tilly Losch wurde die Gesellschaft „Les Ballets 1933" gegründet, für die Brecht gemeinsam mit dem Komponisten Kurt Weill das Ballett schuf. Das Werk kam dann auch 1933 in Paris zur Uraufführung. Die Choreographie führte Georges Balanchine; die Bühnenbilder entwarf Caspar Neher. Brecht entblößte in diesem Werk die bürgerliche Moral, indem er die sieben Todsünden des Kleinbürgers vom Standpunkt der Ausgebeuteten betrachtete. Durch die dialektische Umkehrung der Begriffe von Faulheit, Stolz, Zorn, Völlerei, Unzucht, Habsucht und Neid wird die kapitalistische Gesellschaft charakterisiert und verworfen, weil sie kein menschenwürdiges Leben für die Menschen ermöglicht. (6)

Das Ballett kann wegen des Rückgriffs auf den Stoffkreis der Fragmente nur aus der Problematik der Jahre 1927/28, aus Brechts erster Berührung mit der marxistischen Theorie, insbesondere der Politischen Ökonomie, verstanden werden. Es gehört thematisch zu den Stücken und Fragmenten, die Brechts Übergang auf die Seite der Arbeiterklasse vorbereiteten. Wie eng das Ballett „Die sieben Todsünden" mit der Thematik und den Gestaltungsfragen der Schaffensperiode von 1927 verbunden ist, beweist auch ein Vergleich mit dem Songspiel „Mahagonny". Brecht schrieb es 1927 auf Wunsch von Kurt Weill, der die fünf Mahagonny-Gesänge in der „Hauspostille" gelesen hatte und Brecht nun vorschlug, diese Gedichte zum Hauptbestandteil eines neuen Werkes zu machen. Brecht schrieb ein Szenarium, in dem er zeigte, wie vier Männer nach Mahagonny reisen wollen; zu ihnen gesellen sich zwei Mädchen, die von der Alten Welt enttäuscht sind und ebenfalls in Mahagonny ihr Glück zu finden hoffen. Die szenischen Aktionen dieses Songspiels sind ähnlich angelegt wie in dem späteren Ballettwerk. Dasselbe gilt auch für die inhaltliche Aussage: In beiden Werken stellte der Dichter den Totentanz der bürgerlichen Gesellschaft dar. Aus all diesen Erwägungen heraus kann man das Ballett in einer Untersuchung der Arbeiten, die in den dreißiger Jahren entstanden sind, unberücksichtigt lassen. Wenn in dem Parabelspiel von den „Rundköpfen und Spitzköpfen" die Probleme des Kleinbürgertums ebenfalls eine Rolle spielen, so gibt es doch zwischen beiden Werken keine direkten Berührungspunkte. Das Stück „Die Rundköpfe und die Spitzköpfe" entstand in einer völlig anderen politischen Situation und wurde aus tieferen gesellschaftlichen Einsichten heraus geschrieben.

Gerade die Entstehungsgeschichte des Stücks „Die Rundköpfe und die Spitzköpfe" gewährt einen aufschlußreichen Einblick in Brechts konsequentes Bemühen, sein dramatisches Schaffen ständig auf die politischen Hauptaufgaben auszurichten. Zu Beginn der dreißiger Jahre hatte die Kommunistische Partei die Öffentlichkeit verstärkt auf die Gefahr einer faschistischen Diktatur aufmerksam gemacht, die nicht nur die Arbeiterklasse, sondern die demokratischen Bestrebungen aller Klassen und Schichten bedrohte. Die mit der Partei verbundenen Schriftsteller erkannten ihre Aufgabe und versuchten als erste in ihren Werken, das wahre Gesicht des Faschismus aufzudecken. So schrieb Friedrich Wolf seine Komödie „Die Jungens von Mons". Im gleichen Jahr begann auch Bertolt Brecht die Arbeit an seiner politischen Komödie, die die gleiche ideologische Zielstellung hatte. Wolf nannte „Die Jungens von Mons" in einem Brief ein „Zersetzungsstück der Hitlerphrasen"[32]. Brechts Stoß richtete sich ebenfalls gegen die faschistische Demagogie. Er charakterisierte den Faschismus richtig als eine vom Finanzkapital ausstaffierte Marionette. Schon in

32 Zitiert aus: W. Pollatschek, „Das Bühnenwerk Friedrich Wolfs", a. a. O., S. 155.

den vorangegangenen Arbeiten hatte man, trotz aller Unterschiedlichkeit in der Gestaltung, bei Brecht und Wolf in mancher Hinsicht eine Gemeinsamkeit der Thematik feststellen können. Hier zeigte sich auch die feste Verbundenheit dieser beiden Dramatiker mit der Partei.

1933 steigerte sich die nazistische „Rassenideologie" zur brutalen Judenverfolgung. Friedrich Wolf schrieb sein aufrüttelndes Schauspiel „Professor Mamlock". Brecht, der noch an seiner politischen Komödie arbeitete, konzentrierte sein Thema jetzt mehr und mehr auf den Kampf gegen den faschistischen Rassenhaß; er nannte sein Stück „Die Rundköpfe und die Spitzköpfe".

Mit der Rassenideologie setzten sich nach 1933 auch noch andere emigrierte Schriftsteller auseinander. Die Behandlung dieser Thematik machte sichtbar, inwieweit die betreffenden Schriftsteller die gesellschaftliche Wurzel des Faschismus tatsächlich erkannt hatten. Es verwundert deshalb nicht, daß die sozialistischen Dramatiker und die antifaschistischen bürgerlichen Schriftsteller sehr unterschiedlich an dieses Thema herangingen. Brecht wie auch Wolf wollten keineswegs nur ein Stück gegen den Antisemitismus schreiben, ihnen lag vielmehr daran, Hitlers Rassenhetze als ein Mittel darzustellen, mit dem die imperialistischen Kräfte in Deutschland das ausgebeutete Volk von den wahren Ursachen seiner Verelendung abzulenken versuchten. Deshalb war der Ausgangspunkt ihrer literarischen Gestaltung die Darstellung des Faschismus als einer Herrschaftsform des Monopolkapitalismus. Sie blieben nicht bei der bloßen Erscheinung einer Sache stehen, die damals vielen humanistisch gebildeten Intellektuellen unbegreiflich war, die ihnen wie ein Einbruch des Mittelalters vorkam. Brecht und Wolf drangen zum Wesen der Erscheinung vor, indem sie die Klassenwurzel des Faschismus bloßlegten. Ihre Zuschauer sollten erkennen: die Widersprüche in der bürgerlichen Gesellschaft haben sich so zugespitzt, daß die Imperialisten ihre Klasseninteressen nicht mehr mit parlamentarischen Regierungsformen zu sichern vermögen. Friedrich Wolf nannte deshalb sein Stück in der Buchausgabe „Doktor Mamlocks Ausweg, Tragödie der westlichen Demokratie"[33]. Walther Pollatschek bezeichnete den „Professor Mamlock" als ein Kampfstück, das gegen den Faschismus in seiner Gesamtheit gerichtet war.[34] Bei Brecht finden wir die gleiche ideologische Absicht. Auch er lenkte seine ganze Aufmerksamkeit auf die Darstellung des Faschismus in seiner *Gesamtheit*, indem er nach neuen Mitteln der dramatischen Gestaltung suchte, um gerade die ökonomischen Ursachen der faschistischen Diktatur in ihrer ganzen Tiefe und Verflochtenheit sichtbar zu machen. Dadurch wurde die Arbeit an den „Rundköpfen und Spitzköpfen" zu einem umfangreichen Unternehmen, das von dem unermüdlichen Bemühen Brechts zeugt, die tatsächlichen ökonomisch-politischen Beweggründe im Drama aufzudecken. So schrieb Bernhard Reich 1937 über das Werk, dessen Bedeutung von der Literaturkritik bis heute noch nicht völlig erkannt wurde: „Mit penibler Genauigkeit, welche Brecht überhaupt bei der Durchleuchtung von heimtückischen Illusionen aufbringt, zeigt er auf das Warum, auf die Art und Weise, auf die Zweckhaftigkeit, auf die Folgen der vom Faschismus in Betrieb gesetzten Rassenspaltung, dieser satanischen politischen Machination. Er zeigt, wie sich die realen Beziehungen – die sozialen des Klassenkampfes – den fiktiven des Rassenkampfes gegenüber durchsetzen."[35]

Auch bürgerliche antifaschistische Schriftsteller traten mutig gegen die faschistische Rassenhetze auf. Was aber besonders in den ersten Jahren des antifaschistischen Kampfes die Schwäche ihrer Werke ausmachte, war das Unverständnis für die gesellschaftlichen Ursachen der faschistischen Rassenideologie. Sie sahen nicht den Zusammenhang zwi-

33 Zürich 1935; zitiert aus: W. Pollatschek, „Das Bühnenwerk Friedrich Wolfs", a. a. O., S. 175.

34 Ebenda.

35 B. Reich, „Zur Methode der deutschen antifaschistischen Dramatik"; in: „Das Wort", Literarische Monatsschrift, Moskau 1937, Heft 1.

schen Hitlers Demagogie und den Interessen des Monopolkapitalismus. Ihr persönlicher Mut, ihre aufrichtige humanistische Gesinnung verdienen jedoch hervorgehoben zu werden; denn ein großer Teil der emigrierten bürgerlichen Schriftsteller schwieg zu dem unmenschlichen Rassenterror. Für viele, die vor den massiven Drohungen der Hitlerleute kapitulierten, sei hier nur Carl Zuckmayer genannt, der seit Ende der zwanziger Jahre fast jedes Jahr ein neues Werk herausgebracht hatte, aber nach 1933 für lange Zeit verstummte.

Zu den bürgerlichen Dramatikern, die die Rassendiskriminierung anprangerten, zählt vor allem Ferdinand Bruckner, der bereits 1933 das Schauspiel „Die Rassen" schrieb. Bruckner erhob in seinem Stück nur moralische Anklage gegen die Bestialität der Faschisten. Die Ursache der Judenverfolgung blieb für ihn in mystischem Dunkel. Der Hauptheld, Karlanner, spricht die Tendenz des Stückes aus, wenn er sagt: „Ein Gespensterkampf auf beiden Seiten. Nur die tödlichen Folgen sind Wirklichkeit, auf beiden Seiten."[36] Nur gelegentlich, fast zufällig tauchen Zusammenhänge mit den wirtschaftlichen Interessen bestimmter Kräfte auf. Bruckner drang nicht durch die Oberfläche, stieß nicht zum Wesen der Erscheinung vor. So zerfiel sein Werk in lauter Zufälligkeiten. Die Figuren des Stückes verloren ihren Sinn, ihr Kampf, ihr Pathos wurde unecht, und die Ideale blieben blaß. Ferdinand Bruckners Werk ist ein sehr aufschlußreiches Beispiel dafür, daß ein Autor, der nicht die Klassenkräfte erkennt, letzten Endes kein bleibendes Kunstwerk schaffen kann. Sein Stück, aus einem lauteren Protest heraus geschrieben und nicht ohne formales Können, ist heute kaum noch aufführbar, während die Werke Brechts und Wolfs auch heute nichts von ihrer tiefen Gültigkeit und großen Schönheit verloren haben.

Fünf Jahre später schrieb Walter Hasenclever „Konflikt

36 F. Bruckner, „Die Rassen"; in: F. Bruckner, „Jugend zweier Kriege", Dramatische Werke, Bd. 1, Berlin 1948, S. 311.

in Assyrien“, ebenfalls ein Stück gegen Hitlers Antisemitismus. Ein König unterzeichnet die schädlichen Rassengesetze seines Ministers, bis seine Frau ihm entdeckt, daß sie selbst Jüdin ist. Im ersten Augenblick glaubt auch der König das Trennende zu spüren, aber nur für einen Augenblick, dann hat er sich gefaßt. Er entlarvt und verwirft mit sarkastischem Spott die Gesetze seines Ministers. Wie in Brechts Parabelstück gehen Tragik und Komik ineinander über. Da aber Hasenclever keine gesellschaftlichen Ursachen und Zusammenhänge aufzeigt, da bei ihm alles im „Privaten“ bleibt, wird er zu dieser versöhnenden Komödienlösung gedrängt, die angesichts der Entwicklung im faschistischen Deutschland gradezu grotesk erscheint. Das ehrlich gemeinte Stück wird dadurch fragwürdig und peinlich. Die mangelnde gesellschaftliche Einsicht des Autors macht den Kunstwert des Schauspiels zunichte.

Die Klassenwurzel des Faschismus wurde auch von vielen anderen Schriftstellern nicht sogleich erkannt. So sah Lion Feuchtwanger in der ersten Zeit im Faschismus nur eine allgemeine Verwilderung und Verrohung der Menschen und charakterisierte dessen Wesen in dem Satz: „Gemeinheit geht vor Eigennutz.“ Gegen diese Auffassung seines Freundes wandte sich Brecht auf dem Pariser Kongreß zur Verteidigung der Kultur, als er sagte: „Die Roheit kommt nicht von der Roheit, sondern von den Geschäften, die ohne sie nicht mehr gemacht werden können ... Viele von uns Schriftstellern, welche die Greuel des Faschismus erfahren und darüber entsetzt sind, haben diese Lehre noch nicht verstanden, haben die Wurzel der Roheit, die sie entsetzt, noch nicht entdeckt. Es besteht immerfort bei ihnen die Gefahr, daß sie die Grausamkeiten des Faschismus als unnötige Grausamkeiten betrachten.“[37] Viele bürgerliche Intellektuelle waren in Theorien von der faschistischen Diktatur als der „Diktatur des Kleinbürgertums“ oder der „Diktatur des

37 B. Brecht, „Rede auf dem I. Internationalen Schriftstellerkongreß zur Verteidigung der Kultur“; a. a. O., S. 139 und 141.

Lumpenproletariats" befangen, wie sie die Sozialdemokraten und Trotzkisten vertraten. Solche Theorien liefen aber auf eine Kapitulation vor dem Faschismus hinaus. Erinnert sei nur an die Haltung Alfred Döblins. Sein Unverständnis für die wirklichen Ursachen der Judenverfolgungen unter Hitler führten ihn, selbst ein Verfolgter, zur offenen Kapitulation, als er in der Emigranten-Zeitschrift „Die Sammlung" ein völliges „Zurückziehen der jüdischen Ausläufer aus den westlichen Staaten"[38] forderte.

Berücksichtigt man die komplizierte Situation in der antifaschistischen Literatur zu Beginn der Exiljahre und die Unklarheiten, die bei vielen Schriftstellern in politischen Grundfragen bestanden, so muß man die politische Klarheit und den Weitblick Brechts und Wolfs, die literarische Größe und Bedeutung ihres Werkes um so mehr bewundern.

Die Entstehungsgeschichte des Parabelstückes „Die Rundköpfe und die Spitzköpfe" ist sehr weitläufig. Brecht hat an den meisten seiner Stücke ständig gearbeitet und sie verbessert, aber selten hat er ein Werk so oft umgearbeitet wie dieses. Dabei waren die Veränderungen niemals nur stilistischer Art, sondern politische Verbesserungen und Verdeutlichungen, die zugleich sehr weitgreifende ästhetische Probleme aufwarfen.

Den ersten Anstoß gab der Regisseur Ludwig Berger, der Brecht bat, Shakespeares „Maß für Maß" für eine Aufführung an der Volksbühne einzurichten und leicht zu bearbeiten. Wie bei ähnlichen Unternehmen Brechts schwoll die Arbeit an; heraus kam ein völlig neues Stück. Die erste Bearbeitung trug den Titel „Maß für Maß oder Die Salzsteuer". Eine weitere Version hieß „Reich und reich gesellt sich gern". Die Fassung, die Anfang 1933 bei Gustav Kiepenheuer (als Heft 8 der „Versuche") in Druck ging, trug den Titel „Die Spitzköpfe und die Rundköpfe". Als der Faschismus die Macht an sich riß, lagen die Korrekturfahnen gerade

38 „Die Sammlung", Amsterdam 1933, Heft 1.

in Brechts Händen. Die Faschisten beschlagnahmten sofort den Satz. Brecht nahm sein Stück mit ins Exil, „die Wahrheit unter dem Rock“[39], wie es in seinem „Galilei“ heißt. In der dänischen Emigration arbeitete er sein Stück erneut um.

Brecht verhielt sich zur Fabel eines Stückes ähnlich wie die großen Dramatiker der Vergangenheit, die einen Vorteil darin sahen, wenn das Publikum die Fabel bereits kannte. Shakespeares Komödie „Maß für Maß“ war die Bearbeitung eines Stückes von George Whetstone. Brecht, der auf Shakespeare zurückgriff, beabsichtigte zunächst nur, die alte Fabel neu zu erzählen. Den fortschrittlichen Standpunkt, den der große Brite in seiner Zeit eingenommen hatte, beschrieb Brecht von seiner Weltanschauung aus mit den Worten: „Maß für Maß gilt für viele als das philosophischste aller Shakespearischen Werke, es ist zweifellos sein fortschrittlichstes. Er verlangt von den Hochgestellten, daß sie nicht nach anderem Maße messen, als sie selbst gemessen sein wollen. Und es zeigt sich, daß sie nicht von ihren Untertanen eine moralische Haltung verlangen dürfen, die sie selber nicht einnehmen.“[40] Brecht versuchte nun, dem Stück eine fortschrittliche Haltung vom Standpunkt der revolutionären Klasse des 20. Jahrhunderts zu geben. Damit wurden sofort einige Veränderungen in der Grundlinie der Fabel nötig, obwohl sich Brecht in seinen ersten Fabelentwürfen noch eng an Shakespeare anlehnte. (7) Shakespeares Werk entstand aus den Klassenkämpfen zwischen Aristokratie und Bourgeoisie, die sich in der Zeit um die Thronbesteigung Jakobs I. zu verschärfen begannen. Schon durch die dramatis personae stehen sich die Klassenfronten gegenüber. Vincentio und Angelo vertreten die Aristokratie, Isabella, Mariane und Claudio die Bourgeoisie.[41] In Shakespeares

39 B. Brecht, „Stücke“, a. a. O., Bd. VIII, S. 183.

40 Bertolt Brecht-Archiv, Berlin; „Maß für Maß“, Material und Pläne, Archiv-Mappe Nr. 268, Blatt 81.

41 Siehe hierzu: J. Krehayn, „Problem und Komödie in Shakespeares ‚Maß für Maß‘“; in: „Sinn und Form“, Berlin 1958, 5. u. 6. Heft.

bürgerlichen Gestalten, besonders in Isabellas zornigen Angriffen auf die Doppelmoral, auf das Messen nach zweierlei Maß, kommt das humanistische Ideal des großen Briten zum Ausdruck, auf das Brecht in seiner Bemerkung hinwies. Shakespeare ließ jedoch sein Stück mit einem Kompromiß enden. Auch sein Herzog mißt am Ende nicht mit gleichem Maß, gibt nicht „gleiches Recht für alle". So verdeckte Shakespeare mit dem Schluß von Liebe und Gnade jene Probleme, die er in seinem Stück selbst mit aller Schärfe gestellt hatte.

Und hier begann Brecht zu verändern. Er versuchte, der Fabel eine neue Stoßrichtung zu geben, wobei er das humanistische Anliegen des Briten beibehielt. Zunächst arbeitete er die sozialen Konflikte stärker heraus, betonte den Klassencharakter der Gestalten mehr, als das schon bei Shakespeare geschehen war. Das fällt bereits im Entwurf für die 2. Szene des I. Aktes auf. Brecht konzipierte: „Auf der Straße äußern die Oberen (Schwindt und Schaum und Lutz) und die Unteren (Mildner und Überley) ihre Meinung über die neuen Verordnungen der Ära Angeler."[42] Brecht wollte aufzeigen, warum in der Welt mit zweierlei Maß gemessen wird. Sein Zuschauer und sein Leser sollten durch die Umarbeitung der alten Shakespeare-Fabel erkennen, daß die Ursache für die Ungerechtigkeit, für die Behandlung der Menschen nach verschiedenem Maß in den Grundlagen einer gesellschaftlichen Ordnung zu suchen ist, in der sich antagonistische Klassen gegenüberstehen. Einem solchen Zustand kann aber nicht mit einer abstrakten Gerechtigkeit abgeholfen werden, sondern nur durch die Beseitigung des Systems der Klassenherrschaft. Die Handlung wurde von Brecht jetzt so geführt, daß sich die Hoffnung auf Gerechtigkeit in der antagonistischen Klassengesellschaft als eine Illusion erweisen muß. So entwarf Brecht für den zweiten Akt eine Gerichtsszene (die Szenen sind im allgemeinen

42 Bertolt Brecht-Archiv, Berlin; „Maß für Maß", Material und Pläne, Archiv-Mappe Nr. 266, Blatt 22.

nicht ausgeführt), die er folgendermaßen umriß: „Der erste Gerichtstag. Der Fall Schwindt – Schaum – Mildner. Angeler verläßt mit der Ankündigung, daß Polizei verstärkt wird, den Saal. Sabotage Eskalers. Der Fall verläuft im Sande. Bestraft wird Schaums Kutscher."[43] Eine solche Wertung der Gerichtsbarkeit zieht sich durch den gesamten Entwurf. Besonders deutlich wird Brechts Bemühen, den Klassencharakter in jeder Situation aufzuzeigen, nochmals im dritten Akt. In diesem ebenfalls nicht ausgeführten Szenenentwurf notierte der Dichter bereits den Satz der Frau Überley, die, als sie die Einlieferung des Bankiers ins Gefängnis sieht, skeptisch ausruft: „Wenn das nur gut geht!"[44]

Aus der Shakespeare-Gestalt des Angelo wurde bei Brecht ein moderner Don Quijote. Dieser Angeler, wie er zunächst hieß, glaubt, auch in der Klassengesellschaft mit gleichem Maß messen zu können.

Einen solchen Glauben an eine absolute Gerechtigkeit hatte schon Engels bei Lassalle verspottet, als er in einem Brief an Marx schrieb: „Übrigens ist es doch ein starker Aberglaube von dem Kerl, noch an die ‚Rechtsidee', das absolute Recht zu glauben."[45] Ebendiese Vorstellung vom gleichen Recht für alle benutzte Brecht, um eine Komödienfigur zu schaffen.

Die politische Stoßrichtung, die er seinem ersten Entwurf gab, galt dabei dem Reformismus. Er knüpfte an die politischen Probleme an, die er bereits in der „Mutter" gestaltet hatte. Brecht gedachte, sich jetzt in der Form der Komödie gegen den Reformismus zu wenden und zu zeigen, daß jede Reform, die der Klassengegensätze Herr zu werden vermeint, zur Lächerlichkeit verurteilt ist. Daß die Figur darauf angelegt war, zeigt schon der Entwurf für die erste Szene: „Der Herzog übergibt angesichts eines

43 Ebenda, Blatt 23.
44 Ebenda, Blatt 24.
45 Marx/Engels, „Briefwechsel", Bd. III, Berlin 1952, S. 57.

allgemeinen Bankrotts seines Staates die Regierung dem Herrn von Angeler. Der neue Herr beschließt: Reform."[46] Das Scheitern der Reform demonstrierte Brecht daran, daß es Angeler nicht gelingt, die ganze Härte seiner Moralgesetze auch auf die herrschende Klasse anzuwenden. Die geplante Hinrichtung des reichen Herrn von Klausner wird für ihn zu der „Prestigefrage", an der er scheitert. Brecht löste den Konflikt, sich hier genau an Shakespeare haltend, durch die verschärften Moralgesetze Angelers aus.

Die faschistische Rassenideologie und die Parallele zu Hitler spielten in diesem frühen Entwurf noch keine Rolle. Brecht merkte aber bald, daß mit dem sittlichen Konflikt, den er von Shakespeare übernahm, die Probleme der dreißiger Jahre unseres Jahrhunderts nicht in der Weise gefaßt wurden, wie er es beabsichtigte. Er kam deshalb von diesem Entwurf bald ab, ohne ihn, von einigen Szenen abgesehen, ausgeführt zu haben. Die Offensive der Faschisten in Deutschland, das Ausmaß und die Gefährlichkeit ihrer Demagogie lenkten Brecht jetzt auf ein neues Thema. In seinem nächsten Entwurf und in der ersten Fassung des Stückes „Maß für Maß", war der Moralkonflikt der Shakespeare-Fabel schon durch die Auseinandersetzung mit der faschistischen Rassenideologie ersetzt.

In den weiteren Entwürfen führte Brecht den Stoß eindeutig gegen den Faschismus, besonders gegen die faschistische Rassenhetze. In seinem Nachlaß befinden sich Zeitungsausschnitte, Photos und Hitlerkarikaturen, die er sammelte und zusammenstellte. Sie vermitteln einen aufschlußreichen Einblick, wie er jetzt die Fabel zu entwickeln gedachte. Das Sammeln von Zeitungsausschnitten, das oft einen Teil der Vorarbeiten für ein Stück ausmachte, ist auch im Hinblick auf die Arbeitsmethode Brechts außerordentlich interessant; denn Brecht hat einige Szenen und Szenenteile direkt nach Zeitungsphotos und Karikaturen,

46 Bertolt Brecht-Archiv, Berlin; „Maß für Maß", Material und Pläne, Archiv-Mappe Nr. 266, Blatt 22.

also sozusagen nach dem Modell, aufgebaut. Seine ganze Anstrengung richtete sich zunächst gegen ein Kernstück der faschistischen Ideologie, gegen den sogenannten „völkischen Idealismus", mit dem die Faschisten behaupteten, die Klassenspaltung überwinden zu können. Hier gab es eine Verbindung mit den Gedankengängen, die Brecht schon im ersten Entwurf entwickelt hatte. Unter dem umfangreichen Material befindet sich auch eine Nummer des „Völkischen Beobachters" vom 21. Oktober 1932 mit einer Rede Hitlers („Hitlers Antwort an den Reichskanzler von Papen"), in der Schlagzeilen wie diese enthalten sind: „Das wirtschaftliche Denken ist der Tod jedes völkischen Idealismus", „Arbeitsdienstpflicht überwindet die Klassengegensätze"[47].

Die Fabel wurde darauf angelegt, die faschistischen Phrasen von der „Volksgemeinschaft" ad absurdum zu führen. Brecht wollte sich gegen die vollentfaltete faschistische Offensive stellen, indem er den Klasseninhalt einer solchen Demagogie aufdeckte. Es war ein „Zersetzungsstück der Hitlerphrasen"[48], ähnlich der Faschistenkomödie „Die Jungens von Mons" von Friedrich Wolf. Im Zusammenhang damit wandte sich Brecht gegen Hitlers Rassenhetze. Die Auseinandersetzung mit dieser barbarischen politischen Machination wurde immer mehr zu der zentralen Thematik des ganzen Stückes. Spielte in den ersten Fassungen neben dem Rassenproblem die Salzsteuer eine Rolle, die Angeler im Auftrag der herrschenden Klasse dem Volk auferlegen mußte, so fiel dieses Motiv in den späteren Fassungen völlig weg. Brecht gestaltete jetzt, wie die „Volksgemeinschafts"-Phrase mit der blutigen Rassenhetze im Zusammenhang stand; das ermöglichte ihm, den Klassencharakter des Faschismus, sein betrügerisches und volksfeindliches Wesen bloßzulegen. Er zeigte, daß die Judenverfolgungen dazu

47 Bertolt Brecht-Archiv, Berlin; „Maß für Maß", Material und Pläne, Archiv-Mappe Nr. 266, Blatt 74–87.

48 W. Pollatschek, „Das Bühnenwerk Friedrich Wolfs", a. a. O., S. 155.

dienten, das werktätige Volk von seinen wahren Ausbeutern abzulenken.

Schon aus den ersten Skizzen des neuen Entwurfs ging hervor, daß Brecht den Faschismus von Anfang an richtig als eine Herrschaftsform des Monopolkapitalismus auffaßte. Wie auch Friedrich Wolf, erkannte Brecht sofort den Klassencharakter der faschistischen Bewegung. Diese politische Grundfrage haben beide Dramatiker großartig herausgearbeitet. Schwieriger fiel ihnen schon die Typisierung ihrer Hauptgestalten und einiger Handlungsvorgänge.

Aus Brechts neuem Entwurf der ersten Szene wurde deutlich, wie der Dichter jetzt seine Fabel aus der politischen Situation jener Krisenjahre entwickelte, die es der herrschenden Klasse unmöglich machte, mit den gewohnten Mitteln der parlamentarischen Demokratie zu regieren. Diesen Vorgang hob Brecht schon in der Struktur der Fabel und durch das Grundarrangement der Figuren hervor. Die erste Szene, die er später auch ausführte, skizzierte er folgendermaßen: „Aus der Zeitung erfahren der Vizekönig von Peru und sein Ratgeber, daß das Land bankrott ist und die Pächter, die die Pacht nicht mehr aufbringen können, sich gegen die Pachtherren zusammengeschlossen haben, so daß Bürgerkrieg droht. Der Vizekönig ist selber der größte Pachtherr des Landes, er erfährt durch seinen Ratgeber, daß von seiten eines gewissen Tomaso *Angelas*, der den Mittelstand hinter sich habe, neue Ideen propagiert würden, die den drohenden Kampf der armen mit der reichen Klasse verhüten sollen. Tomaso Angelas teilt das Volk Perus nach Rassen in ‚Tschichen' und ‚Tschuchen' ein und ruft zur Vernichtung der Tschichen auf, denen er die Schuld am Unglück des Landes gibt: er bezichtigt sie des niedrigen Materialismus. Der Vizekönig beschließt, diesem Angelas die Macht zu übergeben, damit die Einigung des Volkes, also der Reichen und Armen, erfolge."[49]

49 Bertolt Brecht-Archiv, Berlin; „Maß für Maß", Material und Pläne, Archiv-Mappe Nr. 268, Blatt 165.

Besonders Anfang und Ende des Stückes erhalten nun einen politisch enthüllenden Charakter, so wenn am Schluß der Vizekönig sich anstelle des verurteilten Calausa zum Galgen führen läßt und sich dort mit den Worten zu erkennen gibt: „Aber wir werden uns doch nicht selber hängen!“[50] In den späteren Fassungen ließ Brecht den Vizekönig nur noch am Anfang und am Schluß des Stückes auftreten, wie das ähnlich in dem Stück von George Whetstone, dem literarischen Vorbild Shakespeares, der Fall war.

In den Mittelpunkt seiner Parabel stellte Brecht die Entlarvung der faschistischen Demagogie, deren Kernstück die Rassentheorie bildete. Er schuf eine Reihe von interessanten Gestalten, die er stets aus ihrer Klassenposition, aus ihrer sozialen Lage entwickelte. Durch die Handlungen dieser Figuren wird immer wieder die Widersinnigkeit und Verlogenheit der faschistischen Versprechungen, besonders aber das Klasseninteresse, das damit verfolgt wurde, aufgedeckt. Der Dichter gab in seinem Stück eine politische Situation wieder, die Wilhelm Pieck später auf der Brüsseler Parteikonferenz mit den Worten charakterisierte: „Die Hitlerpartei ist bei der Verfolgung ihres Parteiinteresses, die Massen durch Versprechungen zu beruhigen und von Kämpfen zurückzuhalten, genötigt, eine starke antikapitalistische Phraseologie anzuwenden.“[51] Brecht attackierte diese „antikapitalistische Phraseologie“, durch die Hitler in den Krisenjahren große Teile der werktätigen Massen betrog, mit den Mitteln der Komödie und Satire. Er verspottete in der zweiten Szene des ersten Aktes diese marktschreierische Demagogie, die jedem das versprach, was er sich gerade wünschte. In dieser turbulenten Szene schilderte der Dichter den Kleinbürger mit seinen Hoffnungen und Wünschen, der ebenfalls in der alten Weise nicht mehr weiterleben konnte

50 Ebenda, Blatt 164.

51 W. Pieck, „Der neue Weg zum gemeinsamen Kampf für den Sturz der Hitlerdiktatur, Brüsseler Konferenz der KPD 1935“, Berlin 1957, S. 104.

und der nun einen Ausweg in den Lehren des neuen Statthalters erblickte. Brecht umriß diese Szene mit dem Satz: „Tage wilder Hoffnung beginnen für den verarmten Mittelstand."[52] Die Kleinbürger erhoffen alles von Angelas: die Händlerin, daß nicht mehr zwei Läden in der gleichen Straße existieren; die Beamten höhere Gehälter und der Hausbesitzer, daß „endlich die Beamten abgebaut werden"[53]; der Tabakhändler die Streichung der Mieten und der Hausbesitzer eine Erhöhung der Mieten.

Das Hauptanliegen, das Brecht mit seinem Stück verfocht, lag aber nicht nur darin, aufzuzeigen, wie sich die Verheißungen der Faschisten in grotesker Weise widersprachen – daraus satirische Wirkungen zu ziehen, war nicht so schwer –, sondern er lenkte den Zuschauer auf die Klasseninteressen, die mit dieser groben Propaganda vertreten wurden. Um die demagogischen Manöver zur Vertuschung der sozialen Frage in dem Parabelspiel Stufe für Stufe abbilden und aufdecken zu können, führte Brecht die Callas-Handlung mit dem Streit um die zwei Gäule ein. In zwei großen Gerichtsszenen stellte er dar, daß es sich bei Angelas' Programm objektiv nicht um die Durchsetzung von Rassenfragen, sondern von sehr konkreten Klassenfragen zum Zwecke einer räuberischen Machtpolitik handelt. Die Rassenhetze erweist sich nur als das Mittel, mit dem das Volk über die Ursachen der Verschlechterung seiner Lage hinweggetäuscht werden soll. Die Callas-Handlung, mit der Brecht die alte Shakespeare-Fabel völlig neu gestaltete, ging auf eine literarische Anregung durch Heinrich von Kleists Novelle „Michael Kohlhaas" zurück. In einer Arbeitsnotiz bemerkte er zu Kleists Dichtung, daß in der berühmten Unterredung des Kohlhaas mit Luther der Reformator nicht gut abschnitt. Besonders interessierte ihn aber an Kleists Novelle, wie ein kleiner, anscheinend priva-

52 Bertolt Brecht-Archiv, Berlin; „Die Rundköpfe und die Spitzköpfe", Archiv-Mappe Nr. 258 (B), Blatt 13.
53 B. Brecht, „Stücke", a. a. O., Bd. VI, S. 32.

ter Fall ins „Großpolitische" wuchs, wie der Zank an der Zollschranke in die Nähe eines blutigen Krieges führte.[54]

Literarischen Anstoß zu der Figur des Callas gab auch der berühmte Prozeß des 18. Jahrhunderts, den Voltaire drei Jahre lang führte, um ein abscheuliches Justizverbrechen zu sühnen. Im Jahre 1762 hatte man den protestantischen Bürger Jean Calas hingerichtet. Obwohl alle Indizien gegen die Anklage sprachen, warf die katholische Geistlichkeit Calas vor, er habe eigenhändig seinen Sohn erhängt, um zu verhindern, daß dieser zur katholischen Kirche übertritt. Der Fall Calas war für Brecht jedoch nicht mehr als eine Anregung. Er konzipierte eine neue Figur, ohne von dem Prozeßverlauf um den historischen Calas etwas zu übernehmen.

In den beiden großen Gerichtsszenen stehen sich der Statthalter und der ausgebeutete Pächter gegenüber. An Callas' Forderungen – Pachterlaß und die beiden Pferde seines Pachtherren – entlarvt sich die Demagogie Angelas'. Der Pächter bedient sich vor Gericht der Taktik, die Phraseologie des Statthalters ernst zu nehmen. In einer von Brecht später nicht verwendeten Dialogstelle sagt Callas: „Ich kann einem Tschichen alles wegnehmen, wenn es das Gemeinwohl verlangt."[55] Dabei weiß aber Callas, daß er die beiden Kutschpferde, die er seinem Pachtherrn wegnahm, als er glaubte, daß seine Stunde gekommen sei, nur so lange behält, wie die Schwarzen Fahnen (oder wie Brecht den Aufstand der Pächter später nannte – die Sichel) siegreich sind. Doch Callas durchschaut niemals voll und ganz die Demagogie des Statthalters; er begreift auch noch nicht, in welchem Interesse sie geführt wird. Er bringt neben verzweifelter Hoffnung nur das Mißtrauen von Menschen mit, die schon oft getäuscht wurden. Brecht charakterisierte in seinen Arbeitsnotizen Callas als einen Mann, den nur sein wirk-

54 Bertolt Brecht-Archiv, Berlin; „Maß für Maß", Material und Pläne, Archiv-Mappe Nr. 268, Blatt 16.

55 Bertolt Brecht-Archiv, Berlin; Bearbeitung „Maß für Maß", Archiv-Mappe Nr. 262, Blatt 104.

liches Interesse davor schützt, auf die Sentimentalitäten des Statthalters, für die er seinem Charakter nach durchaus empfänglich ist, einzugehen.[56] Die sehr differenzierte Zeichnung des Callas hob sich jedoch erst während der Arbeit am Stück, vor allem in den letzten Fassungen heraus.

In den Gerichtsszenen demonstrierte Brecht, wer hinter Angelas stand und wie weit dessen Macht reichte. Angelas' Zugeständnisse an das Volk sind durch den Vormarsch der Schwarzen Fahnen (Sichel) errungen. Nach dem Sieg über die aufständischen Pächter schlägt jedoch seine Demagogie in die direkte Apologetik der herrschenden Klasse um. Wie sich, nachdem der Sieg über die Pächter errungen ist, diese antikapitalistischen Phrasen des Statthalters im Laufe der Gerichtsverhandlungen Zug um Zug in eine Verteidigung des kapitalistischen Eigentums verwandeln, das ist bei Brecht ein Kabinettstück satirisch-politischer Enthüllung, vor allem deshalb, weil er konsequent zu den gesellschaftlichen Wurzeln vordringt. Angelas' schrittweises Zurücknehmen seiner demagogischen Verheißungen ist eine treffende Satire auf das Nazi-Parteiprogramm. In der 6. Auflage dieses Programms stand noch zu lesen, daß Riesenbetriebe verstaatlicht werden sollten, aber bereits in der 7. Auflage (1932) hieß es: „Der Nationalsozialismus wird auch größte industrielle Werke, solange sie in Privatbesitz bleiben (wir denken hier an Krupp, Mannesmann, Thyssen und so weiter), keineswegs als den Interessen der Gesamtheit zuwiderlaufend ablehnen."[57]

So eindeutig Brecht auch den Klassencharakter des Faschismus in den „Rundköpfen und Spitzköpfen" herausarbeitete, ein adäquates Abbild jener Vorgänge, die sich 1932 und 1933 in Deutschland zwischen Hitler und den Spitzen der deutschen Finanzbourgeoisie abspielten, gab er nicht

56 Bertolt Brecht-Archiv, Berlin; „Maß für Maß", Material und Pläne, Archiv-Mappe Nr. 268, Blatt 05.

57 Zitiert aus: W. Ulbricht, „Der faschistische deutsche Imperialismus (1933–1945)", Berlin 1952, S. 20.

und konnte er in der Form der Parabel nicht geben. Das Verhältnis Hitlers zu den Monopolkapitalisten wird in der Haltung des Statthalters zu den Großen Fünf nicht widergespiegelt (selbst wenn man die Vereinfachungen berücksichtigt, die die Form der Parabel bedingt). Hitler besaß nie, auch für kurze Zeit nicht, diese relative politische Selbständigkeit gegenüber den Monopolherren wie die Figur des Angelo Iberin (so in den letzten Fassungen genannt) gegenüber den Pachtherren. Man bedenke nur, daß in dem von Hitler gebildeten sechzehnköpfigen „Generalrat der Wirtschaft", „dieser eigentlichen Regierung über Deutschland"[58], wie Wilhelm Pieck schrieb, neun Großindustrielle, vier Bankherren und zwei Großagrarier saßen. Diese Tatsachen lenken auf die Hauptschwäche des ganzen Stückes, auf die Anlage der Figur des Angelo Iberin.

Diese Gestalt wurde von Brecht am meisten umgeformt und ist doch immer problematisch geblieben. Brecht hielt sich in der ersten Fassung eng an Shakespeares Angelo; er formte nur verschiedene Seiten dieses Charakters nach seiner politischen Konzeption um. Als er mit der Fabel den Stoß gegen den Faschismus lenkte, erwies sich die Grundlinie der Shakespeare-Gestalt als hinderlich. Sie war aber viel zu organisch aus der alten Fabel entwickelt, als daß Brecht sie völlig neu hätte fassen können.

Das Stück, das sich mit der faschistischen Rassenhetze auseinandersetzt, verlangte, Angelo als Faschistenführer zu charakterisieren. Die Hitlerkarikaturen, die Brecht aus Zeitungen und Zeitschriften ausgeschnitten und gesammelt hatte, beweisen, daß auch er auf ein satirisches Hitlerporträt zielte. Er richtete aber seine ganze Anstrengung zunächst nur darauf, diesen Angelo-Hitler als ein Werkzeug des Monopolkapitalismus zu charakterisieren. So zeichnete Brecht den Angelo in den ersten Fassungen als einen Menschen, der zwar objektiv ein Werkzeug der herrschenden Klasse zur Durchsetzung ihrer Politik ist, aber in seinem bornierten

58 W. Pieck, „Reden und Aufsätze", Berlin 1954, Bd. I, S. 150 f.

Fanatismus selbst ehrlich glaubt, mit seiner Rassenpolitik den „niedrigen Materialismus", dieses „Nur-von-Geld-Reden", zu bekämpfen. Allerdings wurde durch die Handlungsführung immer wieder betont, wem diese volksfeindliche Politik diente, so zum Beispiel, wenn Angelo im Auftrag der reichen Pachtherren dem Volk eine schwere Salzsteuer auferlegt. Aber solange Angelo seine antikapitalistische Demagogie selbst ernst nimmt, gewinnt diese Gestalt fast tragische Züge, ist sie mehr Opfer als willenloses Werkzeug einer skrupellosen Machtpolitik. Brecht wollte zeigen, daß die faschistische Bewegung ein Instrument der räuberischen imperialistischen Kräfte war, ganz gleich, welchen Zielen der einzelne auch zu dienen glaubte. Dies verführte ihn aber dazu, Angelo-Hitler Züge eines tatsächlichen Hasses gegen die Pachtherren und ihre egoistischen Gewinninteressen zu geben. So ließ er in einer der Fassungen von vor 1933 den Angelo (Angelas) drohend gegen die Pachtherren sagen:

> „Ihr, hütet Euch! Denn niedrig
> Ist Eure Selbstsucht, auch Eu'r ‚Nur-von-Geld-Reden'
> Ist tschuchisch nicht. Drum hütet Euch, daß wir
> Euch nicht mit harter Faust belehren, was
> Dem Staat ihr schuldet, der für alle da ist!"[59]

Brecht arbeitete diese Seite im Charakter Angelos sogar noch weiter heraus und zeichnete ihn als einen Menschen, der von dem niedrigen wirtschaftlichen Denken und dem „Materialismus" der Reichen tief enttäuscht ist, als einen weltfremden Träumer, der nicht begreift, daß die Menschen nur auf den Erwerb von materiellen Gütern aus sind. Er charakterisierte seine Figur mit dem faschistischen „völkischen Idealismus", der dem Egoismus und dem jüdischen „wirtschaftlichen Denken" entgegengesetzt sei.

Indem er aber seinen Angelo ehrlich daran glauben ließ und sogar zeigte, wie dieser versuchte, sich auch gegen den

59 Brecht, „Versuche", Heft 5–8, Berlin und Frankfurt a. M., S. 348.

Egoismus der Pachtherren zur Wehr zu setzen, gab er trotz richtiger Erkenntnis über den Klassencharakter des Faschismus eine falsche Typisierung der faschistischen „Führer“. Diese falsche Charakteristik hob sich besonders in der Szene hervor, in der Angelo, enttäuscht über den Egoismus der Pachtherren, sich den Pächtern zuwenden will. Doch dieser Weg bleibt ihm versperrt, weil er sich mit der von ihm verhängten schweren Salzsteuer beim Volk unmöglich gemacht hat. In dieser Szene sagt Angelo (Angelas) zu Eskahler:

„Nun, auf das Recht.
Mir kam in diesen Stunden, als ich diese
Krämer so sah und ihre Reden hörte
Schon der Gedanke, in der Frage des Rechts
Mich jetzt zu wenden an Menschen, die nicht nur
Ihr Geld verteidigen.
Eskahler: An die Pächter?
Angelas: Ja.
Denn deren Sach ist's doch, jetzt diesen Pachtherrn
Der über einen von ihnen seine Macht
So sehr mißbraucht hat, aufzuhängen: zur Warnung!
Die würden mir helfen!“[60]

Brecht wollte mit seinem Stück vor allem beweisen, wie ergebnislos alle Versuche des Angelo sind, auch die herrschende Schicht in die neue Gesetzgebung einzubeziehen. Aber dadurch nahmen die tragischen und tragikomischen Züge dieser Gestalt überhand. Der Zuschauer mußte in Angelo einen Mann sehen, der das Beste gewollt, dessen Kampf aber von anderen für ihre egoistischen Zwecke ausgenutzt wurde. Diese Seite des Charakters trat besonders hervor, als Angelo verzweifelt bekennt, daß er verraten worden sei. Dazu war gerade die Erschütterung des Angelo nicht ohne dramatische Wucht gestaltet, die das tragische Gewicht der Figur noch verstärkte. Als die Pachtherren energisch die

60 Ebenda, S. 349.

Aufhebung des Todesurteils gegen den Mann ihres Standes forderten, ließ Brecht den Angelo verzweifelt aufschreien:

„Ich bin in eine Falle gelockt! Man hat
Mich hier verschoben! Was ich wollt, war anderes.
Was geht mich eure Salzsteuer an und was
Ist eure Pacht für mich, der anderes wollte
Was über Pacht und Salzsteuer steht, laßt sie
Doch ihre Pacht zahlen, ach, erpreßt die Salzsteuer!
Doch ihr gebt preis den tschuchischen Gedanken.
Laßt mich nicht gehn, umringt von spitzigen Köpfen
Den Spitzkopf zu befrein! Der Mensch ist schuldig!"[61]

Eine solche Gestaltung gab aber ein völlig falsches Bild von dem Manne, der seine faschistischen Banden gegen die Arbeiterklasse dirigierte. Dadurch wurde auch die schamlose Demagogie, die bewußte Irreführung der Volksmassen verkleinert und entschärft. Die ganze Verworfenheit des Systems wurde nicht sichtbar.

Natürlich ist eine solche Einschätzung vom heutigen Standpunkt aus sehr leicht. Brecht aber formte diesen Angelo in den Fassungen vor 1933. Damals war es ungleich schwerer, den Charakter einer solchen Figur richtig zu typisieren. Auch Friedrich Wolf ist das in seiner Faschistenkomödie „Die Jungens von Mons" nicht gelungen. Sein Stück krankt an dem gleichen Fehler, auch bei ihm liegt die Schwäche in der falschen Zeichnung der Hauptfigur. Im Mittelpunkt von Wolfs Stück steht Ellen Celloc, die Witwe eines im Kriege gefallenen Sergeanten, die, nun als Mann verkleidet, zum Anführer der faschistischen Bewegung wird. Pollatschek schrieb über Wolfs Komödie: „Als politische Satire ist das Stück allerdings problematisch ... Faschistische Führer sind keine im letzten Grunde sympathischen Menschen, die unter dem Zwang der Verhältnisse auf den Irrweg gerieten und sich wieder finden können

61 Ebenda, S. 363.

– zu faschistischen Führern eignen sich nur moralisch völlig verkommene, gewissenlose Blender, deren ganzes Wesen nichts als Lüge und Brutalität ist."[62]

Fragt man, was Brecht zu der problematischen Gestaltung des Angelo führte, so sind die Gründe in zwei Richtungen zu suchen: Einmal sah Brecht wie viele andere in Hitlers Versuch, an die Macht zu kommen, nur ein kurzes Zwischenspiel. Die verhängnisvolle Rolle, die dieser Mann für Deutschland und die ganze Welt spielen sollte, wurde in ihrer ganzen Tragweite damals auch von Brecht noch nicht erkannt. Zum anderen entwickelte Brecht seine Handlung nicht aus den konkreten Klassenkämpfen, sondern aus der alten Shakespeare-Fabel, mit der die Ereignisse von 1933 auch in der Form der Parabel nicht adäquat wiederzugeben waren. Die Grundlinie des Angelo-Charakters bei Shakespeare ließ sich nicht einfach in den Charakter eines Faschistenführers ummodeln; vielmehr widersprach der eine dem anderen oft in eklatanter Weise. All das führte dazu, daß sich Brecht bei der Gestaltung des Angelo mehr vom literarischen Vorbild als von der politischen Wirklichkeit bestimmen ließ.

Im dänischen Exil sah Brecht die Gestalt des Angelo Iberin völlig neu und begann abermals mit der Umarbeitung. Der Reichstagsbrand und die darauf einsetzenden grausamen Verfolgungen von Antifaschisten und jüdischen Menschen veranlaßten ihn zu entscheidenden Korrekturen. Bis auf eingreifende Veränderungen am Schluß behielt er jedoch den äußeren Verlauf der Fabel im großen und ganzen bei. Er nahm jetzt der Figur des Angelo alle Züge subjektiver Ehrlichkeit, idealistischen Wollens und ihre tragische Note und ließ die Züge des skrupellosen Demagogen und brutalen Herrschers deutlich hervortreten. Angelo Iberin wurde nun zum politischen Hasardeur, der vor nichts zurückschreckt. Die entscheidenden Veränderungen zeigen sich besonders im Schluß: Angelo widersetzt sich nicht mehr

62 W. Pollatschek, „Das Bühnenwerk Friedrich Wolfs", a. a. O., S. 158.

den Forderungen der Pachtherren, sondern schwenkt zynisch auf ihre Linie ein, ohne daß er dazu besonders genötigt würde. Diese Veränderungen machten auch den Schluß wirksamer als in den vorangegangenen Fassungen, denn dort war das Einschwenken Angelos auf die Politik des Vizekönigs nach seinen heftigen Ausfällen gegen die Pachtherren nicht recht überzeugend. Hatte Brecht in der Fassung, die er noch in Deutschland schrieb, auf die Forderung der Pachtherren, den zum Tode verurteilten de Guzman freizulassen, jenen dramatischen Ausbruch Angelos folgen lassen, so antwortete Angelo Iberin in der neuen Fassung auf dieses Verlangen folgendermaßen:

„Und wenn ich selbst bereit wär
Den Tschichen freizugeben?
Missena: Ihr?
Iberin: Ich bin's!
Missena (verlegen):
Nun, das kommt unerwartet. Und die Lehre
Von Tschuch und Tschich?
Iberin (fest): Das braucht Euch nicht zu kümmern.
's ist meine Sach."[63]

Eine solche Haltung charakterisierte weit besser die bedenkenlose, zynische Wahl der Mittel, mit der die Faschisten ihre Machtpolitik durchsetzten. Damit erfolgte auch eine völlige Umstellung der Shakespeare-Fabel. Trotzdem blieb in der Gestaltung des Angelo Iberin manches ungelöst. Gerade jene Seiten und charakteristischen Züge, die durch Hitlers schrankenlose Gewaltpolitik und seinen blutigen Terror in so erschreckendem Ausmaß hervortraten, vermochte Brecht mit der Fabel der „Rundköpfe und Spitzköpfe" nicht mehr zu fassen. Er mag selbst in seinem Iberin-Hitler-Bild manches unbefriedigend gefunden haben; denn er schuf einige Jahre später im „Aufhaltsamen Aufstieg des Arturo Ui" ein neues Bild des faschistischen Diktators.

63 B. Brecht, „Stücke", a. a. O., Bd. VI, S. 193.

Auch die Darstellung des Faschismus als Diktatur des räuberischen deutschen Finanzkapitals wurde in der neuen Fassung vertieft und verdeutlicht. Die Frage: Wer steht hinter Angelo Iberin? erhielt gleich in der ersten Szene eine klare Beantwortung:

> „*Der Vizekönig:* Freilich, ich vergaß:
> Du bist sehr tüchtig. Halt! Die Großen Fünf!
> Sind sie für ihn? Sonst ist es Essig mit ihm.
> *Missena:*
> Er wurd von einem hergebracht, der ihn
> Auch heimlich finanziert."[64]

Stärker dargestellt wurde auch der Widerstand gegen den Faschismus durch die Arbeiterklasse, den Brecht im Heldentum der Sichel-Leute widerspiegelte. Den Kampf gegen Hitler stellt Brecht richtig als eine Auseinandersetzung der Klassen, als Klassenkampf dar. In seiner Parabel sind die ausgebeuteten Pächter, die die Pacht nicht mehr zahlen können und sich gegen ihre Ausbeuter erheben, synonym für alle Ausgebeuteten. Das sind Vereinfachungen, die von der Form der Parabel her gerechtfertigt, aber auch mit einem großen Nachteil verbunden sind; denn diese Form macht eine Widerspiegelung so komplizierter Vorgänge, wie sie die Kämpfe der Parteien in der modernen Gesellschaft darstellen, fast unmöglich, zumindest jedoch wird eine adäquate Abbildung stark beeinträchtigt.

Brecht beschäftigte sich in diesem Stück, obgleich in einer ungewöhnlichen Weise, auch mit dem Problem der Einheit der Arbeiterklasse. In der dritten Szene versuchte er zu zeigen, daß die fehlende Einheit der Arbeiterklasse dem Faschismus Vorschub leistete, daß Hitler nur siegen konnte, weil das deutsche Proletariat gespalten war und sich nicht zum Kampf gegen den Faschismus vereinigte. Um das in der Parabel darstellbar zu machen, erwiesen sich einige

64 Ebenda, S. 27.

Vereinfachungen und Verallgemeinerungen als nötig. Es gingen dadurch aber auch einige politische Aspekte verloren, die für einen so politischen Dichter wie Brecht erstrebenswert gewesen wären. Warum es nicht zu einer Einigung gekommen war, charakterisierte Wilhelm Pieck auf der Brüsseler Konferenz, wenn er feststellte: „Der Faschismus in Deutschland konnte nur siegen, weil das deutsche Proletariat durch die von den sozialdemokratischen Partei- und Gewerkschaftsführern betriebene Politik der Klassenzusammenarbeit mit der Bourgeoisie gespalten war ...“[65] Da aber der Kampf der KPD um die Einheit der Arbeiterklasse und die Spaltungspolitik der rechten SPD-Führung in der auf Vereinfachung drängenden Form der Parabel kein entsprechendes Abbild finden konnten, war es Brecht auch nicht möglich, die eigentlichen Ursachen für die fehlende Einheit der Arbeiterklasse aufzuzeigen.

Brecht warf dafür im Rahmen seiner Möglichkeiten den Gedanken auf, daß das Streben nach einem individuellen Ausweg zum Verrat an der Arbeiterklasse führen muß. Mit dem Weg, den er Callas gehen ließ, wollte er warnen: es gibt keinen individuellen Ausweg aus dem Elend. Callas' Lösung war eine Scheinlösung. Brecht sah in Callas einen ausgebeuteten Menschen, der noch nichts von der Kraft seiner Klasse weiß und daher den Kampf vermeiden möchte. Dennoch ist Callas' Verhalten ganz anders als das der Kleinbürger; er bleibt gegenüber den Phrasen Angelo Iberins stets mißtrauisch, letzten Endes hofft er immer, es möchte bei den allgemeinen Wirren für ihn etwas herausspringen. Brecht charakterisierte ihn als einen Menschen, „der (in 3) seinen Abfall in großer Verlegenheit vollzieht. Die dummen Sätze seiner Frau, die sowohl dümmer als auch verräterischer ist als er, hört er mit Unwillen.“[66] Die Stufen von Callas' langsamer Erkenntnis sind bitter und müssen

65 W. Pieck, „Der neue Weg zum gemeinsamen Kampf für den Sturz der Hitlerdiktatur“, a. a. O., S. 151.

66 B. Brecht, „Stücke“, a. a. O., Bd. VI, S. 212.

schwer bezahlt werden. Schon in dem großen Revisionsprozeß, als ihm die Gäule abgesprochen werden, faßt er Angelo Iberins Urteil selbst in aller Schärfe zusammen:

„Hast du gehört, der Hund hat mich zum Tode verurteilt.
Nanna: Das habe ich nicht gehört. Die Gäule hat er dir abgesprochen.
Der Pächter Callas: Das ist das gleiche.“[67]

In der zehnten Szene steigerte der Dichter Callas' Ausweglosigkeit zur extremen Härte, die durch die eindringliche Gestaltung ins Symbolhafte wächst: Callas, um einen Pachtnachlaß zu erhalten, muß für seinen Herrn zum Galgen gehen. Die Handlung verdichtet sich in großartiger Weise in einem Gespräch, das Callas mit seinem Pachtherrn de Guzman führt:

„*Herr de Guzman:* Du kannst ja weggehen, wenn du willst. Du bist vollkommen frei!
Der Pächter Callas: Ja, ich kann weggehen. Aber wo kann ich hingehen?“[68]

Diese zugespitzte Szene macht Callas' verwerflichen Verrat, die Nutzlosigkeit einer individuellen Lösung mit aller Schärfe deutlich. Die Zuschauer und Leser werden mit zwingender Logik und erschüttert durch Callas' Schicksal zu der Lösung geführt: aus dem Elend kann die Ausgebeuteten nur die vereinte Kraft der Arbeiterklasse befreien. Die verspätete Wandlung des Callas gehört zu den ergreifenden Stellen dieser Dichtung. Callas wehrt sich verzweifelt, die bittere Erkenntnis zu ziehen: mein Weg war der falsche. Als der gefangene Pächter Lopez ihm vorwirft, auch er habe einmal in der Hand gehabt, alles zu wenden, brüllt er

67 B. Brecht, „Stücke“, a. a. O., Bd. VI, S. 142.
68 Ebenda, S. 186.

ihn an: „Du sollst dein Maul halten!“[69] Aber in seinem Ausruf liegt schon mehr uneingestandenes Schuldbewußtsein als Zorn. In der letzten Szene, als die aufrührerischen Pächter zum Galgen geführt werden, ruft Callas vor Schmerz und Reue: „Lopez, Lopez, ich wollte, es wäre noch einmal der elfte September!“[70]

Das Heldentum der Sichel-Leute gestaltend, gedachte Brecht im dänischen Exil, erschüttert auf Deutschland schauend, des Heldentums der deutschen Proletarier in ihrem Kampf gegen die faschistische Barbarei.

Die Uraufführung des Werkes fand am 4. November 1936 unter der Regie von Per Knutzon im Theater „Riddersalen“ in Kopenhagen, der einzigen Experimentierbühne Dänemarks, statt. Die reaktionäre dänische Presse urteilte ablehnend. Aber auch bei seinen dänischen Freunden fand Brecht wenig Verständnis. Nena Asbjörn Andersen charakterisierte eine bestimmte Auffassung über das Werk, als sie in einem Brief an Brecht schrieb: „Gestern waren einige Schauspieler vom Betty-Nansen-Theater bei uns, die das Stück nicht gesehen, sondern nur darüber in der Zeitung gelesen haben – nach dem zu urteilen meinen sie, daß das Stück keine Berechtigung in Dänemark hätte, selbst wenn es vielleicht ausgezeichnet sei (über die Güte des Stückes war ja nicht zu diskutieren, da es keiner kannte – außer den Inhalt), da das Problem ‚Rasse‘ in Dänemark beim allgemeinen Publikum gar kein Interesse hätte – da das Problem Rasse nicht existiere.“[71]

Die „Rundköpfe und Spitzköpfe“ waren als politisches Kampfstück geschrieben. Wenn auch das Stück, da es sich im Exil nur an einen beschränkten Zuschauerkreis wenden konnte, nicht die Wirksamkeit erreichte wie Brechts Stücke vor 1933, so war doch auch die Kopenhagener Inszenierung

69 Ebenda, S. 182.
70 Ebenda, S. 206.
71 Bertolt Brecht-Archiv, Berlin; „Die Rundköpfe und die Spitzköpfe“, Anmerkungen und Kritik – Kopenhagen, Archiv-Mappe Nr. 265, Blatt 32 b.

Gegenstand politischer Kämpfe. In der Auseinandersetzung standen keineswegs ästhetische Argumente im Vordergrund, obwohl in der Aufführung unter Per Knutzon mit neuen Mitteln experimentiert wurde, sondern der politische Inhalt. Die reaktionären Kräfte in Dänemark fühlten den Stoß des Stückes auch auf sich gerichtet und schrieben von dem Werk als einer „grinsenden stupiden Blasphemie und gemeinen Verhöhnung der katholischen Religion“[72]. Antisemitische Kreise organisierten eine politische Demonstration gegen die Aufführung und ließen ihre Anhänger mit Plakaten vor dem Theater gegen den „jüdischen Einfluß“ in Dänemark protestieren. Gerade das bewies, daß der Kampf gegen Rassenhetze entgegen der Meinung, die Nena Asbjörn Andersen in ihrem Brief zum Ausdruck brachte, auch in Dänemark seine Berechtigung hatte. Der Kopenhagener Korrespondent der deutschen Zeitung „12 Uhr Blatt“ schrieb mit Genugtuung unter der Überschrift „Weg mit Brecht!“: „In verschiedenen Blättern wird aus diesem Anlaß (der Aufführung – W. M.) der Auffassung Ausdruck gegeben, daß die schreibenden Emigranten gut daran täten, wenn sie sich einige Zurückhaltung auferlegten.“[73] All das vermittelt einen Einblick, vor welchen Schwierigkeiten das deutsche antifaschistische Theater im Exil stand.

Die Antifaschisten haben das Stück immer als eine große Leistung der Emigrationsliteratur gewürdigt. So schrieb Berthold Viertel 1938 in der „Neuen Weltbühne“, die „Rundköpfe und Spitzköpfe“ seien „vielleicht das einzige politische Lustspiel der Deutschen, das beträchtliches Gedankengut trägt. Daneben ist der ‚Biberpelz‘ in all seiner humorigen Lebensfülle eine kleinbürgerliche Idylle.“[74] Aber der Kampf um dieses bedeutende Werk ist auch heute noch nicht beendet. Der größere Teil der heutigen westdeutschen

72 Ebenda, Blatt 35.
73 Ebenda.
74 B. Viertel, „Bert Brecht“; in: „Die Neue Weltbühne“, Prag 1938, Heft 5, S. 149.

Literaturkritik knüpft an die Beschimpfungen der Nazipresse an. Der Schweizer Herbert Lüthy, dessen Feder sonst ganz anderen Interessen dient als denen des Theaters, der aber im allgemeinen Feldzug gegen den Brecht-Einfluß an westdeutschen Bühnen mit an die Front geworfen wurde, urteilte in einem umfangreichen Aufsatz der Zeitschrift „Der Monat": „Geistloser nach vulgär-marxistischem Leitfaden wurde wohl nie über den Faschismus darhergefaselt... All das läuft mit der berechenbaren, geschäftlichen Rationalität eines Börsenmanövers ab, des einzigen gesellschaftlichen Vorganges, zu dessen Verständnis die Sozialphilosophie der ‚Lehrstücke' ausreichte, in den ‚Rundköpfen' erklärte sie ihren Bankrott. Geblieben ist daraus nur die dichterische Schmach der ‚Hitlerchoräle'."[75] Weil Lüthy in diesem Werk die „heiligen Rechte" des kapitalistischen Eigentums angegriffen sieht, mokiert er sich über die „geschäftliche Rationalität" des Autors. Bei solch einer Entweihung kann es sich, meint Lüthy, natürlich nicht mehr um Kunst handeln; Brechts Schreibweise sei: „Rotzjungenstil"[76]. – Ein solcher „Essay" richtet sich selbst, und doch ist er in vielfacher Weise ein aufschlußreiches Dokument über das gegenwärtige Niveau der reaktionären bürgerlichen Literaturkritik.

Aber gerade weil Brecht die faschistische Rassenhetze nicht als ein unbegreifliches Phänomen darstellte, als einen allgemeinen Rückfall in die Barbarei, sondern weil er ihre Klassenwurzel erfaßte, gelang ihm ein von tiefem Humanismus erfülltes Werk. Es zeigt, daß der Rassenwahnsinn mit allen seinen Folgen nicht wie ein Unglück über ein Volk hereinbricht, sondern in unserer Zeit von den monopolkapitalistischen Kreisen inszeniert wird. Gleichzeitig wies es die werktätigen Menschen auch darauf hin, daß sie, wenn sie sich einig sind, die imperialistischen Kräfte zu schlagen ver-

75 H. Lüthy, „Vom armen Bert Brecht"; in: „Der Monat", Berlin 1952, 4. Jg., Heft 44, S. 131 f.

76 Ebenda, S. 132.

mögen. Darin liegt die große humanistische Sendung dieser Dichtung.

Das Parabelspiel „Die Rundköpfe und die Spitzköpfe" wirft ästhetische Probleme auf, die Brecht schon Ende der zwanziger Jahre beschäftigten. Es ging auch hier um die Frage, wie muß der Dramatiker die Gesamtheit der gesellschaftlichen Prozesse erfassen, um beim Zuschauer gesellschaftliche Einsicht und politische Aktivität zu wecken. Es sei an Friedrich Wolfs „Professor Mamlock" erinnert. Wolf wollte kein Stück gegen den Antisemitismus schreiben, ihm lag daran, den Faschismus in seiner *Gesamtheit* zu entlarven; dazu wählte er das individuelle Schicksal des Mamlock. Vor Brecht, dem es ebenfalls darauf ankam, den Faschismus als gesellschaftlichen Gesamtprozeß darzustellen, stand die Frage, ob die Prozesse der modernen kapitalistischen Gesellschaft sich mit den üblichen dramatischen Mitteln noch abbilden ließen. Diese Frage hatte er bereits in den zwanziger Jahren aufgeworfen. Er wiederholte sie jetzt auf einer neuen, höheren Stufe; denn seine frühere abstrakte Auffassung über Gesellschaft und Individuum hatte er schon während der Arbeit an der „Mutter" überwunden. Das Problem, um das es hier ging, wurde viele Jahre später von dem Schweizer Dramatiker Dürrenmatt wieder aufgegriffen, als er über die geringe Brauchbarkeit der alten dramatischen Mittel für die Erfordernisse der Gegenwart überspitzt formulierte: „Die Kunst dringt nur noch bis zu den Opfern vor, dringt sie überhaupt zu den Menschen, die Mächtigen erreicht sie nicht mehr. Kreons Sekretäre erledigen den Fall Antigone. Der Staat hat seine Gestalt verloren, und wie die Physik die Welt nur noch in mathematischen Formeln wiederzugeben vermag, so ist er nur noch statistisch darzustellen."[77] Die Bemerkungen Dürrenmatts sind politisch wie kunsttheoretisch eine Kapitulation. Aber viele bürgerliche Schriftsteller, wie Dürrenmatt in den Denkgewohn-

77 F. Dürrenmatt, „Theaterprobleme" (1955); zitiert nach: S. Melchinger, „Drama zwischen Shaw und Brecht", Bremen 1957, S. 97.

heiten ihrer Klasse befangen, sind außerstande, das Getriebe der kapitalistischen Gesellschaft zu durchschauen. Nach dem Grad ihrer politischen Erkenntnis ziehen sie ihre ästhetischen Konsequenzen.

Brecht nahm jedoch, als er die „Rundköpfe und Spitzköpfe" schrieb, eine völlig andere Position ein. Die Gesetzmäßigkeiten der kapitalistischen Gesellschaft waren ihm bekannt. Ihm kam es darauf an, diese „unsichtbaren" Prozesse, die wirklichen Triebkräfte und Ursachen der Gesellschaft bloßzulegen und sichtbar zu machen. Seine Anstrengungen gingen dahin, den gesellschaftlichen Gesamtprozeß schon in der Fabel aufzuzeigen. Dabei war er sich des Umstands bewußt, daß dazu eine Form gehörte, die größtmögliches Abstrahieren erlaubte. Deshalb bediente er sich des Parabeltyps. Die Parabel hat manches Gemeinsame mit dem Lehrstück, ein didaktischer Grundzug ist auch ihr unverkennbar eigen. Es ist daher kein Zufall, daß sich Brechts Entwicklung vom Lehrstück über die Parabel vollzog. Aber diese Form ermöglichte weit mehr als das Lehrstück eine dialektische Gestaltungsweise von Individuellem und Gesellschaftlichem. Sie gestattete in hohem Maße Vereinfachungen, ohne zu simplifizieren; das nahm Brecht vor allem für die Parabel ein. Er hoffte, den komplizierten Prozessen der kapitalistischen Gesellschaft, ihren Verschlingungen und Widersprüchen mit dem Parabeltypus beizukommen. Jahre später, als Brecht über große Erfahrungen mit diesem Stücktypus verfügte, führte er in einem Gespräch aus, um welcher Eigenschaften willen er die Parabel so hoch schätzte: „Die Parabel ist um vieles schlauer als alle anderen Formen. Lenin hat die Parabel doch nicht als Idealist, sondern als Materialist gebraucht. Die Parabel gestattete ihm, das Komplizierte zu entwirren. Sie stellt für den Dramatiker das Ei des Kolumbus dar, weil sie in der Abstraktion konkret ist, indem sie das Wesentliche augenfällig macht."[78]

78 Zitiert aus: E. Schumacher, „Er wird bleiben"; in: Neue Deutsche Literatur, Berlin, Heft 10/1956, S. 25.

Brecht kapitulierte nicht vor den Schwierigkeiten, die moderne Gesellschaft zu gestalten, wie später Dürrenmatt, sondern nutzte alle Mittel, um die gesellschaftlichen Prozesse stärker hervorzuheben. Diese Versuche um eine möglichst vollkommene Erfassung des Gesellschaftlichen im Drama, die Brecht mit jedem Werk von neuem unternahm, dienten nur einem Ziel: dem Zuschauer die Notwendigkeit bewußt zu machen, die alte Gesellschaftsordnung durch eine neue, die sozialistische, zu ersetzen. Unermüdlich hat er, dieses Ziel verfolgend, neue und alte Mittel erprobt. Aber weder im Lehrstück noch in der Parabel war eine Lösung zu finden, die ein adäquates Abbild der komplizierten gesellschaftlichen Prozesse in ihrer Gesamtheit ermöglichte. Bei aller Wertschätzung sah auch Brecht, daß „die Parabel hinkt“[79]. Vorgänge, wie er sie in den „Rundköpfen und Spitzköpfen“ widergespiegelt hatte, waren in ihrer gesellschaftlichen Verknüpfung viel zu kompliziert, als daß sie mit der Parabelform zu bewältigen gewesen wären.

Man denke nur daran, zu welcher Vereinfachung sich Brecht genötigt sah, um den Gegenspieler des Iberin-Hitler, die revolutionäre Arbeiterklasse, darzustellen. Der Kampf der Sichel-Leute wurde von Brecht gewiß in dichterisch starken Szenen mit der Iberin-Handlung verbunden, aber ein adäquates Abbild der revolutionären Arbeiterklasse und ihres Kampfes während der großen Krise geben sie nicht, auch nicht als dichterische Überhöhung, als Gleichnis; denn in unserer Zeit, in der die Auseinandersetzungen der Klassen durch die Kämpfe der großen Massenparteien ausgefochten werden, trifft eine Verallgemeinerung, die die ausgebeuteten Pächter synonym für die Arbeiterklasse einer bestimmten historischen Entwicklungsstufe setzt, nicht das politisch Wesentliche. Die hohe Stufe der Abstraktion, die ins dichterische Gleichnis hinüberwuchs, brachte hier einen Verlust an politischer Aussagekraft mit sich.

Auch die Darstellung des Zusammenhanges von faschisti-

79 Ebenda.

scher Demagogie und Monopolkapitalismus und dessen Einfluß auf die Politik des Staates war mit der Parabel nicht völlig zu erfassen. Es wäre aber falsch, wenn man die unbefriedigende Lösung einzelner Seiten des Stückes kritisierte, ohne dabei an das Ganze, an die Form der Parabel als ästhetisches Problem zu denken; denn was Brecht innerhalb der Grenzen der Parabel darzustellen vermochte, ist eine literarische Leistung, wie sie selten erreicht wurde.

Wie wenig die Parabel geeignet ist, die verzweigten gesellschaftlichen Prozesse unserer Zeit widerzuspiegeln, zeigt u. a. eine gleich nach 1933 frei nach Swift geschriebene Satire „Gullivers Reise zu den Blähariern" von Holitscher. Der Autor versuchte ein satirisches Bild von Hitlerdeutschland zu geben, aber das Gleichnis traf niemals die wirkliche politische Situation im faschistischen Deutschland. Das war jedoch nicht nur auf literarisches Unvermögen zurückzuführen. Die Form der Parabel, die auf einer ganz bestimmten gesellschaftlichen und literaturgeschichtlichen Entwicklungsstufe entstand, vermag ein Abbild der hochentwickelten kapitalistischen Gesellschaft mit all ihren Widersprüchen und Verknüpfungen eben nur in bedingtem Maß zu geben. In dieser Beziehung hat Walter Hinck recht, aber nur in dieser Beziehung, wenn er in seiner Dissertation schrieb, daß die Parabel „in ihrem Eigenwert beschränkt"[80] ist. Der hohe Grad von Abstraktion, den die Form der Parabel erfordert, hebt oft die Differenzierungen auf, die zur Darstellung der politischen Situation unserer Zeit unbedingt notwendig sind, Gerade politisch wesentliche Erscheinungen der modernen Gesellschaft, die zur sozialistischen Bewußtseinsbildung des Publikums beitragen, sind in ihrer Mannigfaltigkeit und Kompliziertheit nur historisch konkret zu erfassen.

Brecht hat diesen Stücktypus nach allen Seiten hin abgetastet und auch durch neue Ausdrucksmittel bereichert, darin liegt ohne Zweifel ein großes Verdienst des Dichters.

80 W. Hinck, „Probleme der Dramaturgie und Spielweise in Bert Brechts ‚epischem Theater' ", Dissertation Göttingen 1956, S. 35.

Er ist sich doch sehr bald auch der Grenzen dieser Form bewußt geworden. Mit der Szenenfolge „Furcht und Elend des Dritten Reiches", die den „Rundköpfen und Spitzköpfen" folgte und das gleiche Thema fortsetzte, beschritt er andere Wege. Das große Einzelschicksal rückte in seinen weiteren Werken in eine viel zentralere Stellung, als das vorher der Fall gewesen war. In der Konzentration auf einen einzelnen Fall versuchte Brecht jetzt, die Gesamtheit des gesellschaftlichen Prozesses wiederzugeben, wenn er es damit allein auch keineswegs bewenden ließ. Brecht hat zwar später wiederholt auf den Parabeltypus zurückgegriffen, so in „Der gute Mensch von Sezuan", „Der aufhaltsame Aufstieg des Arturo Ui" und „Der kaukasische Kreidekreis", aber von einer ganz anderen Ebene aus. „Der aufhaltsame Aufstieg des Arturo Ui", das Stück, das noch am meisten mit den „Rundköpfen und Spitzköpfen" gemein hat, zeigt schon den Unterschied. Brecht machte in diesem Werk nicht mehr den Versuch, ein gesellschaftliches Ereignis mit allen seinen wesentlichen Erscheinungen und seiner ganzen Gliederung in der Fabel abzubilden. Im „Ui" ließ Brecht, belehrt durch seine Erfahrungen mit den „Rundköpfen und Spitzköpfen", eine ganze Seite des gesellschaftlichen Prozesses, die Gestaltung der Arbeiterklasse, einfach aus. Freilich war das keineswegs eine glückliche Lösung. Brecht wählte aber ganz bewußt nur eine Seite aus, weil er nur zu gut wußte, daß die Darstellung eines Prozesses in seiner Gesamtheit, ist er nicht in einem Einzelschicksal komprimiert, die Grenzen übersteigt, die der Dramatik gesetzt sind. Später schrieb Brecht über die Schwierigkeiten der Parabelform in den Anmerkungen zum „Ui": „Das Stück will keinen allgemeinen, gründlichen Aufriß der historischen Lage der dreißiger Jahre geben. Es fehlt das Proletariat, und es kann nicht in weiterem Maße berücksichtigt werden, denn ein jedes *Mehr* in diesem Gefüge wäre ein *Zuviel* und würde ablenken von der diffizilen Problemstellung. (Wie auf das Proletariat näher eingehen und nicht auf die Arbeitslosigkeit; wie darauf und dann nicht auf die Arbeitsbeschaffung und auf die Parteien; sowie deren Versagen? Eines würde das andere mit sich ziehen, und heraus käme ein gigantisches Werk, das den gewollten Zweck nicht erfüllt.)"[81] Brecht hat damit die Möglichkeiten und Grenzen der Parabelform sehr treffend umschrieben.

Gerade weil es Brecht darauf ankam, die gesellschaftlichen Triebkräfte bloßzulegen, schienen ihm die Mittel des aristotelischen Theaters nicht mehr auszureichen. Er zählte deshalb die „Rundköpfe und Spitzköpfe" zum Typus einer nichtaristotelischen Dramatik. Es wäre jedoch falsch, in diesem Stück einen Bruch mit allen bisherigen Formen der Dramatik zu sehen. Brecht hat schon sehr früh, als er dem aristotelischen Theater das epische gegenüberzustellen begann, darauf aufmerksam gemacht, daß es sich bei ihm nicht um „absolute Gegensätze, sondern lediglich um Akzentverschiebungen"[82] handele.

Der Terminus „episches Theater" hat zu vielen Verwirrungen und Fehlinterpretationen geführt. Vor allem in den letzten Jahren war Brecht immer weniger zufrieden mit der Deutung, die dem Begriff „episches Theater" gegeben wurde. Auch der später verwendete Begriff „dialektisches Theater" erschien ihm unzureichend. Käthe Rülicke schrieb, daß Brecht diese Bezeichnung abgelehnt habe.[83] Die meisten Mißverständnisse bestanden darin, daß viele Kritiker in Brechts Stücken den wagehalsigen Versuch sahen, alle bisherigen Grundsätze einer zwei Jahrtausende alten Geschichte des Dramas umzustürzen. Aber je mehr Brecht von der literarischen Rebellion zur revolutionären Kunst der Arbeiterklasse überging, desto weniger kam es ihm darauf an, alle früheren Regeln außer Kraft zu setzen. Einen Grund für die vielen Mißverständnisse, die es über seine Theaterarbeit gab, sah er bei sich selbst. Er schrieb:

81 B. Brecht, „Stücke", a. a. O., Bd. IX, S. 374.

82 B. Brecht, „Anmerkungen für die Oper ‚Aufstieg und Fall der Stadt Mahagonny'", in: „Stücke", a. a. O., Bd. III, S. 266.

83 Siehe: K. Rülicke, „Gegen neue Mißverständnisse"; in: „Theater der Zeit", Beilage zu Heft 7, Berlin 1959, „Studien" Nr. 12, S. 31 f.

„Ich kam kaum je auf diese unverändert bleibenden Regeln zu sprechen, und viele Leser meiner Winke und Erklärungen nehmen an, ich wollte auch sie abschaffen ... Ich glaube, die Kalamität begann dadurch, daß meine Stücke richtig aufgeführt werden mußten, damit sie wirken, und so mußte ich für eine nichtaristotelische Dramatik – oh Kummer! – ein episches Theater – oh Elend! – beschreiben."[84] Nichts lag Brecht ferner, als eine komplizierte Dramentheorie aufzustellen; wie er selbst berichtete, kam es ihm bei all seinen Versuchen ab Ende der zwanziger Jahre nur auf eines an: „Ich wollte auf das Theater den Satz anwenden, daß es nicht nur darauf ankommt, die Welt zu interpretieren, sondern sie zu verändern."[85] Dabei bediente er sich aller Mittel, alter und neuer. Ausgewählt wurden sie danach, welche in der augenblicklichen Situation des ideologischen Klassenkampfes den größten Nutzen versprachen.

Mißverständnisse um Brechts Theater gab es auch bei der Uraufführung der „Rundköpfe und Spitzköpfe" in Kopenhagen. So schrieb Nena Asbjörn Andersen, daß hauptsächlich „der Begriff ‚Epik' sehr verwirrte"[86].

Als episches Theater werden vielfach Stücke bezeichnet, die in eine Rahmenhandlung eingebaut sind, bei der sich der Autor einer Vor- und Rückblendetechnik oder der Unterbrechung der Handlungseinheit bedient, die als Stationen- und Bilderfolge aufgebaut sind usw. Das sind mehr oder weniger bekannte Mittel, sie wurden außer von Brecht auch von vielen anderen Dramatikern angewendet. Aber nicht durch den Gebrauch dieser Mittel wollte sich der Dichter von der bisherigen Dramatik abgrenzen. Was Brecht von der formalen Seite an der Technik des alten Theaters verwarf und für die neuen gesellschaftlichen Zwecke wenig brauchbar hielt, war das, was Aristoteles als der Tragödie

84 B. Brecht, „Schriften zum Theater", a. a. O., S. 286.
85 Ebenda.
86 Bertolt Brecht-Archiv, Berlin; „Die Rundköpfe und die Spitzköpfe", Anmerkungen und Kritik – Kopenhagen, Archiv-Mappe Nr. 265, Blatt 32 a.

Zweck setzte, nämlich die *Katharsis* und die damit verbundene Einfühlung der Zuschauer in die handelnden Personen. Diese war für ihn das Kriterium dafür, ob ein Stück dem aristotelischen oder dem nicht-aristotelischen, dem epischen Theater zuzuzählen sei.

Brechts Stücke sind nicht „epischer" als viele Werke Shakespeares, Goethes und Schillers. Paul Rilla hat durchaus den richtigen Schlüssel für die Analyse der Brechtschen Stücke gefunden, als er über das Epische in der Dramatik Brechts schrieb: „Formal bedeutet ihm heute das epische Element, was es jedem großen Dramatiker bedeutet hat: ein rhythmisches Prinzip. ‚Mutter Courage' enthält nicht mehr epische Bestandteile als eine Shakespearesche Historie. Nur daß Brecht das rhythmische Prinzip (den Wechsel von episch berichtenden und dramatisch akzentuierenden Momenten) bewußt der dialektischen Absicht dienstbar macht, der Absicht auf den Zuschauer, welcher sich den Vorgängen nicht einfach anvertrauen, sondern sich von ihnen befragt fühlen und Rede stehen soll."[87]

Es gibt Theoretiker, die gerade darin eine Aggression gegen die traditionelle Dramatik sehen; sie verlieren aber aus dem Auge, daß es Stücke dieser Technik immer gegeben hat. Es sei hier nur an Goethe erinnert: „Allein wir finden auch solche Stücke höchst nötig, durch welche der Zuschauer erinnert wird, daß das ganze theatralische Wesen nur ein Spiel sei, über das er, wenn es ihm ästhetisch, ja moralisch nutzen soll, erhoben stehen muß, ohne deshalb weniger Genuß daran zu finden."[88] Wie Brecht so haben auch die Klassiker der deutschen Literatur dem Epischen im dramatischen Schaffen große Aufmerksamkeit geschenkt. Lessing spottete im 48. Stück seiner „Hamburgischen Dramaturgie" über jene Kritiker, die glauben, ihr kritisches Geschäft darin zu sehen, die „reine" Form zu hüten. Schiller, der im „epi-

87 P. Rilla, „Essays", a. a. O., S. 440.

88 J. W. Goethe, „Weimarisches Hoftheater", Goethes Werke (Sophien-Ausgabe), Bd. 40, Weimar 1901, S. 83.

schen Charakter"[89] das Mittel sah, das die Tragödie erst zur Dichtung mache, hat vor allem überall dort zu epischer Gestaltung gegriffen, wo er objektive gesellschaftliche Kräfte zu kennzeichnen versuchte. Als er jene objektive gesellschaftliche Kraft charakterisieren wollte, die Wallensteins Sturz auslöste, griff er in „Wallensteins Lager" zu einer breiten epischen Darstellung (der nicht unähnlich, die Brecht in der zweiten Szene seines Parabelspiels anwandte). Schiller schrieb darüber am 1. Dezember 1797 an Goethe: „Es kommt mir vor, als ob mich ein gewisser epischer Geist angewandelt habe, der aus der Macht Ihrer unmittelbaren Einwirkungen zu erklären sein mag, doch glaube ich nicht, daß er dem dramatischen schadet, weil er vielleicht das einzige Mittel war, diesem prosaischen Stoff eine poetische Natur zu geben."[90]

Brechts Neuerungen für das moderne Theater gehen aus der kritischen Aneignung alter Formen und neuer gesellschaftlicher Einsichten hervor. Mit Beginn der dreißiger Jahre wurde die Kontinuität von Tradition und Neuerertum zu einem wesentlichen Bestandteil seines Werkes – ein Prozeß, der sich besonders in den Jahren der Emigration abzeichnete und der sein dramatisches Schaffen auf eine neue, höhere Stufe führte. Es war deshalb eine eklatante Verkennung des Brechtschen Schaffens, als Peter Merin (O. Biha) 1935 einen Aufsatz über den Dichter unter das Motto stellte: „Man entdeckt keine neuen Weltteile, ohne den Mut zu haben, alle Küsten aus den Augen zu verlieren."[91] Brecht hat die großen Traditionen der Literatur nicht aus den Augen verloren, vielmehr hat er sie für unsere Zeit meisterlich zu nutzen gewußt, indem er sie mit dem literarischen Neuerertum der sozialistischen Literatur verband.

89 Schiller, an Goethe, Brief vom 26. Dezember 1797; „Der Briefwechsel zwischen Goethe und Schiller", Leipzig 1955, 1. Bd., S. 456.

90 Schiller, an Goethe, Brief vom 1. Dezember 1797; „Der Briefwechsel zwischen Goethe und Schiller", a. a. O., S. 438.

91 A. Gide, „Die Falschmünzer", zitiert bei: P. Merin, „Das Werk Bert Brechts"; in: Internationale Literatur, Moskau 1935, Heft 7, S. 79.

3

DIE SZENENFOLGE „FURCHT UND ELEND DES DRITTEN REICHES"

Die Emigration brachte für den deutschen Schriftsteller eine Umstellung seiner ganzen bisherigen Lebensweise. Sie stellte ihn vor neue politische Aufgaben, und sie verlangte von ihm, die gewohnte Kampfart zu verändern. Brecht charakterisierte dieses Emigrantenleben im Motto seiner „Svendborger Gedichte" mit den Versen:

„Geflüchtet unter das dänische Strohdach, Freunde
Verfolg ich euren Kampf. Hier schick ich euch
Wie hin und wieder schon die Verse, aufgescheucht
Durch blutige Gesichte über Sund und Laubwerk.
Verwendet, was euch erreicht davon, mit Vorsicht!
Vergilbte Bücher, brüchige Berichte
Sind meine Unterlage. Sehen wir uns wieder
Will ich gern wieder in die Lehre gehn."[92]

Die letzten Jahre in Deutschland, in denen Brecht sein Schaffen eng mit der revolutionären Arbeiterklasse verband, waren für ihn eine politische Schule von unschätzbarem Wert. Er hatte gelernt, die Mittel der Literatur im politischen Kampf einzusetzen und literarische Formen zu finden, die geeignet waren, wirkungsvoll in die große Auseinandersetzung der Klassen einzugreifen. Daher suchte Brecht, als er nach Dänemark kam, sofort nach literarischen Möglichkeiten, mit denen er dem faschistischen Terror, dem er knapp entronnen war, begegnen konnte. Sein Parabelspiel

92 B. Brecht, „Gedichte", a. a. O., Bd. IV, S. 5.

„Die Rundköpfe und die Spitzköpfe" – als er es schrieb, weit vorausschauend – war hinter der blutigen Wirklichkeit von 1933 zurückgeblieben. Er begann deshalb, noch während er dieses Stück umarbeitete, die Szenenfolge „Furcht und Elend des Dritten Reiches" zu schreiben.

Diese kurzen Szenen entstanden nach Berichten von Flüchtlingen, die wie Brecht Deutschland verlassen mußten, oder auch nach knappen Zeitungsnotizen. Zu Beginn der Arbeit dachte der Autor wohl kaum an eine zusammenhängende Szenenfolge, aber die alarmierenden Nachrichten, die aus Deutschland kamen, drängten ihn zu immer neuen Szenen, die ein nahezu vollkommenes Bild über Hitlerdeutschland, ein Bild aller Klassen und Stände gaben. Bis 1938 schrieb Brecht an die dreißig Szenen. Davon sind 27 Szenen in der Malik-Ausgabe veröffentlicht. In spätere Ausgaben hat Brecht einige Szenen nicht übernommen, so „Die Wahl", „Der neue Kleid" und „Was hilft gegen Gas?".(8) Eine umfangreiche Szene, „Der Gefühlsersatz", gab Brecht nie in Druck, weil er in ihr Verrohung und Unmenschlichkeit geißelte, wie sie nicht nur der Faschismus hervorbrachte, sondern auch jede andere kapitalistische Gesellschaft.

In der Szenenfolge „Furcht und Elend des Dritten Reiches" zeigte Brecht, wie der Faschismus in alle Bezirke des Lebens eindrang, wie er die intimsten menschlichen Beziehungen vergiftete und zerstörte. Brecht gestaltete Menschen in Situationen, die von ihnen eine Stellungnahme verlangten. Oft nur an der Art und Weise, wie sie ihre Entscheidung fällten, machte der Dichter deutlich, in welchem System diese Menschen lebten.

Eine Reihe von Szenen gibt die Haltung der deutschen Intelligenz wieder. In keinen anderen Szenen ist Brechts Satire so aggressiv, so scharf und ätzend; denn wie der größere Teil dieser Schicht vor der herrschenden Klasse zu Kreuze kroch, das war ihm am meisten zuwider. Hier klingt der Zorn und die Erbitterung über die feige Kapitulation so vieler Intellektueller mit, von Menschen, die Brecht gut bekannt waren, die sich aber von den Faschisten „gleichschalten" ließen. Der willfährige und charakterlose Intellektuellentypus ist in der „Rechtsfindung", dem „Physiker", der „Jüdischen Frau", dem „Spitzel" und in der „Berufskrankheit" gezeichnet.

Wenn man die Gestalten der verschiedenen Szenen miteinander vergleicht, hebt sich das individuelle Profil jeder einzelnen Figur plastisch und unverwechselbar ab. Zwar versagen diese Intellektuellen alle, das ist ihnen gemeinsam, aber jeder dieser Charaktere spiegelt ein anderes Stück Welt wider, das keineswegs nur durch ihren Beruf bestimmt wird.

In der „Rechtsfindung" charakterisierte Brecht jene Intelligenz, die nur zu gern „zu allem bereit" war und sich ohne Gewissen verkaufte. Der Amtsrichter enthüllt ganz seine geistige Verlumpung, wenn er zu seinem Kollegen sagt: „Ich bin ja zu allem bereit, Herrgott, versteh mich doch! Du bist ja ganz verändert. Ich entscheide so, und ich entscheide so, wie man das verlangt, aber ich muß doch wissen, was man verlangt. Wenn man das nicht weiß, gibt es keine Justiz mehr."[93] In der Szene „Der Spitzel" treffen wir auf einen Vertreter der Intelligenz, der gern für Recht und Anständigkeit eintreten würde, wenn dies nicht mit Entbehrungen und Gefahr verbunden wäre. Seine Auflehnung gegen die faschistischen Greueltaten geht nur so weit, daß er die Zeitung abbestellen will. Aber auch dieser Versuch einer Opposition bricht sofort zusammen, als er sich in Gefahr glaubt, und übrig bleibt die nackte, erbärmliche Feigheit. In der „Jüdischen Frau" verdeckt der Mann sein Versagen mit schönen beruhigenden Worten. Es ist eigentlich nur eine Geste, mit der er charakterisiert wird, die aber sein Verhalten sofort enthüllt. Wenn er seiner abreisenden Frau den Pelzmantel reicht, weiß jeder, die beschönigenden Reden, daß sie ja nur für kurze Zeit ins Ausland reise, sind eine Lüge. Es ist eine Trennung für immer. Die leere Form bür-

93 B. Brecht, „Stücke", a. a. O., Bd. VI, S. 301 f.

gerlicher Höflichkeit verdeckt nur eine Handlung äußerster Brutalität. Die Szene ist eine vernichtende Abrechnung mit einem Teil der deutschen Intelligenz, der vorgab, höchste Ideale zu vertreten, und der geistig wie moralisch so bankrott war, daß er sich zu allem mißbrauchen ließ.

In Brechts Gestaltung gehen die Schicksale einzelner Intellektueller weit über den Einzelfall hinaus. Sie machen deutlich, mit welchen Illusionen sich die deutsche Intelligenz in den dreißiger Jahren trug und welche Wege sie ging. Brecht zeigte, daß der Teil der Intelligenz dem Faschismus nichts entgegenzusetzen vermochte, der keine Berührung mit der revolutionären Arbeiterklasse fand, daß die bürgerlichen Vorstellungen von Humanität, Demokratie und Menschenrecht kein Gewicht gegen den Faschismus waren, solange sie vom sozialistischen Humanismus der Arbeiterklasse abgetrennt blieben.

In anderen Szenen stellte Brecht das Schicksal kleinbürgerlicher Menschen im faschistischen Deutschland dar. Bereits in dem Parabelspiel „Die Rundköpfe und die Spitzköpfe" hatte er sich mit den politischen Vorstellungen dieser Schicht auseinandergesetzt. Dort war es eine bissige Satire auf die kleinbürgerliche Mentalität, auf die törichte Hoffnung, Hitler sei die Rettung des kleinen Mannes. „Tage wilder Hoffnung beginnen für den verarmten Mittelstand"[94], umschrieb er die zweite Szene seines Stückes, in der er schonungslos die kleinbürgerlichen Illusionen verspottete. In „Furcht und Elend des Dritten Reiches" ist seine Kritik um nichts nachsichtiger, aber die Gestaltung ist tiefer, wesentlicher. Es ist nicht so sehr der virtuos gehandhabte Spott über die politische Naivität, die Szenen, so knapp sie oft sind, weisen auf die Ursachen hin, aus der diese Mentalität erwuchs, und zeigen mit unerbittlicher Konsequenz die tragischen Folgen der politischen Leichtgläubigkeit und Verirrung. In der Szene „Der alte Kämpfer" finden die

94 Bertolt Brecht-Archiv, Berlin; „Die Rundköpfe und die Spitzköpfe" (B), Archiv-Mappe Nr. 258, Blatt 13.

Kunden den Fleischermeister erhängt im Ladenfenster, die Preistafel um den Hals mit der Aufschrift: „Ich habe Hitler gewählt." Mit dieser kurzen, nur wenige Minuten dauernden Szene gestaltete Brecht ein Menschenschicksal, das durch die Typisierung und meisterliche Verdichtung mehr an gesellschaftlichen Zusammenhängen aufdeckt und einen tieferen Einblick in das Wesen des faschistischen Systems gewährt, als ihm das in den großen, gewiß bravourösen Szenen der „Rundköpfe und Spitzköpfe" gelungen ist. Mit seiner Darstellung bewies er, daß unter der faschistischen Diktatur nicht nur die Arbeiterklasse, sondern alle werktätigen Menschen zu leiden haben. Da er nicht bei der satirischen Enthüllung der kleinbürgerlichen Illusionen stehenblieb, sondern auch die Not und Bedrängnis des Kleinbürgertums dichterisch erfaßte, erreichte er eine stärkere politische Wirkung. Dem ging die Überlegung voraus, daß in die antifaschistische Volksfront auch die Schichten einbezogen werden müssen, die vom Faschismus am meisten enttäuscht wurden, weil sie von ihm eine Verbesserung ihrer Lage erwartet hatten. So ist die literarische Meisterschaft dieser Szenen ein überzeugender Beweis dafür, daß eine gründliche politische Erkenntnis auch die künstlerische Bewältigung des Stoffes fördert.

In einer ganzen Reihe von Szenen gab Brecht die Haltung des deutschen Arbeiters während der faschistischen Diktatur wieder, vor allem in den Szenen: „Das Kreidekreuz", „Moorsoldaten", „Arbeitsbeschaffung", „Der Entlassene" und „Volksbefragung". Schon ein oberflächlicher Vergleich mit den anderen Charakteren läßt erkennen, von welcher Position aus Brecht diese Szenen gestaltete und wem seine Sympathie galt. Diese Sympathie für die Arbeiterklasse verleitete ihn aber nicht zu einer beschönigenden oder gar verklärenden Darstellung; im Gegenteil, es wurde eine selbstkritische Auseinandersetzung mit den Schwächen der deutschen Arbeiterbewegung geführt, die den Machtantritt der Faschisten nicht verhindern konnte. Auch hier versagen

Menschen, kapitulieren vor der brutalen Macht des Faschismus, aber aus jeder Szene geht dennoch eindeutig hervor, daß die wirkliche Kraft gegen Hitler nur in der Arbeiterklasse zu suchen ist. Brecht hat durch verschiedene Charaktere die Haltung des deutschen Arbeiters gegenüber dem Faschismus widerzuspiegeln versucht; dadurch ist ihm ein im ganzen außerordentlich differenziertes Abbild gelungen, wie es in einem einzelnen geschlossenen Drama mit dieser Fülle von Abstufungen und Übergängen wohl kaum zu erreichen gewesen wäre.

Man betrachte nur die Gestalt des Arbeiters im „Kreidekreuz"; wie vielschichtig und differenziert ist sie angelegt: Brecht zeichnete den Arbeiter schweigsam und niedergedrückt durch Not und Elend, zugleich aber gewitzt durch den langen Kampf mit seinen Ausbeutern. Der Arbeiter versteht seinen Haß gegen Hitler geschickt zu tarnen, aber es ist nicht nur die List des erfahrenen Proletariers, die ihn dazu treibt, es ist in gewissem Maße auch die Angst, die ihn zur Vorsicht mahnt. Löst sein listiges Spiel mit dem SA-Mann Sympathie für ihn aus, so wird sie doch wieder aufgehoben, wenn er am Ende, eingeschüchtert durch die hinterhältigen Methoden des SA-Mannes, laut Heil Hitler grüßend den Raum verläßt: Ein seiner Klasse ergebener Proletarier, dem aber auch die Angst im Nacken sitzt. Die gleiche Furcht jedoch, die den Arbeiter niederdrückt, führt das Dienstmädchen zur Erkenntnis ihrer Lage. In dieser großartigen Momentaufnahme hat Brecht die ganze Härte und Schwere des Kampfes der Arbeiterklasse gegen den Faschismus erfaßt. Treffend sind in dieser Szene auch die Methoden des Faschismus dargestellt, die Gemeinheit, der Selbstbetrug seiner willfährigen Diener und die Demagogie, mit der er versucht, die Arbeiter von ihren wahren Interessen abzuhalten.

In der Szene „Arbeitsbeschaffung" schuf der Dichter die Figur eines Arbeiters, der viele Jahre arbeitslos war, den diese Zeit zermürbte, der nicht mehr an die Kraft seiner

Klasse glaubt. Er will um nichts in der Welt die nun endlich erhaltene Arbeitsstelle verlieren, auch der Mord an seinem Schwager bringt ihn nicht zur Vernunft. Doch seinem resignierten „Das hilft doch nicht!“ setzt jetzt die Frau entgegen: „Dann macht doch, was hilft!“[95] Brecht drückte mit dieser Szene aus, daß nicht alle auf die Dauer der Gewalt widerstehen, daß aber die Kraft der Klasse immer wieder neu geboren wird.

Ein literarisches Denkmal für die illegalen Kämpfer ist die Szene „Volksbefragung“. In ihr gibt Brecht ein Bild von der ungebrochenen Kraft der Arbeiterklasse und ihrer Partei. Die zwei Welten stehen sich in dieser Szene gegenüber: In einer Arbeiterwohnung sitzt eine kleine Gruppe von drei Genossen, darunter eine Frau, mit einem Vervielfältigungsapparat. Während frenetischer Jubel, mit dem die Menge den in Wien einziehenden „Führer“ begrüßt, aus dem Radio dringt, beabsichtigen die Genossen, mit Flugblättern gegen diese Begeisterung anzugehen. Ein fast aussichtsloses Unternehmen! Und ein älterer Arbeiter sagt: „Genossen, es hat keinen Sinn, wenn wir uns hier etwas vormachen. Es ist schon so, daß das Herausbringen eines Flugblatts immer schwieriger wird. Wir können nicht so tun, als ob wir das Siegesgebrüll da einfach nicht hörten. Du mußt zugeben, daß jeder mal, wenn er so was hört, das Gefühl haben kann, daß sie doch immer mächtiger werden. Klingt das nicht wirklich wie *ein Volk*?“[96] Aber da steht die Frau auf und verliest den letzten Brief eines hingerichteten Genossen an sein Kind mit der Mahnung: *„Halte dich zu deiner Klasse.“*[97] Die schon verzweifeln wollten, sehen: sie sind nicht allein. Es wird die Kraft deutlich, die Hitler nicht vernichten konnte, die den Menschen immer wieder den Mut gab, den scheinbar aussichtslosen Kampf gegen die faschistische Gewalt aufzunehmen.

95 B. Brecht, „Stücke“, a. a. O., Bd. VI, S. 398.
96 Ebenda, S. 400 f.
97 Ebenda, S. 402.

Von der bürgerlichen Literaturkritik ist diese Seite niemals begriffen worden. Sie vermißte an der Szenenfolge das Positive, den Ausweg aus der faschistischen Gefahr. So warf 1947 die Schweizer Theaterkritik mit seltener Einmütigkeit Brecht Nihilismus vor. Der Kritiker der „Basellandschaftlichen Zeitung" schrieb: „Es ist *eine Szenenfolge von vollkommener Trostlosigkeit*, eine furchtbare Anklage für ein Volk, das sich so erniedrigen ließ. Nirgends klingt auch nur der kleinste Ansatz einer Hoffnung, eines Zukunftsglaubens an ein besseres Deutschland durch. Es gibt nur eines: Mitmarschieren, willentlich mit hocherhobener Hand und schallendem Hitlergruß oder gezwungen mit heimlich geballter Faust. Es ist das *Drama der Erbärmlichkeit*, das da vor unseren Augen und vor unserm Geist abrollt, und wenn schon ausnahmsweise irgend einmal etwas nicht so Erbärmliches nach Ausdruck ringt, so wird das rasch in Angst und Masse erstickt."[98] In den „Baseler Nachrichten" fragt der Kritiker: „Wo ist das geistige Gegengewicht, das die dramatische Auseinandersetzung bedingt? – Nirgends. Nichts und nirgends – das ist Nihilismus. So weit sind wir mit Brechts Szenen gelangt."[99] Dieser Vorwurf des Nihilismus wurde gerade von den Kritikern erhoben, die an den pessimistischen Werken eines Anouilh, Giraudoux, Sartre, O'Neill und Wilder weit weniger Anstoß nahmen. Es ist natürlich kein Zufall, kein bloßes literarisches Unverständnis, daß die bürgerliche Kritik die positive Kraft gegen Hitler, die doch in der Szenenfolge nicht zu übersehen war, vermißte. Diese Kraft ist bei Brecht eindeutig die Arbeiterklasse. Das geht schon aus der Anlage der Szenen hervor, aus der ganzen Verteilung von Licht und Schatten. Brecht machte deutlich, daß die Hitlerdiktatur nur von der geeinten Arbeiterklasse im Bunde mit allen demokratischen Menschen beseitigt werden kann. Was sich jedoch die bürgerlichen Literaturkritiker als Gegengewicht gegen Hitler vorstellten, war etwas

98 Basellandschaftliche Zeitung, Liestal, 8. Januar 1947.
99 Baseler Nachrichten (Abendblatt), Basel, 7. Januar 1947.

ganz anderes. Was sie suchten, war ein geistiges, idealistisches Gegengewicht; sie suchten den Glauben an die unverletzliche Rechtsidee, an idealistische Werte. Dieses völlige Mißverstehen des Brechtschen Werkes – ob bewußt oder unbewußt, soll hier nicht untersucht werden – spricht auch aus der Kritik der Berner Zeitung „Der Bund“. Dort suchte der Kritiker Ansätze einer positiven Lösung zum Beispiel in der Haltung des Pfarrers in der Szene „Die Bergpredigt“, eine Haltung, die Brecht schonungslos kritisierte. In der Berner Zeitung aber heißt es: „Jedesmal sind diese Stellen wie im augenblicklich verdunkelten Raum verzitternde Pointen, die Brecht, kaum angedeutet, schon reuen: Es nützt ja nichts!“[100] Die bürgerlichen Kritiker fragten nach Lösungen, die sich als Scheinlösungen erwiesen hatten, nach Werten, die der Faschismus mühelos in seinen Machtbereich einzuschmelzen verstanden hatte. In den Zeitungen stand, daß man nicht den tiefen Wahrheitsgehalt der Szenen bezweifelte, aber dieser bestand doch gerade darin, daß Brecht schonungslos darstellte: außer der vereinigten Arbeiterklasse gibt es nichts, was dem Faschismus ernsthaften Widerstand entgegenzusetzen vermocht hätte. Brechts Gestaltung bewies, daß der Faschismus keinen Platz für einen privaten Weg, für eine seelische Rettung übrigließ. Der Weg aber, den er in der Szene „Volksbefragung“ gewiesen hatte, den des illegalen Widerstandes, war nicht der Weg jener bürgerlichen Kritiker. In der „Basellandschaftlichen Zeitung“ wird das auch unmißverständlich ausgedrückt, als ihr Kritiker schrieb, dies sei ein materialistischer Ausweg. Ad absurdum aber führte er seinen Satz mit der Behauptung, daß deshalb Brecht auch im Nihilismus steckenbliebe. Da der Dichter den Faschismus in einer historisch konkreten Form als die brutale Herrschaft des Monopolkapitals enthüllte, blieb keine Möglichkeit zu einer metaphysischen Deutung. Deshalb kann sich auch die bürgerliche Literaturkritik bis heute nicht mit diesem Werk befreunden.

100 Der Bund, Bern, 11. Januar 1947.

Mit der Szenenfolge „Furcht und Elend des Dritten Reiches“ entwickelte Brecht eine Form, mit der er schnell und wirkungsvoll auf die Ereignisse im faschistischen Deutschland antworten konnte. Sie erklärt sich überhaupt aus den Bedingungen, unter denen das deutsche Theater im Exil existierte. Die politische und künstlerische Wirkung dieser Szenen gehört mit zu den bedeutendsten und nachhaltigsten Ergebnissen der deutschen antifaschistischen Literatur. In Paris, London und Stockholm wurden die Szenen von deutschen und österreichischen Emigranten gespielt. Die Aufführungen waren überall ein politisches Ereignis und halfen, die antifaschistischen Kräfte in der Emigration zu sammeln und zu formieren. Als 1938 in Paris unter der Regie von Slatan Dudow acht Szenen unter dem Titel „99 %“ aufgeführt wurden, hieß es in einer Kritik der „Deutschen Volkszeitung“ vom 29. Mai (9): „So wurde diese Veranstaltung, zu der sich die Teilnehmer aus allen Kreisen der Emigration eingefunden hatten, zu einer antifaschistischen Kundgebung im Sinne einer Volksfront. Hier scheint uns die eigentliche und wahre Bedeutung der Aufführung dieser Brechtschen Szenen zu liegen. Die Versammelten – man hat seit langem nicht eine solche Zusammenfassung der Kräfte verschiedenster Gruppierungen in Paris erlebt – waren sich einig in ihrer Stellung gegen den Nationalsozialismus.“[101]

Wie ist die Brechtsche Kurzszene aufgebaut, was ist ihre Form? Äußerlich gesehen, hat sie wenig mit der alten Agitprop-Szene gemeinsam, und doch übernahm Brecht von ihr einige wesentliche Elemente. Vor allem war es die politische Beweglichkeit dieser Form, die es ermöglichte, auf einzelne Ereignisse schnell zu reagieren. Es war die Art und Weise, das Geschehen auf einen Brennpunkt hinzudrängen. Aber im Unterschied zu seinen früheren Versuchen verband Brecht bestimmte dramaturgische Neuerungen, wie sie das proletarische Theater in den großen Klassenschlachten der

101 Deutsche Volkszeitung, Paris, 29. Mai 1938.

zwanziger Jahre herausgebildet hatte, viel enger mit den traditionellen, klassischen Elementen der Dramatik. Die Verbindung von Tradition und Neuerertum suchte Brecht bereits bei der Gestaltung der „Mutter"; so schrieb er 1936: „Dieser Stücktypus nichtaristotelischer Dramatik, der sich der Darstellungsprinzipien eines neuartigen, nämlich epischen Theaters bedient, verwertet einerseits die Technik des vollentwickelten bürgerlichen Theaters, andererseits die der kleinen proletarischen Spieltruppen, welche nach der Revolution in Deutschland für ihre proletarischen Zwecke einen eigentümlichen und neuartigen Stil ausarbeiteten; er ist nicht nur den Zuschauern, sondern auch den Schauspielern, Regisseuren und Dramaturgen unbekannt."[102] In der „Mutter" waren beide Elemente jedoch noch nicht restlos miteinander verschmolzen, sie standen mehr nebeneinander, als daß sie eine organische Einheit gebildet hätten. Eine wirkliche Kontinuität von Tradition und Neuerertum bahnte sich in Brechts dramatischen Werken erst im Exil an.

Der Grund dafür lag nur zu einem Teil in subjektiven Entwicklungsbedingungen. Die andere Ursache war, daß die intensive Hinwendung der jungen sozialistischen Literatur zu den Schätzen der Vergangenheit erst durch die Politik der Kommunistischen Parteien nach dem VII. Weltkongreß stärkere Impulse empfing. Auf der Brüsseler Parteikonferenz wies Wilhelm Pieck darauf hin, daß die Volksfrontbewegung gegen Hitler eine Literatur erfordert, die Menschen und Gruppen mit verschiedenen Interessen ansprechen müsse; eine Literatur aber, die nur von der Arbeiterklasse verstanden werde, sei von geringem Nutzen.[103] Auch Walter Ulbricht ging 1935 in einem Aufsatz auf die geringe Inanspruchnahme der nationalen Traditionen durch das revolutionäre Proletariat ein, als er sich mit der faschi-

102 B. Brecht, „Stücke", a. a. O., Bd. V, S. 150.

103 W. Pieck, „Der neue Weg zum gemeinsamen Kampf für den Sturz der Hitlerdiktatur", Brüsseler Konferenz der KPD 1935, Berlin 1957, S. 137.

stischen Demagogie auseinandersetzte. Scheinheilig gaben sich die Faschisten als die „Bewahrer der besten Traditionen des deutschen Volkes" aus. Dazu schrieb Walter Ulbricht: „Wir Kommunisten haben selbst den Faschisten die Möglichkeit einer solchen Tarnung erleichtert, da wir bis zur letzten Zeit in nur ungenügendem Maße für die besten kulturellen, wahrhaft nationalen Traditionen des deutschen Volkes, für die Propaganda der Schöpfungen unserer großen Klassiker Schiller und Goethe, Fichte und Lessing gekämpft und es nicht verstanden haben, diese Traditionen im Befreiungskampf des Volkes zu verwerten."[104] Die Beschlüsse des VII. Kongresses der Kommunistischen Internationale lenkten die sozialistische Literatur im stärkeren Maße auf die großen Werte unseres kulturellen Erbes und auf dessen Bedeutung für den gegenwärtigen politischen Kampf der Arbeiterklasse.

Diese Orientierung der Partei beeinflußte auch das Schaffen Brechts; denn in dieser Zeit vollzog sich in seinem dramatischen Werk eine Wendung, die man verallgemeinert als Überwindung der Tendenzen des didaktischen Theaters betrachten kann. Eine solche entscheidende Wendung ging natürlich nicht in der Art und Weise vor sich, wie bürgerliche Literaturkritiker sie darzustellen pflegen. Es war nicht so, daß die Partei befahl, wie die Schriftsteller zu schreiben hätten. Eine Veränderung in der Schreibweise, wie Brechts Abgehen vom betont Didaktischen, war ein viel zu komplizierter Prozeß, als daß er allein durch Parteibeschlüsse hätte herbeigeführt werden können. Natürlich verfolgte Brecht die grundlegenden Beschlüsse der Kommunistischen Partei mit großer Aufmerksamkeit, und als ein wirklich politischer Dichter war er stets bestrebt, sie in seiner Arbeit anzuwenden. (10) Aber das war nur die eine Seite. Das Wesentliche war, daß er durch seine eigenen Erfahrungen

104 W. Ulbricht, „Der VII. Weltkongreß der Komintern und die Kommunistische Partei Deutschlands"; in: „Zur Geschichte der deutschen Arbeiterbewegung", Berlin 1953, Bd. II, S. 82.

als Dramatiker zu Erkenntnissen hingedrängt wurde, die eben in den Beschlüssen des VII. Weltkongresses ihre Verallgemeinerung gefunden hatten. Parteibeschlüsse sind ja immer eine klare Erfassung dessen, was sich in der Wirklichkeit herausbildet, eine Fixierung quantitativer Prozesse vor dem Umschlag in eine andere Qualität; all dessen, was für den einzelnen nur mehr oder weniger klar in Erscheinung tritt. In dieser dialektischen Wechselwirkung mit der Wirklichkeit liegt die Bedeutung der Parteibeschlüsse, die die bürgerlichen Literaturkritiker nie begreifen können; deshalb sind sie mit Verunglimpfungen schnell zur Hand.

Als Brecht sich auf die neuen Bedingungen des Theaters in der Emigration einstellte, merkte er sehr schnell, daß er, wenn er politisch wirksam sein wollte, Menschen mit den verschiedensten Weltanschauungen und Interessen ansprechen mußte. Eine sektiererische Verengung auf eine Literatur, die nur von Kennern des Marxismus verstanden wurde, erwies sich unter den Verhältnissen des Exils sehr viel schneller als in Deutschland vor 1933 als ein politisches Hindernis. Die Politik der Volksfront, die ja nicht nur eine Verbesserung und geschicktere Anwendung der bisherigen Einheitsfronttaktik war, sondern eine völlig neue taktische Orientierung[105], drängte Brecht auch zu neuen literarischen Formen und zu einer neuen Anwendung der alten Mittel. Die engere Verbindung zum klassischen Erbe erwies sich als eine politische Notwendigkeit. Dadurch wurde aber nicht nur das Schaffen Bertolt Brechts, sondern die sozialistische Literatur überhaupt auf eine höhere Stufe geführt.

Es ist interessant, zu untersuchen, wie Brecht die neuen Mittel mit den traditionellen Formen verband. Die Elemente der klassischen und der neuen Dramatik stellte er nicht, wie teilweise noch in der „Mutter“, gleichwertig nebeneinander, vielmehr verschmolz er beide Elemente zu einer neuen

105 W. Pieck, „Der neue Weg zum gemeinsamen Kampf für den Sturz der Hitlerdiktatur“, a. a. O., S. 8.

Qualität, wobei sich alles rein Formale absonderte. Auf diese Art und Weise wurden die alten dramaturgischen Mittel geschmeidiger, sie ermöglichten genauere, klarere und umfassendere Abbilder der gesellschaftlichen Prozesse und der Klassenstruktur. Die neuen Mittel aber, die die Ausdrucksmöglichkeiten der dramatischen Kunst bereicherten, verloren ihre didaktische Direktheit und ihre formale Betonung.

Brechts Kurzszenen sind in ihrer formalen Struktur, in ihrem Bau sehr unterschiedlich. Es gibt da Formen in der Art einer szenischen Skizze („Die Stunde des Arbeiters"); fast zu einer dramatisierten Anekdote zusammengedrängt und verknappt ist die Szene „Zwei Bäcker", und es gibt meisterhaft gestaltete Einakter („Das Kreidekreuz", „Rechtsfindung", „Der Spitzel"). Der unterschiedliche Aufbau der einzelnen Szenen erklärt sich zum Teil aus den Bedingungen des Theaters im Exil. Brecht schrieb sie für den international bekannten Schauspieler und für den Laienspieler, die oftmals gemeinsam in einem Kollektiv wirkten. Obwohl die Szenen formal sehr verschiedenartig gestaltet sind, so ist doch für die meisten charakteristisch, daß die Handlung auf den Schlußpunkt hingedrängt wird, in dem die gesellschaftliche Aussage kulminiert. Sie sind alle auf den Schlußsatz zugeschrieben, der enthüllt, entlarvt und den Zuschauer zu einem Urteil zwingt. Brecht entwickelte keine Handlung im eigentlichen Sinne, denn das hätte sofort den Rahmen der Kurzszene gesprengt. Er suchte nach Möglichkeiten, die Handlung zu komprimieren, sozusagen mit einer Zeitraffertechnik einzufangen. Ein Mittel dazu war ihm das Gespräch. Die Handlung wurde in verschiedene Gespräche zusammengedrängt. Viele Szenen sind eigentlich nur dramatische Auflösungen solcher „Gesprächsbündel". In der Szene „Der alte Kämpfer" ist es der Anblick des erhängten Lettner im Schaufenster, der den Gesprächen vor dem Milchladen die gesellschaftskritische, urteilsprechende Pointe gibt. In der Szene „Arbeitsbeschaffung" ist es die

Nachricht vom Tod des Bruders in Spanien, in der Szene „Berufskrankheit“ erhalten die vorher geführten Gespräche durch den zusammengeschlagenen Arbeiter ihre starke, entlarvende Aussage. Im Grunde sind es Alltagsgespräche, wie sie überall in Hitlerdeutschland geführt wurden, aber hingedrängt auf den Schlußpunkt, machen sie die gesellschaftlichen Zusammenhänge deutlich. Das den Schlußpunkt setzende Handlungselement tritt fast niemals aktiv in die Szene, sondern ist meist ein bereits vollzogenes Faktum, das sich außerhalb der eigentlichen Handlung ereignete. Was sich sonst gewöhnlich als dramaturgischer Mangel erweist, wird in der Gestaltungsweise Brechts positiv; denn das passive Handlungselement wird bei ihm zum dramatischen Kulminationspunkt. Es charakterisiert nicht nur eine einzelne Figur, sondern enthüllt mit deutlichem Akzent das faschistische System als Ganzes. Auch in den größeren Szenen benutzte Brecht das Gespräch, um die Handlung zusammenzudrängen. Das wird besonders deutlich, wenn man die einzelnen Etappen der Szene „Rechtsfindung“ verfolgt. (11) Aus dem Entwurf geht hervor, wie Brecht die Handlung in drei große Gespräche zusammenpreßte, er skizzierte folgenden Handlungsverlauf: „Drei Gespräche a) der *Richter und der Polizeikommissar*, b) der *Richter und der Staatsanwalt*, c) der *Richter und sein Kollege.*“[106] Man kann selbstverständlich kein allgemeines Formprinzip oder gar ein Aufbauschema aus den Szenen herauslesen. Brecht war stets viel zu sehr darauf bedacht, für jeden Inhalt die adäquate Form zu finden. Der jeweilige Inhalt und die Klassenposition der handelnden Figuren führten ihn zu bestimmten Aufbauformen und Lösungen.

Brecht leitete mit der Szenenfolge „Furcht und Elend des Dritten Reiches“ eine neue Etappe in seinem dramatischen Schaffen ein. Er wandte sich Gestaltungswegen zu, deren Vielfalt und verschiedenartige Lösungsmöglichkeiten ihre

106 Bertolt Brecht-Archiv, Berlin; „Furcht und Elend des Dritten Reiches“, Archiv-Mappe Nr. 415, Blatt 41.

kunsttheoretische Verallgemeinerung in der Methode des sozialistischen Realismus fanden. Die Hinwendung zum sozialistischen Realismus vollzog sich bei Brecht nicht allein in den engen Grenzen der künstlerischen Produktion, sie war verbunden mit den politischen Auseinandersetzungen in der Emigration und mit der neuen taktischen Orientierung, die die Partei auf dem VII. Weltkongreß gegeben hatte. Die Politik der Volksfront, die Brechts Schaffen im Exil bestimmte, führte ihn auch zu neuen Gestaltungsmethoden.

Die Auseinandersetzung mit dem Faschismus in seinem dramatischen Werk spiegelt Brechts Ringen wider, eine Gestaltungsweise zu finden, die es ermöglichte, im Drama das Wesen einer Sache mit der gleichen Tiefe, Gründlichkeit und gedanklichen Schärfe zu erfassen und aufzuzeigen, wie es die fortgeschrittenste Wissenschaft, der Marxismus-Leninismus auf theoretischem Gebiet vermag. Gerade die beiden Werke über den deutschen Faschismus, das Parabelspiel „Die Rundköpfe und die Spitzköpfe" und die Szenenfolge „Furcht und Elend des Dritten Reiches", gestatten einen interessanten Vergleich der verschiedenartigen Mittel Brechts, machen es möglich, deren Wirkung und Tauglichkeit zu überprüfen. Die Form der Parabel gab Brecht die künstlerische Freiheit, den Faschismus in einem bestimmten Gesamtzusammenhang darzustellen, der Zuschauer bekam zwar ein stark vereinfachtes, aber doch immerhin ein Gesamtbild von dem Getriebe der imperialistischen Staatsmaschine. Aber die Parabel gab nicht nur Freiheiten, sie setzte auch Grenzen. Was sie durch größere Abstraktionsmöglichkeit an Freiheit gewährte, schränkte sie gerade dadurch auf der anderen Seite wieder ein. Die Grenzen offenbarten sich vor allem nach zwei Seiten: einmal verhinderte es die starke Abstraktion dieser Form, gesellschaftliche Prozesse in ihrer ganzen Kompliziertheit aufzudecken – was Brecht doch gerade beabsichtigte –, zum anderen verringerte sie die Lebendigkeit und Fülle der einzelnen Gestalten. In „Furcht und Elend des Dritten Reiches" beschritt Brecht einen anderen Weg. Er verzichtete von vornherein darauf, sozusagen einen Querschnitt des imperialistischen Staates mit seinem ganzen Mechanismus in einer gleichnishaften Fabel zu geben. Brecht knüpfte in der Szenenfolge stärker an die Möglichkeiten der traditionellen Dramatik an und gestaltete Einzelschicksale, die durch ihre Typisierung den gesellschaftlichen Gesamtzusammenhang vermittelten.

Damit ist wieder das Problem des Individuellen und Gesellschaftlichen berührt. Mit einer seltenen, zähen, aber experimentierfreudigen Beharrlichkeit hat Brecht um die Lösung dieser Fragen gerungen. Daß sich sein Interesse gerade darauf konzentrierte, war kein Zufall, denn hier handelt es sich um ein zentrales Problem des Realismus, um eine Kernfrage des sozialistischen Realismus.

In dieser Frage ergab sich eine außerordentlich komplizierte ästhetische Frontstellung, die sich auch durch die gesamte Emigrationsliteratur zog. Professor Walter A. Berendsohn, ein genauer Kenner der literarischen Situation im Exil, hat sie in seinem Buch „Die humanistische Front" folgendermaßen umrissen: „Quer durch Epik, Lyrik und Dramatik der Emigrantenliteratur geht eine Zweiteilung ohne ganz scharfe Grenze; es sind in ihr zwei Hauptströmungen spürbar. Die eine setzt die große neuromantische Vorkriegsüberlieferung fort, schildert ein bedeutsames, interessantes *Einzelschicksal*, oft in sozialem Zusammenhang, nicht selten repräsentativ für eine soziale Schicht oder einen Menschentyp, das Ganze meist auf religiösem oder idealistischem Hintergrund. In dieser Gruppe stehen die meisten der großen weltbekannten Namen der deutschen Emigrantenliteratur. Es kann nicht geleugnet werden, daß diese ein wundervolles literarisches Erbe bewahren, pflegen und mehren ... Die andere Richtung wird von Schriftstellern mit starker *Sozialphantasie* eingeschlagen. Auch sie sehen und erleben das *Einzelschicksal*, aber zugleich als *Massenschicksal* zum Beispiel des Weltkrieges, der Industriearbeit, des sinkenden Mittelstandes, der Inflation, der Arbeitslosigkeit, des Imperialismus, der Gewaltherrschaft, das Schicksal, das Millionen unterschiedslos trifft."[107] Berendsohn stellte sehr treffend einige Symptome in der Emigrationsliteratur dar, andererseits aber blieb er – wie viele andere auch – mit seinen Darlegungen in einem ästhetischen Irrtum befangen, der bis heute nicht wenig Verwirrung, vor allem im Hinblick auf das dramatische Werk Brechts, angerichtet hat. Für die erste Richtung nannte Berendsohn als Beispiel Stefan Zweigs „Ungeduld des Herzens", für die zweite Anna Seghers' „Weg durch den Februar". Ohne den literarischen Rang der ersten Gruppe zu verkennen, schien sie ihm doch gegenüber der zweiten in ihrer gesellschaftlichen Aussage „belanglos und läppisch"[108]. Sein Eintreten für die zweite Gruppe ist ohne Zweifel ein Zeugnis fortschrittlicher Gesinnung, aber seine Darlegungen gehen am Kern der Sache vorbei. Berendsohn sieht nicht, daß beide Richtungen nicht mehr die Einheit von Individuellem und Gesellschaftlichem zu gestalten vermögen. Während die eine Richtung auf Grund ihrer bürgerlichen Klassenposition nicht mehr dazu in der Lage war, hatten die Vertreter der zweiten den Übergang von der Bourgeoisie zur Arbeiterklasse noch nicht restlos vollzogen. Deshalb konnten sie in ihren Werken das Gesellschaftliche im Individuellen meistens noch nicht stark genug sichtbar machen. Ob Anna Seghers, die Berendsohn stellvertretend für die zweite Gruppe nannte, hier das treffende Beispiel ist, muß bezweifelt werden. Aber auch sie versuchte in ihrem Roman „Der Weg durch den Februar", den sie selbst für mißlungen hält, neue Mittel auszuprobieren, um das Wesen der modernen Gesellschaft, um das Gesellschaftliche überhaupt tiefer und klarer zu erfassen. Beide, Seghers wie Brecht, haben später Mittel und Wege gefunden, die ihnen

107 W. A. Berendsohn, „Die humanistische Front" (Erster Teil), Zürich 1946, S. 136 f.

108 Ebenda, S. 138.

eine dialektische Gestaltung ermöglichten, indem sie im Individuellen das Gesellschaftliche und im Gesellschaftlichen das Individuelle sichtbar zu machen verstanden.

Es war notwendig, auf diese Frage in ihrem allgemeinen ästhetischen Zusammenhang etwas breiter einzugehen, weil die dargelegte Gruppierung für die bürgerliche Literaturkritik noch immer das Bezugssystem darstellt, aus dem sie auch ihre Urteile über Brechts Gestaltungsprinzip ableitet. So schrieb Walter Hinck in seiner Dissertation: „Dieser Bindung an das (neuzeitliche) Ideal einer Autonomie des Individuums entspricht folgerichtig die Bewahrung, ja (aus der Notwendigkeit stärkerer Selbstbehauptung) die Steigerung des Prinzips einer illusionistischen Autonomie des Ästhetischen. Erst *Brecht vollzieht die Wendung vom individuumsbezogenen zum gesellschaftsbezogenen sozialen Drama.* Er sagt jenes Ja zur Gesellschaft als Institution, durch welches das Nein gegenüber der bürgerlichen Gesellschaft so unmittelbar aggressiv wird.“[109] Hinck erklärte diese Wendung, sich auf die Philosophie von Jaspers und Plessner stützend, damit, daß die Materialschlachten des Weltkrieges, die ökonomisch-industriellen Umbildungsprozesse den optimistischen Glauben an die Freiheit und Selbstherrlichkeit des Individuums zerbrochen hätten. Die Katastrophe des zweiten Weltkrieges habe diese Ohnmacht des Individuums nur noch verstärkt und bewußter gemacht. Er zog daraus bestimmte ästhetische Konsequenzen, mit denen er glaubte, die Menschengestaltung Brechts begründen zu können. Er schrieb: „Zweifellos bedeutet Brechts Typisierung der Menschen auf ihr soziales Verhältnis zueinander eine – im vordergründigen Sinne – ‚unrealistische', weil bestimmte Verhaltensweisen ‚präparierende' Form der Darstellung. Aber Brecht sieht keine wesentlich andere Möglichkeit einer künstlerischen Bewältigung der gesellschaftlichen Realität.“[110] Für

109 W. Hinck, „Probleme der Dramaturgie und Spielweise in Bert Brechts ‚epischem Theater'“, a. a. O., S. 238.
110 Ebenda, S. 288.

Hinck, der die Werke Brechts unhistorisch, nach bestimmten formalen Prinzipien untersuchte, existiert die tiefgreifende Wandlung in der Gestaltungsweise nicht, die der Dichter in den Jahren der Emigration vollzog. Seine Darlegungen über die „gesellschaftsbezogene" Gestaltung Brechts im Gegensatz zu einer „individuumsbezogenen" sind ein Versuch, Brechts Werk durch literaturtheoretische Konstruktionen aus dem Bereich des sozialistischen Realismus, ja, aus dem Realismus überhaupt herauszulösen, um es einer bürgerlichen Ästhetik zuzuzählen, die die Errungenschaften der Vergangenheit in snobistischer Weise verworfen hat. Die bürgerliche Literaturkritik weiß, wenn sie sich auch der tieferen Ursachen nicht bewußt ist, daß die Dichter und Schriftsteller ihrer Klasse die Einheit von Individuellem und Gesellschaftlichem, wie sie die klassischen Dichter schufen, nicht mehr zu gestalten vermögen. Ihr Versagen erklärt sich nicht aus mangelndem Talent, sondern daraus, daß sie auf einer der allgemeinen Entwicklung entgegenstehenden Klassenposition verharren. So bleibt ihnen auch jede Kontinuität von Tradition und Neuerertum verschlossen. Eine Interpretation von der Warte aus, wie sie Hinck bezog, muß natürlich zu einer völlig falschen Auffassung über Brechts Gestaltungsweise führen. Dabei ist es nicht zufällig, daß eine solche Darstellung nur in einer vollkommen ahistorischen Art und Weise bewerkstelligt werden kann. Brechts Menschen in der Szenenfolge „Furcht und Elend des Dritten Reiches" sind das Ergebnis einer Gestaltungsmethode, bei der das Individuelle und das Gesellschaftliche zu einer Einheit verschmolzen wurden. Das Gesellschaftliche, die abstrakt erarbeiteten Zusammenhänge, nehmen den Figuren nicht das Leben, die Fülle und Vielfältigkeit. Das Individuelle wiederum verdeckt nicht die gesellschaftliche Verbindung der Gestalten, den Hinweis auf die großen Zusammenhänge. Mit der Arbeit an der Szenenfolge hatte Brecht die Methode gefunden, bei der das Individuelle und das Gesellschaftliche, das Konkrete und das Abstrakte im gleichen Maße dazu dienten, wie Brecht formulierte, den „gesellschaftlichen Kausalkomplex" aufzudecken.[111] Wenn man solche Gestalten wie die großartige Judith Keith in der „Jüdischen Frau", den Arbeiter im „Kreidekreuz", den angstschlotternden Lehrer im „Spitzel" oder den willfährigen Richter in der „Rechtsfindung" betrachtet, so gibt es nichts, was auch nach strenger Analyse zu einer Klassifizierung von „gesellschaftsbezogener" oder „individuumsbezogener" Gestaltung berechtigte. Die verschiedenen Seiten klaffen hier nicht auseinander oder reiben sich, sie sind vielmehr miteinander verflochten. Brechts Menschengestaltung hat das große klassische Vorbild erreicht. Dabei deckt sich seine Schreibweise aber keineswegs einfach mit der klassischen Ästhetik. Er wandte die traditionellen Mittel an, indem er sie mit neuen Gestaltungsmöglichkeiten organisch verband, die er durch seine Versuche um die Darstellbarkeit von Zusammenhängen der modernen Gesellschaft bereits gewonnen hatte.

Brechts ganze Arbeitsweise war stets darauf gerichtet, die Klassenverhältnisse zu erfassen. So heißt es in einem Aufsatz aus dem Jahre 1938: „... vom Standpunkt der Klasse aus schreibend, welche für die dringendsten Schwierigkeiten, in denen die menschliche Gesellschaft steckt, die breitesten Lösungen bereit hält."[112] Durch die bewußte Anwendung der marxistischen Lehre vom Klassenkampf erhielt seine Gestaltung eine viel klarere und bestimmtere Zielsetzung, als sie den revolutionären bürgerlichen Dichtern möglich war. Brecht entwickelte die Lebendigkeit und Universalität seiner Gestalten aus der Kompliziertheit und den Widersprüchen der Klassenbeziehungen. Da ist zum Beispiel die Gestalt des SA-Mannes im „Kreidekreuz". Figuren solcher Art sind in der Emigrationsliteratur selten völlig gelungen. Man denke nur an Bruckners Schauspiel „Die Rassen". Bei

111 B. Brecht, „Volkstümlichkeit und Realismus"; in: „Sinn und Form", Berlin, Heft 4/1958, S. 498.
112 Ebenda.

Brecht finden wir eine gültige Gestalt, differenziert und vielschichtig angelegt. Dabei ist sie nicht durch psychologische „Drücker", nicht durch Tiefenpsychologie oder andere gestalterische Raffinements „vermenschlicht". Brechts außergewöhnliche Charakterisierungskunst entstand dadurch, daß er das Schicksal eines Menschen ganz bewußt aus den Widersprüchen seiner Klassenlage entwickelte. Der SA-Mann protzt mit den Schlachten, die er für die herrschende Klasse schlug, ihm selbst aber fehlt das Geld für die Stiefel. Er, der darauf aus war, arme Schlucker reinzulegen, ist am Ende der von seinen Herren Betrogene. Aus den einfachen Handlungen und der Bewertung ihrer klassenmäßigen Wirkung erwuchs die Kompliziertheit, die Universalität und Fülle der Brechtschen Gestalten. Weil der Dichter die Individualisierung aus den Klassenbeziehungen herausarbeitete, erfaßte er die Dialektik von Gesellschaftlichem und Individuellem.

Die Beispiele für diese Methode ließen sich beliebig fortsetzen. Es sei nur noch auf die Judith Keith hingewiesen. In dem großen Monolog wird die tiefe Tragik dieser Gestalt sichtbar. Sie denkt über ihr Leben nach und spricht über die Faschisten: „Was ist eigentlich in sie gefahren? Was wollen sie in Wirklichkeit? Was tue ich ihnen? Ich habe mich doch nie in die Politik gemischt. War ich für Thälmann? Ich bin doch eines von diesen Bourgeoisweibern, die Dienstboten halten usw., und plötzlich sollen nur noch die Blonden das sein dürfen? In der letzten Zeit habe ich oft daran gedacht, wie du mir vor Jahren sagtest, es gäbe wertvolle Menschen und weniger wertvolle, und die einen bekämen Insulin, wenn sie Zucker haben, und die andern bekämen keins. Und das habe ich eingesehen, ich Dummkopf! Jetzt haben sie eine neue Einteilung dieser Art gemacht, und jetzt gehöre ich zu den Wertloseren. Das geschieht mir recht."[113] Brecht wählte für sein Thema eine wohlhabende bürgerliche Frau, die blind und unwissend den Weg ihrer Klasse mit-

113 B. Brecht, „Stücke", a. a. O., Bd. VI, S. 320 f.

gegangen ist und plötzlich entsetzt vor den Konsequenzen dieses Weges steht. Wie sie zwischen ihrem bürgerlichen Dasein, ihrer Klassenposition und den Grausamkeiten der Machtpolitik ihrer Klasse keinen Zusammenhang sieht, wie sie sich befragt, wie sie sucht und nicht begreift, wie sie sich an ihrer Umgebung wund stößt und von Enttäuschung zu Enttäuschung rennt, das macht diese Gestalt für den Zuschauer und Leser zu einem erschütternden Erlebnis. Die Gestaltungsweise Brechts gewinnt noch in ihrer Bedeutung, wenn man diese großartige Gestalt mit einer aus Bruckners Schauspiel „Die Rassen" vergleicht. Bruckner entwickelte seine Figuren nicht aus ihren Klassenbeziehungen. Er sah sie nur psychologisch. Brecht begriff seine Figuren in den Spannungen, die sich aus den Klassenverhältnissen ergaben, das machte die Wirkungen überschaubar und ermöglichte es leichter, die Gestaltung an bestimmten Stellen zu verstärken. Eben weil Brecht den Bogen von der Klassenposition der Jüdin Keith bis zu dem klassenmäßigen Gesamtzusammenhang ihres Schicksals überschaute, hatte er die größeren Möglichkeiten, die Figur anzureichern, auszubauen und einen Menschen mit all seinen Widersprüchen zu zeichnen. Ferdinand Bruckner dagegen, der gewiß sein dramaturgisches Handwerk verstand und ein Dichter war, überragte nicht den Horizont seiner Figuren. Wo sich bei Brecht die Handlung verdichtete, verschwamm sie bei Bruckner; wo sie bei dem einen Lebendigkeit bekam, wurde sie bei dem anderen zur literarischen Phrase.

Walter Hinck meinte in seiner Dissertation, Brechts Typisierung der Menschen auf ihr soziales Verhältnis zueinander sei eine unrealistische Gestaltung. Für ihn sind die Klassenbeziehungen oder, wie er sie nennt: die sozialen Beziehungen, nur eine Komponente des Lebens unter vielen, gleichwertig mit anderen psychologischen und geistigen Erscheinungen. Aber schon die Analyse der Brechtschen Werke müßte ihn davon überzeugt haben, daß mit der Klassenposition eines Menschen nicht nur seine „soziale" Struktur fixiert wird.

Für Brecht war die Klassenfrage der Schlüssel, um in eine Situation, um in das Denken und Fühlen eines Menschen bis in die letzte Verästelung und Verschlüsselung einzudringen. Mit den Klassenbeziehungen ließ sich der Knotenpunkt erfassen, dessen Auflösung tiefere Einsicht in das Wesen und die Zusammenhänge gewährte. Der Klassengehalt einer Situation, einer Gestalt ist nicht nur etwas rein „sozial" Bestimmtes, ein Komplex neben anderen, sondern er durchzieht und durchdringt alle Gebiete des Lebens, alle Interessen und Eigenschaften des Menschen, seine intimsten Beziehungen. Maxim Gorki schrieb einmal darüber, als er gegen eine mechanische, veräußerlichte Gestaltungsmanier polemisierte: „Das ‚klassenmäßige Merkmal' darf dem Menschen nicht äußerlich auf die Stirn geklebt werden, wie es bei uns zu geschehen pflegt; das klassenmäßige Merkmal ist keine Warze, sondern etwas durchaus Innerliches, in Nerv und Gehirn Verwurzeltes."[114] Hincks falsche Vorstellung vom Wesen der Klassenbeziehung in der dichterischen Gestaltung verführte ihn dann zu solch formaler Klassifizierung der Brechtschen Werke als „gesellschaftsbezogener" Literatur. Gewiß gab es bei Brecht in den zwanziger Jahren, als er vom Behaviorismus beeinflußt war und den Übergang zum Marxismus suchte, auch mechanische Darstellungen der Klassenbeziehungen; doch das überwand er sehr bald.

Die falsche Etikettierung seiner Werke durch die bürgerliche Literaturkritik als „gesellschaftsbezogene" Dichtung rührt aber auch daher, daß diese Kritiker Brechts Schreibweise mit einer Literatur vergleichen, deren Inhalt über das in sich selbst versponnene Individuum nicht hinausdringt. Brechts Größe als Dichter, sein einzigartiger Rang als Dramatiker unserer Zeit besteht aber gerade darin, daß er die Trennung von Gesellschaftlichem und Individuellem im Kunstwerk überwand.

114 M. Gorki, „Theaterstücke"; in: „Dramaturgische Blätter", Berlin 1947, Heft 1, S. 9.

Doch gilt es noch einen anderen Aspekt aufzuzeigen. Die Szenenfolge „Furcht und Elend des Dritten Reiches" spiegelte nicht nur die furchtbare Realität des Hitlerfaschismus wider, sie wies auch auf sein Ende hin. Da Brecht die gesellschaftlichen Phänomene nicht statisch, sondern in ihrer Bewegung zeigte, wurde auch die Tendenz der weiteren Entwicklung deutlich. Theoretiker des sozialistischen Realismus haben diesen Zug der Gestaltung mit dem Terminus „romantisches Element" zu erfassen gesucht. In den Werken des sozialistischen Realismus ist es in verschiedener Weise zum Ausdruck gebracht worden. Bei Brecht geht es aus der Gesamtstruktur der Fabel hervor, aus der Art, wie die einzelnen Widersprüche immer wieder auf den Hauptwiderspruch hingeführt werden. Dafür nur ein Beispiel: In der Szene „Was hilft gegen Gas?" sagt der Bruder zu seiner Schwester, deren Kinder die Faschisten eben mit Gasmasken ausgerüstet haben, daß Gasmasken nicht helfen würden. Auf die ratlose Frage der Frau, was denn dann helfe, antwortet er: „Ich war 1917 an der Ostfront. Die im Schützengraben gegenüber haben das gemacht, was hilft. Sie haben ihre Regierung weggejagt. Das war das einzige, was half, und es war das erstemal in der Weltgeschichte, daß es gemacht wurde."[115] Das romantische Element ist bei Brecht nicht ein bloßer Hinweis auf die Zukunft. Er arbeitete die Lösung der Widersprüche, wie sie sich mit gesetzmäßiger Notwendigkeit vollziehen muß, aus dem Bewußtsein seiner proletarischen Helden heraus. Aus ihrem Denken und Fühlen, aus ihrer Haltung wird sichtbar, welche Kräfte über Furcht und Elend siegen werden. In der Szene „Volksbefragung" deckte Brecht schonungslos auf, wieweit es den Faschisten schon gelungen war, das deutsche Volk in die Irre zu führen, wie die Reihen der Arbeiterklasse dezimiert wurden und auch der Mut und die Zähigkeit der besten illegalen Kämpfer zu erlahmen drohte, und doch geht gerade

115 Bertolt Brecht-Archiv, Berlin; „Furcht und Elend des Dritten Reiches" (Malik-Ausgabe); Archiv-Mappe Nr. 1007, Blatt 106.

aus dieser Szene die unbesiegbare Kraft des Proletariats hervor und die Gewißheit von ihrem künftigen Sieg. Diese Szene hat, wenn auch in einer anderen Art, etwas von jenem mitreißenden Schlußbild der „Mutter“ mit dem optimistischen Satz:

„Denn die Besiegten von heute sind die Sieger von morgen
Und aus niemals wird: heute noch.“[116]

116 B. Brecht, „Stücke“, a. a. O., Bd. V, S. 117.

4

„DIE GEWEHRE DER FRAU CARRAR“

Im Jahre 1937 schrieb Brecht „Die Gewehre der Frau Carrar“. Eine der letzten Fassungen trägt den handschriftlichen Vermerk: „Juni 1937“[117]. Dieses kleine Stück unterstützte den heldenhaften Kampf des spanischen Volkes gegen den Faschismus. Es war Brechts Beitrag für das Waffenarsenal des republikanischen Spanien.

Um die politischen und literarischen Absichten des Dichters besser verfolgen zu können, bedarf es einiger Hinweise auf die geschichtlichen Hintergründe des spanischen Krieges. Das Jahr 1936, in dem der Krieg begann, war in mehrfacher Hinsicht einer der Höhepunkte des Kampfes gegen den Faschismus. Der Sieg der Volksfront in Frankreich im Jahre 1935 hatte den Beweis erbracht, daß es möglich war, die antifaschistischen Kräfte zu einer gemeinsamen Front zusammenzuschließen. Auch die Widerstandsbewegung in Deutschland und die politische Arbeit in den Emigrationen, geführt von der Kommunistischen Partei, nahm einen neuen Aufschwung. In Berlin bildete sich die erste größere deutsche Volksfrontgruppe. Den anwachsenden Widerstand gegen Hitler mußten selbst die faschistischen Führungsstellen eingestehen. So heißt es in einem geheimen Bericht des Reichssicherheitsamtes, „daß im Jahre 1936 ein noch größeres Anwachsen von Streiks und streikähnlichen Auseinandersetzungen stattgefunden habe als in dem Jahre

117 Bertolt Brecht-Archiv, Berlin; „Generäle über Bilbao“, Archiv-Mappe Nr. 317, Blatt 1.

1934/35 ... *Ein bestimmter Teil sind zweifelsohne politische Streiks.*“[118]

Die Faschisten antworteten mit verschärften Terrormaßnahmen. Nach ihren eigenen Angaben verhafteten sie 1936 11 687 Personen wegen kommunistischer Betätigung.[119] In der Emigration bildete sich Ende 1935 ein vorbereitender Ausschuß für die deutsche Volksfront. Die Faschisten waren entsetzt über die Auswirkungen der Volksfrontpolitik. Goebbels erklärte auf dem Naziparteitag 1936, daß die Verwirklichung der Volksfrontparole in Frankreich ihre erste Stufe, in Spanien jedoch ihren Höhepunkt erreicht habe.[120] In dieser Situation führten die deutschen und italienischen Faschisten ihren Schlag gegen das republikanische Spanien, indem sie die reaktionäre Generalsmeute, die gegen die rechtmäßige spanische Regierung putschte, mit ihren Waffen und Legionen unterstützten. Die wahren Interessen, um die die Faschisten in Spanien kämpften, wurden sehr eindeutig in einer „Geheimen Reichssache“ des faschistischen Reichswirtschaftsministeriums vom 18. Oktober 1938 an das Auswärtige Amt beschrieben: „In diesem Zusammenhang weise ich auf folgende zur Zeit noch schwebende Fragen hin, die einer baldigen endgültigen Klärung bedürfen: 1. Endgültige Sicherung der deutschen Bergwerks- und Minenrechte in Nationalspanien.“[121] Aber damit waren die Gründe für die faschistische Intervention nicht erschöpft. Albert Norden wies in seinem Buch „Die spanische Tragödie“ auf die politischen Zusammenhänge hin, als er schrieb: „Es ging bei dem spanischen Krieg nicht nur um militärisch-strategische Ziele und wirtschaftliche Räubereien,

118 Zitiert bei: O. Winzer, „Zwölf Jahre Kampf gegen Faschismus und Krieg“, Berlin 1955, S. 99.

119 W. Wehling, „Der Kampf der Kommunistischen Partei Deutschlands gegen die faschistische Diktatur der deutschen Imperialisten in den Jahren von 1933 bis 1935“, Dissertation, Berlin 1960, S. 478.

120 „Völkischer Beobachter“, 11. September 1936; zitiert aus: A. Norden, „Die spanische Tragödie“, Berlin 1956, S. 22.

121 „Akten zur deutschen auswärtigen Politik 1918 bis 1945“, Bd. III, S. 649; zitiert aus: A. Norden, „Die spanische Tragödie“, a. a. O., S. 34 f.

sondern auch um den Kampf gegen die Demokratie schlechthin. Den Hitler-Mussolini war bereits der Sieg der Volksfront in Frankreich in die Knochen gefahren. Nichts erschien ihnen abscheulicher als die Einflußnahme der Arbeiterschaft auf die Regierungsgeschäfte, die Beschränkung der Gewinne des Monopolkapitals, die Lenkung der Außenpolitik in die Bahnen der kollektiven Sicherheit und des Friedens. Jetzt gesellte sich Spanien zu Frankreich, wurde die unheilige Dreieinigkeit der junkerlichen Granden, der großen Finanziers und Kardinäle von der Macht verdrängt und eine Regierung gebildet, in der die Nutznießer der Ausbeutung nur wenig zu sagen hatten. Das war ja Bolschewismus! – wenn auch bis zum 4. September 1936 kein Kommunist in der spanischen Regierung saß."[122]

Der faschistische Überfall auf das spanische Volk hat wie kaum ein anderes Ereignis die Dichter und Schriftsteller zur Feder und zur Waffe greifen lassen. Sie erkannten, daß nach dem Überfall auf Spanien aller Welt der kriegslüsterne, raubgierige Charakter des Faschismus vor Augen geführt werden müsse. So entstand eine große kämpferische Literatur, die einen bedeutenden Baustein für unsere neue sozialistische Nationalliteratur bildete. Hier soll nur auf den Beitrag der sozialistischen Dramatiker hingewiesen werden.

Bertolt Brecht und Friedrich Wolf, die der gemeinsame Kampf in den letzten Jahren schon oft zu der gleichen Thematik geführt hatte, beschäftigten sich sofort mit den spanischen Ereignissen. Friedrich Wolf schuf drei Spanien-Szenen für Laienspieler, die er unter dem Titel „Wir sind mit euch!" zusammenfaßte.[123] Sie waren für sowjetische Laienspielgruppen gedacht. Brecht schrieb „Die Gewehre der Frau Carrar" für eine deutsche Truppe in Paris. In einer Zeit, als jener verräterische Londoner Nichteinmi-

122 A. Norden, „Die spanische Tragödie", a. a. O., S. 21 f.
123 Siehe: W. Pollatschek, „Das Bühnenwerk Friedrich Wolfs", a. a. O., S. 218 bis 221.

schungsausschuß streng darüber wachte, daß keine Waffen – außer denen für die Faschisten – nach Spanien gebracht wurden, trug die fortschrittliche Arbeiterklasse Brechts Stück als eine literarische Waffe durch die Städte Europas. In Paris, Kopenhagen und Prag kam das Werk zur Aufführung, und überall war es eine Demonstration für den Befreiungskampf des spanischen Volkes. Auch der finanzielle Erlös der meisten Aufführungen, der in den Spanienfonds floß, war ein Beitrag im Geiste der internationalen Solidarität. Brecht schrieb sein Stück als Kommunist, der sich verpflichtet sah, da, wo sich Menschen gegen ihre Ausbeuter und Unterdrücker wehrten, zu helfen. Deshalb lag ihm die politische Wirkung dieses Stückes besonders am Herzen. So lobte er in einem Brief an die Genossen der Kopenhagener Aufführung „... den großen Ernst, auch den Humor, den Ihr zeigt, vor allem die Würde, mit der Ihr Eure Aufgabe als eine politische Aufgabe gelöst habt"[124]. (12)

Für die Entstehungsgeschichte des kleinen Stückes ist es interessant, noch einige Angaben aufzuzeichnen. Die spätere Mitarbeiterin von Brecht, die Schauspielerin am Königlichen Theater in Kopenhagen Ruth Berlau, fuhr 1937 nach Spanien und erhielt von Brecht den Auftrag, Material für ein Stück über den spanischen Befreiungskampf zu sammeln. Wie viele andere griff sie in Spanien zum Gewehr. Brecht schrieb ihr, es sei nicht das Verhalten eines guten Revolutionärs, einen Auftrag ohne ausreichenden Grund mit einem anderen zu vertauschen.[125] Inzwischen hatte Brecht selbst Material zusammengestellt. Es war besonders die Blockade von Bilbao, auf die sich sein Interesse konzentrierte. Er sammelte Kartenskizzen aus verschiedenen Zeitungen, um den Kampfverlauf genau verfolgen zu können. Dazu kamen

124 Bertolt Brecht-Archiv, Berlin; „Die Gewehre der Frau Carrar", Archiv-Mappe Nr. 239, Blatt 51.

125 R. Berlau, „bertolt brecht – I. Brecht als Flüchtling", in: „Freie Welt", a. a. O., Nr. 36/1958, S. 4 f.

Ausschnitte aus deutschen, dänischen und englischen Zeitungen.[126] Brecht informierte sich gründlich über die spanischen Ereignisse um Bilbao und nannte deshalb sein Stück zuerst „Generäle über Bilbao“. Kurz vor der Uraufführung des Werkes in Paris erhielt es dann den besser charakterisierenden Titel „Die Gewehre der Frau Carrar“. Sein großes, politisch miterlebendes Interesse für die Sache des spanischen Volkes zeigte sich auch darin, daß im Hause Brechts eine Zusammenkunft von Spanienkämpfern stattfand. Brecht ließ sich die Erlebnisberichte der Spanienkämpfer von Margarete Steffin, seiner Mitarbeiterin an vielen Stücken, genau aufzeichnen.[127] (Die Aufzeichnungen Margarete Steffins – sie verstarb während des Krieges in der Sowjetunion – scheinen leider verlorengegangen zu sein.)

Die Fabel des Stückes erzählt die Wandlung der Frau Carrar, die glaubte, den Krieg mit ihren beiden Söhnen zu überstehen, wenn sie den Kopf in den Sand steckt. Brecht, für den die Fabel „das große Unternehmen des Theaters“[128] war, faßte sie selbst folgendermaßen zusammen (13):

„1. Szene:

Teresa Carrar, Witwe eines bei einem Aufstand gefallenen Fischers, überwacht beim Brotbacken und Netzflicken ihre zwei Söhne, die zur Front wollen, um gegen die Faschisten zu kämpfen.

2. Szene:

Ein Arbeiter, Pedro Jaquéras, kommt von einem Frontabschnitt, wo gegen Francos Generäle gekämpft wird. Seine Schwester Teresa Carrar empfängt ihn mit Mißtrauen.

126 Bertolt Brecht-Archiv, Berlin; „Generäle über Bilbao“, Archiv-Mappe Nr. 410, Blatt 35 u. 36.

127 Nach einer mündlichen Angabe der Mitarbeiterin Brechts Ruth Berlau.

128 B. Brecht, „Kleines Organon für das Theater“, in: „Versuche“, Heft 12, a. a. O., S. 135.

3. Szene:

Eine Miliz-Soldatin, Manuela, Freundin von Teresa Carrars ältestem Sohn Juan, beschuldigt Frau Carrar, sie sei für Francos Generäle, weil sie Juan von der Front fernhält.

4. Szene:

Pedro Jaquéras sucht Carlo Carrars Gewehre, wird aber unterbrochen durch die Ankunft des Dorfpfarrers, den Frau Carrar in der Hoffnung geholt hat, er könnte ihren Bruder und ihren Sohn überzeugen, daß die verschont werden, die nicht kämpfen. Der Pfarrer enttäuscht Frau Carrar. Pedro bringt ihn zum Schweigen.

5. Szene:

Der Arbeiter findet und prüft Carlo Carrars Gewehre. Frau Carrar verlangt ihr Eigentum zurück und versteckt die Gewehre wieder. Die Zerreißung der roten Fahne.

6. Szene:

Frau Perez, deren Tochter gegen Franco gekämpft hat und gefallen ist, will Frau Carrar trösten, wird aber von ihr beleidigt.

7. Szene:

Mit List und Gewalt sucht Frau Carrar ihren Sohn von der Front zurückzuhalten.

8. Szene:

Fischerleute bringen Frau Carrar ihren Sohn in ihre Stube: Er ist beim Fischen von den Faschisten abgeschossen worden. / Frau Carrar fordert jetzt ihren Bruder und ihren Sohn auf, die Gewehre herauszunehmen. / Sie geht anstelle Juans mit an die Front."[129]

129 Bertolt Brecht-Archiv, Berlin; „Generäle über Bilbao", Archiv-Mappe Nr. 205, Blatt 28.

Brecht wandte sich mit diesem Stück gegen die faschistischen Kriegstreiber. In den darauffolgenden Jahren wurde mit den Werken „Mutter Courage und ihre Kinder“, „Das Verhör des Lukullus“, „Der aufhaltsame Aufstieg des Arturo Ui“ und „Schweyk im zweiten Weltkrieg“ der Kampf gegen den Krieg immer mehr zu dem zentralen Anliegen seines gesamten literarischen Schaffens. Schon in seinem Parabelspiel „Die Rundköpfe und die Spitzköpfe“ hatte Brecht zum Ausdruck gebracht, daß der Faschismus zum Kriege führt, als er im Stück den Vizekönig zu Iberin sagen läßt:

„Das Reich, das ihr in diesen Wochen bautet
Wird es nicht ausgeweitet, schrumpft es ein.
Denn, wie ihr wißt, im Süden überm Meer
Wohnt dieses Volk, das unser Erbfeind ist
Des Untertanen eckige Köpfe haben
Was leider hier zu wenig noch bekannt ist.
Es deinen Callassen zu sagen, darin seh ich
Herr Iberin, jetzt deine neue Aufgab.
Denn auf uns zu zieht jetzt ein Krieg von solcher
Niemals gesehener Blutigkeit, daß jeder
Gesunde Mann aufs dringendste gebraucht wird.“[130]

Die Kommunistische Partei setzte in jenen Jahren ihre ganze Kraft ein, um vor der heraufziehenden Gefahr eines neuen Weltkrieges zu warnen. Es galt, die Menschen auf die Kriegsvorbereitungen der Faschisten hinzuweisen, so wie es in einem illegalen Flugblatt Walter Ulbrichts geschah, in dem es hieß: „In Spanien wird der Weltkrieg vorbereitet. In den Schlachten des spanischen Bürgerkrieges werden bereits die ersten Schlachten des Weltkrieges geschlagen.“[131] Brecht unterstützte die Arbeit der Partei durch sein Werk.

130 B. Brecht, „Stücke“, a. a. O., Bd. VI, S. 201 f.

131 W. Ulbricht, „Hitler-Gendarm Europas“; illegal erschienen unter dem Tarntitel „Die deutschen Segelschiffe“, 1936; in: W. Ulbricht, „Zur Geschichte der deutschen Arbeiterbewegung“, Berlin 1953, Bd. II, S. 125.

Er sah seine Aufgabe darin, mit literarischen Mitteln dafür zu kämpfen, daß der Aggression der Faschisten Einhalt geboten wurde. Wichtig schien ihm deshalb, daß die Menschen begriffen, daß man die faschistische Macht nur mit Gewalt brechen kann. Das Stück „Die Gewehre der Frau Carrar" ist deshalb auch in erster Linie eine Auseinandersetzung mit dem Pazifismus. Der Dichter kritisierte jedoch nicht nur jene Form des Pazifismus, die jegliche Gewaltanwendung aus religiösen und weltanschaulichen Motiven verwarf, sondern mehr das kapitulantenhafte Zurückweichen vor der Gewalt. Der ideologische Stoß sollte gegen die Stimmen geführt werden, die lamentierten: „Es hilft doch nichts!" Die Auseinandersetzung mit der Antigewalttheorie vollzog sich in diesem Werk auf einer anderen Ebene und mit anderen Akzenten, als sie von Brecht Ende der zwanziger und Anfang der dreißiger Jahre geführt worden war.

Die politische Absicht seines Stückes wird besonders deutlich in dem Vorspiel, das Brecht für eine Aufführung in Schweden geschrieben hat. (14) Dieses Vorspiel zeigt die Carrar in einem französischen Konzentrationslager, und ihre Geschichte, das eigentliche Stück, ist die Antwort auf die ironische Frage eines französischen Wachpostens, ob es sich gelohnt habe, ins Konzentrationslager zu kommen. Einer dieser Wachposten bemerkt: „Vielleicht hat es überhaupt keinen Zweck zu kämpfen. Die Tschechen haben nicht gekämpft, da sind sie natürlich geschlagen worden. Aber ihr habt gekämpft. Nun, ihr seid auch geschlagen. Wozu also kämpfen?"[132] Darauf gibt der Arbeiter Pedro Jaquéras, Teresa Carrars Bruder, der ebenfalls in dem französischen Konzentrationslager gefangengehalten wird, eine Antwort, die eigentlich die beste Zusammenfassung der politischen Zielsetzung des Stückes ist. Er sagt zu den französischen Wachposten, die auch Arbeiter sind: „... Die beste Ant-

132 Bertolt Brecht-Archiv, Berlin; „Die Gewehre der Frau Carrar", Archiv-Mappe Nr. 167, Blatt 26.

wort könnte euch die Frau dort geben, aber sie versteht eure Sprache nicht. Sie ist meine Schwester. Sie lebte mit zwei Söhnen in einem kleinen Fischerdorf in Katalonien, der Junge ist derjenige ihrer Söhne, der noch lebt. Sie stellte ebenfalls die Frage: Wozu kämpfen? Sie fragte das nicht bis zuletzt, aber sehr lange, fast bis zuletzt, und wie sie stellten diese Frage ‚*Wozu kämpfen?*‘ viele ihresgleichen sehr lange, fast bis zuletzt. Und daß sie diese Frage so lange stellten, das war einer der Gründe dafür, daß wir geschlagen wurden, seht ihr. Und wenn ihr diese Frage einmal stellen werdet wie sie, dann werdet auch ihr geschlagen werden.“[133]

Diese Zielrichtung gegen das kapitulantenhafte Verhalten vor der faschistischen Gefahr arbeitete Brecht nicht nur durch das Vorspiel heraus, sie ergibt sich aus der Fabel des Stückes selbst, vor allem aus der Anlage der Titelgestalt. Das Vorspiel war mehr eine aktuelle Unterstreichung, eine Verdeutlichung, die Brecht angesichts einiger politischer Ereignisse, wie den faschistischen Überfall auf die Tschechoslowakei, für nötig hielt.

Die Carrar ist keine Gegnerin der Gewalt aus weltanschaulicher, religiöser Gesinnung, vielmehr wird von ihr im Dorf erzählt, sie habe einst ihrem Mann zugeredet, gegen die Ausbeuter zu kämpfen. Auch das Bibelwort „Wer zum Schwert greift, wird durch das Schwert umkommen“ entspricht nicht ihrer eigentlichen Vorstellungswelt, sie gebraucht es nur, um sich gegen ihren Bruder zu verteidigen, um ihre Kinder aus dem Krieg herauszuhalten. Was sie will, ist sehr einfach: sie will überleben. Sie hat gesehen, die Macht der Generäle ist zu groß, der Tod ihres Mannes war ihr eine blutige Lehre, nun will sie stillhalten; sie glaubt, wer sich ruhig verhält, den werden sie in Frieden lassen. Am klarsten spricht sie das aus, wenn sie zu Pedro sagt: „Wir haben es nicht so gut, und es ist nicht so leicht, dieses Leben zu ertragen. Aber es geht nicht mit der Gewalt. Das sah ich, als sie ihn hereinbrachten und ihn mir auf den Boden legten. Ich bin nicht

133 Ebenda, Blatt 27.

für die Generäle, und es ist eine Schande, das von mir zu sagen. Aber wenn ich mich still verhalte und meine Heftigkeit bekämpfe, dann lassen sie uns vielleicht verschont. Das ist eine einfache Rechnung. Es ist wenig genug, was ich verlange."[134] Die Carrar kennt das Leben. Sie, die nur Not und Ausbeutung kennengelernt hat, weiß, was die Herrschaft der Generäle bedeutet. Was sie von ihnen erwartet, kommt in der sehr differenzierten Gestaltung Brechts schön zum Ausdruck, wenn er sie sagen läßt, daß sie „vielleicht" davonkomme. Dieses „vielleicht" charakterisiert treffend, daß sie sich wohl bewußt ist, was dem Sieg der Generäle folgen wird. Es wäre falsch, wenn man das Verhalten der Carrar aus der politischen Naivität einer Frau erklären wollte, die nicht um die Gefährlichkeit der Generäle und der Ausbeuterklasse weiß. Sie weiß es sehr wohl. Ihre Haltung entsteht nicht aus einer allgemeinen politischen Unwissenheit, sondern vielmehr dadurch, daß sie der Kraft ihrer Klasse nicht vertraut. Sie würde sehr gern ohne die Generäle leben, aber sie glaubt nicht daran, daß man gegen sie etwas machen kann. „Wir sind arme Leute, und arme Leute können nicht Krieg führen."[135] Sie ist nicht für die Generäle, aber sie hat es aufgegeben, sich gegen sie zu erheben, ihnen die Stirn zu bieten. In der Verteidigung der schmalen Hoffnung, mit ihren Kindern durch diesen Krieg hindurchzukommen, ist sie dabei, auch das Tischtuch zwischen sich und denen zu zerschneiden, die zum Gewehr griffen. So streitet sie giftig mit der alten Frau Perez und Manuela. Sie verrennt sich in eine Haltung, in der sie sich selbst nicht mehr wohl fühlt. Sie spricht das in dem Satz aus: „Das schlimmste ist, daß sie einen mit ihrer Hartnäckigkeit dahin bringen, daß man lauter Dinge sagt, die man gar nicht meint."[136] Die Carrar kapitulierte vor der Gewalt der herrschenden Klasse. Und Brecht kam es darauf an, die Konsequenzen

134 B. Brecht, „Stücke", a. a. O., Bd. VII, S. 45.
135 Ebenda, S. 11.
136 Ebenda, S. 51.

einer solchen Kapitulation in der Fabel herauszuarbeiten. Er wollte zeigen, daß gerade der die geringsten Hoffnungen besitzt, der sich nicht gegen seine Ausbeuter wehrt; denn die Gewalt der herrschenden Klasse kennt keine Grenze außer der, die ihr von der revolutionären Arbeiterklasse gesetzt wird.

Der Carrar stellte Brecht die positive Haltung der Frau Perez gegenüber. Sie antwortet der Carrar, als diese ihr vorhält, ihre Tochter, die Lehrerin, könnte noch leben, wenn sie nicht zum Gewehr gegriffen hätte: „Aber wie?... Und jetzt sagte Inez, sie könne nicht lehren, daß zwei mal zwei fünf und der General Franco von Gott geschickt sei."[137] Die Carrar hat in ihrem kleinen katalonischen Fischerdorf die machtvollen Demonstrationen des revolutionären Proletariats, die vereinte Kraft ihrer Klasse nicht kennengelernt. Sie urteilt nur von ihren eigenen beschränkten Erfahrungen, die sie mit den Herrschenden gemacht hat. Daraus erklärt sich ihre Haltung, die sich nach dem Tode ihres Mannes noch zu einer rechthaberischen Starrköpfigkeit verhärtete. Brecht hat die verschiedenen Seiten und Vorstellungen, mit denen diese Frau ringt, obwohl sie sich nach außen immer mehr allen Einwänden versperrt, in einer kurzen Szene großartig zu gestalten gewußt: Die Carrar zerreißt im Zorn, als alle mit ihr streiten, die kleine rote Fahne, aber sie sammelt sogleich die Fetzen wieder ein und verbirgt sie in ihrer Tasche. Im Charakter der Carrar ist viel Positives, das durch ihre Wandlung am Schluß des Stückes erst zum Durchbruch kommt. Diese Seiten machen auch ihre überraschende Wandlung verständlich.

Von der politischen Zielsetzung des Stückes aus gesehen, wird die Unterredung mit dem Padre Francisco zum Knotenpunkt des ganzen Werkes. Seine Stellung zum Krieg wird von einer anderen weltanschaulichen Sicht bestimmt als die der Carrar. Es ist seine religiöse Gesinnung, die ihn zum Pazifisten macht. In ihrem weltanschaulichen Ausgangs-

137 Ebenda, S. 48 f.

punkt zwar verschieden, vertreten aber beide, der Padre und die Carrar, eine gleiche Haltung: sie wollen neutral bleiben. Brecht bekämpft in seinem Stück beide Spielarten des Pazifismus, indem er zeigte, wie die pazifistische Neutralität in Unmenschlichkeit umschlägt. In der Szene, in der der Padre abwehrend die Hände hebt, er billige die Bluttaten der Generäle nicht, läßt Brecht den Arbeiter sagen: „Es fiel mir nur auf, daß die Haltung, mit der man etwas mißbilligt, so schrecklich der Haltung gleicht, mit der man kapituliert, Teresa. Ich habe oft gelesen, daß die Leute, die ihre Hände in Unschuld waschen, dies in blutigen Schüsseln tun. Man sieht es den Händen danach an."[138] An einer anderen Stelle weist der Arbeiter Pedro die Carrar auf die Folgen ihrer Haltung hin, indem er ihr zornig erwidert: „Ja, du bist gegen Inez! Indem du ihr nicht geholfen hast, warst du gegen sie! Du sagst ja auch, du bist nicht für die Generäle. Und das ist ebenso unwahr, ob du es weißt oder nicht. Indem du uns nicht gegen sie hilfst, bist du für sie. Du kannst nicht neutral bleiben, Teresa!"[139]

Das Rededuell zwischen dem Arbeiter und dem Padre ist eine große weltanschauliche Debatte um den Humanismus. Der Padre ist ein Mensch, der, wie ihn Brecht charakterisierend sagen ließ, kein Kloster besitzt und das wenige mit seiner Gemeinde teilt: ein Mensch, der ehrlich und hilfsbereit unter den Armen lebt. Aber seine Anständigkeit, seine ehrliche Hilfsbereitschaft heben sich auf, verlieren ihr positives Gewicht und schlagen in eine Unterstützung der Barbarei um, weil er nicht bereit ist, der vernichtenden Gewalt in den Arm zu fallen. Was im einzelnen gesehen gut und ehrlich sein mag, wird im Zusammenhang der Dinge, im Hintergrund des blutigen Bürgerkrieges jämmerlich und verlogen. Dagegen spricht aus dem aufrechten, gradlinigen Auftreten des Arbeiters für seine Sache, aus seinem Kampf gegen die Unterdrückung, die Kraft des neuen, des sozia-

138 Ebenda, S. 34.
139 Ebenda, S. 51.

listischen Humanismus. In der Gestalt des Arbeiters Pedro Jaquéras verkörpert sich dieser neue Humanismus als der einzige wirkliche Gegner der Barbarei. Über den Wert einer humanistischen Gesinnung von der Art, wie sie der Padre Francisco vertritt, urteilte Heinrich Mann 1936 aus den Kämpfen der Zeit heraus: „Humanisten taugen erst dann etwas, wenn sie, anstatt nur zu denken, auch zuschlagen."[140]

Brechts Stück war aber nicht nur eine Auseinandersetzung um die richtige menschliche und politische Entscheidung während des spanischen Krieges, es drang darüber weit hinaus in die großen internationalen politischen Zusammenhänge der Zeit vor. Im Stück weist der Arbeiter die Carrar und den Padre immer wieder darauf hin, daß sie in diesem blutigen Ringen nicht neutral bleiben können, wie das auch der ganze Verlauf der Fabel beweist. Die gleiche Antwort richteten während des spanischen Krieges die fortschrittlichen Menschen in aller Welt an die bürgerlich-demokratischen Regierungen des Westens. Die Weltanschauungsdebatte zwischen Pedro und dem Padre über den Pazifismus war in ihrer Verallgemeinerung auch eine Polemik gegen die Nichteinmischungspolitik, wie sie die Initiative des damaligen französischen Ministerpräsidenten und Führers der Sozialistischen Partei Frankreichs, Léon Blum, herbeigeführt hatte. Die hervorragende Typisierung ermöglichte es Brecht, im Rahmen eines Einzelschicksals auch die großen politischen Zusammenhänge in einem bestimmten Maße zu erfassen. Damit ist die Frage nach der Gestaltungsweise berührt, die Brecht in diesem kleinen Stück anwandte.

Brecht benutzte, wie er im Vorspann bemerkt, eine Idee von J. M. Synge. Der Einakter „Riders to the Sea" von Synge war jedoch lediglich eine literarische Anregung. Es hätte der Nennung des irischen Dichters keineswegs bedurft. Brecht übernahm von Synge nicht mehr als das Motiv, daß

140 H. Mann, „Ein denkwürdiger Sommer"; in: „Internationale Literatur", Moskau 1936, Heft 1, S. 22.

eine Mutter ihren Sohn warnt, er möge heute nicht zur See fahren, er werde sonst ertrinken wie sein Bruder. Der Sohn schlägt die Mahnung der Mutter in den Wind, fährt und ertrinkt.[141] Aus diesem Motiv und dem Material, das Brecht über die spanischen Ereignisse zusammengestellt hatte, schuf er eine völlig neue Fabel. Er sagte selbst, daß das Stück unexperimentelles, altes, handfestes Theater sei.[142]

Brecht schrieb die „Carrar" in der aristotelischen Technik. Es wäre jedoch falsch, und darauf wurde schon hingewiesen, wollte man eine allzu scharfe Trennungslinie zwischen diesem Stück und jenen Werken ziehen, die in einer nichtaristotelischen Technik geschrieben wurden. Das liefe auf eine formale Gegenüberstellung einzelner technischer Mittel hinaus, auf eine Fehlinterpretation des Brechtschen Schaffens. Dabei soll nicht übersehen werden, daß der Rückgriff auf die aristotelische Technik keineswegs zufällig war, sich nicht erklären läßt als ein gelegentlicher Versuch, mit dem Brecht beweisen wollte, daß er sich auch in dieser Technik zu Hause fühlte. Die Dinge sind weitaus komplizierter und verlangen eine eingehende Erklärung. Auf die aristotelische Technik griff Brecht schon während der Arbeit an der Szenenfolge „Furcht und Elend des Dritten Reiches" zurück. Einige dieser meisterhaft gebauten Einakter sind bestes aristotelisches Theater, das er aber, wie nachgewiesen wurde, mit bestimmten Errungenschaften der zwanziger und dreißiger Jahre verband. Indem sich Brecht mit den traditionellen Formen des Theaters beschäftigte, suchte und fand er neue Lösungen. In der Szenenfolge „Furcht und Elend des Dritten Reiches" und in dem Stück „Die Gewehre der Frau Carrar" gestaltete Brecht mehr oder weniger eng umrissene Einzelschicksale, dabei gebrauchte er auch die Mit-

141 J. M. Synge, „Riders to the Sea"; in: J. M. Synge, „Plays by John M. Synge", Dublin and London 1922, S. 31–52.

142 Siehe: A. Seghers, „Helene Weigel spielt in Paris"; in: „Internationale Literatur", a. a. O., 1938, Heft 4, S. 126.

tel der traditionellen Dramaturgie. Wenn er diese Arbeiten auch nicht als Experimente, als Versuche, wie er den größten Teil seiner Stücke nannte, bezeichnete, so haben sie in seinem Gesamtschaffen einen nicht weniger experimentellen Charakter. Denn Brecht probierte mit jenen kleinen Stücken die Tragfähigkeit der alten Technik erneut aus. Er tastete ihre Wirkungsmöglichkeiten ab, um festzustellen, welche Elemente der alten Dramatik geeignet waren, die sehr komplizierten gesellschaftlichen Vorgänge unserer Wirklichkeit abzubilden, und wie sich diese Elemente mit bestimmten Neuerungen verbinden ließen. Der Sprung von der Gestaltung der „Rundköpfe und Spitzköpfe" zu den großen Meisterwerken des sozialistischen Realismus in den Jahren 1938 und 1939, „Leben des Galilei", „Mutter Courage und ihre Kinder" und „Der gute Mensch von Sezuan", war nicht ohne Zwischenglieder möglich. Das Parabelspiel „Die Rundköpfe und die Spitzköpfe" zählt, ebenso wie die drei genannten Werke aus den Jahren 1938/39, zu einer nichtaristotelischen Dramatik. Aber es ist offensichtlich, ohne hier schon eine Beweisführung antreten zu wollen, daß die späteren Stücke in ihrer Gestaltungsweise gegenüber den „Rundköpfen und Spitzköpfen" sehr verschieden sind und eine höhere Stufe darstellen. Diese Stufe war aber nicht anders zu erreichen als durch die Erfahrungen, die Brecht während der Arbeit an den kleinen Werken wie den meisterlichen Kurzszenen und dem Stück „Die Gewehre der Frau Carrar" gesammelt hatte. Die kleineren Arbeiten stellen in gewisser Hinsicht eine Entwicklungsetappe zu den großen Meisterwerken dar. Das schränkt ihren Eigenwert und ihre Gültigkeit in keiner Weise ein. Brecht arbeitete sich gerade bei ihrer Gestaltung zu der Methode des sozialistischen Realismus durch, die im „Leben des Galilei", in der „Mutter Courage" und im „Guten Menschen von Sezuan" zu einer Menschengestaltung führte, die von der Größe und dem Reichtum der sozialistischen Literatur sichtbares Zeugnis ablegt.

Der Erfolg des Stückes „Die Gewehre der Frau Carrar" gab Anlaß, die Verwendbarkeit der aristotelischen Technik von neuem zu durchdenken. Brecht hatte zwar auch in den zwanziger Jahren das aristotelische Theater niemals völlig verworfen, sondern betrachtete diese Technik lediglich als nicht ausreichend für die Wiedergabe komplizierter Vorgänge der modernen Gesellschaft. Die große politische Wirkung, die gerade dieses kleine Stück ausgelöst hat, mag Brecht zu neuen Erkenntnissen über die Berechtigung und Wirkungsmöglichkeiten des aristotelischen Theaters in bestimmten politischen Situationen geführt haben. Dafür sprechen auch einige – bisher noch unveröffentlichte – theoretische Notizen Brechts. Dabei soll nicht der Anschein erweckt werden, als ob der Dichter nach der Fertigstellung dieses Stückes seine Polemik gegen das aristotelische Theater aufgegeben habe. Er hielt diese Technik nach wie vor für unvollkommen, aber über den Grad ihrer Brauchbarkeit machte er sich ein neues Urteil.

Wenn man die Gründe für den Rückgriff auf die aristotelische Form analysiert, darf man nicht übersehen, daß Brecht mit der „Carrar" – wie mit den Szenen – schnell und unmittelbar politisch wirken wollte. Das schloß die Möglichkeit zu Experimenten aus. Deshalb griff er auf eine bewährte Form zurück. Die „Carrar" durchlief nicht, wie es sonst bei Brecht der Fall war, mehrere Gestaltungsstufen.

Man muß jedoch auch berücksichtigen, daß Brecht von der Aussagekraft, besonders der politischen Aussagekraft seines Werkes keineswegs völlig befriedigt war. Die Ursache dafür sah er in einigen Mängeln der aristotelischen Technik, auf die er nachdrücklich in einer Erläuterung zu seinem Stück aufmerksam machte: „Die Nachteile dieser Technik können bis zu einem gewissen Grade ausgeglichen werden, wenn man das Stück zusammen mit einem Dokumentenfilm, der die Vorgänge in Spanien zeigt, oder irgendeiner propagandistischen Veranstaltung aufführt."[143] Brecht suchte noch

143 B. Brecht, „Stücke", a. a. O., Bd. VII, S. 60.

nach weiteren Möglichkeiten, um Mängel der aristotelischen Dramatik, die er zu erkennen glaubte, auszugleichen. Durch das Vor- und Nachspiel erhielt das Stück etwas Episches, etwas breit Demonstrierendes. Doch war das nicht die Hauptsache, es ging Brecht nicht um formale Fragen. Mit dem Prolog und dem Epilog wollte er die gesellschaftlichen, die politischen Vorgänge stärker verdeutlichen. Er hat diese Rahmenhandlung auch niemals zum Druck gegeben, denn er war sich bewußt, daß sie nur ein didaktischer Zusatz, eigentlich nur eine Erläuterung seiner politischen Absicht war.

Es ergibt sich nun die Frage, worin Brecht die Nachteile der aristotelischen Technik sah, was ihm durch sie versagt blieb, in der Fabel wiederzugeben? Schon die Zutat des Vorspiels gibt Antwort: Die Vorgänge des Stückes schienen ihm nicht in genügendem Maße die großen gesellschaftspolitischen Zusammenhänge zu erfassen. Das individuelle Schicksal der Carrar hob für Brecht nicht genug die gesellschaftlichen Kräfte hervor. Die internationale Auseinandersetzung um Spanien, die komplizierte Situation in Spanien selbst sowie das Verhalten der bürgerlichen Demokratien zum Kampf des spanischen Volkes und die gesellschaftlichen Ursachen ihres Versagens – das alles war für Brecht mit den Mitteln der aristotelischen Dramatik nur bedingt abzubilden. Ihn reizte von jeher die Gestaltung der großen gesellschaftlichen Zusammenhänge und der ökonomischen Ursachen der Ereignisse. Wäre Brecht der Schacher zwischen den deutschen und spanischen Kapitalisten um die Erzvorkommen Bilbaos bekannt gewesen, der erst nach dem Kriege durch Dokumente der Hitlerregierung ans Licht der Öffentlichkeit kam, er hätte sich sicher sehr dafür interessiert. Über die Vorgänge von Bilbao schrieb Albert Norden: „Dabei konzentrierte sich die Aufmerksamkeit Berlins besonders auf die Erzvorkommen. Noch während die Kämpfe im Baskenland tobten – Bilbao fiel am 20. Juli 1937 den Faschisten in die Hände –, gingen in der Reichshauptstadt bereits eifrige Erörterungen vor sich, wie man sich der im Baskenland konzentrierten spanischen Erzvorkommen bemächtigen könnte. Unter dem Datum vom 10. Juli 1937 findet man in den Hitlerschen Regierungsakten den Bericht eines deutschen Firmenvertreters über die Lage der baskischen Erzgruben mit der Versicherung, daß der gesamte Erzexport ‚zunächst für absehbare Zeit nach Deutschland gehen werde'."[144] Das war Material, wie es Brecht suchte, um die ökonomischen Ursachen der Kämpfe in Spanien bloßzulegen. Solche Vorgänge erstrebte er in der Fabel abzubilden. Aber die von ihm gewählte einfache, nicht zusammengesetzte Fabel vermochte eine solche weitgespannte gesellschaftliche Aussage nicht in allen Teilen zu tragen. Schon die kleine Form des Einakters setzte hier Grenzen. Deshalb wollte Brecht die Aufführung durch einen Dokumentarfilm oder einen politischen Vortrag ergänzt wissen. Man muß bewundern, welche hohen politischen Anforderungen Brecht an ein Stück stellte, welchen großen gesellschaftlichen Aussagewert er der Fabel eines Werkes abverlangte.

Welche Seiten und Zusammenhänge Brecht zu erfassen wünschte, das wird auch deutlich, wenn man die Veränderungen, besonders die Streichungen, verfolgt, die er während der Arbeit vornahm. So strich Brecht in der großen Auseinandersetzung zwischen dem Mädchen Manuela und der Carrar folgende bezeichnende Stelle:

„*Manuela:* Die Regierung hat die anständigen Leute aufgefordert, sich unter Gewehr zu stellen. Behaupten Sie nicht, daß Sie das nicht gelesen haben.

Theresa: Ich behaupte es nicht. Ich habe es gelesen. Eure Regierung hat mir voriges Jahr noch gedroht, man werde mir das Dach über dem Kopf versteigern, wenn ich nicht die Steuer bezahle, mit der sie ihre fetten Herrn Advokaten aushält. Seit wann ist das eine Regierung, die ich schützen

144 A. Norden, „Die spanische Tragödie", a. a. O., S. 30.

soll? Vor einem Jahr noch war sich der ganze Ort darüber klar, daß es ein Haufen von Lumpen ist.

Manuela: Wer hat gesagt, daß Sie die Regierung verteidigen sollen? Sie sollen sich verteidigen! Regierung hin und Regierung her – wir sollen vom Erdboden ausgewischt werden! Verstehen Sie!"[145]

Diese Stelle war damals, als sie Brecht schrieb, hoch aktuell, denn sie spiegelte deutlich einen Teil der Diskussionen wider, die um die Bildung der Volksfront geführt wurden. Der Grund für die Streichung liegt wohl darin, daß mit den Mitteln und der einfachen Fabel des Stückes solche komplizierten und weitreichenden politischen Probleme nicht befriedigend gestaltet werden konnten. Die gestrichene Stelle kennzeichnet aber auch sehr klar, in welche Richtung Brecht seine Gestaltung zu lenken wünschte. Er wollte die ökonomische Stellung des Menschen im gesellschaftlichen System enthüllen und ihre Klasseninteressen aus dem widerspruchsvollen gesellschaftlichen Gesamtzusammenhang verständlich machen. Das Stück sollte in der Fabel, im Handlungsablauf zeigen und über die Faschisten aussagen, was der Arbeiter Pedro Jaquéras mit den Worten erklärte: „Mit dem Tank und dem Flugzeug wollen die Herren den Holzpflug und den Fischkutter verewigen. Elend und Sünde kommen vom Holzpflug und Fischkutter, und die Unterdrückung hat Flugzeuge und Tanks."[146] (Die Stelle hat Brecht in späteren Ausgaben gestrichen.)

Brecht sah die Nachteile der aristotelischen Technik darin, daß er die gesellschaftlichen Ursachen des Bürgerkrieges, die ökonomisch-politischen Zusammenhänge nicht in genügendem Maße in der Fabel abbilden konnte. Die szenische Konstellation, die Handlung der Personen sagten ihm nicht genug

145 Bertolt Brecht-Archiv, Berlin; „Generäle über Bilbao", Archiv-Mappe Nr. 314, Blatt 02.

146 Bertolt Brecht-Archiv, Berlin; „Die Gewehre der Frau Carrar" (Malik-Fassung), Archiv-Mappe Nr. 617, Blatt 25.

über die Klassenposition der einzelnen Gestalten, über ihre materiellen Interessen und Kämpfe aus. Was darüber dargelegt wurde, blieb Diskussion, ging nicht in lebendige Handlung ein, wurde nicht durch die Fabel selbst offenbar. Als echter Dramatiker und erfahrener Theatermann wußte Brecht, wo die Dialoge seiner Gestalten nicht mehr von der Handlung getragen wurden und Diskussionen blieben. So strich er die Stellen, deren Inhalt nicht die Fabel selbst erzählte, und richtete seine Aufmerksamkeit auf eine geschlossene, klare Fabelführung.

Man kann freilich die strenge Selbstkritik, die der Dichter in der Anmerkung zu seinem Stück übte, nicht in allen Punkten teilen. Die „Carrar" kann sehr wohl des Dokumentarfilmes oder des politischen Vortrags über die spanischen Ereignisse entbehren. Das Schicksal der Carrar spiegelt durch die großartige Typisierung bis zu einem bestimmten Grad auch die gesellschaftlichen Zusammenhänge und die politischen Hintergründe des spanischen Befreiungskrieges wider. Die Auseinandersetzung, die der Arbeiter Pedro Jaquéras mit der Carrar und dem Padre führt, ist ein Abbild der großen politischen Bemühungen der revolutionären Arbeiterklasse in der zweiten Hälfte der dreißiger Jahre, um alle arbeitenden Menschen zu gewinnen. Brechts Forderungen an die politische Aussagekraft eines Stückes übersteigen manchmal die Grenzen der dramatischen Gattung. Es spricht aber für seinen Entdeckerdrang und seine Erfindungsfreudigkeit, daß Brecht immer wieder nach neuen Gestaltungsmöglichkeiten suchte.

Der Schluß des Stückes hat wiederholt Diskussionen ausgelöst. Auch Brecht selbst muß die Schlußszene noch oft überdacht haben, wenngleich er keine Veränderungen mehr vornahm. Nach der Aufführung der „Gewehre der Frau Carrar" in Kopenhagen schickte Martin (mit großer Wahrscheinlichkeit Martin Andersen Nexö) Brecht eine ausführliche handschriftliche Notiz über eine Diskussion. Darin heißt es: „Die Diskussion zu die ‚Frau Carrar' berührte besonders den *Schluß* des Dramas; seine Bühnenwirksamkeit! Ich gab den Vergleich zwischen dem Lese- und Spieldrama. Nimmt man in der Lektüre die letzten Worte der Mutter in sich auf, dann wirkt dies ‚Ja, für Juan' der Frau Carrar, die ungeheuere Wandlung erlebt, erschütternd. Die Lyrik des Endes schwingt lange im Leser nach ... Aber das Spieldrama, gesehen und aufgefaßt vom Zuschauer, den optische und akustische Effekte der Bühne mitreißen sollen (im Zusammenhang mit dem undefinierbar stimmungsgemäßen der jeweiligen Szene), entbehrt – nach bescheidener Auffassung, die indes bei den übrigen Betrachtern Anklang findet – des zugkräftigen (im guten Sinne) Abschlusses, welcher Ende *und* neuen Anfang aufzeigt – wie eine ‚neutrale' Mutter zur politischen Kämpferin heranwächst."[147] Auch bei der späteren Berliner Aufführung mußte man Brecht berichten, daß der Schluß nicht recht glaubhaft wirke. In der protokollierten Diskussion sagte Helene Weigel über die Gestalt der Carrar: „‚Sie empfängt einen Stoß nach dem andern, und man glaubt nicht die Wirkung der Stöße.' – ‚Sag das noch einmal', bat B. Die Weigel wiederholte den Satz. ‚Das Nach und Nach weicht alles auf', sagte B. Wir hatten den Fehler gefunden. Die Weigel hatte die Carrar sichtlich jedem der Stöße nachgeben und sie beim heftigsten zusammenbrechen lassen. Statt dessen mußte sie spielen, wie die Carrar sich nach jedem Stoß, der sie erschüttert, mehr verhärtet und nach dem letzten *plötzlich* zusammenbricht."[148]

Diese Kritiken über den Stückschluß berühren ohne Zweifel richtige Seiten. Aber weder die Bemerkung Martins (Andersen Nexö), der die mangelnde Theaterwirksamkeit herausstellte, noch der Vorschlag für eine richtige Spielweise kommen der Sache ganz auf den Grund; denn die Ursache liegt in der Gestaltung der Figur selbst. Eigent-

147 Bertolt Brecht-Archiv, Berlin; „Die Gewehre der Frau Carrar", Archiv-Mappe Nr. 239, Blatt 50.

148 B. Brecht, „Die Dialektik auf dem Theater", Versuche, Heft 15, a. a. O., S. 96 f.

lich wehrt man sich, von einer Schwäche des Schlusses zu schreiben, weil es ein zu starker Ausdruck für die Schwierigkeiten ist, die Fabel überzeugend zu Ende zu führen. Solch ein starker qualitativer Umschlag, wie die Wandlung der Carrar, ist auf dem heutigen Theater schwierig darzustellen. Besonders wenn die ganze Gestaltung auf einen einzigen Punkt hingedrängt wird, der sozusagen schlagartig eine völlig neue Qualität in der Figur auslöst. Der Zuschauer unserer Zeit bringt gegen derart plötzliche Wandlungen ein gewisses Mißtrauen mit. Er will die neue Qualität entstehen sehen, er will die quantitativen Anreicherungen verfolgen, wenn ihm eine plötzliche Wendung glaubhaft erscheinen soll. Umschläge von der Art, wie sie das antike Theater darstellte, geraten in der heutigen Thematik selten überzeugend. Das Vergnügen unseres Zuschauers besteht vielmehr darin, die neuen Eigenschaften in einer Gestalt heranreifen zu sehen; mit den Termini der Dialektik ausgedrückt: er verlangt, den Umschlag von der Quantität in die Qualität überschauen zu können.

Wenn Brecht der Darstellerin der Carrar empfahl, so zu spielen, daß sie bei jedem Stoß, der sie trifft, sich nur mehr verhärtet und bei dem letzten erst zusammenbricht, so ist das gut und richtig. Dieses Verhalten geht aus ihrem Charakter, aus den Situationen folgerichtig hervor. Gleichzeitig aber muß in der Figur noch ein anderer Prozeß deutlich gemacht werden: nämlich wie sich die Carrar wohl nach außen hin immer mehr verhärtet, aber das eben, weil die Stöße sie erschütterten, weil ihre Position ins Wanken geraten ist. Dieser Zug aber ist in der Figur durch den Dichter nicht genügend herausgearbeitet. Ansätze dazu sind vorhanden. Vor allem die Szene, in der sie die rote Fahne zerreißt, die Fetzen jedoch sogleich wieder einsammelt, zeigt ihre nach außen immer heftiger werdenden Aktionen; diese verletzende Starrköpfigkeit aber bereut sie im Innersten schon, sie gerät immer mehr mit sich selbst in Widerspruch. Das alles versucht sie zu verdecken, indem sie sich mehr und mehr versteift. Wenn der Dichter diese Seite in der sonst so differenzierten und vielschichtigen Gestalt mehr hervorgehoben hätte, wären die Schwierigkeiten des Schlusses weniger in Erscheinung getreten.

Für Brecht war der Schluß des Stückes ein tiefes Gestaltungsproblem, das ihn wiederholt beschäftigt hat. Interesse gewinnen diese Gedanken über den Stückschluß auch noch im Hinblick auf die Arbeit an der „Mutter Courage". Die Gestalt der Courage erhält, wie die Carrar, durch den Krieg einen Schlag nach dem anderen. Aber Brecht führte die Fabel dieses Stückes in einer fast gegensätzlichen Weise und mit ganz anderen Mitteln zu Ende. Auch diese Lösung rief Diskussionen hervor. Dieses unablässige Suchen nach neuen Lösungen und Mitteln ist für Brecht kennzeichnend und zeugt von den reichen und vielfältigen Gestaltungsmöglichkeiten des sozialistischen Realismus.

Man kann die „Carrar" nicht würdigen, ohne auf die großartige sprachliche Gestaltung einzugehen. Brecht schrieb das Stück in relativ kurzer Zeit. Er beschleunigte seine Arbeit angesichts der faschistischen Verbrechen in Spanien. Es blieb ihm wenig Zeit, zu feilen und zu verändern. Und doch ist ein Werk entstanden, dessen bleibender Wert unumstritten ist, geschrieben in einer Sprache von geradezu klassischer Einfachheit und Schönheit. Brechts Sprache ist in den Jahren des Exils noch knapper, noch schlichter und einfacher geworden. Es gibt kein Wort zuviel, keines, das leer und nichtssagend wäre; jedes ist auf seinen Aussagewert überprüft, ausgewählt nach dem Akzent, den es in den Dialog hineinbringen soll. Der Dichter malt nicht mit Worten, umschreibt nicht, dringt nicht über ganze Wortreihen zum Sinn des Gedankens vor, sondern stellt mit einem Satz einen Gedanken klar, faßbar und in einer Schönheit dar, die sich schwer beschreiben läßt. Brechts knappe, einfache Sprache ist nicht ärmlich, ist nicht karg, bei ihm ist Reichtum und Fülle gebändigt, überlegt und klug verwendet. Er legte stets großen Wert darauf, daß seine Worte, seine

Sätze „zitierbar" waren, doch das gewiß nicht aus literarischer Eitelkeit. Seine Dialoge gewannen dadurch an sprachlicher Kraft, sie gingen in das Gedächtnis des Zuschauers ein, der sie auch nur einmal gehört hatte. Sie reizten durch ihre klare, prägnante Art zum Nachdenken. Es sei hier nur auf ein Beispiel verwiesen, einen Dialog zwischen der Carrar und dem Arbeiter:

„*Die Mutter:* So sind sie. Sein Vater sprang aus dem Boot, wenn sich das Netz verfing.
Der Arbeiter: Vielleicht hatte er nicht so viele Netze?
Die Mutter: Er hatte auch nicht so viele Leben."[149]

Bei Brecht geschah nichts nur um der rein sprachlichen Formung, um der Schönheit des Wortes und der Prägnanz des Ausdrucks willen. Seine Sprachformung diente dazu, mit jedem Wort, mit jedem Satz die Klasseninteressen eines Menschen zu charakterisieren. Dadurch spiegelten seine Gestalten das Leben in seiner ganzen Ursprünglichkeit und Frische wider.

Aber auch Brechts Sprache blieb von den Angriffen bürgerlicher Literaturhistoriker nicht verschont. So meinte Otto Mann in seinem gehässigen, zänkischen Buch, Brecht vermöge die Sprache des Volkes nicht zu erfassen, und als Dichter könne er das Leben nicht durch Stil prägen. „Es läßt sich auch nicht vorstellen, wie er seine Volksstücke sprachlich anders erfüllen will. Durch die Sprache des Volkes vermag er sie nicht zu konkretisieren, und im Durchschnitt literarischer Rede kann er sie nicht belassen, ohne als Literat entlarvt zu werden. Also macht er aus der Literatur Methode. Er gibt das stilisierte Volksstück, gibt diesen Widerspruch in sich, da Stilisierung das Volksstück aufhebt."[150] Otto Mann rühmte dagegen neben der Sprache

149 B. Brecht, „Stücke", a. a. O., Bd. VII, S. 19 f.
150 O. Mann, „Maß oder Mythos? Ein kritischer Beitrag über die Schaustücke Bertolt Brechts", Heidelberg 1958, S. 106.

Hauptmanns und Zuckmayers vor allem die Anzengrubers. Bei ihnen sei die „Echtheit" der Volkssprache vorhanden. Brecht beweise seine Unfähigkeit als Dichter schon dadurch, daß ihm eine solche Sprachwiedergabe – also eine mehr oder weniger naturalistische – versagt sei, deshalb habe er auch das „stilisierte Volksstück" erfunden. Brecht habe es bei jeder Gelegenheit peinlich vermieden zu zeigen, daß er, wie Mann sich im nazistischen Sprachgebrauch ausdrückt, auch „volkhaft"[151] schreiben könne. Otto Mann vermißt, daß Brecht nicht „wie Anzengruber echt realistisch" gestaltet hätte[152] Da sich Brecht als realistischer Dichter niemals mit der naturalistischen Wiedergabe der Sprache zufriedengab, behauptet Mann, Brecht sei eben nicht fähig gewesen, auch den Dialekt zu gebrauchen. Dabei ist zum Beispiel aus den ersten Fassungen einiger Szenen von „Furcht und Elend des Dritten Reiches" ersichtlich, daß Brecht ganze Partien im Berliner Dialekt schrieb. (15) Er benutzte den Dialekt jedoch nur als Hilfsmittel, um die Gestalt plastischer herauszumodellieren. Der Dialekt diente ihm nur dazu, bestimmte charakteristische Wendungen herauszugreifen und in das Hochdeutsch einzufärben. Brecht griff auf den Dialekt und Jargon zurück, wenn sich das Schriftdeutsch nicht als biegsam und nuancenreich genug erwies, um bestimmte Vorgänge widerzuspiegeln. Eine Methode übrigens, der sich viele große Dichter bedienten.

Brecht ist aber nicht nur ein Meister der deutschen Sprache, sondern auch ein wirklicher Sprachschöpfer gewesen. In den Jahren des Exils wurde seine Sprache gefühlsreicher und gewann manchen Ton, den sie früher nicht besaß. Wenn die Sprache seiner Werke aus den zwanziger Jahren auch niemals kalt und nüchtern war, so ging ihr doch oft im Kampf gegen die verlogene bürgerliche Gefühlswelt manches echte Gefühl verloren. Im Exil, abgeschnitten

151 Ebenda, S. 105.
152 Ebenda, S. 104.

vom lebendigen Strom der deutschen Sprache, fand Brecht Töne voll echten, großen Gefühls, zwar sehr verhalten, aber dadurch gerade von so tiefer, nachhaltiger Wirkung. Vor allem die Sprache seiner Gestalten aus dem Volk bekam eine kräftige Bildhaftigkeit. Sie war karg und zärtlich zugleich. So ist die Klage der Carrar bei aller Einfachheit und Schlichtheit von großer poetischer Schönheit: „Ihr sollt nicht so in mich hineinreden. Ich kann nicht mit euch allen streiten. Meine Söhne schauen mich an wie einen Polizisten. Wenn die Mehltruhe leer ist, dann lese ich auf ihren Gesichtern, daß ich schuld bin. Und wenn die Flieger auftauchen, dann blicken sie weg, als hätte ich sie geschickt. Warum schweigt der Padre, wenn er reden sollte? Man sieht mich an wie eine Wahnsinnige, wenn ich glaube, daß die Generäle Menschen sind, sehr schlechte, aber kein Erdbeben, mit dem man nicht reden kann!“[153]

Welche große Wirkung Brecht durch die starke Verdichtung und Verknappung der Sprache erreichte, geht eindrucksvoll aus den Worten hervor, mit denen er die Fischer von dem Tod Juans erzählen ließ: „Sie haben ihn nicht einmal etwas gefragt. Sie wischten nur so vorbei mit ihrem Scheinwerfer, und dann fiel seine Lampe ins Boot.“[154] Ein Menschenleben erlischt; Brecht gibt keinen langen Bericht, keine leidenschaftlich erregte Szene. Er drückt es mit einem Satz aus: „... und dann fiel seine Lampe ins Boot.“[155] Aber dieser lapidare Satz sagt alles. Die ganze Brutalität der Faschisten ist in diesem einen Satz eindringlich und warnend gekennzeichnet.

Aufmerksamkeit verdient auch, wie Brecht einfache Gegenstände in die Handlung einbezieht und ihnen durch die Sprache Gewicht verleiht. So in der Szene, in der die Carrar den Tod ihres Sohnes erklärt:

153 B. Brecht, „Stücke“, a. a. O., Bd. VII, S. 50.
154 Ebenda, S. 58.
155 Ebenda.

„*Die Mutter* (einfach): Schuld war die Mütze.

Erster Fischer: Wieso?

Die Mutter: Sie ist schäbig. So etwas trägt kein Herr.

Erster Fischer: Aber sie können doch nicht auf jeden losknallen, der eine schäbige Mütze aufhat?

Die Mutter: Doch. Das sind keine Menschen. Das ist ein Aussatz, und das muß ausgebrannt werden wie ein Aussatz."[156]

Die Mütze besagt, daß hier einer in der großen Klassenschlacht gefallen war, der nichts besaß, der erschossen wurde von denen, die wollen, daß es so bleibt. Die Mütze ist symbolisch, aber das Symbol sprengt nicht die realistische Handlung, ist nicht Handlungsersatz, sondern fügt sich organisch in die Fabel ein, um sie zu verstärken. Ebenso verhält es sich in der Szene, in der die Carrar das vom Blut ihres Sohnes rot gefärbte Segel aufhebt und sagt: „Vorhin habe ich eine Fahne zerrissen. Sie haben mir wieder eine gebracht."[157] Das ist ein schönes poetisches Bild. In dieser Sprache liegt Klarheit, Kraft, Zartheit und die leidenschaftliche Parteinahme des Dichters für das gegen seine Unterdrücker kämpfende Volk.

156 Ebenda.
157 Ebenda, S. 59.

5

BRECHTS KUNST DER MENSCHENGESTALTUNG UND DIE METHODE DES SOZIALISTISCHEN REALISMUS

Mit der „Maßnahme" und der „Mutter" vollzog Brecht zu Beginn der dreißiger Jahre den Übergang zur sozialistischen Dramatik. Seit dieser Zeit konzentrierte sich sein ganzes Bemühen darauf, Werke zu schaffen, die vom Standpunkt des Proletariats aus geschrieben waren. Sein literarisches Schaffen erfuhr durch die Teilnahme an den Kämpfen der revolutionären Arbeiterklasse eine ungeahnte Entwicklung. Seine Verbindung mit den Arbeiterspieltrupps führte ihn zu kühnen Neuerungen und Lösungen in der Dramatik. Die volle Entfaltung seiner großen Gestaltungskraft wurde aber in dieser Zeit noch gehemmt, weil der Dichter Tradition und Neuerertum noch nicht zu einer wirklich organischen Einheit zu verbinden wußte.

Diderot und Lessing, die Aufklärer und Begründer einer revolutionären bürgerlichen Ästhetik, forderten vom Theater, daß es eine Stätte der Unterhaltung und Belehrung sei. In Brechts Schaffen und dem vieler anderer Künstler zu Beginn der dreißiger Jahre fielen diese beiden Elemente auseinander. Brecht schrieb darüber im Exil: „In einer (späteren) Phase der Experimente führte jede neue Steigerung des Lehrwerts zu einer sofortigen Schwächung des Unterhaltungswerts. (‚Das ist nicht mehr Theater, das ist Volkshochschule!') Umgekehrt bedrohten die Nervenwirkungen, die von emotionellem Spiel ausgingen, immerzu den Lehrwert der Aufführung. (Schlechte Schauspieler waren oft im Interesse der Lehrwirkung guten vorzuziehen.) Mit anderen Worten: Je mehr das Publikum nervenmäßig gepackt war, desto weniger war es imstande zu lernen. Das heißt, je mehr wir das Publikum zum Mitgehen, Miterleben, Mitfühlen brachten, desto weniger sah es die Zusammenhänge, desto weniger lernte es, und je mehr es zu lernen gab, desto weniger kam Kunstgenuß zustande."[158]

Durch die wegweisende Hilfe der Partei und durch die Teilnahme am Kampf um die Bildung einer antifaschistischen Volksfront lernte Brecht in den Jahren des Exils, die Mittel der progressiven Kunstperioden politisch und künstlerisch besser zu nutzen. Der Dichter nahm bestimmte traditionelle Elemente der Dramatik in die neuen Formen auf, die er in der Zeit der großen Klassenauseinandersetzungen zu Beginn der dreißiger Jahre entwickelt hatte; das ergab neue Gestaltungsmöglichkeiten. Brecht führte seine Arbeit zu einer Methode hin, die in die Literaturgeschichte unter dem Namen sozialistischer Realismus eingegangen ist. Zuerst bildete er diese Gestaltungsmethode in der kleinen Form heraus, in der Kurzszene und im Einakter. Die Szenenfolge „Furcht und Elend des Dritten Reiches" und das kleine Stück „Die Gewehre der Frau Carrar" waren die ersten Werke, mit denen Brecht zum sozialistischen Realismus vorstieß. Das heißt jedoch nicht, daß sich nicht auch schon in früheren Werken, besonders in der „Mutter" und in den „Rundköpfen und Spitzköpfen" starke Elemente dieser neuen Methode gezeigt hätten. Eine mechanische Trennungslinie kann hier sowieso nicht gezogen werden, muß doch gerade diese Periode als ein ununterbrochener Prozeß aufgefaßt werden. Mit den Kurzszenen und dem Spanien-Stück erarbeitete sich Brecht dann, wie schon

158 B. Brecht, „Über experimentelles Theater"; in: „Studien" – Beilage zu: „Theater der Zeit", Heft 4/59, Nr. 11/59 (Druckfehler: auf dem Original als Nr. 1/59 angegeben), S. 5 f.

dargelegt wurde, die Voraussetzungen für die nachfolgenden großen Meisterwerke des sozialistischen Realismus.

Hier sind einige allgemeine Bemerkungen über den sozialistischen Realismus angebracht, wenn auch nicht auf die Verdrehungen und Verfälschungen eingegangen werden kann, mit denen die bürgerlichen Literaturkritiker nun schon seit Jahr und Tag diese Methode zu verunglimpfen trachten. Die meisten bürgerlichen Kritiker sehen im sozialistischen Realismus eine Art Stil nach bestimmten Gesichtspunkten. (Ob sie das nun wider besseres Wissen annehmen oder nicht, sei dahingestellt.) Die Methode des sozialistischen Realismus ermöglicht jedoch im Gegenteil eine Vielzahl von Gestaltungsmöglichkeiten. Man sehe nur, wie verschieden die künstlerischen Mittel sind, die Brecht in der „Carrar“ und in der „Mutter Courage“ anwandte. Und doch zählen beide Stücke zu den großen Werken des sozialistischen Realismus. Diese Methode schließt die nichtaristotelischen Versuche Brechts keineswegs aus. Sie bezieht ihre Kriterien nicht aus literarischen Formen und Gestaltungsweisen, sondern aus der sich stets verändernden Wirklichkeit. „Realismus ist keine bloße Frage der Form“, schrieb Brecht und führte an anderer Stelle diesen Gedanken weiter aus: „Wir dürfen nicht bestimmten vorhandenen Werken *den* Realismus abziehen, sondern wir werden lebendig alle Mittel verwenden, alte und neue, erprobte und unerprobte, aus der Kunst stammende und anderswoher stammende, um die lebendige Realität den lebendigen Menschen meisterbar in die Hand zu geben.“[159]

Die Entwicklung des sozialistischen Realismus vollzog sich in den großen Klassenkämpfen. Das kann für eine Methode, die ihre Kriterien aus der Wirklichkeit bezieht, auch gar nicht anders sein. So war auch Brechts Hinwendung zu dieser Methode mit den politischen Anstrengungen ver-

159 B. Brecht, „Volkstümlichkeit und Realismus“; in: „Sinn und Form“, Berlin 1958, Heft 4, S. 497.

bunden, die damals die revolutionäre Arbeiterklasse zur Bildung einer Volksfront unternahm. Gerade diese politischen Kämpfe führten ihn zu neuen literarischen Gestaltungsmöglichkeiten. Wie tief Politik und Kunst sich durchdringen, wie die politische Erkenntnis zu einem immanenten Bestandteil des künstlerischen Schaffensprozesses wird, ist sehr überzeugend an den Werken Brechts abzulesen. Der Dichter betonte auch stets die politische Seite seines Realismus-Begriffes. In einem sehr aufschlußreichen Aufsatz aus dem Jahre 1938 schrieb er über seine Realismus-Auffassung (16): „Unser Realismus-Begriff muß breit und politisch sein, freiheitlich im Ästhetischen, souverän gegenüber den Konventionen. *Realistisch* heißt: den gesellschaftlichen Kausalkomplex aufdeckend / die herrschenden Gesichtspunkte als die Gesichtspunkte der Herrschenden entlarvend / vom Standpunkt der Klasse aus schreibend, welche für die dringendsten Schwierigkeiten, in denen die menschliche Gesellschaft steckt, die breitesten Lösungen bereit hält / das Moment der Entwicklung betonend / konkret und das Abstrahieren ermöglichend. Das sind riesige Anweisungen, und sie können noch ergänzt werden. Und wir werden dem Künstler erlauben, all seine Phantasie, all seine Originalität, all seinen Humor, all seine Erfindungskraft dabei einzusetzen. An allzu detaillierten literarischen Vorbildern werden wir nicht kleben, auf allzu bestimmte Spielarten des Erzählens werden wir den Künstler nicht verpflichten."[160] Brecht ließ sich in seiner Realismus-Auffassung und vor allem in seiner realistischen Gestaltung von den bekannten Ausführungen Engels' leiten, die der eigentliche Ausgangspunkt aller Probleme um den Realismus sind. Engels schrieb in einem Brief an Miss Harkness: „Die rebellische Auflehnung der Arbeiterklasse gegen das Milieu der Unterdrückung, das sie umgibt, ihre Versuche – konvulsivisch, halbbewußt oder bewußt –, ihre Stellung als menschliche Wesen wiederzuerlangen, gehören der Geschichte an

160 Ebenda, S. 498.

und müssen darum auf einen Platz im Bereich des Realismus Anspruch erheben.“[161]

Indem Brecht diese Auflehnung gegen das Milieu der Unterdrückung darstellte, erreichte er eine immer größer werdende Meisterschaft in der Menschengestaltung. Er überwand die Schwierigkeiten bei der dialektischen Gestaltung des Individuellen und Gesellschaftlichen, die noch zu Beginn der dreißiger Jahre aufgetreten waren. Dagegen vermögen die bürgerlichen Schriftsteller den Widerspruch zwischen Individuum und Gesellschaft nicht mehr wirklich dialektisch darzustellen. Die Folge davon ist eine fortschreitende Zerstörung und Verzerrung des Menschenbildes. Die antihumanistische Tendenz dieser Literatur ist nicht zu übersehen. Aber auch die kritischen Realisten, die um das humanistische Erbe bemüht sind, kommen nicht über den unaufgelösten Widerspruch von Individuum und Gesellschaft hinaus. Sie haben zwar in ihren Werken den fortwährenden Prozeß der Entfremdung des Menschen im Kapitalismus konsequent dargestellt; doch was sie nicht begreifen, ist, daß eben unter diesen kapitalistischen Verhältnissen auch die Bedingungen zur Überwindung der Unterdrückung heranwachsen. Indem die kapitalistische Fessel zerrissen wird, erlangt der Mensch seine Stellung als menschliches Wesen wieder, er beginnt von neuem den Prozeß des „Werdens“. Gerade hierin liegt der Springpunkt der Methode des sozialistischen Realismus. Während die kritischen Realisten aus der alten Welt nicht herauskommen, betonen die sozialistischen Realisten, wie Brecht schrieb, „das Moment der Entwicklung“.

Brechts dramatisches Schaffen ist ein unablässiges Suchen nach Möglichkeiten und Mitteln gewesen, die ihn in die Lage versetzten, den gesellschaftlichen Entwicklungsprozeß zu erfassen. In der Lösung dieser Aufgabe erblickte er überhaupt den Sinn und Zweck der dramatischen Kunst in

161 In: Marx/Engels, „Über Kunst und Literatur“, Herausgeber Michail Lifschitz, Berlin 1949, S. 105.

unserer Zeit. Dabei war das arbeitende Volk, für das er schrieb, sein großer Lehrmeister; denn das Volk verstehe es, wie Brecht sagte, die Mittel nach ihrem Zweck zu fragen.[162] Für ihn bedeutete der sozialistische Realismus nicht etwas einmal Festgelegtes, keine literarische Norm, sondern eine Methode, um die Ursachen und Triebkräfte der menschlichen Gesellschaft zu erfassen und zu ihrer Veränderung beizutragen. Für ihn war der sozialistische Realismus die Methode, um mit den Mitteln der Kunst den arbeitenden Menschen die gesellschaftlichen Aufgaben, vor denen sie standen, lösen zu helfen.

Er hat deshalb auch in den Jahren seiner großen Meisterschaft immer die Weisheit des Volkes gesucht. Charakteristisch für dieses Lernen und Lehren ist ein kleiner Bericht, den Brecht über seine literarische Zusammenarbeit mit einfachen Arbeitern während der dreißiger Jahre gab. Brecht schrieb: „Ich vergesse nie, wie mich ein Arbeiter anschaute, dem ich auf seine Anregung, in einen Chor über die Sowjetunion noch etwas einzubauen (‚Da muß noch das rein – sonst wozu?‘), erwiderte, das würde die künstlerische Form sprengen: mit dem Kopf auf die Seite gelegt, lächelnd. Ein ganzer Trakt der Ästhetik stürzte durch dieses höfliche Lächeln zusammen. Die Arbeiter hatten keine Angst, uns zu lehren, und sie hatten keine Angst, selber zu lernen. Ich spreche aus Erfahrung, wenn ich sage: man braucht nie Angst zu haben, mit kühnen, ungewohnten Dingen vor das Proletariat zu treten, wenn sie nur mit der Wirklichkeit zu tun haben.“[163]

162 B. Brecht, „Volkstümlichkeit und Realismus“, a. a. O., S. 499.
163 Ebenda, S. 500.

DRITTES KAPITEL

Politischer Kampfgeist und künstlerische Meisterschaft

Das Schauspiel „Leben des Galilei“

1

DIE ENTSTEHUNG DES SCHAUSPIELS „LEBEN DES GALILEI" IM DÄNISCHEN EXIL

Im Tagebuch Brechts steht unter dem 23. November 1938 die kurze Notiz: „‚Leben des Galilei' abgeschlossen. Brauchte dazu drei Wochen."[1] Nun ist diese Eintragung jedoch nicht so zu verstehen, als wäre das Stück in drei Wochen geschrieben worden. Vielmehr wird sich die Zeitangabe auf die Fertigstellung des Schauspiels beziehen. Diese Schlußfolgerung liegt nahe, weil sich Brecht vorher sehr umfassend mit historischen und naturwissenschaftlichen Arbeiten beschäftigt hatte. Er ließ sich Bücher aus dänischen Bibliotheken schicken und machte sich mit den Schriften des Galilei vertraut. Das alles spricht dafür, daß der Dichter längere Zeit an dem Schauspiel gearbeitet haben muß.

Nach „Furcht und Elend des Dritten Reiches" und der „Carrar" wandte sich Brecht nun einem historischen Stoff zu. Es wäre jedoch falsch, die Schlußfolgerung zu ziehen, Brecht habe der Gegenwart, mit der er sich bisher so mutig auseinandergesetzt hatte, den Rücken gekehrt. Die Arbeit an „Leben des Galilei" war keine Flucht in die Historie. Brecht schrieb: „Soll man sich also an die alte Zeit halten? Soll man von dem versunkenen Atlantis reden? Liege ich schon auf meinem Nachtlager und denke, an den Morgen denkend, an den, der vergangen ist, um nicht an den zu denken, der kommt? Beschäftige ich mich darum mit jener Epoche der Blüte der Künste und Wissenschaften vor

1 Bertolt Brecht-Archiv, Berlin; „Tagebücher", 23. November 1938.

300 Jahren? Ich hoffe, nicht."[2] Für ihn bedeutete dieser Stoff aus dem 17. Jahrhundert eine Möglichkeit, auf die großen politischen Probleme der Gegenwart einzugehen. Allerdings war die Hinwendung zur Historie nicht zufällig.

Der historische Stoff bestimmte das Bild der antifaschistischen Literatur in der zweiten Hälfte der dreißiger Jahre. Friedrich Wolf schrieb zur gleichen Zeit, als Brecht am „Galilei" arbeitete, im französischen Konzentrationslager Le Vernet seinen „Beaumarchais oder Die Geburt des Figaro". Bei Wolf wie bei Brecht folgte nach Jahren, in denen sie fast ausschließlich Gegenwartsstoffe gestalteten, wieder ein historisches Stück. Allerdings wurde das Interesse für das Historische bei den sozialistischen Schriftstellern aus einer ganz anderen Quelle gespeist als bei einigen antifaschistischen bürgerlichen Schriftstellern, für die es tatsächlich eine Flucht vor der Wirklichkeit war. So polemisierte Kurt Hiller 1937 in der Zeitschrift „Profile" sehr leidenschaftlich gegen jene Dichter, die immer noch einige Isabellas oder einen Winrich von Kniprode, Sultan Suleiman und eine Melanie die Ausgefallene finden, über die noch kein Roman vorlag. Er warf diesen „Buchmachern" vor, daß sie „geldgierig und feige vor der Forderung des Tages fliehen" und schrieb erbittert: „Daß der Lesepöbel sie ernst nimmt, der ganze Troß zahlungsfähiger Tagediebe und -diebinnen der Emigration, samt den ‚Kultur'snobs des Auslands, verschafft diesen Fabrikanten eine komische Würde; sie bilden sich ehrlich das Tollste auf ihren Erfolg ein und sehen uns erfolglose Wesentliche aufrichtig-frech über die Achsel an."[3] Hillers Zorn war berechtigt, denn diese Schriftsteller kapitulierten vor den Schwierigkeiten der Emigration und gaben den Kampf gegen die faschistische Diktatur auf.

Die Hinwendung der sozialistischen Schriftsteller zu

2 B. Brecht, „Stücke", a. a. O., Bd. VIII, S. 194.

3 Zitiert nach: W. A. Berendsohn, „Die humanistische Front" – Erster Teil, Zürich 1946, S. 113 f.

historischen Stoffen geschah dagegen aus anderen Gründen. Sie ergab sich aus den Erfordernissen des politischen Kampfes gegen den Hitlerfaschismus. Die faschistischen Ideologen betrieben als ein Mittel der Massenbeeinflussung eine Geschichtsfälschung großen Stils. Aus diesem Grunde orientierte der VII. Weltkongreß die Kommunisten darauf, daß sie „mit allen Mitteln die faschistische Verfälschung der Geschichte der Nation bekämpfen".[4] Wo sich die sozialistischen Schriftsteller mit der Geschichte auseinandersetzten, taten sie es daher nicht allein um der Geschichte willen, sondern aus der politischen Erkenntnis heraus, die historischen Stoffe zur Aufklärung der Menschen im antifaschistischen Befreiungskampf anzuwenden.

Bürgerliche Literaturhistoriker, die ungern sehen, wie eng Brechts Schaffen mit der Partei verbunden war, versuchen, den „Galilei" vom politischen Kampf der Partei loszulösen. Da sie aber selbst einsehen, daß das kaum möglich ist, verfallen sie auf sehr eigenartige Lösungen. So schrieb Günter Rohrmoser in seiner Untersuchung des „Galilei": „Die erregendsten Leistungen Brechts verdanken wir seiner Unfähigkeit, den Artisten in sich zugunsten eines blinden Gehorsams gegenüber der Parteilinie zu töten, und seinem Geschick, aus der Spannung, die sich daraus ergibt, artistisch den höchsten Nutzen zu ziehen."[5] Sosehr sich Rohrmoser sonst um Differenzierung bemühte, bei der Darstellung des Einflusses, den die Arbeiterpartei auf Brecht ausübte, kam auch er über die Primitivität der bürgerlichen Tagespresse nicht hinaus. Die Wahrheit ist, daß Brecht durch die Partei auf die großen Lebensfragen der Nation und ihre Lösung hingelenkt wurde. Während die bürgerlichen Dichter, die von der Arbeiterbewegung bewußt abrückten, ihr Talent an abseitigen Themen und Problemen vergeudeten, erhielt

4 Resolution zum Bericht des Genossen Georgi Dimitroff; in: Pieck, Dimitroff, Togliatti, „Die Offensive des Faschismus und die Aufgaben der Kommunisten . . .", a. a. O., S. 284.

5 G. Rohrmoser, „Brecht – ‚Das Leben des Galilei'"; in: B. v. Wiese, „Das deutsche Drama", Düsseldorf 1958, Bd. II, S. 405.

das Schaffen der Schriftsteller, die sich auf die Politik der revolutionären Arbeiterklasse orientierten, Weite und Vielfalt und reifte zu großer nationaler Bedeutung heran. Auch in „Leben des Galilei" geht es um die Lösung jener Fragen, mit denen sich Brecht schon lange beschäftigt hatte. Die Methoden und Möglichkeiten, die die Kommunistische Partei zum Sturze der Hitlerdiktatur aufzeigte, sind der eigentliche weltanschauliche Hintergrund der Brechtschen Galilei-Handlung. Wie war jedoch die politische Situation, in der das Schauspiel geschrieben wurde?

Das Jahr 1938, in dem der „Galilei" entstand, kennzeichneten jene Ereignisse, die zur Septemberkrise des faschistischen Systems führten. Mit Hitlers Anspruch auf Gebiete der Tschechoslowakei hatte die aggressive Politik der imperialistischen Kräfte in Deutschland einen Höhepunkt erreicht. Diese Bedrohung des Friedens ließ aber auch in Deutschland selbst den Widerstand gegen die faschistische Kriegspolitik wachsen. Am stärksten zeigten sich die zunehmende Unzufriedenheit und der Widerstand gegen das Hitlerregime in der Arbeiterklasse, die die größten Lasten der Aufrüstungspolitik zu tragen hatte. Dieser Widerstand machte sich vor allem in den Tagen der faschistischen Gewaltandrohung gegen die Tschechoslowakei bemerkbar und brachte die Hitlerregierung in eine äußerst kritische Lage. Hinzu kam, daß in diese Bewegung auch Bevölkerungsschichten hineingezogen wurden, die bisher die Politik Hitlers entweder mitgemacht oder ihr gegenüber gleichgültig gewesen waren. In seiner Weimarer und Reichenberger Rede attackierte Goebbels mit scharfen Worten die Intelligenz, die, wie er sagte, sich in Rudeln zusammenrotte und in Zeiten krisenhafter Zuspitzung eine Gefahr darstelle.[6] Goebbels fürchtete, daß Kriegsprovokation und Aufrüstung zu Massenaktionen der von der Kommunistischen Partei verfochtenen Volksfront führten. Wie reif die

6 Siehe in: W. Ulbricht, „Zur Geschichte der deutschen Arbeiterbewegung", Bd. II, a. a. O., S. 234.

Situation dazu war, zeigte u. a. auch die Veränderung, die in der Haltung der deutschen Intelligenz vor sich gegangen war. Alfred Kurella schrieb damals in der „Internationalen Literatur“: „Was geht gegenwärtig in den Kreisen der Intelligenz in Deutschland vor? Wir wissen es nicht im einzelnen. Daß etwas vor sich geht, ist nicht zu verkennen. Es kann kein Zufall sein, daß der Herr Goebbels, unmittelbar nach der schweren Krise, die Deutschland in den Wochen vor München durchmachte, in mehreren Reden kurz hintereinander in ungewöhnlich heftigen Ausdrücken über die Intellektuellen insgesamt hergezogen ist.“[7]

Wenn auch die Septemberkrise nicht zu Massenaktionen führte und der Hitlerfaschismus sich aus seiner kritischen Lage herauszulösen wußte, so setzte sich doch bei breiten Kreisen der Arbeiterklasse mehr und mehr die Erkenntnis durch, daß nur durch gemeinsame Aktionen im Rahmen der Volksfront erfolgreich Widerstand gegen die aggressive Kriegspolitik Hitlers geleistet werden konnte. Eine geschlossene Volksfrontbewegung und einheitliche Aktionen aber blieben aus, weil die Führer der II. Internationale die Angebote der Kommunistischen Partei zum gemeinsamen Handeln ausschlugen und zuletzt sogar das Münchener Diktat als Friedensrettung priesen. So war die Arbeiterklasse zerrissen, und die verschiedenen Volksschichten, die bereit gewesen wären, sich der Volksfrontbewegung anzuschließen, waren ohne einheitliche Führung.

Auch die nichtkommunistischen Emigrantengruppen waren zersplittert und vermochten nicht, auf die Ereignisse in Deutschland selbst einzuwirken. Wilhelm Pieck charakterisierte den Zustand der deutschen Emigration damals folgendermaßen: „So sieht es mit der Zusammenfassung der deutschen politischen Emigration zur Zeit noch sehr betrüblich aus. Gerade in diesen Tagen der höchsten Kriegsgefahr hat sich diese Uneinigkeit in einer *völligen Passivität*

7 A. Kurella, „Fragmente über die Intellektuellen“; in: „Internationale Literatur“, a. a. O., Heft 8/1939, S. 120.

und Panikstimmung in der nichtkommunistischen deutschen Emigration bemerkbar gemacht.“[8] Nach Abschluß des Münchener Diktats verstärkten sich Depression und Pessimismus in den nichtkommunistischen Emigrantengruppen. Die Kommunistische Partei kämpfte damals gegen diese Stimmung und verdoppelte ihre Anstrengungen um den Zusammenschluß aller demokratischen Kräfte. Aber in den Wochen vor dem Münchener Abkommen war der Widerstand gegen Hitlers Politik stark gewesen. Auch die Intellektuellen in Deutschland brachten zum Ausdruck, daß sie sich nicht bedingungslos der faschistischen Kriegspolitik unterwerfen wollten. Die Schwäche ihres Protests bestand darin, daß er nicht in einheitlich gelenkte Aktionen der Arbeiterklasse einmündete.

Aus dieser Zeitproblematik heraus entstand Brechts Schauspiel „Leben des Galilei“, wie „Furcht und Elend des Dritten Reiches“ und „Die Gewehre der Frau Carrar“ ist es ein Kampfstück gegen den Faschismus. Vor allem die erste Fassung des Stückes konzipierte Brecht ganz im Geiste der Volksfrontpolitik, wie sie die Partei in jenen Jahren beharrlich vertrat. In dieser ersten, in Dänemark geschriebenen Version wollte der Dichter am historischen Beispiel von Galileis Kampf gegen die herrschenden Kräfte seiner Zeit Lehren für den Widerstand der Antifaschisten gegen die Hitlerbarbarei vermitteln. Brechts Absicht war es, mit diesem Schauspiel die nationale Politik der Partei zur Rettung des deutschen Volkes in der gleichen Weise zu unterstützen, wie er es mit seinen Einaktern und Kurzszenen getan hatte. Da er sich der führenden Rolle der Arbeiterklasse in diesem nationalen Befreiungskampf bewußt war, fügte er einem der ersten Entwürfe die Bemerkung hinzu: „Fassung für Arbeiter.“[9] Der Entwurf zeigt, daß Galilei als Gegner der be-

8 W. Pieck, „Lehren von München“, „Die Internationale“, Heft 9/10, 1938; in: W. Pieck, „Reden und Aufsätze“, Bd. I, Berlin 1954, S. 311.

9 Bertolt Brecht-Archiv, Berlin; „Leben des Galilei“, Sammelmappe Galilei-Material u. a., Archiv-Mappe Nr. 366, Blatt 13.

stehenden Ordnung, als ein illegaler Kämpfer gegen die Unterdrückung angelegt war. (1)

Es wurde schon darauf hingewiesen, daß zu der Zeit, als Brecht am „Galilei“ arbeitete, Friedrich Wolf seinen „Beaumarchais“ schrieb. Beide Dichter griffen auf Geschehnisse zurück, die den Beginn einer neuen Zeit verhießen. In Wolfs „Beaumarchais“ war es die „Geburt des Figaro“, die Vorbereitungsperiode der Großen Französischen Revolution. Brecht wählte die Geburtsstunde der modernen Physik. Als kommunistische Dichter lag ihnen daran, zu gestalten, daß diese neue Zeit nicht „wie der Morgen nach durchschlafener Nacht kommt“[10], sondern des aufopfernden Einsatzes jedes einzelnen bedurfte. In ihre Werke gingen ihre politischen Erfahrungen ein, die sie bei der Durchsetzung der Volksfrontpolitik gegen den Faschismus gemacht hatten.

Brecht und Wolf porträtierten einen Intellektuellentypus, bei dem sich Auflehnung und Versagen miteinander vermischten, bei dem die nicht kompromißlos vollzogene Hinwendung zum Volk den Untergang und die Verdammung herbeiführte. Freilich ist Wolfs Beaumarchais mehr mit dem Galilei der zweiten Fassung verwandt als mit dem der ersten. Über den Beaumarchais in Wolfs Stück schrieb Pollatschek: „Er könnte zum Führer der Revolution werden – er wird es nicht, weil er Individualist ist, weil er den Glauben an das Volk verloren hat, weil er ein Besitzender wurde und sein Schicksal von dem des Volkes getrennt hat. Er wird vergessen sein in der Schicksalsstunde der Revolution – wenn auch sein Werk weiterleben wird.“[11] Über den Galilei in Brechts zweiter Fassung könnte man analog sagen: Er hätte der Kirche und mit ihr der gesamten feudalen Reaktion eine empfindliche Niederlage zufügen können. Aber er hat die „Astronomie und die Physik bereichert, indem er diese Wissenschaften zugleich eines Großteils ihrer

10 B. Brecht, „Stücke“, a. a. O., Bd. VIII, S. 194.
11 W. Pollatschek, „Das Bühnenwerk Friedrich Wolfs“, a. a. O., S. 232.

gesellschaftlichen Bedeutung beraubte“[12]. Er wußte, daß seine Ideen nur vom Volk durchgesetzt werden konnten, aber er versäumte es, sich entschieden auf die Seite des Volkes zu stellen.

Die verschiedenen Fassungen

In der bisherigen Literatur wird von drei Fassungen des „Galilei“ ausgegangen: der dänischen (1938), der amerikanischen (1945/46) und der Berliner Fassung (1955). Eine solche Einteilung gibt jedoch keine richtige Vorstellung von Brechts Arbeit am Werk; sie führt zu Mißverständnissen. Die sogenannte Berliner Fassung enthält keine textlichen Veränderungen außer den Streichungen, die Brecht für die Inszenierung am Berliner Ensemble vornahm. Käthe Rülicke bemerkte über diese Fassung: „. . . sie bedarf der Regieanmerkungen Brechts, um vollständig zu sein.“[13] Selbstverständlich ist eine solche Bühnenfassung sehr interessant und aufschlußreich, weil sie die ideologischen und künstlerischen Absichten Brechts erkennen läßt, aber Bearbeitungen des eigenen Stückes für eine bestimmte Aufführung gibt es auch von anderen Werken, ohne daß sie bisher als selbständige Fassungen bezeichnet wurden. Bei einer literarischen Untersuchung kommt es darauf an, die Veränderungen am Text herauszuarbeiten, die Brecht auf Grund neuer Erkenntnisse vornahm. Demnach kann man nur von zwei Fassungen sprechen, die tatsächlich Unterschiede in der Aussage aufweisen: von der 1938 in Dänemark und von der 1945/46 in Amerika entstandenen. Letztere wurde in englischer Sprache geschrieben. Die Rückübersetzung dieser Fassung liegt der im Aufbau-Verlag und bei Suhrkamp erschienenen Ausgabe zugrunde. Im Nachlaß Brechts befinden sich noch einzelne Fassungen, die ganz geringe Abweichun-

12 B. Brecht, „Stücke“, a. a. O., Bd. VIII, S. 198.
13 K. Rülicke, „Leben des Galilei – Schlußszene“; in: Zweites Sonderheft Bertolt Brecht, „Sinn und Form“, Berlin 1957, S. 272.

gen voneinander aufweisen. Sie zeigen, daß Brecht am „Galilei“ ständig arbeitete und feilte. Sie kommen aber als eigenständige Fassungen nicht in Betracht.

Hier ist nicht der Ort, einen bis in Einzelheiten gehenden Textvergleich zwischen den verschiedenen Versionen vorzunehmen. (2) Nur die wesentlichen Unterschiede in der Aussage der beiden Fassungen sollen herausgearbeitet werden. Da die erste nicht im Druck erschienen ist, macht es sich notwendig, kurz zu skizzieren, inwieweit sie von der bekannten zweiten Fassung abweicht.

Trotz der sehr unterschiedlichen, ja fast gegensätzlichen Aussage weisen die beiden Versionen keine großen Unterschiede im szenischen Aufbau auf. Brecht schrieb auch nach der Beendigung der zweiten Fassung: „Wir hatten nur wenige Änderungen zu machen, keine einzige in der Struktur.“[14] Der szenische Aufbau der ersten Version unterscheidet sich von dem der zweiten nur dadurch, daß die erste eine Szene mehr enthält, die Brecht später aus dramaturgischen Gründen wegfallen ließ, und zwar ist es die „Verwandlung“, die nach der Papst-Szene folgt. Sie hat folgenden Vorspann: „Ein anderes Gemach. Am Fenster Galilei, wartend. Auch hier hört man das Trampeln und Schlürfen unzähliger Füße, der sich versammelnden Kongregation. Im Vordergrund zwei Beamte der Inquisition.“[15] Es wird dargestellt, wie Galilei versucht, vor der Sitzung der Kongregation den Papst zu sprechen.

Brecht nahm in der zweiten Fassung auch an den Figuren des Stückes keine großen Eingriffe vor. Es gibt neben der Umgestaltung der Galilei-Figur nur drei Veränderungen. Der Vertreter des fortschrittlichen Bürgertums, der Eisengießer Vanni, fehlt in der ersten Fassung. Es fehlt daher auch noch das Angebot zur Flucht; denn Galilei trägt sich nicht mit einem Fluchtplan, er wird einfach überrumpelt. Auch

14 B. Brecht, „Stücke“, a. a. O., Bd. VIII, S. 195.

15 B. Brecht, „Galileo Galilei – Leben des Galilei“ (Bühnenmanuskript), Berlin-Zehlendorf o. J., S. 101.

die Figur des Linsenschleifers Federzoni fehlt. Anstelle Federzonis steht in der ersten Fassung ein „älterer Gelehrter", eine Gestalt, die kaum in die Handlung einbezogen und wenig charakterisiert ist. Erst in der zweiten Fassung ist daraus eine volle, lebendige Figur geworden. In der frühen Version wird Galilei nicht durch Ludovico, sondern durch Doppone, einen dümmlichen Adligen, späteren Päpstlichen Kammerherrn, auf die Erfindung des Fernrohrs aufmerksam gemacht. Durch die Zusammenziehung der beiden Figuren entstand mit Ludovico Marsili ein völlig neuer Charakter, stärker profiliert und mit der ganzen Handlung eng verwoben.

Einschneidende Veränderungen, die eine völlig neue Aussage des Stückes ergaben, wurden in der vierzehnten Szene vorgenommen. In der dänischen Fassung wird die vorletzte Szene mit dem Hafner eingeleitet, einer Figur, die später ganz wegfiel. Brecht zeigt, wie Galilei durch seine Tochter, einen Beamten der Inquisition und den Arzt bewacht und bespitzelt wird. Der Hafner dringt unter dem Vorwand einer Ofenreparatur zu Galilei vor und bringt ihm zum dritten Male ein Buch zurück, das er im Auftrag Galileis über die Grenze ins freiere Ausland schmuggeln sollte. Das Gespräch zwischen Galilei und dem Hafner ist das von illegalen Kämpfern, die in einem System der Unterdrückung mutig ihrer großen Sache dienen. Diesen ganzen Szenenteil strich Brecht in der zweiten Fassung. Galilei wurde der Charakter eines illegalen Kämpfers genommen, dafür wurden die Züge des moralisch gebrochenen Menschen verstärkt. Während in der ersten Fassung der große Dialog zwischen Galilei und Andrea mit einem leidenschaftlichen Bekenntnis Galileis zur neuen Zeit ausklingt, unterbricht in der zweiten Version Galilei die Rede seines Schülers, als dieser versucht, seinen Widerruf in ein günstiges Licht zu setzen.

Voraussetzungen für die einschneidende Neugestaltung der vierzehnten Szene schuf sich Brecht durch geringfügige Veränderungen in den vorangegangenen, die den Verrat Galileis in der zweiten Version erklären. So verstärkte

Brecht zum Beispiel in der dritten Szene die Motive, die Galilei bewogen, an den Florentinischen Hof zu gehen. In der zweiten Fassung ließ Brecht Galilei zu Sagredo sagen: „Mein Lieber, ich brauche Muße. Ich brauche Beweise. Und ich will die Fleischtöpfe.“[16] Sein Versagen vor dem Inquisitionsgericht wurde damit vorbereitet. In der elften Szene, bei der Auslieferung an die Inquisition, ist Galilei in der ersten Fassung ahnungslos; er fühlt nur: „Irgend etwas ist in der Luft.“[17] In der zweiten Version weiß Galilei, was um ihn vorgeht. Er hat auch seinen Fluchtplan, nur versucht er, ihn erst dann auszuführen, als es schon zu spät ist. Brecht fügte in diese Szene die Figur des Eisengießers Vanni ein, eines Menschen aus dem fortschrittlichen Bürgertum. Dieser Eisengießer bietet Galilei Hilfe an, die aber ausgeschlagen wird. Damit kennzeichnete Brecht das gesellschaftliche Versagen Galileis bereits vor dem Widerruf. In der dänischen Fassung dagegen ist Galilei nur Opfer.

Die ersten Entwürfe

Die ursprüngliche Absicht, die Brecht mit dem Galilei-Stoff verfolgte, ist nicht ohne Schwierigkeiten bloßzulegen. Was ihn anregte, sagte er in der lapidaren Bemerkung: „Die Zeitungen hatten die Nachricht von der Spaltung des Uran-Atoms durch deutsche Physiker gebracht.“[18] Aber schon bei der Fertigstellung der ersten Fassung war ein anderes Galilei-Bild entstanden, als es dem Dichter bei Beginn der Arbeit vorgeschwebt haben mag. Soweit aus den nicht allzu umfangreichen Plänen, Entwürfen und Szenenskizzen ersichtlich ist, dachte Brecht ursprünglich an eine Galilei-Gestalt, wie sie die Volkslegende formte, an einen Galilei,

16 B. Brecht, „Stücke“, a. a. O., Bd. VIII, S. 51.
17 B. Brecht, „Galileo Galilei – Leben des Galilei“ (Bühnenmanuskript), a. a. O., S. 97.
18 B. Brecht, „Leben des Galilei“, in: „Versuche“, Heft 14, Berlin 1955, S. 5.

der abschwor und dabei sagte: Und sie bewegt sich doch! Diese legendäre Figur eines großen Widersachers gegen die Mächtigen jener Zeit schwebte Brecht vor.

Sein politisches Ziel dabei war, zu zeigen, wie man arbeiten muß, um unter den Bedingungen einer Diktatur die Wahrheit verbreiten zu können. Dieses Thema hatte Brecht schon in den „Fünf Schwierigkeiten beim Schreiben der Wahrheit" dargelegt, die er im Jahre 1934 zur illegalen Verbreitung in Deutschland schrieb, um den Kampf der Partei zu unterstützen. Diese Schrift ist eine Art Lehrbuch, um die Wahrheit dort zu verbreiten, wo sie verboten ist. Brecht wies darauf hin, daß viele große Denker wie Konfutse, Thomas More, Voltaire und Lenin List gebrauchen mußten, um die Wahrheit unter das Volk zu bringen.

In diese Reihe wollte Brecht auch den Galilei stellen, als einen, der den Mut hatte, die Wahrheit zu schreiben, „obwohl sie allenthalben unterdrückt wird", der die Klugheit besaß, die Wahrheit zu erkennen, „obwohl sie allenthalben verhüllt wird", und der sich nun herumschlug, sie „handhabbar zu machen" und „jene auszuwählen, in deren Händen sie wirksam wird"[19]. Im Galilei-Stoff sah Brecht die beste Möglichkeit, das aus seiner praktisch-politischen Arbeit entstandene Thema in dramatische Gestaltung umzusetzen. Hier konnte er an einem bekannten historischen Stoff die Schwierigkeit der Wahrheitsfindung und Wahrheitsverbreitung in eine gute Fabel fassen. So notierte Brecht für einen Szenenentwurf: *„Schwierigkeit, die Wahrheit zu finden* – der Triumph. *Die Schwierigkeiten der Gebirge sind überwunden, es beginnt die Schwierigkeit der Ebenen."*[20] Nicht so sehr auf die Schwierigkeiten der Wahrheitsfindung als auf die „Schwierigkeit der Ebenen" kam es Brecht dabei an. Denn hier wurde sein politisches Anliegen evident. In der Schwie-

19 B. Brecht, „Fünf Schwierigkeiten beim Schreiben der Wahrheit", in: „Versuche", Heft 9, Berlin 1951, S. 87.

20 Bertolt Brecht-Archiv, „Leben des Galilei", Unbenutztes Material, Archiv-Mappe Nr. 426, Blatt 48.

rigkeit der Wahrheitsverbreitung steckten die Klassenkonflikte, die vor allem Brechts Interesse fanden.

So beabsichtigte er, den Galilei als einen Menschen darzustellen, der sich durch die Fangstricke der herrschenden Klasse hindurchschlägt. Dabei sollten gleichzeitig auch die Mittel der herrschenden Klasse bloßgestellt werden, mit denen sie von alters her arbeitet, um die Menschen klein zu kriegen, die gegen die von ihr gezogenen Schranken anrannten. Im Nachlaß Brechts findet sich dazu die kurze Notiz: „*Die Gespräche:* Bestechung durch Schmeichelei – Bestechung durch Geld – Bestechung durch Ächtung."[21] Für Brecht war das Verhalten der Menschen gegenüber den Lockungen und Drohungen der herrschenden Klasse kein isoliertes Charakterproblem, sondern in erster Linie ein gesellschaftliches. Aus den gesellschaftlichen Widersprüchen und verschiedenartigen Verhaltensweisen formte er dann seine großartigen Charaktere. Es ist deshalb auch interessant, an den Skizzen und Entwürfen zu verfolgen, daß Brecht niemals von einem feststehenden „Charakter" oder einer „Charaktereigenschaft" ausging, sondern den gesellschaftlichen Vorgang in all seiner Widersprüchlichkeit als einen Teil der Fabel erfaßte. Indem er die Probleme und Charaktere aus der Klassensituation entwickelte, ergaben sich die wirklichen Konflikte, zeichnete sich erst die ganze Tragweite einer Handlung ab. So beschrieb er in den „Fünf Schwierigkeiten beim Schreiben der Wahrheit" die Konsequenzen, die der Mut zur Wahrheit in der antagonistischen Klassengesellschaft mit sich bringt: „Den Besitzenden mißfallen, heißt dem Besitz entsagen. Auf die Bezahlung für geleistete Arbeit verzichten, heißt unter Umständen, auf das Arbeiten verzichten, und den Ruhm bei den Mächtigen ausschlagen, heißt oft, überhaupt Ruhm ausschlagen."[22] Von

21 Bertolt Brecht-Archiv, Berlin; „Leben des Galilei", Unbenutztes Material, Archiv-Mappe Nr. 426, Blatt 48.

22 B. Brecht, „Fünf Schwierigkeiten beim Schreiben der Wahrheit", a. a. O., S. 87.

diesen Überlegungen aus wurde der Galilei schon von Anfang an zu einer außerordentlich vielseitigen, tiefen und widerspruchsvollen Gestalt.

Es ist auffallend, daß Brecht seine Anregungen für die geplante Handlung wie auch für die oben angeführten drei Gespräche nicht so sehr aus geschichtlichen Quellen oder historischen Darstellungen bezog als vielmehr aus der Auseinandersetzung mit der faschistischen Gegenwart. Waren doch diese drei von Brecht angeführten Bestechungsmittel typische Methoden des faschistischen Staates, um die Intelligenz „gleichzuschalten". Gegenüber dem jämmerlichen Versagen der meisten deutschen Intellektuellen gedachte Brecht mit dem Galilei eine positive, beispielgebende Figur zu schaffen. Zum Beispiel war die Haltung der deutschen Physiker während der faschistischen Machtübernahme beschämend gewesen; sie beschimpften eine ihrer größten Autoritäten, Albert Einstein, oder ließen zu, daß er beschimpft oder verleugnet wurde. Ein deutscher Nobelpreisträger, Philipp Lenard, schrieb damals eine vierbändige sogenannte „Deutsche Physik" mit einem gehässigen, rassenhetzerischen Vorwort gegen die „jüdische Physik" als dem „auffallenden Gegenstück zur deutschen Physik"[23]. Vorgänge dieser und jener Art, die die Haltung der deutschen Intelligenz kennzeichneten, schwingen in den ersten Entwürfen mit. In diesem Sinne war der „Galilei" als ein echtes politisches Zeitstück angelegt.

Zu Beginn seiner Arbeit muß Brecht an einen Galilei gedacht haben, der vertraut war mit dem Leben und der Arbeit der einfachen Menschen auf den Marktplätzen und in den Schiffswerften, an eine echte, große Volksfigur. Einige frühe Entwürfe und teilweise ausgeführte Szenen beweisen das. Er wollte keinen Stubengelehrten, sondern einen im Volke verwurzelten und mit dem Volke lebenden Galilei gestalten. Es ist ganz offensichtlich, daß er von Anfang an

23 Ph. Lenard, „Deutsche Physik", München 1936, Bd. 1, S. IV.

mit seiner Galilei-Gestalt das Gegenstück zu der verbreiteten Vorstellung von einem „Gelehrten“ zu geben beabsichtigte. Im Volk und in der Literatur haftete dem Gelehrten etwas Lächerliches, Passives an. „Der ‚Gelehrte‘“, schrieb Brecht, „war eine impotente, blutleere, verschrobene Figur, ‚eingebildet‘ und nicht sehr lebensfähig.“[24] Aus den ersten Entwürfen ist zu ersehen, daß Brecht ein Wissenschaftlertypus vorschwebte, wie ihn Friedrich Engels charakterisierte, als er die großen Männer der Renaissance beschrieb: Gelehrte, die noch nicht unter die beschränkende, einseitig machende Auswirkung der Arbeitsteilung geknechtet waren. Die gewaltige Epoche der Renaissance, heißt es bei Engels, habe Riesen an Denkkraft, Leidenschaft und Charakter, an Vielseitigkeit und Gelehrsamkeit hervorgebracht. Engels schrieb: „Was ihnen aber besonders eigen, das ist, daß sie fast alle mitten in der Zeitbewegung, im praktischen Kampf leben und weben, Partei ergreifen und mitkämpfen, der mit Wort und Schrift, der mit dem Degen, manche mit beidem. Daher jene Fülle und Kraft des Charakters, die sie zu ganzen Männern macht.“[25]

Eine solche Gestalt wollte Brecht schaffen. Auch in der letzten Fassung des Stückes hat Galilei noch bestimmte Eigenschaften einer großen Renaissancefigur. In den ersten Entwürfen war dies viel stärker betont. Brecht plante deshalb zuerst einen anderen Szenenaufbau, um gestalten zu können, daß sein Galilei nicht aus einer engen Gelehrtenwelt, sondern aus den großen Zeitströmungen und politischen Kämpfen zu verstehen sei. So hatte er an einer Szene zu arbeiten begonnen, die Galilei auf den Werften mitten unter den Handwerkern und Schiffsbauern zeigte. Brecht schrieb dazu folgenden Vorspann: „Das Arsenal von Venedig. Ein großer Werftbetrieb. Galilei, umgeben von Ingenieuren und Schülern, betrachtet, wie eine große Kanone auf ein Schiff verfrachtet wird. Die Kanone wird eben an einem Holz-

24 B. Brecht, „Stücke“, a. a. O., Bd. VIII, S. 196.
25 F. Engels, „Dialektik der Natur“, Berlin 1952, S. 9, siehe auch S. 205.

kran befestigt."[26] Diese Szene, auf die an anderer Stelle noch näher eingegangen wird, weist auf die praktischen Auswirkungen von Galileis Forschungen und auf die Klasse hin, der er mit seiner Arbeit diente.

Die Konzeption, der Brecht in den ersten Entwürfen folgte, hatte im szenischen Aufbau auch noch eine andere Auswirkung; sie tendierte zu Nebenhandlungen, die in den späteren Entwürfen entfielen, da Brecht die Handlung ganz auf die Gestalt des Galilei und seine Auseinandersetzung mit den weltlich-kirchlichen Machthabern konzentrierte. Die ersten Pläne waren weitläufiger. Wie aus einer flüchtigen Notiz zu erkennen ist, wollte Brecht in der schon genannten Szene im Arsenal von Venedig den berühmten Diskurs Galileis aus den „Discorsi" über die großen und kleinen Maschinen in dramatische Handlung umsetzen. Er führte von dieser geplanten Szene nur einen Teil aus, nahm jedoch später, in der ersten Fassung, die Erörterung über die großen und kleinen Maschinen in die vorletzte Szene hinein, in der Virginia sie dem halbblinden Galilei immer wieder vorlesen mußte.

Ursprünglich sollte aber auch, wie aus der Skizze zu entnehmen ist, eine Liebesgeschichte des Andrea ihren Platz finden. Dieser Szenenplan sei hier wiedergegeben, weil er die anfängliche Konzeption und den Verlauf des Stückes andeutet:

„Leben des Galilei

Szene im Arsenal von Venedig. Werftbetrieb. Die großen Maschinen und die kleinen. (Discorsi.)

Andrea: Alles Neue ist besser als alles Alte.

Andreas Liebesgeschichte.

Galilei und seine Handwerker, Glasschleifer, Metallgießer, Drechsler, Tischler.

26 Bertolt Brecht-Archiv, Berlin; „Leben des Galilei", Unbenutztes Material, Archiv-Mappe Nr. 426, Blatt 01.

IV Der Mathematiker über das Fernrohr:
Schnickschnack!
X Der Papst hat schlechte Politik gemacht.
Der Dreißigjährige Krieg.
In III: Selbst jetzt sind die Beweise nicht ausreichend, aber jetzt heißt es, sie sammeln."[27]

Wichtig ist die Bemerkung über Galilei und seine Handwerker, Glasschleifer, Metallgießer usw.; denn sie weist neben anderen Skizzen und Entwürfen auf die Volkstümlichkeit und den Wirklichkeitssinn der von Brecht konzipierten Galilei-Figur hin. Im weiteren Schaffensprozeß sind dann neue Seiten und Wesenszüge Galileis herausgebildet worden, und es sind andere, die in den ersten Entwürfen noch eine Rolle spielten, in den Hintergrund getreten. Der Galilei der ersten Entwürfe hatte, soweit das ersichtlich ist, etwas von der Kraft, von der Lebensfreude und der urwüchsigen Sinnlichkeit des Henri Quatre aus Heinrich Manns berühmtem Roman, der im gleichen Jahr wie Brechts Schauspiel vollendet wurde. Brecht dachte an Szenen, in denen er Galilei als einen Menschen darstellen konnte, der mit beiden Beinen im Leben steht, einen Mann, nicht nur dem Geistigen verbunden, sondern gleichermaßen erfüllt von der großen Lust am Leben. Deshalb wollte Brecht auch gleich zu Anfang des Stückes statt der alten Haushälterin ein junges Mädchen, die Schwester des Andrea, einführen, zu der Galilei nur ins Schlafzimmer gelangen kann, wenn er zwischen Tür und Angel abschwört.[28] Später, als das gesamte Stück eine andere Aussage bekam, verschwanden diese Züge zwar nicht ganz, traten aber weniger in Erscheinung; nur Galileis Lust am guten Essen, sein Pochen auf die „Fleischtöpfe", blieb. Aber selbst diese Eigenschaft gewann eine

27 Bertolt Brecht-Archiv, Berlin; „Leben des Galilei", Sammelmappe Galilei-Material u. a., Archiv-Mappe Nr. 366, Blatt 09.

28 Bertolt Brecht-Archiv, Berlin; „Leben des Galilei", Notizen – Deutsch, Archiv-Mappe Nr. 648, Blatt 53.

andere, negativere Bedeutung. Über den Galilei der späteren Fassung bemerkte Brecht, daß Galilei natürlich kein Falstaff sei, er bestehe auf physische Freuden, aber ein großer Teil seiner Sinnlichkeit sei geistiger Natur.[29]

Bürgerliche Historiker und Naturwissenschaftler haben gegen den historischen Galilei oft den Vorwurf erhoben, er habe aus Geltungssucht und Eitelkeit die Wissenschaft aus der Studierstube auf die Straße getragen. Brecht betrachtete die Volkstümlichkeit Galileis nicht vom psychologischen, sondern vom historisch-politischen Standpunkt aus. Er sah Galileis Werk im Zusammenhang der großen Klassenkämpfe gegen die feudale und klerikale Reaktion in der ersten Hälfte des 17. Jahrhunderts und setzte diese Zeit in eine gedankliche Parallele zum antifaschistischen Kampf gegen die Hitlerdiktatur. Sein Galilei der ersten Entwürfe war, im Gegensatz zur letzten Fassung, ein Volksanführer, ein Widersacher gegen die herrschende Klasse. Brecht wollte den Galilei als einen Gelehrten darstellen, dem die Wissenschaft ein Mittel zum Aufruhr und zur Veränderung der Dinge war. Interessant ist dazu folgender Entwurf:

„Galilei VIII

1. Der Papst wird es schwer haben. Wir werden ihm das ganze Volk mobilisieren.

2. Mag sein, daß diese Familien den Papst unterkriegen würden. Wir werden ihn unter Druck auch von unten bringen, indem wir das Volk für die Wissenschaften interessieren."[30]

Die Bemerkung über jene Familien, die den Papst auf ihre Seite ziehen würden, ist auf Familien vom Schlage des Verlobten der Virginia, Ludovico Marsili, gerichtet, auf die adligen Großgrundbesitzer. Die Szene, in der Ludovico

29 Ebenda, Blatt 28.

30 Bertolt Brecht-Archiv, Berlin; „Leben des Galilei", Notizen – Deutsch, Archiv-Mappe Nr. 648, Blatt 55.

Galileis Haus für immer verläßt, weil Galilei nach der Nachricht vom Sterben des alten Papstes seine wissenschaftliche Arbeit über die Sonnenflecken wieder aufnimmt, hatte Brecht nach diesem frühen Entwurf teilweise ausgeführt, so daß ein interessanter Vergleich mit derselben Szene in den späteren Fassungen möglich ist. Auch in der letzten Fassung stellte Brecht die Sympathie Galileis für das ausgebeutete Volk dar. Im ersten Entwurf gestaltete er jedoch den revolutionären Zorn eines Mannes, der sich nicht mehr länger zurückhalten lassen will, seine Waffe, die neue Wissenschaft, auf die Unterdrücker des Volkes zu richten. In dieser Szene sagt Galilei zu seinen Schülern: „Habt ihr gehört, was das Haus Nitti (Marsili) über das italienische Volk zu sagen hat? Sie beißen die Hand, die sie füttert! Ohne diese Verachteten würden sie nachts von Baumast zu Baumast hüpfen und Haselnüsse knacken. Sie befehlen der Erde, stillzustehen, damit ihre Gutssitze nicht ins Wanken kommen und ihre Bauern nicht anfangen, neue Gedanken zu denken. (Sie drohen uns, sie fordern die Wissenschaft heraus!) Niemals, sage ich euch, hat eine einzelne Wissenschaft wie die unsere eine solche Mission zuerteilt bekommen, einem ganzen Volk die Waffe der Vernunft gegen seine Unterdrücker zu schleifen.“ (In Klammern: handschriftliche Zusätze von Brecht – W. M.)[31]

Der Gegenspieler Galileis, die Kirche, ist auch in den ersten Entwürfen schon als weltliche Macht dargestellt. Sie steht immer stellvertretend für die herrschende Ausbeuterklasse. In den ersten, weitläufigeren Szenenentwürfen wollte Brecht aber nicht nur die Reaktion der Kirche auf die Forschungsarbeit Galileis zeigen, sondern sie auch in Verbindung mit den großen weltpolitischen Vorgängen wie zum Beispiel dem Dreißigjährigen Krieg in Deutschland bringen.[32] Brecht lag vor allem daran, die Kirche als herr-

31 Bertolt Brecht-Archiv, Berlin; „Leben des Galilei“, Unbenutztes Material, Archiv-Mappe Nr. 609, Blatt 25.
32 Siehe Fußnote 27.

schende Ausbeutermacht zu charakterisieren und die Mittel zu kennzeichnen, die sie benötigt, um die Massen niederzuhalten. So zeichnete er die einzelnen Vertreter der Kirche weniger als Geistliche, mehr als Politiker. Brecht rechtfertigte seine Darstellung historisch, als er im Nachwort schrieb: „Es entspricht der historischen Wahrheit, wenn der Galilei des Stückes sich niemals direkt gegen die Kirche wendet. Es gibt keinen Satz Galileis in dieser Richtung. Hätte es einen gegeben, so hätte eine so gründliche Untersuchungskommission wie die Inquisition ihn zweifellos zutage gefördert."[33] Diese Gestaltungsweise ermöglichte es Brecht aber, die Parallele zu den Ausbeutern und Unterdrückern der Gegenwart deutlich zu machen. Wie sehr gerade das seine Absicht war, spricht aus einem Entwurf für die erste Szene:

„Stückbeginn: Drei Kardinäle sprechen über die Entdeckungen des Galilei und daß man etwas dagegen tun muß. Nicht sehr anders, als die executives eines Chemietrusts über einen ihre Monopole gefährdenden Forscher sprechen würden."[34]

Das Bemühen Brechts, im historischen Stoff die großen politischen Probleme der Gegenwart zu erfassen, ist in allen Entwürfen, Plänen und Skizzen zu spüren.

Die erste Fassung

Brechts Galilei-Konzeption war bei der Fertigstellung der ersten Fassung schon nicht mehr die gleiche wie in den frühen Entwürfen. Während der Arbeit bildete sich eine Galilei-Gestalt heraus, deren positive Seiten durch die Darstellung von Galileis Verrat an der Wissenschaft eingeschränkt wurden. In einer Kritik verglich Ernst Schu-

33 B. Brecht, „Stücke", a. a. O., Bd. VIII, S. 201.

34 Bertolt Brecht-Archiv, Berlin; „Leben des Galilei", Notizen – Deutsch, Archiv-Mappe Nr. 648, Blatt 53.

macher den Galilei der frühen mit der späteren Fassung. Er schrieb: „Und wenn Brecht in der Schrift von 1935 ‚Fünf Schwierigkeiten beim Schreiben der Wahrheit', die für illegale Zwecke bestimmt war, folgerte: ‚Es ist List nötig, damit die Wahrheit verbreitet wird', so lieferte eben Galilei ein anschauliches Beispiel für eine geschickte Verbreitung neuer Ideen unter feindlichen Umständen. Aus diesem Grunde erschien Galilei in der ersten Fassung von ‚Leben des Galilei' vom Herbst 1938, die 1943 in Zürich zur Uraufführung kam, mehr als der listige Kämpfer für die Verbreitung der Wahrheit denn als der verbrecherische Wissenschaftler, der seine Erkenntnisse den Herrschenden auslieferte... Diese Wendung bestätigt, daß Brecht sein Stück zunächst als eine Art Lehrstück ‚für Arbeiter' entwarf, für die er vorher ‚Die Maßnahme' und ‚Die Mutter' geschrieben hatte."[35] Schumacher stellte damit richtig fest, welche Veränderungen sich in Brechts Auffassung der Galilei-Figur vollzogen, aber der außerordentlich differenzierten und widerspruchsvollen Aussage des Stückes in der ersten Fassung wurde Schumacher in seiner Gegenüberstellung nicht völlig gerecht. Denn in dieser ersten Fassung ist Galilei keineswegs mehr nur die große positive Gestalt, die illegal gegen ein System der Unterdrückung arbeitet. Dagegen spricht allein schon die Tatsache, daß Brecht viele Szenenteile, die eine positive Auslegung von Galileis Widerruf zulassen, nicht in die erste Fassung aufnahm.[36]

Vergleicht man die Aussage der ersten Version mit den verschiedenen Entwürfen, Plänen und Materialskizzen, so muß man feststellen, daß Galilei nicht mehr in dem Maße die große, mit den Handwerkern und Schiffsbauern verbundene Volksfigur ist. Im Laufe der Arbeit sah Brecht den

35 E. Schumacher, Kritik über die Aufführung von „Leben des Galilei" in den Münchner Kammerspielen; Deutschlandsender, Sendung: „Kritik-Spiegel der Zeit", 5. April 1959.

36 Siehe Anhang: Zum dritten Kapitel, Anmerkung (1) S. 394 u. 395.

Galilei immer kritischer. Die Szenenentwürfe, in denen er Galilei als einen Menschen darstellen wollte, der mitten unter dem einfachen Volke arbeitete und um dessen Interessen kämpfte, blieben unausgeführt. Schon begonnene Szenen dieser Art, wie die Szene im Arsenal von Venedig, wurden nicht in die erste Fassung aufgenommen. Auch die schon ausgearbeiteten Teile, in denen Galileis radikale Einstellung, sein Haß gegen die herrschende Klasse zum Ausdruck kamen, wurden teilweise zurückgenommen. Dabei verschwanden aber diese positiven Seiten nicht völlig aus dem Galilei-Bild, in der ersten Fassung sind sie noch vorhanden, jedoch nicht so offensichtlich, so eindeutig; andere Eigenschaften drängten sie zeitweilig in den Hintergrund. Das Motiv des Verrats an der Wissenschaft, das Brecht schon in der ersten Fassung aufnahm, ließ eine szenische Darstellung von Galileis Haltung im Sinne der ersten Entwürfe nicht mehr zu.

Der Galilei der ersten Version ist sehr kompliziert und widerspruchsvoll. Der Schatten des Verrats liegt über vielen seiner positiven Eigenschaften, aber trotzdem ist er noch der illegale Kämpfer, der seine Gesundheit aufbraucht und nach seinem Widerruf gegen die Unterdrückung weiterarbeitet. Im gewissen Sinne ist das auch noch die dominierende Seite. Es sind hier eben zwei Seiten in einer Figur sehr dissonant nebeneinandergesetzt.

Das illegale Verhalten Galileis, sein unverminderter Kampf gegen das System der Unterdrückung sind besonders stark in der Hafner-Szene betont. Galilei unterhält eine geheim organisierte Verbindung mit dem freieren Ausland aufrecht, um seine Werke hinauszuschmuggeln. Als der Hafner Galilei ein Buch zurückbringt, das über die Grenze zu schaffen ihm nicht gelang, sagt er leise zu Galilei:

„... sie sind hinter uns her. Villagio ist verhaftet ... Das ist das dritte Mal, daß ich es Ihnen zurückbringen muß. Ist es sehr schlimm? (Es klopft draußen.)

Galilei (steht, gehetzt, mit den Blättern): Wohin lege ich es jetzt?

Hafner (leise): Wo hatten Sie es früher?"[37]

Die ganze Anlage der Szene, wie der gehetzte, halbblinde Galilei das Buch vor den Spitzeln der Inquisition versteckt, charakterisiert ihn als einen politischen Kämpfer, der hier die ungeteilte Sympathie des Zuschauers und Lesers besitzt. In dieser Szene wollte Brecht im Verhalten der historischen Figur des Galilei ein Abbild des illegalen Kampfes der deutschen Antifaschisten gegen die Hitlerdiktatur geben. Die Szene ist ganz aus der Gegenwart geschöpft, aus des Dichters eigenem politischen Kampf gegen den Faschismus. Galilei ist, wenn auch nicht in der Eindeutigkeit der ersten Entwürfe, eine beispielgebende Gestalt. Seine Haltung, auch wenn sie in derselben Szene wieder eingeschränkt wird, war weise gewesen und mobilisierte gegen die Gewalt der herrschenden Klasse. Durch seinen Widerruf hatte er sich die Möglichkeit verschafft, ein entscheidendes Werk zu schreiben, das seine Freunde ins freiere Ausland brachten.[38]

Die Haltung des Galilei, wie sie vom Zuschauer oder Leser gewertet wird, hängt zu einem großen Teil davon ab, wie der Dichter den Widerruf gestaltet. Die Auslegung des Widerrufs wird in bestimmter Hinsicht zu einem Kriterium für die Haltung Galileis. Warum widerrief Galilei? Auf diese Frage spitzt sich die ganze Aussage des Stückes zu, von ihrer Beantwortung erhalten die Handlungen Galileis noch einmal ihre Wertung.

Brecht gestaltete das erschütternde Ringen um diese Frage in der vorletzten Szene, in dem großen Dialog des alten Galilei mit seinem Lieblingsschüler Andrea, der ihn vor

37 B. Brecht, „Galileo Galilei – Leben des Galilei", Bühnenmanuskript, a. a. O., S. 110.

38 Bertolt Brecht-Archiv, Berlin; „Leben des Galilei", Anmerkungen zu „Galilei", Archiv-Mappe Nr. 17, Blatt 24.

seiner Reise ins Ausland noch einmal aufsucht. Diese Szene ist eine der größten Dialoge der Weltliteratur. Sie ist ein „Gerichtstag". Dieses Wort Ibsens in einer umfassenderen Bedeutung trifft am besten den Charakter dieser Auseinandersetzung. An dieser Stelle nahm dann Brecht in der zweiten Fassung den entscheidenden Eingriff vor. Aber auch schon vorher gab es verschiedene Veränderungen und Versionen.

Brecht hat an dieser Stelle viel gearbeitet. Von den Entwürfen bis in die erste Fassung hinein erhielt der Widerruf eine positive Auslegung im Sinne der Legende: Und sie bewegt sich doch! Dennoch sah Brecht die Legende immer kritischer, immer weniger brauchbar im politischen Sinne. In einer Szene der frühen Version, die nur teilweise ausgeführt ist, ließ Brecht den Widerruf noch wie folgt begründen: „Ich will nicht behaupten, daß ich nicht der Folter wegen, sondern um meine Bücher zu retten und neue zu schreiben, also der Lehre wegen, widerrufen und mein Gesicht verloren habe, aber wer will das Gegenteil behaupten? Die Folter stand, unter uns, an der falschen Stelle, sie sagten: Schwöre ab, sonst töten wir dich und vernichten dein Werk. Da schwur ich ab. Hätte es geheißen: Wir töten dich, wenn du nicht abschwörst, aber dann soll dein Werk leben, und ich hätte dann abgeschworen, dann wäre ich sehr verächtlich geworden. Aber, natürlich, das Werk lebt nicht von dem, was ich schwöre oder abschwöre, es steht auf eigenen Beinen, es wendet mir den Rücken zu, macht eine wegwerfende oder selbst mitleidige Gebärde nach mir und spaziert fort, in vollem Sonnenlicht."[39] Diese Auslegung entspricht noch zu einem guten Teil der Konzeption der ersten Entwürfe, wie sie auch das Gegenteil zur Gestaltung der zweiten Fassung darstellt. Brecht überschrieb diese Szene: „Die Erde bewegt sich."[40] Auch das weist darauf hin,

39 Bertolt Brecht-Archiv, Berlin; „Leben des Galilei", Unbenutztes Material, Archiv-Mappe Nr. 426, Blatt 34.

40 Ebenda.

daß sie noch aus dem Geist der Volkslegende konzipiert wurde. Die Begründung, mit der Brecht den Galilei sich rechtfertigen ließ, ist in verschiedener Hinsicht aufschlußreich. Zeigt sie doch, daß Brecht nicht so sehr daran gelegen war, nur zu gestalten, daß Galilei in dem Widerruf seiner Lehre die beste Möglichkeit sah, für die Gesellschaft weiterarbeiten zu können. Je tiefer Brecht in den Stoff eindrang, um so weniger schien ihm das eine gesellschaftlich nützliche Lösung zu sein. Aber auch die Antwort Galileis in diesem zitierten frühen Szenenteil verwarf der Dichter als unbrauchbar. Er nahm sie nicht in die erste Fassung auf. Sie war zu ausgeklügelt, zu spitzfindig, um in dieser großen gedanklichen Auseinandersetzung zwischen Galilei und Andrea Gewicht zu haben.

Bei der Arbeit an der ersten Fassung sah Brecht zwar an Galileis Haltung immer deutlicher auch die Schwächen, aber Galilei war für ihn noch nicht der Kapitulant. Um seine Haltung zu charakterisieren, führte Brecht eine Unterhaltung über Montaigne in die Handlung ein. Indem Galilei die Sprüche Montaignes kommentierte, die seine Tochter ihm vorlas, enthüllte Brecht in einer außerordentlich differenzierten Art und Weise die Gesinnung des großen Forschers. Montaigne, der französische Schriftsteller des 16. Jahrhunderts, vertrat eine „Lebenskunst", die man auf die Probleme des Galilei hin am besten mit dem Satz interpretieren kann, in dem er sagt, er vermeide, wenn möglich, abschüssige und rutschige Pfade und gehe lieber auf dem allgemein begangenen Wege, auch wenn man darauf noch so sehr in Schmutz und Schlamm versinke, denn man würde davor bewahrt, in einen Abgrund zu rutschen.[41] Ein kurzer Auszug aus der Unterhaltung Galileis über Montaigne, die von Brecht als Variante in Heft 15 der „Versuche" aufgenommen wurde, sei hier wiedergegeben.

41 M. d. Montaigne, „Die Essais", Zweites Buch, Siebzehntes Kapitel. Vom Dünkel, Leipzig 1953, S. 241.

„*Virginia* (holt das Buch und liest vor): 54. Inschrift: Ohne Schwanken.

Galilei: Nichts sonst?

Virginia: Nein.

Galilei: Aber das hängt zumindest von drei Dingen ab: der Kraft des Stoßes, den man empfangen hat, der Sichtbarkeit des Zieles und der Solidität der Unterlage. Schöner Rat! Weiter!

...

Virginia: 21.: Wer da weiß, daß er weiß, weiß noch nicht, wie man weiß.

Galilei: Das ist sehr gut, wieder. Aber es schmeckt alles nach Kapitulation."[42]

Galilei war die kapitulantenhafte Philosophie Montaignes zuwider. Damit betonte Brecht zugleich, daß der Widerruf Galileis nicht als Kapitulation zu verstehen sei. Aber er nahm auch diese Stelle nicht in die endgültige erste Fassung auf. Eine eindeutig positive Auslegung des Widerrufs wurde im Laufe der Arbeit immer mehr zurückgedrängt. Dadurch wurde die Aussage immer komplizierter, vielseitiger und widerspruchsvoller.

In der ersten Version ließ Brecht alle Begründungen weg, die direkt darauf hinwiesen, daß Galilei widerrufen habe, um sein Werk zu retten und um weiterarbeiten zu können. Auf Andreas Frage nach dem Beweggrund für den Widerruf antwortet Galilei in der fertigen ersten Fassung: „Kurz nach meinem Prozeß haben mich einige Leute, die mich von früher kannten, mit einer gewissen Nachsicht behandelt, indem sie mir allerlei hochgesinnte Absichten unterschoben. Ich habe das abgelehnt. Ich sah darin lediglich vermindertes Urteilsvermögen, hervorgerufen dadurch, daß sie mich physisch stark verändert fanden. Nach sorgfältiger Erwägung aller Umstände, der entschuldigenden wie der anderen, kann man nicht der Meinung sein, daß jemand aus irgend-

42 Brecht, „Versuche", Heft 15, Berlin 1957, S. 132.

einem andern Grunde zu einem solchen Gehorsam finden könnte, als aus einer zu großen Furcht vor dem Tode... Nicht weniger als die Bedrohung mit dem Tode ist für gewöhnlich nötig, einen Menschen von dem abzubringen, zu was ihn sein Verstand gebracht hat, diese gefährlichste aller Gaben des Allmächtigen."[43] Auch den Einwand Andreas, daß er, Galilei, aber einiger Notierungen wegen in der Pestzeit in der Stadt geblieben sei und den Tod nicht gefürchtet habe, weist er zurück: „Oh, die Pest ist nicht so tödlich."[44]

Brecht gab schon bei der Arbeit an der ersten Fassung eine Charakterisierung auf, die Galileis Widerruf als vorbedachten Plan darstellte. Galilei widerrief aus Todesfurcht. Vor dem Inquisitionsgericht versagte er. Dennoch zeigte Brecht, daß die Inquisition Galilei trotz seines Widerrufs nicht in die Knie zu zwingen vermochte. Galilei kapituliert nicht, er opfert seine Gesundheit und den letzten Rest von Bequemlichkeit, um an seiner neuen Lehre weiterzuarbeiten. So beweist auch die konspirative Tätigkeit mit dem Hafner, daß er weiter gegen seine alten Feinde kämpft. Er weiß selbst, daß er der nackten Gewalt nicht widerstanden hat. Aber er widerspricht auch Andrea nicht, als dieser seinen Fall mit dem Einsturz eines riesigen, für unerschütterlich gehaltenen Turms vergleicht: „Der Lärm des Einsturzes war weit lauter als das Lärmen der Bauleute und der Maschinen während der ganzen Zeit seines Aufbaus, und die Staubsäule, die sein Einsturz erzeugte, höher als er selber gewesen war. Aber möglicherweise zeigt es sich, wenn sich der Staub verzieht, daß die zwölf oberen Stockwerke gefallen sind, aber die dreißig unteren noch stehen. Der Bau könnte dann weitergeführt werden. Ist es das, was Sie meinen?"[45] Galileis Widerruf ermöglichte die Fortsetzung des Kampfes

43 B. Brecht, „Galileo Galilei – Leben des Galilei", Bühnenmanuskipt, a. a. O., S. 116.
44 Ebenda.
45 Ebenda, S. 122.

gegen die Unterdrückung. Darauf bezog sich auch die Bemerkung Brechts, daß der Galilei der ersten Fassung weise gewesen sei. Die Szene schließt deshalb folgerichtig mit einem großartigen Hymnus auf die neue Zeit ab. Galilei sagt zu Andrea: „Einige Erlebnisse hätten dich zu einer ganz falschen Ansicht bringen können über das, was wir immer die Zukunft der Vernunft genannt haben. Aber natürlich, ein einzelner Mann kann sie weder zur Geltung noch in Verruf bringen... Ich bleibe auch dabei, daß dies eine neue Zeit ist. Sollte sie aussehen wie eine blutbeschmierte alte Vettel, dann sähe eben eine neue Zeit so aus. Der Einbruch des Lichts erfolgt in die allertiefste Dunkelheit, während an einigen Orten die größten Entdeckungen gemacht werden, welche die Glücksgüter der Menschen unermeßlich vermehren müssen, liegen sehr große Teile der Welt ganz in Dunkel. Die Finsternis hat dort sogar noch zugenommen."[46]

In der ersten Fassung blieben die gesellschaftlichen Auswirkungen von Galileis Widerruf, die in der zweiten Fassung Anlaß zu einschneidenden Veränderungen wurden, außerhalb des Problemkreises. Der Dichter versuchte sie sogar in gewissem Sinne einzuschränken, so, wenn er Galilei über die Vernunft sagen ließ: „Aber natürlich, ein einzelner Mann kann sie weder zur Geltung noch in Verruf bringen."[47] Damals dominierte bei Brecht eben noch die Vorstellung von der positiven Gestalt Galileis. Im Verlauf der Arbeit hatte er aber bereits die negative Seite Galileis, seinen Verrat an der Wissenschaft, herausgearbeitet. In dem großen Dialog zwischen Galilei und Andrea weist Galilei auf seinen Verrat hin, wenn er zu seinem einstmaligen Schüler sagt: „Die Wissenschaft kann Menschen, die es versäumen, für die Vernunft einzutreten, nicht brauchen. Sie muß sie mit Schande davonjagen, denn sie mag so viele Wahrheiten wie immer wissen, in einer Welt der Lüge hätte sie keinen Bestand. Wenn die Hand, die sie füttert, ihr gelegentlich und

46 Ebenda, S. 123.
47 Ebenda.

ohne Warnung an die Gurgel greift, wird die Menschheit sie abhauen müssen. Das ist der Grund, warum die Wissenschaft einen Menschen wie mich nicht in ihren Reihen dulden kann."[48] Er gibt auch seinem ehemaligen Schüler zum Abschied nicht die Hand, obwohl Andreas Besuch die größte Freude für den alten, kranken Gelehrten war, aber er weiß, Andrea lehrt jetzt selber, und seine, Galileis Hand, ist befleckt. Auch rät er, Andrea möge sich den Verfasser der „Discorsi" nicht allzusehr zum Vorbild nehmen.[49] Brecht gestaltete den Verrat Galileis an der Wissenschaft in der ersten Fassung noch nicht in der vollen gesellschaftlichen Auswirkung, sondern nur auf die Person Galileis bezogen. Galilei beurteilt seinen Fall sehr real. Durch seinen Widerruf hat er sich, obwohl auch jetzt noch arbeitend und kämpfend für eine neue Wissenschaft, selbst aus den Reihen der Wissenschaft ausgeschlossen.

So ist Brechts Galilei ein bis in sein Alter hinein kämpfender und sich aufopfernder Gelehrter, und doch einer, der an einem entscheidenden Punkt seines Lebens versäumte, für die Vernunft einzutreten. Die widersprüchlichsten Seiten treffen schroff und unvermittelt aufeinander. Aber Galileis illegaler Kampf gegen die Unterdrückung und sein Verrat an der Wissenschaft stehen zu sehr nur nebeneinander. Der Verrat ist zu wenig schon von Anfang an in der Gestalt motiviert. Der Grund dafür ist, daß Brecht die ursprüngliche Galilei-Fabel im Sinne der Volkslegende konzipierte. Die Absicht, einen listigen, weisen Galilei zu gestalten, der hinter dem Rücken der Inquisition weiterarbeitet, um damit ein Abbild des illegalen antifaschistischen Kampfes gegen die Hitlerdiktatur in dieser historischen Gestalt zu geben, erwies sich im Laufe der weiteren Arbeit aber immer mehr als undurchführbar. Die Handlung Galileis in diese Parallele gesetzt, auch wenn sie vom Blickpunkt der Volkslegende aus gestaltet worden wäre, hätte einen politisch falschen

48 Ebenda, S. 119.
49 Ebenda, S. 122.

Akzent bekommen. Galileis Verhalten vor dem Inquisitionsgericht wie auch sein legendäres „Eppur si muove“ waren durch keine noch so geschickte Handlungsführung als Beispiel für den antifaschistischen Kampf handhabbar zu machen. Auch die von Dimitroff auf dem VII. Weltkongreß empfohlene Taktik des Trojanischen Pferdes war eine andere Verhaltensweise als die von Galilei in seiner Zeit praktizierte.

Brecht merkte auch sehr bald, daß seine aktuelle Absicht in dem historischen Stoff nicht aufging und ließ sie immer mehr zurücktreten. Aber bis in die erste Fassung hinein blieb die illegale, konspirative Tätigkeit Galileis erhalten, obwohl Brecht von einer positiven Auslegung des Widerrufs schon abgegangen war. Das machte die Stoßrichtung des Stückes schwer bestimmbar; zumal Brecht während der weiteren Arbeit an der ersten Fassung des Schauspiels den Verrat Galileis mehr und mehr betonte. Es ist dabei durchaus möglich, daß der ursprüngliche Anlaß zur Gestaltung dieser Seite ein Erlebnis war, das Brecht folgendermaßen beschrieb: „Vor dem Krieg erlebte ich vor dem Radioapparat eine wahrhaft historische Szene: das Institut des Physikers Niels Bohr in Kopenhagen wurde interviewt über eine umwälzende Entdeckung auf dem Gebiet der Atomzertrümmerung. Die Physiker berichteten, daß eine neue, ungeheure Kraftquelle entdeckt sei. Als der Interviewer fragte, ob eine praktische Ausnutzung der Versuche schon möglich sei, bekam er die Antwort: Nein, noch nicht. Im Tone der größten Erleichterung sagte der Interviewer: Gott sei Dank! Ich glaube wirklich, daß die Menschheit für die Übernahme einer solchen Kraftquelle noch absolut nicht reif ist! Es war klar, daß er sofort nur an die Kriegsindustrie gedacht hatte.“[50] In diesem Erlebnis war schon enthalten, was dann 1945 zur zweiten Fassung des Stückes hinlenkte.

Zu dieser Zeit, im Jahre 1938, schrieb Brecht auch an den „Deutschen Marginalien“. In diesen Versen klingt wieder-

50 B. Brecht, „Über experimentelles Theater“, a. a. O., S. 6 f.

holt das Thema der gesellschaftlichen Verantwortung des Gelehrten an. Brecht machte auf die Folgen aufmerksam, die sich aus einem „unpolitischen“, „reinen“ Forschen ergeben können. Da heißt es:

„Aus den Bücherhallen
Treten die Schlächter.

Die Kinder an sich drückend
Stehen die Mütter und durchforschen entgeistert
Den Himmel nach den Erfindungen der Gelehrten.“[51]

Das ist schon die Thematik, um die es Brecht in der zweiten Fassung des „Galilei“ ging. Auch die Marginalien weisen darauf hin, daß Brecht bereits im dänischen Exil das Thema beschäftigte, das ihn später zur zweiten Fassung veranlaßte. Indem Brecht die Frage nach der Verantwortung des Wissenschaftlers vor der Gesellschaft bereits in der ersten Version des Stückes immer stärker betonte, die positiven Eigenschaften Galileis aber durch die Darstellung seines Verrats immer mehr zurückdrängte, leiten Gedanken aus der dänischen direkt zur amerikanischen Fassung des Schauspiels hinüber.

51 B. Brecht, „Hundert Gedichte“, a. a. O., S. 186.

2

DIE GESELLSCHAFTLICHEN URSACHEN FÜR DIE UMGESTALTUNG DES SCHAUSPIELS IM AMERIKANISCHEN EXIL

Die politischen Ereignisse als Ursache für die Neufassung

Im amerikanischen Exil gegen Ende des zweiten Weltkrieges übersetzte Brecht zusammen mit dem berühmten englischen Schauspieler Charles Laughton den „Galilei" für eine Aufführung in Beverly Hills (Kalifornien). Während dieser Arbeit erfolgte der Abwurf der Atombombe auf Hiroshima. Brecht beschrieb in den Anmerkungen zu seinem Schauspiel den Eindruck, den dieses Ereignis gemacht hatte. Die Menschen hätten die Nachricht von dem Abwurf der Bombe, die das Ende des Krieges bringen sollte, mit erstaunlicher Trauer zur Kenntnis genommen. Auf den Straßen und Obstmärkten habe man nur Schrecken äußern hören. Es sei für Amerika der Sieg, aber auch die Schmach einer Niederlage gewesen. Für einen so eminent politischen Dichter wie Brecht blieb dieses Ereignis nicht ohne Einwirkung auf sein Werk. Er bekannte das selbst, als er schrieb: „Von heute auf morgen las ich die Biographie des Begründers der neuen Physik anders. Der infernalische Effekt der Großen Bombe stellte den Konflikt des Galilei mit der Obrigkeit seiner Zeit in ein neues, schärferes Licht."[52] Es ist charakteristisch für Brecht, daß er die poli-

52 B. Brecht, „Stücke", a. a. O., Bd. VIII, S. 195.

tischen Auswirkungen dieses Ereignisses sofort aufgriff und dramatisch zu gestalten versuchte. Die sich verändernde Wirklichkeit bildete stets den Ausgangspunkt seiner Arbeit, an ihr kontrollierte er ständig sein Werk. Er schreckte niemals davor zurück, ein Werk gründlich umzugestalten, wenn politische Ereignisse und gesellschaftliche Prozesse, die ihm neue Einsichten vermittelten, schneller verliefen, als ein Stück zum Abschluß gebracht werden konnte. Das war bei dem Parabelspiel „Die Rundköpfe und die Spitzköpfe" der Fall gewesen und das geschah beim „Galilei". Brecht behielt auch im amerikanischen Exil, in dem er keine unmittelbare Berührung mit der revolutionären Arbeiterklasse und ihrer Partei besaß, die Fähigkeit, als ein parteinehmender sozialistischer Dichter auf die großen politischen Ereignisse der Zeit zu reagieren.

Nach Hiroshima veränderte er die Aussage des Stückes entscheidend. Der dramaturgische Aufbau blieb dabei aber fast unverändert. In der zweiten Fassung ist Galilei nicht mehr der illegale Kämpfer, diese Seite ließ Brecht ganz fallen, Galilei ist jetzt der Verbrecher, der seinen Frieden mit den Mächtigen gemacht hat. Der Mißbrauch der Atomenergie war der politische Ausgangspunkt, der dem ganzen Stück die neue Stoßrichtung gab. Das Versagen Galileis vor der Inquisition hatte Brecht, wenn auch weniger prägnant, schon in der ersten Fassung herausgestellt. Der Abwurf der Atombombe erhellte es jedoch erst im ganzen Umfange. Die Verantwortung des Wissenschaftlers vor der Gesellschaft rückte jetzt in den Mittelpunkt. Zwang doch die amerikanische Regierung, die nunmehr die Atombombe als politisches Druckmittel gebrauchte, auch nach der Zerschlagung des Faschismus die Wissenschaftler, an der Herstellung von Massenvernichtungsmitteln mitzuarbeiten, die die Existenz der Menschheit ernstlich gefährden. Berühmte amerikanische Wissenschaftler verließen damals fluchtartig ihre bisherigen Arbeitsstätten. Albert Einstein und sieben andere Physiker wandten sich mit einer Proklamation an die Öffentlichkeit.

„Es war schimpflich geworden, etwas zu entdecken“[53], schrieb Brecht.

Durch die imperialistischen Kriegsvorbereitungen wurde die Frage der Verantwortlichkeit des Wissenschaftlers vor der Gesellschaft zu einem Kernproblem. Das politische Versagen oder die Standhaftigkeit jedes einzelnen Physikers wurden innerhalb der großen Volksbewegungen um den Frieden zu einem außerordentlichen Fakt. Von ihrer Entscheidung hing viel ab. Damit gewannen aber die politischen Kämpfe der Gegenwart eine sehr lebendige und unmittelbare Beziehung zur Galilei-Handlung. Der Konflikt Galileis mit der herrschenden Klasse seiner Zeit trat, worauf Brecht selbst hinwies, in ein schärferes Licht. Der Widerruf Galileis erfuhr durch die neuen politischen Ereignisse eine ganz andere Auslegung, als das vom Standpunkt des antifaschistischen Kampfes gegen die Hitlerdiktatur vor dem Kriege aus geschehen war. So beziehen sich die Veränderungen der zweiten Fassung vor allem auf die Wertung des Widerrufs. Der Dichter notierte dazu, daß in der kalifornischen Fassung Galilei die Lobeshymnen seines Schülers abbricht und ihm beweist, daß sein Widerruf ein Verbrechen war und durch das Werk, so wichtig es auch ist, nicht aufgehoben wird. „Wenn es jemand interessieren sollte“, schrieb Brecht, „dies ist auch das Urteil des Stückschreibers.“[54]

Brecht sah jetzt die gesellschaftlichen Auswirkungen des Widerrufs. In einer Zeit, in der sich in Amerika berühmte Physiker dem Dienst ihrer kriegslüsternen Regierungen zu entziehen versuchten und lieber bereit waren, sich ihren Lebensunterhalt durch eine Lehrtätigkeit zu verdienen als ihre Forschungen mißbrauchen zu lassen, war eine Fabel im Sinne der alten Volkslegende um den Widerruf Galileis nicht mehr brauchbar. Die Veränderung in der politischen

53 B. Brecht, „Stücke“, a. a. O., Bd. VIII, S. 198.

54 Bertolt Brecht-Archiv, Berlin; „Leben des Galilei“, Anmerkungen zu Galilei, Archiv-Mappe Nr. 17, Blatt 24.

Wirklichkeit verlangte auch eine neue Sicht des alten Stoffes.

Es wurde schon darauf hingewiesen, daß die Umgestaltung des Stückes keineswegs so plötzlich vorgenommen wurde, wie man das vielleicht aus den Anmerkungen zur zweiten Fassung entnehmen kann. Die Auslegung des Widerrufs war für Brecht ein Problem gewesen, mit dem er eigentlich bis zu dem Ereignis von Hiroshima nie richtig fertig geworden war. Ein Teil einer Szene, die aus den Vorarbeiten zur zweiten Fassung stammt, zeigt deutlich, wie bestimmte Gedanken aus der dänischen zur zweiten Fassung hinüberleiten. In dem in Dänemark geschriebenen Dialog zwischen Galilei und dem kleinen Mönch fragt der Mönch, ob sich die Wahrheit – wenn es die Wahrheit ist – denn nicht auch ohne uns durchsetzt? Darauf antwortet Galilei: „Nein, nein, nein. Es setzt sich nur so viel Wahrheit durch, als wir durchsetzen."[55] In der eben genannten Vorarbeit zur zweiten Fassung wandte Brecht nun diesen Gedanken konsequent auch auf den Widerruf an. Er ließ den Galilei seinen Widerruf mit folgenden Worten erklären: „Wie ich höre, läuft die Legende herum, ich hätte, nachdem ich auf Geheiß der Obrigkeit laut ausschrie, die Welt bewege sich nicht, leise hinzugefügt, sie bewege sich doch, und damit alles in Ordnung gebracht. Ganz von selber, heißt es, werde die Wahrheit und das Nützliche sich durchbringen. Deshalb könne die Wissenschaft sich ruhig von den Mächtigen den Mund zustopfen lassen und mit einem andern Körperteil fruchtbar sein. Bei kühlem Nachdenken ist das jedoch eine zwar angenehme, aber falsche Annahme."[56]

Die zweite Version enthüllt in aller Schärfe das menschliche und gesellschaftliche Versagen Galileis vor dem Inquisitionsgericht. Die Vorstellung Andreas, der glaubt, daß

55 B. Brecht, „Galileo Galilei – Leben des Galilei", Bühnenmanuskript, a. a. O., S. 75.

56 Bertolt Brecht-Archiv, Berlin; „Leben des Galilei", Deutsch – Bruchstücke, Archiv-Mappe Nr. 498, Blatt 53.

der Widerruf vorbedachter Plan war, wird gründlich zerstört: „Ich habe widerrufen, weil ich den körperlichen Schmerz fürchtete... Man zeigte mir die Instrumente."[57] Das Versagen aus einer zu großen Furcht vor dem Tode stellte Brecht auch schon in der ersten Fassung dar, aber in der zweiten ist es viel drastischer herausgearbeitet. In der ersten Version kämpft Galilei weiter gegen seine Feinde. Das hebt sein Versagen zum Teil wieder auf. In der zweiten Fassung kapituliert Galilei vor seinen Gegnern und betreibt seine Wissenschaft nur noch gewohnheitsmäßig wie ein heimliches Laster. Durch zwei weitere Einfügungen ließ Brecht die Folgen des Widerrufs im grellsten Licht erscheinen. Zu Andrea Sarti sagt Galilei, jetzt sei er zu der Erkenntnis gekommen, daß er niemals in wirklicher Gefahr geschwebt habe. Einige Jahre sei er ebenso stark gewesen wie die Obrigkeit.[58] Weiter machte Brecht durch die mörderische Selbstanalyse deutlich, was Galilei in seiner Zeit hätte erreichen können, wenn er nicht vor seinen Gegnern kapituliert hätte. Galilei sagt zu Andrea: „Ich hatte als Wissenschaftler eine einzigartige Möglichkeit. In meiner Zeit erreichte die Astronomie die Marktplätze. Unter diesen ganz besonderen Umständen hätte die Standhaftigkeit eines Mannes große Erschütterungen hervorrufen können. Hätte ich widerstanden, hätten die Naturwissenschaftler etwas wie den hippokratischen Eid der Ärzte entwickeln können, das Gelöbnis, ihr Wissen einzig zum Wohle der Menschheit anzuwenden! Wie es nun steht, ist das Höchste, was man erhoffen kann, ein Geschlecht erfinderischer Zwerge, die für alles gemietet werden können."[59] Der Einwand Andreas, daß Todesfurcht menschlich sei und menschliche Schwächen die Wissenschaft nichts angehen, sie interessiere nur der wissenschaftliche Beitrag, wird von Galilei voller Spott zurückgewiesen. Selbst im Zustand tiefster Verlumpung zeigt er

57 B. Brecht, „Stücke", a. a. O., Bd. VIII, S. 178.
58 Ebenda, S. 182.
59 Ebenda, S. 181 f.

Andrea nicht ohne Selbstgefälligkeit, daß seine gesellschaftliche Einsicht größer ist als die des ehemaligen Schülers. Er weist ihn auf die Konsequenzen einer Haltung hin, die nur nach dem wissenschaftlichen Beitrag fragt: „Wenn Wissenschaftler, eingeschüchtert durch selbstsüchtige Machthaber, sich damit begnügen, Wissen um des Wissens willen aufzuhäufen, kann die Wissenschaft zum Krüppel gemacht werden, und eure neuen Maschinen mögen nur neue Drangsale bedeuten. Ihr mögt mit der Zeit alles entdecken, was es zu entdecken gibt, und euer Fortschritt wird doch nur ein Fortschreiten von der Menschheit weg sein. Die Kluft zwischen euch und ihr kann eines Tages so groß werden, daß euer Jubelschrei über irgendeine neue Errungenschaft von einem universalen Entsetzensschrei beantwortet werden könnte."[60] So ruft Galileis große Selbstanalyse Bewunderung und Abscheu hervor.

Galilei befindet sich nach seinem Verrat im Zustand tiefster moralischer Verkommenheit. Sein Fall hat ihn zum Verräter gemacht. Die Wissenschaft betreibt er wie ein Laster, von dem er unmöglich loskommen kann. Dennoch hat er nicht alle positiven Seiten verloren. Er bleibt der große Gelehrte, der kühn das Neue ergriff, der aber im Kampf versagte. Brecht wies selbst darauf hin, daß angesichts des mutigen Unternehmens, in das sich Galilei begab, niemand darauf erpicht sein könne, Galilei nur zu loben oder nur zu verdammen.[61] Er sei der große Forscher gewesen, der Astronomie und Physik bereichert habe, indem er diese Wissenschaften zugleich eines Großteils ihrer gesellschaftlichen Bedeutung beraubt habe. So sei die Revolution zu einem Umschwung geworden, der Skandal sei zu einem Disput unter Fachleuten ausgeartet. Das habe der Kirche und der gesamten Reaktion einen geordneten Rückzug ermöglicht.[62] Galilei war der revolutionäre Begründer einer modernen Physik

60 Ebenda, S. 181.
61 Ebenda, S. 200.
62 Ebenda, S. 198.

und zugleich ihr sozialer Verräter; er hat die Wissenschaft in den Kampf gegen die klerikal-feudale Reaktion geführt und sie zugleich politisch entmündigt, indem er sie zu Spezialwissenschaften zersplitterte. Diese beiden Seiten, die in der Galilei-Figur eine widersprüchliche Einheit bilden, muß man begreifen, um die Gestalt Galileis ganz erfassen zu können.

Brecht bekämpfte mit seinem Stück die bequeme und falsche Vorstellung bürgerlicher Wissenschaftler, die glauben, sich aus dem politischen Streit heraushalten zu können. An der Fabel des „Galilei" wollte der Dichter nachweisen, daß niemand von seiner gesellschaftlichen Verantwortung entbunden werden kann. In einer Notiz machte Brecht einige sehr interessante Bemerkungen zu diesem Problem; sie umreißen noch einmal die politische Absicht, die er mit dem „Galilei" verfocht. Er schrieb: „Die Bourgeoisie isoliert im Bewußtsein des Wissenschaftlers die Wissenschaft, stellt sie als autarke Inseln hin, um sie praktisch mit *ihrer* Politik, mit *ihrer* Wirtschaft, *ihrer* Ideologie verflechten zu können. Das Ziel des Forschers ist ‚reine' Forschung, das Produkt der Forschung ist weniger rein. Die Formel $E = m c^2$ ist ewig gedacht, an nichts gebunden. So können andere die Bindung vornehmen: die Stadt Hiroshima ist plötzlich sehr kurzlebig geworden. Die Wissenschaftler nehmen für sich in Anspruch die Unverantwortlichkeit der Maschinen."[63] So führte der Jubelschrei über die „reine" Wissenschaft zum Entsetzensschrei von Hiroshima.

Es war Brechts politisches Anliegen, mit seinem Stück warnend darauf hinzuweisen, daß ein Versagen wie das Galileis im Jahre 1633 in unserem Jahrhundert zur Vernichtung des Lebens und aller Glücksgüter führen kann, die Wissenschaft und menschliche Arbeit im Laufe der Jahrhunderte geschaffen haben. Im Prolog zur amerikanischen Aufführung hieß es deshalb:

63 Bertolt Brecht-Archiv, Berlin; „Leben des Galilei", Anmerkungen zu „Galilei", Archiv-Mappe Nr. 17, Blatt 03.

„Wir hoffen, Sie leihen Ihr geneigtes Ohr
Wenn nicht uns, so doch unserm Thema, bevor
Infolge der nicht gelernten Lektion
Auftritt die Atombombe in Person."[64]

Die Gestalt des Galilei

Der Galilei der zweiten Fassung ist nicht mehr die Figur, die das Volk, das nicht an seinen Widerruf glauben wollte, in der Legende schuf. Die Legende entstand aus der großen revolutionären Stimmung des 17. Jahrhunderts gegen die Machtinteressen der Kirche. In ihr drückte das Volk aus, was es von seinen Helden erwartete. Ein solcher Held aber ist Galilei nicht gewesen. Die Poesie des Volkes ging an den Tatsachen vorüber. Die von der Kirche unterdrückten und bevormundeten Massen formten sich ihr eigenes Bild von dem Gelehrten; sie schufen einen Galilei, wie er hätte sein sollen. Die Legendenbildung um den Widerruf zeigt aber auch, daß Galileis Kampf und sein Versagen nicht nur eine Angelegenheit von Gelehrten war, sondern sich als ein Teil der großen politischen Bewegung vollzog. Eine solche, tief in der Vorstellung des Volkes verwurzelte Figur neu zu sehen und zu gestalten bleibt immer ein Wagnis. Brecht schrieb später, bei einer anderen Gelegenheit, dazu: „Es sollte nicht abgelehnt werden, daß eine große Figur der Literatur neu und in einem anderen Geist behandelt wird. Ein solches Unternehmen bedeutet keineswegs den Versuch, die Figur zu zerstören. Die antike griechische Dramatik weist manche dichterische Unternehmungen solcher Art auf."[65] Brechts Neugestaltung des Galilei-Bildes war kein formales Experiment. Die politischen Ereignisse gegen Ende des zwei-

64 Bertolt Brecht-Archiv, Berlin; „Leben des Galilei", Notizen – Deutsch, Archiv-Mappe Nr. 648, Blatt 25.

65 B. Brecht, „Thesen zur Faustus-Diskussion"; in: „Sinn und Form", Berlin 1953, Heft 3 und 4, S. 194.

ten Weltkrieges machten, wie schon nachgewiesen wurde, die neue Sicht der Galilei-Fabel notwendig. Sie erhält ihre tiefe Berechtigung aus den politischen Kämpfen unserer Zeit. Zudem wurde der Geist der Volkslegende in der neuen Gestaltung nicht zerstört, sondern im dialektischen Sinne aufgehoben.

Die Analyse einer solchen Gestalt wird niemals erschöpfend sein können. Hier kommt es nur darauf an, einige hauptsächliche Seiten herauszuarbeiten und einzelne Züge in der Fülle anderer sichtbar zu machen. Brecht hat ja selbst mit seinem Buch über die Galilei-Darstellung Charles Laughtons („Aufbau einer Rolle") einen ausgezeichneten Kommentar zu seiner Galilei-Figur geschrieben.

Galilei ist in den ersten Szenen ein vitaler, genußfreudiger Mensch, der sozusagen mit beiden Beinen im praktischen Leben steht. In der letzten Szene haben wir dagegen einen zynischen alten Mann vor uns, dem die Wissenschaft nur noch wie die Krätze anhängt und der gierig das Essen in sich hineinschlingt. Zwei grundsätzlich verschiedene Bilder, und doch geht das letzte aus dem ersten hervor. Galileis Freude am guten Essen, an physischen wie geistigen Genüssen, sein Streben nach freier Zeit für die Forschung haben in den ersten Szenen noch etwas durchaus Positives. Das alles charakterisiert ihn als einen dem vollen Leben zugewandten Gelehrten, der nichts mit einem verschrobenen, weltabgewandten Sterngucker und Stubenhocker gemein hat. Aber eben diese Eigenschaften sind es auch, die ihn später im Kampf versagen lassen. Deshalb schreit ihm auch Andrea nach dem Widerruf, außer sich über den Verrat seines geliebten Lehrers, wütend zu: „Weinschlauch! Schneckenfresser! Hast du deine geliebte Haut gerettet?"[66] Dabei ist Galilei kein Genießer im Sinne eines Falstaff. Materielle Genüsse würden ihn nie von der Arbeit abhalten, denn sie selbst ist ihm Genuß. Aber sie muß Genuß bleiben! Er kann keine Dürftigkeit ertragen, und Leute, deren geistiges Vermögen

66 B. Brecht, „Stücke", a. a. O., Bd. VIII, S. 163.

nicht ausreicht, ihren Magen zu füllen, verachtet er. Das macht ihn aber auch bedenkenlos in der Wahl seiner Mittel. So gibt er die Erfindung eines anderen Mannes schamlos für die eigene „Frucht siebenzehnjähriger geduldiger Forschung“[67] aus. Die Wissenschaft ist ihm eine Ware, nur ihr Gebrauch ist ihm wichtig. Er hat eine laxe Auffassung über geistiges Eigentum. Auch der Entschluß, nach Florenz zu gehen, wo die Mönche herrschen, zeugt nicht vom Mut, sich in die Höhle des Löwen zu begeben. Es zieht ihn einfach nach den „Fleischtöpfen“. Er ist auch insofern ein „großer“ Mann, als seine geistigen und physischen Bedürfnisse auf alle Fälle befriedigt werden müssen. Brecht schrieb: „Die Wissenschaft ist ihm eine Milchkuh, für alle zu melken, allerdings auch für ihn. Dient hier, zu dieser Zeit, diese Einstellung des Galilei der Wissenschaft noch, so wird sie später, im Kampf mit Rom, die Wissenschaft an den Rand des Abgrunds, nämlich in die Hände der Herrschenden bringen.“[68]

Galilei erscheint rücksichtslos gegenüber anderen, vor allem im Hinblick auf den Schluß der neunten Szene, in der er die geächtete Forschung über die Sonnenflecken wieder aufnimmt und damit die Heirat seiner Tochter zerstört. Brecht schrieb diese Szene nicht, um einen Konflikt zwischen privatem Glück und Wissenschaft auszutragen. Das würde die Dimension Galileis nur verkleinern. Dennoch ist dieser Konflikt vorhanden, komprimiert in einen Satz, in dem Galilei auf seine Forschungsarbeit verweist und schmerzlich sagt: „Ich muß es wissen.“[69] Trotz allem geht Galilei nicht rücksichtslos über das Schicksal seiner Tochter hinweg, nur kann er den persönlichen Sorgen nicht nachgeben, sondern muß mit Sorgen weiterarbeiten. Gerade diese Dimension, die Brecht dem Konflikt zuweist, hebt die verschiedenen

67 Ebenda, S. 32.

68 B. Brecht, „Aufbau einer Rolle – Galilei“, herausgegeben von der Deutschen Akademie der Künste, Berlin 1958, S. 24.

69 B. Brecht, „Stücke“, a. a. O., Bd. VIII, S. 136.

Seiten Galileis hervor und zeigt seine innere Widersprüchlichkeit.

Die positiven Eigenschaften Galileis offenbaren sich vor allem in der Pestszene. Hier ist er der große, von seiner Arbeit besessene Gelehrte, den die Pest nicht abhält, in der verseuchten Stadt Notierungen zu machen, die er zu seiner Beweisführung braucht. Brecht stellte in dieser Szene dar, daß Galilei kein Feigling ist, kein Übervorsichtiger, sondern auch den Mut besitzt, um seiner Wissenschaft willen etwas zu riskieren. Der Dichter arbeitete hier einen großen Widerspruch in der Figur heraus: Galilei widersteht der Pest, aber er widersteht nicht der Inquisition. Dieser Widerspruch gibt der Gestalt eine starke innere Spannung. Er wurde jedoch nicht in Galilei hineingelegt, um die Figur interessant zu machen, sondern um genau zu charakterisieren, daß Galilei deshalb zum Schädling wird, weil er seine Wissenschaft in den Kampf führt und dann verrät.

In der erwähnten Szene gestaltete Brecht auch, daß der Forscherdrang Galilei nicht blind vor der Not und dem Elend der armen Leute werden läßt. Gerade in dieser Szene beweist Galilei ein hohes Maß von gesellschaftlicher Einsicht. Er sieht die großen Zusammenhänge, als die Menschen in der verseuchten Stadt dem Tode preisgegeben werden, und er zeigt seinen Haß gegenüber diesem Herrschaftssystem, indem er zornig ausruft: „Wie ihnen das gleich sieht! Das ist ihr ganzes Regierungssystem. Sie hauen uns ab wie den kranken Ast eines Feigenbaumes, der keine Frucht mehr bringen kann.“[70]

Die positiven Eigenschaften der Galilei-Figur waren von der ersten Fassung her noch stark vorgeprägt. Um sie in den Hintergrund zu drängen, zielten Brechts Bemühungen darauf hin, den Verrat Galileis besonders herauszustellen. Der Dichter wurde bei der Umgestaltung in dieser Absicht von Charles Laughton noch bestärkt, der vor allem als Schauspieler darstellen wollte, wie tief Galilei gefallen ist. Brecht

70 Ebenda, S. 77.

schrieb über Charles Laughton: „Begierig, zu zeigen, daß das Verbrechen den Verbrecher verbrecherischer macht, bestand L. bei der Bearbeitung des Originalstücks auf einer Szene, in der Galilei vor dem Zuschauer mit den Machthabern kollaboriert. Dies war auch deshalb angezeigt, weil Galilei im weiteren Verlauf der Gesamtszene den verehrungswürdigsten Gebrauch von seiner wohlkonservierten Geisteskraft macht, indem er seinen Verrat dem einstigen Schüler gegenüber analysiert."[71] Die Kollaboration Galileis mit seinen alten Feinden zeigte Brecht durch eine Briefszene. Galilei diktiert seiner Tochter einen Brief an den Erzbischof, in dem er mit der Bibel die Niederschlagung der hungernden Seiler rechtfertigt. Er diktiert das mit beißendem Zynismus, und doch ekelt ihn zugleich an, wozu er sich hergibt. Er weiß sehr gut, auf welche Stufe er sich gestellt hat, aber sein Fall macht ihn verbrecherisch, sein Zynismus kennt jetzt keine Hemmungen mehr.

Brecht hob vor allem die Folgen von Galileis Verrat hervor. So berichtet Andrea ihm, daß Descartes nach Galileis Widerruf seine Untersuchung über die Natur des Lichtes in die Lade gestopft habe. Dadurch wurde Galileis Versagen besonders deutlich; denn er hatte einmal gesagt, er würde es auf sich nehmen, viele Klafter unter der Erde eingekerkert zu sein, wenn er dadurch erfahren könnte, was Licht sei.

Auch das Buch, die „Discorsi", das er in der Gefangenschaft noch schrieb, hebt sein Ansehen nicht; er überläßt es Andrea mit der feigen Bemerkung: „Solltest du erwägen, sie nach Holland mitzunehmen, würdest du natürlich die gesamte Verantwortung zu schultern haben. Du hättest sie in diesem Fall von jemandem gekauft, der Zutritt zum Original im Heiligen Offizium hat."[72] Die Arbeit an den „Discorsi" ist in der zweiten Fassung keine mutige Tat mehr, wie sie es in der ersten gewesen war. Das Werk ist nur noch

71 B. Brecht, „Aufbau einer Rolle – Galilei", a. a. O., S. 58.
72 B. Brecht, „Stücke", a. a. O., Bd. VIII, S. 175.

ein Produkt seiner eingefleischten Gewohnheiten. Brecht charakterisierte die wissenschaftliche Beschäftigung Galileis mit den Worten: „Am Ende betreibt er seine Wissenschaft wie ein Laster, heimlich, wahrscheinlich mit Gewissensbissen.“[73] In einer Notiz fügt Brecht noch hinzu: „Er haßt die Menschheit fanatisch.“[74]

Galileis Selbstanalyse zeigt noch einmal mit aller Deutlichkeit seine unverbrauchte Geisteskraft. Aber je klarer, je entschiedener sein Geist analysiert, desto abscheulicher tritt sein Verbrechen zutage. Es ist ein großer dichterischer Einfall Brechts gewesen, die geistigen Fähigkeiten Galileis, nachdem sie für Galilei selbst ziellos geworden sind, gegen ihn selbst zu richten. Denn je mehr Galilei seine Denkkraft hervorkehrt, desto schärfer, vernichtender spricht er das Urteil über sich selbst. Brecht faßte die beabsichtigte Wirkung dieser Szene in dem Satz zusammen: „Dieser da, sollte der Zuschauer sagen können, sitzt jetzt in einer Hölle, furchtbarer als jene des Dante, wo man die Gabe des Intellekts verspielt hat.“[75]

Interessant ist, wie Brecht das große Gespräch zwischen Galilei und Andrea zu Ende führte. Auf die letzte Frage, die Andrea an ihn richtet, ob er denn nicht mehr der Meinung wäre, daß ein neues Zeitalter angebrochen sei, antwortet Galilei: „Doch.“[76] So tief auch Galilei gesunken war, den Gedanken an eine neue Zeit gab er nicht auf.

Die verschiedenen Seiten der Galilei-Figur, würden sie nur statisch nebeneinandergestellt, machen noch nicht die Mannigfaltigkeit und Universalität dieser Gestalt aus. Gerade die moderne bürgerliche Literatur liefert genügend Beispiele dafür, daß eine Vielzahl von widersprechenden Eigenschaften, einfach in einer Gestalt vereinigt, ihr noch nicht Lebendigkeit und Fülle geben. Was eine Gestalt erst

73 B. Brecht, „Stücke“, a. a. O., Bd. VIII, S. 199 f.

74 Bertolt Brecht-Archiv, Berlin; „Leben des Galilei“, Anmerkungen zu „Galilei“, Archiv-Mappe Nr. 17, Blatt 27.

75 B. Brecht, „Aufbau einer Rolle – Galilei“, a. a. O., S. 64.

76 B. Brecht, „Stücke“, a. a. O., Bd. VIII, S. 183.

wirklich reich und vielschichtig macht, ist, daß diese verschiedenen Seiten aufeinander einwirken, daß die eine aus der anderen hervorgeht. In der einen Eigenschaft muß schon die andere enthalten, im Negativen das Positive verborgen sein und umgekehrt. Erst diese Dialektik innerhalb einer Gestalt wird ein komprimiertes Abbild der Wirklichkeit ermöglichen und die „Shakespearesche Lebendigkeit und Fülle“ schaffen, von der die Klassiker sprachen.[77]

Man betrachte nur, wie Brecht das Gesellschaftliche und Individuelle in seinem Helden herausarbeitete. Das eine steht nicht neben dem anderen, sondern im dialektischen Zusammenhang. Hierzu nur ein Beispiel: Eine Eigenschaft des Galilei ist seine unbeherrschte Genußsucht, die bis zu einer unersättlichen Freßgier geht. Das ist zunächst ein individuelles, eigentlich ganz „privates“ Detail. Brecht fügte es aber nicht hinzu, um seinen Galilei farbiger, interessanter zu machen, um zu den Eigenschaften des Wissenschaftlers noch andere kontrapunktisch hervorzuheben. In der Art und Weise, wie er das charakterisierende Detail in die Fabel einbezog, bekam es eine ganz bestimmte Wendung. Galileis Genußfreudigkeit war es ja, die diesen nach Florenz trieb, nach den „Fleischtöpfen“, und die ihn später unfähig machte, der Inquisition zu widerstehen. Diese Eigenschaften verdeutlichen, daß Galilei kein Held ist, obwohl er in einer Zeit lebte, die „Helden nötig“ hatte. Das individuelle Detail erhielt somit durch den Verlauf der Fabel einen gesellschaftlichen Aspekt. So durchdringen das Individuelle und das Gesellschaftliche sich in einem sich ständig wiederholenden Prozeß.

Dabei ist interessant zu verfolgen, wie bestimmte Eigenschaften der Figur sich im Verlauf der Fabel verändern. Es wurde schon darauf hingewiesen, daß die Genußfreudigkeit Galileis zu Beginn des Stückes durchaus noch etwas Positives besitzt; im vorletzten Bild aber ist sie Ausdruck der

77 Brief Engels an Lassalle, vom 18. Mai 1859; in: Marx/Engels, „Über Kunst und Literatur“, a. a. O., S. 114.

menschlichen Schwäche, des völligen Versagens Galileis. Dieses Umschlagen bestimmter Eigenschaften in ihr Gegenteil, dieses Negativwerden des Positiven macht deutlich, daß die einzelnen individuellen Wesenszüge nicht unveränderliche Charaktereigenschaften sind, sondern daß auch in der individuellen Charakteristik die gesellschaftliche Seite deutlich wird.

Der Umschlag der einen Seite in die andere, des Individuellen in das Gesellschaftliche, zeigt sich auch in der Szene, in der Galilei die Erfindung eines anderen Mannes als seine eigene ausgibt. Diese Handlungsweise benutzte Brecht zunächst einmal, um seinen Helden genauer zu individualisieren, seine moralische Leichtfertigkeit und laxe Auffassung vom geistigen Eigentum zu kennzeichnen. Das ist die individuelle Seite; aber im Verlauf der Fabel offenbart die Handlungsweise Galileis nicht nur seine Charakterschwäche, sondern gleichzeitig wird auch die Rolle der Wissenschaft in jenem gesellschaftlichen System, in dem Galilei leben und arbeiten mußte, eben durch dieses Detail entlarvend herausgestellt. So zeigt sich im Umschlagen des Individuellen ins Gesellschaftliche die Dialektik in der realistischen Menschengestaltung Brechts auch innerhalb einer einzelnen Figur.

Der Dichter erfaßte den Galilei in der Gesamtheit seiner Lebensbeziehungen, in seiner Totalität. Man vergegenwärtige sich nur einmal die verschiedenen Eigenschaften, die sich in dieser Gestalt gegenüberstehen. Galilei ist der mutig kämpfende Forscher und zugleich verrät er die Wissenschaft, die er begründete. Er setzt sich bedenkenlos den Gefahren der Pest aus, aber er versagt bei der ersten Berührung mit den Machtmitteln der Inquisition. Er weiß, daß seine Forschung von der arbeitenden Klasse und vom besitzenden Bürgertum getragen wird, aber in der entscheidenden Stunde stützt er sich nicht auf sie, sondern läßt die Kräfte im Stich, deren Interessenvertreter er eigentlich ist. Er lobt die Vernunft des einfachen Volkes und denunziert es vor den Machthabern. Er schreit den Hofgelehrten zu, er werde sich an die Schiffswerften wenden, wo der wahre Ruhm des alten Griechenlands noch zu finden sei und läuft wie ein Lakai dem Hofstaat hinterher, zerknirscht und kleinmütig, weil er weiß, er ist zu weit gegangen. Die widersprüchlichsten Seiten stoßen in dieser Gestalt aufeinander, und doch fällt die Figur nicht auseinander, ist sie kein Konglomerat, sondern wirkt wie aus einem Guß. Diese Einheit der Gestalt, eine widerspruchsvolle Einheit allerdings, wird bei Brecht durch das dialektische Zusammenwirken der verschiedenen Seiten erreicht, durch den dialektischen Umschlag von einer Qualität in die andere. Das aber wird ermöglicht durch die Fabel, so daß ein ungemein lebendiges Bild von der gesellschaftlichen Situation und den Klassenkräften jener Zeit entsteht.

Seit Ende der zwanziger Jahre ging Brechts ganzes literarisches Bemühen dahin, den Menschen als „das Ensemble der gesellschaftlichen Verhältnisse" zu fassen.[78] In den ersten Werken, die Brecht als Marxist schrieb, versuchte er das durch eine Ausweitung des Gesellschaftlichen schlechthin und durch eine didaktische Betonung zu erreichen. Die wirkliche kongeniale Erfassung des menschlichen Wesens als „Ensemble der gesellschaftlichen Verhältnisse" aber gelang dem Dichter erst mit der Gestaltungsweise, die im „Galilei" ihren reifsten Ausdruck gefunden hat.

78 K. Marx, „Thesen über Feuerbach"; in: K. Marx/F. Engels, „Werke", Bd. 3, Berlin 1958, S. 534.

3

GEDANKEN ZUR GESELLSCHAFTLICHEN AUSSAGE DES SCHAUSPIELS

Galileis Glaube an die Vernunft

Der Vernunftglaube Galileis ist ein tragendes Motiv des Stückes. Das gilt auch für die zweite Fassung, nur wird dort das Versäumnis Galileis, für die Vernunft einzutreten, mit aller Schärfe herausgearbeitet. Für Galilei ist die Vernunft der eigentliche Kraftquell seiner Arbeit. Er spricht das gegenüber seinem Freunde Sagredo auch aus, wenn er sagt: „Ohne diesen Glauben würde ich nicht die Kraft haben, am Morgen aus meinem Bett aufzustehen.“[79] Die Vernunft ist der große Partner Galileis, mit dem er gegen eine Welt von erstarrten Vorurteilen, Aberglauben und Dummheit ankämpft. So trägt Galilei stets seinen Probierstein bei sich – Brecht legte auf dieses charakterisierende Requisit großen Wert –, mit dem er immer von neuem demonstriert, daß man auf die Dauer nicht einen Stein fallen sehen und sagen kann, er falle nicht. Die Vernunft existiert für ihn nicht als Abstraktum; er verbindet mit ihr eine klare Vorstellung. Besonders in der Unterredung mit Sagredo erklärt Galilei, was er unter dem Glauben an die Vernunft versteht: „Ich glaube an den Menschen, und das heißt, ich glaube an seine Vernunft! ... Die Alte, die am Abend vor der Reise dem Maulesel mit der harten Hand ein Extrabüschel Heu vorlegt, der Schiffer, der beim Einkauf der Vorräte des Sturmes

79 B. Brecht, „Stücke“, a. a. O., Bd. VIII, S. 47.

und der Windstille gedenkt, das Kind, das die Mütze aufstülpt, wenn ihm bewiesen wurde, daß es regnen kann, sie alle sind meine Hoffnung, sie alle lassen Gründe gelten. Ja, ich glaube an die sanfte Gewalt der Vernunft über die Menschen."[80] Sein Vernunftglaube ist der Glaube an die Kraft und die schöpferischen Fähigkeiten des Volkes, insofern hat sein Vernunftbegriff nichts Abstraktes, nichts Mystisches. Diese Beziehung auf die schöpferische Kraft des Volkes schränkt den Begriff nicht ein, sondern gibt ihm erst Weite und Vielfalt; in ihm ist Galileis Glaube an den Fortschritt, an die neue Zeit und an die Unausbleiblichkeit der Entwicklung eingeschlossen.

Dieses unerschütterliche Vertrauen auf die Vernunft unterscheidet Galilei von anderen Gelehrten, auch von seinem Freund Sagredo, der von der Vernunft des Volkes als von einer „erbärmlichen Schlauheit" spricht.[81] Brecht charakterisierte sehr gut, daß wirklicher Fortschritt in der Wissenschaft seine Wurzel vor allem in der Verbundenheit mit dem Volke hat. Galileis Gegner, die Gelehrten der Kirche, sind ihm ja nicht deshalb unterlegen, weil sie Ignoranten und ausgesprochene Dummköpfe sind, sondern weil ihrem Wissen jede Beziehung mit dem Leben, mit der lebendigen Wirklichkeit fehlt. Galilei dagegen zieht sein Wissen aus dem wirklichen Leben, das treibt ihn zu immer neuen Erkenntnissen. In den ersten Plänen und Entwürfen und auch noch in der ersten Fassung stellte Brecht einen Galilei dar, der sich dessen selbst genau bewußt ist. Und dieser Galilei verachtet nicht, was seine Stärke ausmacht, sondern er preist das Volk mit seiner schöpferischen Kraft, mit seinem urwüchsigen Vergnügen am Denken. Auch in der zweiten Version ist diese Volksverbundenheit Galileis noch im bestimmten Maße vorhanden, aber er ist sich dieses Kraftquells schon selbst nicht mehr so bewußt. Er verliert das Volk zeitweise sogar ganz aus dem Auge.

80 Ebenda, S. 46 ff.
81 Ebenda, S. 47.

In einem frühen Entwurf verteidigt Galilei seinen Vernunftglauben nicht nur gegenüber Sagredo, dessen Menschenverachtung und Pessimismus er nicht teilt, sondern auch gegenüber seinem Schüler Andrea. Andrea sieht den Sieg der Vernunft tagtäglich durch die Selbstsucht der Menschen zunichte gemacht. Galilei widerlegt diese Ansicht mit den Worten: „Unsinn. Sie sind zuwenig selbstsüchtig. Oder besser: zu wenige sind es. Warum die Selbstsucht verdammen? Man muß sie ermöglichen, nur nicht die von einigen, sondern die von vielen, die Vernunft ist nichts als die Selbstsucht der ganzen Menschheit."[82] Die Vernunftgedanken Galileis tragen einen stark materialistischen Zug. Das beweist, daß es Brecht darauf ankam, dem Vernunftglauben Galileis alles Mystische, Nebelhafte zu nehmen und ihn auch in Beziehung zu den materiellen Forderungen des ausgebeuteten Volkes zu setzen. Denn für Brechts Galilei ist das Ziel der Wissenschaft nicht Selbstzweck, sondern Hilfe für die geplagten arbeitenden Menschen. In der zweiten Fassung ließ Brecht deshalb Galilei sagen: „Ich halte dafür, daß das einzige Ziel der Wissenschaft darin besteht, die Mühseligkeit der menschlichen Existenz zu erleichtern."[83]

In der zweiten Fassung des Stückes bekam aber der Vernunftgedanke noch eine andere Komponente, die Galileis Auffassung in einen anderen Zusammenhang rückte. In der zweiten Fassung, und zum Teil auch schon in der ersten, ließ der Dichter, veranlaßt durch eine kritischere Sicht des Widerrufs, die Volksverbundenheit Galileis mehr und mehr zurücktreten. Galilei weiß wohl noch, wo er Unterstützung finden kann; das zeigt die Szene mit den Hofgelehrten, denen er droht, er werde sich an die Schiffswerften wenden. Aber er macht keinen Gebrauch davon. Es bleibt eine leere Rede. Brecht verstärkte die ablehnende Haltung Galileis

82 Bertolt Brecht-Archiv, Berlin; „Leben des Galilei", Unbenutztes Material, Archiv-Mappe Nr. 426, Blatt 66.

83 B. Brecht, „Stücke", a. a. O., Bd. VIII, S. 181.

gegenüber der Klasse, die ihn trägt, noch durch die Szene mit dem Eisengießer Vanni. Diese Figur führte Brecht in die zweite Fassung neu ein, um Galileis Verhalten gegenüber dem aufstrebenden Bürgertum darstellen zu können. In der Stunde der Bedrohung Galileis durch die Inquisition bietet Vanni dem Gelehrten seine Hilfe an:

„*Vanni:* ... Ich stehe und falle mit Männern wie Sie, Herr Galilei. Wenn man je versuchen sollte, etwas gegen Sie zu machen, dann erinnern Sie sich bitte, daß Sie Freunde in allen Geschäftszweigen haben. Hinter Ihnen stehen die oberitalienischen Städte, Herr Galilei.

Galilei: Soviel mir bekannt ist, hat niemand die Absicht, gegen mich etwas zu machen.

...

Vanni: Sie scheinen Ihre Freunde nicht von ihren Feinden auseinanderzukennen, Herr Galilei.

Galilei: Ich kenne Macht von Ohnmacht auseinander. (Er geht brüsk weg.) ... Ich habe ein Buch geschrieben über die Mechanik des Universums, das ist alles. Was daraus gemacht oder nicht gemacht wird, geht mich nichts an."[84]

Brecht stellte in diesem Dialog heraus, daß Galilei in der entscheidenden Stunde nicht an die Kraft des Volkes und der bürgerlichen Klasse glaubt. Er sieht zwar sehr gut, was seine Wissenschaft mit den Vertretern des Bürgertums verbindet, aber er stützt sich nicht auf sie. So verrät er sie in ihrem Kampf, der auch der seine ist, schon vor seinem Widerruf.

In der ersten Fassung nimmt Galilei keine ablehnende Haltung gegenüber der bürgerlichen Klasse ein, vielmehr wird er als ihr Interessenvertreter dargestellt. Er kämpft auf ihrer Seite.

Diese grundverschiedene Haltung Galileis zur bürger-

84 Ebenda, S. 145 f.

lichen Klasse in den beiden Fassungen läßt aber auch den Vernunftglauben Galileis in verschiedenem Lichte erscheinen. Die ungenügende Verbindung Galileis zum Volk in der zweiten Fassung, ja, seine brüske Abweisung des fortschrittlichen Bürgertums geben dem Vernunftgedanken Galileis im Gegensatz zur ersten Fassung etwas Halbes, Illusionäres, Verschwommenes. Die Vernunft ist für ihn zwar die schöpferische Kraft des Volkes, da aber in der zweiten Fassung die konkrete szenische Umsetzung fehlt, die Handlung sogar einen gegensätzlichen Akzent erhält, bleibt sein Vernunftgedanke nur rhetorisch. Galileis Handlungsweise zeigt, daß er seine Vernunftauffassung nicht bis zu Ende gedacht hat, daß er nicht zum Kern vorgestoßen ist und nicht die Kraft der zukunftsträchtigen Klasse als das Entscheidende zu sehen vermag. So zeichnet sich Galileis Versagen vom Blickpunkt der zweiten Fassung schon in seinem Vernunftgedanken ab; denn er offenbart sein unbestimmtes, unklar erkanntes Verhältnis zu der wesentlichen gesellschaftlichen Kraft seiner Zeit. In Galileis allgemeiner, abstrakter Vorstellung vom Volk verschwindet die wesentliche Kraft, die fortschrittliche bürgerliche Klasse. Seine verständnislose und brüske Abweisung der Hilfe, die ihm der Eisengießer Vanni als Vertreter des revolutionären Bürgertums anbietet, ist dann nur noch der nächste Schritt.

Es bleibt ein interessanter Vorgang, zu beobachten, wie Gedanken des Stückes durch Veränderung der Fabel in andere Zusammenhänge und Beziehungen treten und dadurch in eine kritische Sicht gerückt wurden.

Praxis und Scholastik

Mit seinem Galilei schuf Brecht einen Gelehrtentypus ganz ungewöhnlichen Formats, der in einem starken Kontrast zu jenen Büchergelehrten stand, wie sie das Mittelalter hervorgebracht hatte. Brechts Galilei ist nicht so sehr der einsame Sucher als vielmehr der Ingenieur und Direktor des Großen Arsenals von Venedig, ein weltzugewandter Gelehrter und praktischer Mensch. Diese Eigenschaften charakterisieren Galilei, wenn auch verschieden stark, in beiden Fassungen. Durch die Gegenüberstellung seiner wirklichkeitsverbundenen Wissenschaft mit der Buchstabengelehrsamkeit der kirchlichen und höfischen Gelehrten, die vorwiegend als Anhänger des Aristoteles dargestellt sind, gestaltete Brecht in seinem Stück auch den Kampf einer praxisverbundenen Wissenschaft gegen Scholastik und Dogmatismus.

Galileis Verbundenheit mit dem praktischen Leben ist sowohl in den Plänen und Skizzen als auch in der ersten Fassung auf Grund der anderen Konzeption weitaus stärker betont. Es gibt einige schon ausgeführte Szenenanfänge, bei denen man bedauert, daß sie nicht beendet wurden. Vor allem ist es die großartige Szene im Arsenal von Venedig, in der Brecht die wissenschaftliche Arbeit Galileis in einen unmittelbaren Zusammenhang mit dem praktischen Leben und der Arbeit der einfachen Menschen stellte. Die Wissenschaft, das geht aus diesem Szenenfragment hervor, erhält erst ihren Sinn, wenn sie dem Menschen in seiner Arbeit, in seinem tagtäglichen Daseinskampf unterstützt. Aus diesen Bemühungen zieht auch die Wissenschaft selbst den größten Nutzen. Diese Szene enthält eine Polemik gegen die lebensfremde Gelehrsamkeit, deren Vertreter auf Sätze pochen, die vom Leben längst überholt sind. Galilei sagt hier zu seinen Schülern, zu den Meistern, Handwerkern und Schiffsbauern des Arsenals: „Die unerschöpfliche Tätigkeit eures berühmten Arsenals, ihr meine Herren Venetianer, scheint mir den Denkern ein weites Feld der Spekulation zu eröffnen, besonders im Gebiet der Mechanik. Könntet ihr eure Doktoren der Philosophie und der Theologie hierherbringen, so würden sie mancherlei wunderbare Erscheinungen beobachten können, die zuvor für unerklärbar und unglaublich gehalten wurden, bis die Erfahrung selber sie für möglich erfand. Viele Sätze aber, die durchaus sicher erscheinen, sind hier elend zusammengefallen. Das könnte manchem eine Lehre sein."[85]

Den ersten Teil der angeführten Szene übernahm Brecht fast wörtlich aus Galileis berühmten „Discorsi". Hier scheint es angebracht, einige Bemerkungen über den historischen Galilei zu machen. Die Verbindung Galileis mit dem praktischen Leben in den Werkstätten und Schiffswerften ist keine von Brecht erfundene Charakteristik, um der Gestalt des Forschers im Stück Farbe und Lebendigkeit zu geben, sondern sie entspricht den historischen Tatsachen. Die Technik hat im Entwicklungsweg Galileis eine bedeutende Rolle gespielt. Olschki schrieb darüber, daß sie in Galileis Leben und Werk die gleiche Mittelstellung zwischen Kunst und Wissenschaft eingenommen habe, die sie durch Generationen hindurch im Kreis der Künstler und der Ingenieure innegehabt habe.[86] Galilei wurde schon durch seinen ersten Lehrer, Ricci, auf solche Disziplinen wie praktische Mechanik und angewandte Mathematik gelenkt, die sich nicht in den Lehrplänen der Universitäten befanden. Seine technische Begabung war es auch, die seinem Forschen ständig neue Anregungen gab. Es verwundert daher nicht, daß für ihn die Werkstätten des Großen Arsenals von Venedig eine einzigartige Fundgrube der Forschung waren und daß sie ihn ebenso beeindruckten wie schon dreihundert Jahre vorher Dante Alighieri, der in seiner „Göttlichen Komödie" über die Arbeit des Arsenals schrieb („Die göttliche Komödie", Inferno XXI, 7 ff.). Brecht gebührt das Verdienst, daß er diese Seite Galileis, die bei den bürgerlichen Historikern sonst wenig Beachtung findet, heraushob und in die richtige historische Beziehung zur aufstrebenden bürgerlichen Klasse und zur industriellen Revolution setzte, deren technischer

85 Bertolt Brecht-Archiv, Berlin; „Leben des Galilei", Unbenutztes Material, Archiv-Mappe Nr. 426, Blatt 01.

86 Siehe: L. Olschki, „Galilei und seine Zeit", Halle/Saale 1927, S. 140.

Schöpfer und sozialer Verräter, wie Brecht schrieb, im gewissen Sinne Galilei war.[87]

In den frühen Entwürfen und Skizzen arbeitete Brecht die lebensvolle Gestalt Galileis gegenüber den Hofgelehrten vor allem dadurch heraus, daß er die Forschungen Galileis stets in Beziehung zu den praktischen Bedürfnissen der Menschen stellte. So notierte er sich für einen Szenenentwurf den Hinweis: „Das Experiment mit der Nadel in VIII gehört zu Untersuchungen über Hydrostatik, wichtig für die Vermehrung des Tonnagegehalts der Schiffe. (*Mineur*, Ste. 54.)“[88] Indem Brecht in seiner Dichtung auch auf die praktische Verwertung der Forschung hinwies, rückte er Galilei in einen unmittelbaren Zusammenhang mit den fortschrittlichen Bestrebungen der aufsteigenden bürgerlichen Klasse. Die Bemühungen des Physikers Galileo Galilei um seine neue Lehre verschmolzen mit den revolutionären Forderungen des Bürgertums, zu dessen Wortführer und Interessenvertreter ihn schon seine wissenschaftlichen Arbeiten machten.

In einem Szenenfragment, das ebenfalls aus einer frühen Arbeitsperiode stammt, gestaltete Brecht sehr eindrucksvoll, wie Galileis Forschung durch ihre praktische Auswirkung zu einem politischen Kampfmittel wird. Clavius, der Gelehrte der Kirche, hat den unangenehmen Auftrag bekommen, die Lehren Galileis vom Standpunkt der Kirche aus zu untersuchen und zu beurteilen; dem Kardinal gegenüber drückt er seine Bedenken aus: „Ich möchte zu bedenken geben, daß die Arbeiten des Herrn Galilei in den Kreisen des Handels und der Schiffahrt mit dem größten Interesse verfolgt werden, sollten seine Beobachtungen stimmen, dann hätte man tatsächlich eine Aussicht, jene geographischen Längenbestimmungen vorzunehmen, ohne

87 Bertolt Brecht-Archiv, Berlin; „Leben des Galilei“, Anmerkungen zu Galilei, Archiv-Mappe Nr. 17, Blatt 26.

88 Bertolt Brecht-Archiv, Berlin; „Leben des Galilei“, Sammelmappe Galilei-Material u. a., Archiv-Mappe Nr. 366, Blatt 04.

welche die Schiffahrt unsicher und teuer ist. Nach diesen Längebestimmungen herrscht in den Seestädten eine solche Gier, daß niemand mehr an die Bibel denkt. Ich meine, die Heilige Kirche muß sich darüber Rechenschaft ablegen, daß sie, gegen Herrn Galilei vorgehend, zugleich gegen die Interessen sehr einflußreicher Kreise vorgeht."[89]

In der zweiten Fassung hat Galilei nicht diese unmittelbare Berührung mit der fortschrittlichen bürgerlichen Bewegung. In seiner praktischen Handlungsweise neigte er mehr und mehr zu der Ansicht, daß das, was aus der Wissenschaft gemacht wird, den Forscher nichts mehr angehe (elfte Szene). Aber auch hier ist Galilei noch der wirklichkeitsverbundene Gelehrte, der gerade dadurch immer wieder in politische Konflikte verstrickt wird. Selbst dann, wenn er sich vornimmt, eine devote, kriecherische Haltung gegenüber den Mächtigen einzunehmen, gerät er unversehens wieder in eine Kampfposition, sobald man seine Argumente bezweifelt. Das zeigte Brecht in dem Disput mit den Hofgelehrten, die nicht zu bewegen sind, durch das Fernrohr zu schauen. Brecht machte in dieser Szene, die übrigens fast als einzige des Stückes satirische Züge trägt, die Furcht der Ideologen eines untergangsreifen Herrschaftssystems sichtbar, von der Wirklichkeit Notiz zu nehmen. Denn wer mit der Wissenschaft die Ausbeutung rechtfertigt, kann sich nicht auf die Wirklichkeit stützen. Deshalb läuft Galilei vergebens hinter den sich zurückziehenden Hofgelehrten her und ruft ihnen zu, sie brauchten doch nur durch sein Rohr zu schauen.

Eine wirklichkeitsverbundene Wissenschaft findet zum Volk; dort, in der fortschrittlichen Klasse hat sie ihre Wurzeln. Brecht gestaltete deshalb folgerichtig in der zehnten Szene, wie die neue Lehre Galileis das Volk ergreift. Diese Szene, obwohl die einzige, in der der Forscher nicht selbst in Erscheinung tritt, ist im Stück sehr wichtig. Durch

89 Bertolt Brecht-Archiv, Berlin; „Leben des Galilei", Sammelmappe Galilei-Material u. a., Archiv-Mappe Nr. 366, Blatt 04.

sie stellte Brecht dar, daß Galileis Werk nicht mehr die persönliche Angelegenheit eines Gelehrten, sondern mit den Interessen von vielen verknüpft ist. In ihr weist der Dichter auf die revolutionären Möglichkeiten hin, die bestanden hätten, und sie gibt dem Verrat Galileis das Gewicht eines politischen Verbrechens.

Das Gespräch mit dem kleinen Mönch

In dem Gespräch Galileis mit dem kleinen Mönch, dieser sehr epischen Szene, teilt der junge Geistliche, der selbst Wissenschaftler ist, Galilei mit, warum er der Astronomie entsagen will. Er denkt an seine Eltern, die arme Campagnabauern sind. Was würden sie zu der neuen Lehre sagen, wenn sie erführen, „daß sie sich auf einem kleinen Steinklumpen befinden, der sich unaufhörlich drehend im leeren Raum um ein anderes Gestirn bewegt... Wozu ist jetzt noch solche Geduld, solches Einverständnis in ihr Elend nötig oder gut? Wozu ist die Heilige Schrift noch gut, die alles erklärt und als notwendig begründet hat...“[90] Deshalb sieht er im Dekret der Heiligen Kongregation ein mütterliches Mitleid und eine große Seelengüte. Galileis Reaktion darauf ist hart, fast grob; er hat nicht erwartet, daß der Mönch die Kirche vom Standpunkt des Bauernsohnes verteidigt. Er ist ungehalten darüber, daß ihm jemand den Vorwurf macht, die neuen Lehren würden nicht den armen Campagnabauern helfen. Brecht ließ seinen Galilei in einer Art erwidern, die gestattete, die Frage in den großen Zusammenhängen aufzuwerfen, ohne aber die Grenzen historischer Einsicht, die die Zeit setzte, völlig außer acht zu lassen. Galilei fragt den Mönch, warum denn die Ordnung in diesem Lande die Ordnung einer leeren Lade sei, und antwortet selbst, weil die Bauern die Kriege in Deutschland und Spanien bezahlen müssen. Die Tugenden dieser Erschöpften

90 B. Brecht, „Stücke“, a. a. O., Bd. VIII, S. 108.

stammten von erschöpften Äckern, und solche Tugenden lehne er ab. Leidenschaftlich ruft er aus: „Aber wenn sie nicht in Bewegung kommen und denken lernen, werden ihnen auch die schönsten Bewässerungsanlagen nichts nützen. Zum Teufel, ich sehe die göttliche Geduld Ihrer Leute, aber wo ist ihr göttlicher Zorn?“[91]

Brecht stellte in der Szene dar, daß der Seelenfriede, den die Kirche im Auge hat, die verschleierte Sorge um die Aufrechterhaltung des Besitzes ist. Ihr Besitz ist es, den sie durch die neue Lehre bedroht sieht. Auch die Kirche hat erkannt, daß es nicht nur um die Planeten, sondern um die Campagnabauern geht. Deshalb soll Galilei lügen und schweigen, deshalb schickt ihm der Kardinal Bellarmin eine teure Celliniuhr. Brecht läßt durch die ganze Anlage der Szene den Zuschauer erkennen, daß Seelengüte und Mitleid, wie sie von der herrschenden Ausbeuterklasse gefordert werden, nur den Fortbestand einer barbarischen Ordnung sichern helfen. Brecht gestaltete hier als sozialistischer Humanist, indem er zeigte, daß nur der hilft, der dazu beiträgt, daß die Menschen die Wirklichkeit erkennen; denn dann können sie die Welt auch verändern.

Galilei ist in dieser Szene auch in der zweiten Fassung der große, von der Wahrheit seiner neuen Lehre besessene Forscher. Brecht hob hier die positiven Eigenschaften Galileis hervor, um zu charakterisieren, was dieser Mann später widerruft. Das sind nicht nur einige wissenschaftliche Sätze, das ist der ganze Inhalt, der Sinn und die Freude seines Lebens. Brecht beendete deshalb diese Szene mit einem hymnischen Monolog Galileis auf die Wissensfreude, der eigentlich ein kleines Gedicht ist. Hier faßte Brecht zusammen, was uns die Gestalt Galileis so groß und bewundernswert macht. Der kleine Mönch, der kam, um der Wissenschaft zu entsagen, sitzt gebeugt über Galileis neuer Schrift. Ihn betrachtend sagt Galilei: „Ein Apfel vom

91 Ebenda, S. 113.

Baum der Erkenntnis! Er stopft ihn schon hinein. Er ist ewig verdammt, aber er muß ihn hineinstopfen, ein unglücklicher Fresser! Ich denke manchmal: ich ließe mich zehn Klafter unter der Erde in einen Kerker einsperren, zu dem kein Licht mehr dringt, wenn ich dafür erführe, was das ist: Licht. Und das Schlimmste: was ich weiß, muß ich weitersagen. Wie ein Liebender, wie ein Betrunkener, wie ein Verräter. Es ist ganz und gar ein Laster und führt ins Unglück. Wie lang werde ich es in den Ofen hineinschreien können – das ist die Frage."[92]

Dieser große Hymnus auf die Wissensfreude und Entdeckungslust des Menschen ruft einen aufschlußreichen Vergleich in Erinnerung. Fast zur selben Zeit, als Brecht an seinem „Galilei" arbeitete, faßte einer der bedeutendsten Lyriker Frankreichs, Paul Valéry, den Plan, in Anlehnung an Goethe einen „Faust III. Teil" zu schreiben. Es entstanden dann auch die Fragmente „Mein Faust" (Mon Faust). Dieses Werk Paul Valérys läßt sich am besten mit dem von Thomas Mann geprägten Wort der „Zurücknahme" charakterisieren. Es ist die zynische Zurücknahme des faustischen Menschen, des menschlichen Verlangens nach Wissen und Schönheit. Es gibt wohl kaum ein Werk der Dramatik, in dem der „reine Geist", den Valéry mit der ganzen Kunst seines Wortes preist, so unverhüllt und brutal in die Barbarei umschlägt. Der Faust Valérys findet seinen Meister in einem „Einsamen" („... ich bin einzig, wie man Hund ist, oder Affe oder Kuh. Ich bin einzig der Gattung nach, allein, und bin der Einzige, allein zu sein."[93]) Von dieser Inkarnation des „reinen Geistes" wird Faust belehrt, daß das Vollkommene geistlos sei, wie ja auch das Herz tot sei, wenn es Geist hätte. Der Einsame sagt zu Faust: „Denken, denken ...! Das Denken verdirbt das Vergnügen und bringt

92 Ebenda, S. 113f.

93 P. Valéry, „Mein Faust – II. Teil / Der Einsame oder die Verfluchung des Universums"; in: „Die Quelle", Zeitschrift für Theater, Musik, Film; 2. Jg. 1948, Heft 6, S. 177.

den Schmerz zur Verzweiflung... Die Ideen verderben, zersetzen, verflüchtigen, verseuchen uns nur die Lust der Liebkosungen und der saftigen Speisen..."[94] Welch ein Gegensatz zu Brechts Galilei, der zu seinem Freunde Sagredo sagt: „Das Denken gehört zu den größten Vergnügungen der menschlichen Rasse."[95] Der intellektuelle Einsame Valérys beschließt seinen großen Monolog an das Nichts mit dem bezeichnenden Satz: „Dies ist die Stunde: es ist Zeit, in einen Wolf mich zu verwandeln!"[96] Valérys Dichtung endet damit, daß dem aus der Welt geschiedenen Faust noch einmal angeboten wird, das Leben neu zu beginnen. Der Faust Valérys verneint:

„Ich weiß zuviel, daß ich noch liebte oder haßte,
Und bin es überdrüssig, ein Geschöpf zu sein."[97]

Es ist hier nicht der Ort, eine literarische Analyse dieses Werkes zu geben, vielmehr galt es, aufzuzeigen, von welcher Seite die großen Ideen der Humanität und der menschlichen Schönheit weitergeführt werden. Die bürgerlichen Schriftsteller sind heute nicht mehr in der Lage, von ihrer Weltanschauung aus das große humanistische Erbe fortzusetzen. Sie zerstören es selbst dort, wo sie unmittelbar anknüpfen wollen. Die humanistische Tradition ist in unserer Zeit in die neue Kultur der Arbeiterklasse eingegangen. Brechts „Galilei" steht in der Reihe der ersten großen Meisterwerke der sozialistischen Literatur Deutschlands. Gerade der sozialistische Standpunkt ermöglichte es Brecht, auch die besten Traditionen des Humanismus in seinem Werk dialektisch aufzuheben; Traditionen, gegen die ein großer Teil der bürgerlichen Schriftsteller sich so selbstzerstörerisch wendet.

94 Ebenda, S. 178.
95 B. Brecht, „Stücke", a. a. O., Bd. VIII, S. 48.
96 P. Valéry, „Mein Faust", a. a. O., S. 182.
97 Ebenda, S. 190.

Es sei deshalb abschließend noch einmal aus dem Werk Paul Valérys zitiert. Auch in seinem „Faust“ gibt es eine Schülerszene, aber dieser Schüler ist kein wißbegieriger „Fresser“ wie in Brechts „Galilei“, sondern einer, der mit einem Zynismus ohne Beispiel über die zweitausendjährigen Bemühungen der Menschen um Erkenntnis herfällt, so daß selbst Mephistopheles bewundernd gestehen muß: „Welche Leichenrede!“[98] Auf die Bücher in Fausts Bibliothek weisend, spricht dieser Schüler ein Verdammungsurteil, das eigentlich so recht die Position Paul Valérys und der sich zersetzenden Bourgeoisie charakterisiert: „All diese Bände da sind wie Büßer, die dem Leben endgültig den Rücken gekehrt haben. Sie sehen aus, als schämten sie sich, als bereuten sie es, geschrieben worden zu sein... Was für ein Haufen von Hoffnungen, Anmaßungen, von Bienengeduld und Narrenwut!... Wie vieler Illusionen, Begierden, Mühen, Plagiate und Zufälle bedurfte es, um diesen finsteren Schatz zertrümmerter Weisheiten, veralteter Entdeckungen, gestorbener Schönheiten und eingefrorener Rasereien zusammenzutragen... Und wie viele von diesen Schmökern da wurden voller Leidenschaft gezeugt, mit dem närrischen Ehrgeiz, alle andern vergessen zu machen!... So erhöht sich von Jahrhundert zu Jahrhundert das monumentale Gebäude des *Unlesbaren.*“[99] Das ist weniger eine Leichenrede auf den menschlichen Wissensdurst als vielmehr ein Epilog der bürgerlichen Literatur. Aber dieser Literatur folgt eine neue, die das von der Bourgeoisie befleckte Streben nach Schönheit und Wissen wiederaufgenommen hat. Und es ist verheißungsvoll, daß sich unter ihren ersten großen dramatischen Werken ein Stück wie Brechts „Leben des Galilei“ befindet.

98 P. Valéry, „Mein Faust – I. Teil / Lust – Das Fräulein von Kristall“, a. a. O., S. 166.
99 Ebenda.

Die kleine Episode um den Gelehrten Mucius in der neunten Szene drückt den Abscheu und die Verachtung Brechts gegenüber dem Renegatentum aus.

Brecht waren von jeher Intellektuelle verhaßt, die sich willig von der herrschenden Ausbeuterklasse mißbrauchen ließen. Schon in der Szenenfolge „Furcht und Elend des Dritten Reiches“ hatte er mit den Mitteln der Ironie und Satire einen solchen Intellektuellentypus bekämpft. In der Mucius-Szene rechnet er ebenfalls mit jenen labilen, schwankenden Intellektuellen ab, die auf den ersten Druck der Mächtigen nachgeben. In ihr gestaltete er das Thema des Verrats an der Wissenschaft, schon bevor es zum zentralen Problem des gesamten Stückes wurde. In der zweiten Fassung erhält aber diese Episode eine besondere Bedeutung, hier wird sie sozusagen zum Vorspiel von Galileis eigenem Verrat. Galilei vollzieht an Mucius ein Urteil, das später in voller Härte ihn selbst trifft. Mucius war sein Schüler, aber er hat in einem Buch die Kopernikanischen Lehren verdammt und damit die Wahrheit eine Lüge geheißen. Galilei will nichts von Mucius' Schwierigkeiten wissen; er habe sich von der Pest nicht abhalten lassen, Notierungen zu machen, und er zieht aus Mucius' Handlungsweise unerbittlich die Konsequenz, indem er sagt: „Wer die Wahrheit nicht weiß, der ist bloß ein Dummkopf. Aber wer sie weiß und sie eine Lüge nennt, der ist ein Verbrecher! Gehen Sie hinaus aus meinem Haus!“[100]

Man geht nicht fehl, diese Episode, so wie sie 1938 in Dänemark geschrieben wurde, aus den politischen Kämpfen der damaligen Zeit zu verstehen. Denn Brechts rigorose Verurteilung des Renegatentums hat einen ganz bestimmten Hintergrund. Waren doch gerade in den Jahren der Entstehung des „Galilei“ einige Intellektuelle, wie Arthur Koestler, Ernst Glaeser, Fritz Sternberg und auch André

100 B. Brecht, „Stücke“, a. a. O., Bd. VIII, S. 116 f.

Gide, die früher mit der Arbeiterbewegung sympathisierten, wieder in den Schoß der Bourgeoisie zurückgekehrt. Der Haß und der Abscheu, den Brecht solchen Renegaten entgegenbrachte, spiegeln sich in der Mucius-Szene wider. Das Urteil, das er den Galilei sprechen ließ, ist Brechts Urteil über einige seiner Zeitgenossen, die der revolutionären Arbeiterbewegung in den Rücken fielen. Verrat fand bei einem so entschiedenen und parteinehmenden Dichter wie Brecht keine Gnade.

4

DIE GESTALTUNGSPROBLEME DES SOZIALISTISCHEN REALISMUS IN „LEBEN DES GALILEI"

In der Sickingen-Debatte, diesem für die marxistische Ästhetik so außerordentlich bedeutenden Briefwechsel der Klassiker mit Lassalle, schrieb Engels über die Forderung an das moderne Drama: „... die volle Verschmelzung der größeren Gedankentiefe, des bewußten historischen Inhalts, die Sie nicht mit Unrecht dem deutschen Drama zuschreiben, mit der Shakespeareschen Lebendigkeit und Fülle der Handlung, wird wohl erst in der Zukunft, vielleicht nicht einmal durch die Deutschen erreicht werden. Darin sehe ich allerdings die Zukunft des Dramas."[101] Die bewußt historische Erfassung des Stoffes, die Engels als eine Hauptforderung an das moderne Drama herausstellte, war auch der Ausgangspunkt für Brechts Schauspiel „Leben des Galilei".

Brechts Arbeit an diesem Stück gingen sehr umfangreiche und gründliche historische sowie naturwissenschaftliche Studien voraus. Leider läßt es sich heute nicht mehr genau feststellen, welche Bücher Brecht in seine Studien einbezog. Er ließ sich, wie aus dem Nachlaß hervorgeht, Bücher aus dänischen Bibliotheken kommen. Das Schauspiel selbst verrät eine sehr genaue Kenntnis der Schriften Galileis. Aber auch fast alle bedeutenden Arbeiten der Galilei-Forschung, insbesondere der deutschen Gelehrten, waren Brecht bekannt. So ließ er sich solche Standardwerke wie das Buch

101 F. Engels, Brief an Lassalle vom 18. Mai 1859, in: Marx/Engels, „Über Kunst und Literatur", a. a. O., S. 114.

Emil Wohlwills „Galilei und sein Kampf für die Copernicanische Lehre“ (Hamburg und Leipzig 1909) und Karl von Geblers „Galileo Galilei und die Römische Curie“ (Stuttgart 1876), die er offenbar in der Emigration nicht erwerben konnte, photokopieren. In dem Buch „Galilei und seine Zeit“ von Leonardo Olschki, das Brecht in seiner Bibliothek hatte, befinden sich Unterstreichungen, aus denen ersichtlich ist, daß er sich besonders für die philosophischen Ansichten Galileis interessierte. Brechts Bibliothek enthält überhaupt viele Bücher über Fragen der modernen Naturwissenschaft, meistens in englischer Sprache; inwieweit diese mit zur Galilei-Vorbereitung gehören, läßt sich nicht mit Sicherheit sagen, denn Brecht arbeitete später an einem Stück über Albert Einstein und sammelte dazu Material.

Marx und Engels verstanden unter der Erfassung des „historischen Inhalts“ nicht nur die genaue Kenntnis der historischen Tatsachen und Fakten, das war für sie eine selbstverständliche, unabdingbare Voraussetzung, sondern vor allem die Einsicht in die Klasseninteressen und Klassenkämpfe der jeweiligen historischen Periode. Sie wiesen durch ihre Analyse der heute zu Recht vergessenen Tragödie Lassalles darauf hin, daß die dramatische Kollision eines Werkes Ausdruck der großen Klassenkonflikte sein muß.

So hat sich auch Brecht bei der Sichtung und Verarbeitung des Materials nie in interessante historische Details verloren. Ihm dienten die einzelnen geschichtlichen Vorgänge dazu, die großen Auseinandersetzungen der Klassen in der Periode der italienischen Spätrenaissance herauszuarbeiten. Brecht mußte und konnte dabei auf manche Ergebnisse der Galilei-Forschung verzichten. Wenn man bedenkt, daß er zu der Zeit, als er sein Stück schrieb, keine Galilei-Monographie marxistischer Historiker zur Verfügung hatte, muß man die Klarheit und Einsicht in die historische Gesetzmäßigkeit jener Zeit, mit der Brecht seine Fabel anlegte, um so mehr bewundern. Brechts Galilei ist gerade als

Repräsentant des jungen Bürgertums in seiner klassenmäßigen Wertung sehr genau und differenziert erfaßt. Er schließt den revolutionären Drang und die Kompromißbereitschaft wie schließlich das Versagen der italienischen Bourgeoisie in sich ein. So gebührt Brecht allein schon das Verdienst, ein neues, historisch-kritisches Galilei-Bild geschaffen zu haben, das der Größe und dem Versagen dieses Gelehrten gleichermaßen gerecht wird. Schätzen doch bürgerliche Galilei-Forscher den Widerruf Galileis noch völlig unkritisch ein. So schrieb z. B. Karl von Gebler: „Man mag die Unterwerfung Galileis im Hinblick auf dessen sittliche Größe bedauern, jedenfalls ist aber der Wissenschaft daraus ein größerer Nutzen erwachsen, als wenn er infolge einer stolzen, unsere Begeisterung erweckenden Standhaftigkeit vielleicht auf dem Scheiterhaufen vorzeitig geendigt hätte oder doch sicherlich in den Kerkern der Inquisition bald zugrunde gegangen wäre.

Hat er doch seine unsterblichen ‚Dialoghi delle Nuove Seienze' erst nach seinem berühmten Prozesse der Welt zum Geschenk gemacht!"[102] Eine solche Auffassung – im Stück vertritt sie Andrea – kritisierte Brecht, indem er auf die gesellschaftlichen Auswirkungen und Folgen des Widerrufs hinwies. Dadurch wurden die historische Größe Galileis und sein Verdienst um eine moderne Naturwissenschaft keineswegs geschmälert.

Die gründlichen und umfangreichen Studien Brechts könnten unter Umständen den Eindruck erwecken, als habe er die Probleme seines Stückes mehr aus der Historie als aus der Gegenwart geschöpft. Aber bereits zu Beginn dieses Kapitels wurde auf die Zeitproblematik hingewiesen, aus der heraus der „Galilei" entstanden ist. Für einen großen Teil der bürgerlichen Literaturkritik sind jedoch bewußt historische und gegenwartsverbundene Gestaltung einander entgegengesetzte Pole. Solche Literaturhistoriker stehen dann

102 K. von Gebler, „Galileo Galilei und die Römische Curie", Stuttgart 1876, S. 318.

auch ziemlich ratlos vor Brechts „Galilei“ und wissen nicht, wie sie dieses Werk „einordnen“ sollen. So schrieb Günter Rohrmoser: „Als Historienspiel kann es auch nicht gedeutet werden, denn es ist von bedrängender Aktualität. Den Parabelstücken kann es nicht zugerechnet werden, denn die Gestalt Galileis und sein Schicksal sind unlöslich an ihre historische Konkretion gebunden. Von einem ‚Lehrstück‘ kann schon gar nicht gesprochen werden, da das ‚Beispiel‘ den Charakter der unwiederholbaren Einmaligkeit hat, die so nicht übertragbar oder gar anwendbar ist.“[103]

Eine wirklich historische Darstellung, die die Klasseninteressen und die Konstellation der Klassenkräfte aufdeckt, wird bei einem entsprechenden Gegenstand auch immer eine Behandlung bestimmter Probleme der Gegenwart ermöglichen. Darauf machte Marx in der Sickingen-Debatte schon Lassalle aufmerksam, als er ihm schrieb, daß er bei einer richtigen historischen Gestaltung hätte „auch in viel höherm Grade die modernsten Ideen in ihrer reinsten Form sprechen lassen können“[104]. Gewiß, die Geschichte kennt keine Wiederholungen. Aber die richtige historische Darstellung dessen, wie zum Beispiel die bürgerliche Klasse ihren Kampf gegen die feudale Ausbeutung führte, die Erfahrungen ihrer Siege und Niederlagen sind für eine revolutionäre Klasse von großem Nutzen. An einer solchen Gestaltung lassen sich auch bestimmte Probleme der Gegenwart entwickeln, ohne die historischen Ereignisse und Gestalten zu vergewaltigen und zu verzerren. Selbstverständlich kann es Fälle geben, wo die Probleme der Gegenwart nicht organisch in den geschichtlichen Begebenheiten aufgehen, wo sie oktroyiert wirken. Das Kriterium besteht auch hier in einer tiefen wahrhaftigen historischen Gestaltung. Je enger sich der Autor dabei an die Geschichte

103 G. Rohrmoser, „Brecht – ‚Leben des Galilei‘“; in: B. von Wiese, „Das deutsche Drama“, Bd. II, a. a. O., S. 413.

104 K. Marx, Brief an Lassalle vom 19. April 1859; in: „Marx und Engels über Kunst und Literatur“, a. a. O., S. 112.

hält, desto mehr wird es ihm gelingen, wie Marx sagt, „die modernsten Ideen“ der Zeit zum Ausdruck zu bringen.

Gerade Brechts „Galilei“ ist dafür ein anschauliches Beispiel. Es wurde hier schon dargelegt, welche politischen Gedanken Brecht ursprünglich mit dem „Galilei“ verfolgte. Es kam ihm anfangs darauf an zu zeigen, daß die Wahrheit in den Zeiten der Unterdrückung mit List verbreitet werden muß. Die Parallele zur Hitlerdiktatur war ganz deutlich. Von diesem Aspekt aus betrachtete Brecht zunächst auch den Widerruf Galileis. Je gründlicher er aber bewußt historisch gestaltete, desto mehr ging er von der anfänglichen Vorstellung ab, in dem Widerruf Galileis nur eine List zu sehen. Damit erfaßte er die historische Wahrheit des Stoffes tief und allseitig, zugleich aber gewannen auch die Probleme der Gegenwart deutlichere Konturen. Diese konsequent historische Gestaltungsweise hob die aktuellen Gedanken des Stückes erst richtig in den Mittelpunkt. Gleichzeitig aber bewahrte sie Brecht davor, daß das Werk einen Parabelcharakter annahm.

Die konkret historische Erarbeitung der Fabel, durch die die Klassenverhältnisse jener Zeit aufgedeckt wurden, ermöglichte Brecht erst die reiche Individualisierung seiner Gestalten. Für eine solche allseitige und differenzierte Form des Menschenbildes prägte Engels den treffenden Ausdruck von der „Shakespeareschen Lebendigkeit und Fülle“[105]. Engels wie auch Marx waren gegen jede eingleisige Charakterisierung, die die Figur, wie Marx sagte, in „bloße Sprachröhren des Zeitgeistes“[106] verwandelte. Beide Seiten, der konkret historische Inhalt und die Lebendigkeit und Fülle der Charaktere, stehen aber im dialektischen Zusammenhang. Eine wirklich lebendige Individualisierung, in der sich die ganze Fülle und Vielseitigkeit des Lebens widerspiegelt, erschließt sich nur, wenn der Autor versteht, in

105 F. Engels, Brief an Lassalle vom 18. Mai 1859; in Marx/Engels, „Über Kunst und Literatur“, a. a. O., S. 114.

106 K. Marx, Brief an Lassalle vom 19. April 1859, a. a. O., S. 112.

das Leben selbst mit all seinen Widersprüchen einzudringen. Der Schlüssel dazu aber ist das Verständnis für die Klassensituation, für die oft komplizierte Konstellation der Klassenkräfte und -interessen. Eine solche Methode verhindert auch, daß sich ein Autor in Nebensächlichkeiten verliert und daß er eine Figur schafft, die mit vielen Einzelheiten aufgeputzt ist, die zwar einen sensualistischen Eindruck hervorruft, aber letzten Endes doch wirklichkeitsfremd bleibt. Wenn in einer Figur nur die peripheren Erscheinungen des Lebens wiedergegeben werden, nicht aber wesentliche gesellschaftliche Seiten, so wird damit die Lebendigkeit der Gestalt genauso zerstört wie bei einer Figur, die nur der Träger einer bestimmten Gedankenrichtung ist. Brecht bewies seine große künstlerische Meisterschaft schon dadurch, daß er in der Gestalt Galileis eine wesentliche gesellschaftliche Kraft abbildete, Galilei aber zugleich in seiner ganzen Lebendigkeit und Fülle gestaltete. Eine vielseitige Individualisierung schließt auch nicht die Parteinahme des Schriftstellers aus. Die Fülle des wirklichen Lebens läßt sich nicht als buntschillernde Unverbindlichkeit erfassen. Aber das Wesentliche, das, was der Autor darstellen möchte, worin sich seine Parteinahme zeigt, wird er erst dann überzeugend darstellen können, wenn er es aus einer widerspruchsreichen Universalität und Vielfalt hervorgehen läßt.

Brechts Gestaltungsweise wird oft dahingehend mißverstanden, daß es ihm vor allem darauf angekommen sei, bestimmte „Verhaltensweisen", aber nicht lebendige Charaktere zu formen. Eine solche Auffassung ist nicht richtig. Tatsache ist, daß Brecht für seine Arbeit den Terminus „Verhaltensweisen" prägte. Er verstand darunter die Herausarbeitung des klassenmäßigen Merkmals einer bestimmten Situation, die Erfassung des gesellschaftlich Typischen. Brecht ging es darum, aus der Vielfalt der Erscheinungen die Seiten auszuwählen, die den Klassencharakter einer Figur oder einer Situation am besten kennzeichnen. Bei einem solchen Prozeß kam es aber nicht nur darauf an, diese Seiten einfach auszuwählen oder herauszugreifen, sondern sie dialektisch aufzuheben. Das heißt, in die durch den Abstraktionsprozeß hervorgehobene Seite ging auf einer höheren Stufe die ganze Vielfalt und Fülle der Erscheinung mit ein.

Gleichzeitig darf man nicht vergessen, daß Brecht, als er den Ausdruck „Verhaltensweisen" für seine Arbeit anwandte, sich damit von der Schreibweise bürgerlicher Schriftsteller abgrenzen wollte, denen die „Lebendigkeit" einer Figur alles bedeutet, die aber nicht danach fragen, welchen gesellschaftlichen Inhalt eine solche „Lebendigkeit" ausdrückt. Wenn nämlich Fülle und Vielschichtigkeit in einer Figur zum Selbstzweck werden, wird jeder Realismus aufgehoben. Brecht versuchte also mit seinem Terminus „Verhaltensweisen" die gesellschaftliche, politische Komponente seiner Gestaltungsmethode zu betonen. Diese Seite herauszuarbeiten war damals besonders wichtig, denn sie machte Front gegen eine gesellschaftlich leere Dichtung, gegen psychologische Raffinements, die eine wirklich lebenswahre Menschengestaltung zerstörten. Daraus aber die Schlußfolgerung zu ziehen, wie das Walter Hinck und Herbert Lüthy in ihren Arbeiten tun, und zu behaupten, Brecht vollziehe „die Absage an den psychologischen Charakterhelden" und strebe die „Konzeption eines weithin funktionalisierten Menschen"[107] an, ist eine glatte Verfälschung Brechts und bedeutet nichts anderes, als bestimmte Gedanken der spätbürgerlichen Philosophie in sein Werk hineinzutragen, einer Philosophie, die der Marxist Brecht sein ganzes Leben lang ablehnte und bekämpfte. Man verkehrt die Tatsachen, wenn man bei Brecht den Begriff „Verhaltensweisen" der Charaktergestaltung entgegenstellt; es führt zu einer falschen Vorstellung von dem, was Brecht in seinen Stücken tatsächlich geschaffen hat.

107 W. Hinck, „Probleme der Dramaturgie und Spielweise in Bert Brechts ‚epischem Theater'", a. a. O., S. 288.

Die Vertreter der revolutionären bürgerlichen Ästhetik, Diderot und Lessing, forderten vom Theater Belehrung und Unterhaltung. In der Endphase der Entwicklung des bürgerlichen Theaters verschwanden aber Gedankentiefe und Belehrung aus den Theaterstücken immer mehr. Bürgerliche Dramatiker, die zu ihrer Klasse in Opposition standen oder im Begriff waren, sich von ihr loszureißen, versuchten in den zwanziger Jahren die inhaltliche Verarmung zu überwinden, indem sie das unterhaltende Element fast völlig negierten und das Theater zu einer Stätte der Pädagogik machten. Doch fielen die beiden Elemente, Belehrung und Unterhaltung, in eklatanter Weise auseinander. Selbst dort, wo Versuche unternommen wurden, beide Elemente wieder zu vereinen, wie zum Beispiel in Brechts „Dreigroschenoper" und „Mahagonny", standen Belehrung und Unterhaltung im Stück selbst unverbunden und unaufgelöst nebeneinander. Auf die negativen politischen und ästhetischen Auswirkungen dieser Experimente der zwanziger Jahre hat Brecht selbst hingewiesen, als er schrieb: „Mehr oder weniger war es wirklich, wie eingewandt wurde, eine bloße Symptomatologie der sozialen Oberfläche. Die eigentlichen gesellschaftlichen Gesetzlichkeiten wurden nicht sichtbar. Dabei führten die Experimente auf dem Gebiet der Dramatik schließlich zu einer fast völligen Zerstörung der *Fabel* und der *Menschengestaltung*."[108] Es wurde schon dargelegt, wie sich bei Brecht der Übergang von der Theorie und Praxis des Lehrstückes zu einer Dramatik vollzog, in der Belehrung und Unterhaltung organisch miteinander verbunden waren. Dieser Übergang fand in den Jahren des Exils seinen Abschluß. Es folgten dann die großen Werke des sozialistischen Realismus.

In den Jahren des Exils verringerte Brecht den Lehrwert in seinen dramatischen Werken nicht, im Gegenteil, er war bestrebt, dem Zuschauer in stets höherem Maße gesellschaftliche Einsichten und politische Lehren zu vermitteln.

108 B. Brecht, „Über experimentelles Theater", a. a. O., S. 3.

Man betrachte nur den „Galilei", ein Werk, das wie kein anderes vom Zuschauer fordert, daß er ständig mitdenkt und sich mit den Problemen auseinandersetzt. Brecht sah sich gerade bei der Arbeit an diesem Schauspiel vor große Schwierigkeiten gestellt. Der Stoff erforderte einfach, daß der Dichter in der Exposition erst einmal bestimmte Gedankengänge Galileis und seiner Zeit darlegte, um die Probleme des Stückes für den Zuschauer und Leser verständlich zu machen. Das belehrende Element verlangte allein schon vom Thema her einen breiten Raum. Dabei ist außerordentlich interessant, wie Brecht an die Gestaltung heranging. Trotz des gesteigerten Lehrwertes wurde das Schauspiel kein „Lehrstück", sondern ein Werk mit einer sehr lebendigen und vielfältigen Handlung, bei der der Autor auch das Vergnügen des Zuschauers nicht aus dem Auge verlor. So ist der „Galilei" in vieler Hinsicht eine dialektische Aufhebung jener Bemühungen, die Brecht Ende der zwanziger und Anfang der dreißiger Jahre unternahm, um den Lehrwert des Theaters zu erhöhen.

Das „Lehrhafte" geriet in diesem Stück nicht ins Didaktische, führte kein isoliertes Eigenleben, sondern ging organisch in die Handlung und in die Charaktere ein. Man betrachte gleich die erste Szene: Galilei wäscht sich, während ihm der Knabe Andrea die Milch bringt. In dieser fröhlichen morgendlichen Unterhaltung erklärt Galilei den Unterschied zwischen dem ptolemäischen und dem kopernikanischen Weltsystem. Diese Erklärung ist zunächst einmal auch für den Zuschauer zum weiteren Verständnis des Stückes notwendig. Aber hier handelt es sich um mehr als nur um eine geschickte Exposition, diese Szene ist geradezu ein Musterbeispiel für die dialektische Aufhebung des Didaktischen, ohne den Lehrwert preiszugeben. Brecht erläuterte durch seinen Galilei nicht nur in einer sprachlich bezwingenden Form einen wissenschaftlichen Gegenstand, sondern er erzählt bereits die Fabel. Galileis Erklärungen über die beiden Weltsysteme sind eingebettet in die Fabel, sind keine didaktischen Zusätze, sondern organische Teile der Handlung. Wenn Galilei den Knaben Andrea wie seinesgleichen behandelt und ihm seine Gedanken erklärt, gewinnt bereits die Gestalt des Galilei an Leben. Das, wovon er spricht, charakterisiert nicht nur einen bestimmten Gegenstand, es charakterisiert in weit höherem Maße ihn selbst. Der Zuschauer gewinnt schon dadurch eine Vorstellung vom Leben und den Eigenschaften Galileis, weil Brecht die Figur charakterisierte, indem er nicht nur zeigte, „was, sondern auch wie sie es tut“[109]. Gerade das hatte auch Engels in seinem Brief an Lassalle gefordert. Der Realismus dieser Szene liegt u. a. darin, daß Brecht durch das Gespräch Galileis mit dem Knaben Andrea nicht nur die beiden Weltsysteme erläuterte – was bei ihm ein Meisterstück populärwissenschaftlicher Veranschaulichung ist –, sondern bereits wesentliche Seiten dieser Figur kennzeichnete.

Man vergleiche einmal diese Szene mit der vierten Szene in der „Mutter“ (Pelagea Wlassowa erhält ihre erste Lektion in Ökonomie), um sich den ganzen Unterschied in der Gestaltung zu verdeutlichen. So wie Brecht im „Galilei“ das kopernikanische System der Erdumdrehung demonstrierte, so versuchte er in der „Mutter“ den Zuschauern den marxistischen Begriff des Eigentums verständlich zu machen. Auch in der „Mutter“ geschieht das auf eine höchst interessante Art; denn Brecht versteht es ausgezeichnet, komplizierte Dinge einfach auszudrücken, Abstraktes zu versinnlichen und durch die Klarheit und bezwingende Logik seiner Gedanken zu fesseln. Und trotzdem ist die höhere Stufe der Gestaltung im „Galilei“ sofort sichtbar. In der „Mutter“ stellt die Lektion über Ökonomie eine der vielen Erfahrungen dar, die die Wlassowa schließlich zur revolutionären Kämpferin heranreifen läßt, aber die Belehrung bleibt neben der Handlung stehen. Auch Pawels Genossen, die der Mutter die Lektion erteilen, werden durch den Vorgang selbst nicht weiter charakterisiert, es sei denn, daß

109 F. Engels, Brief an Lassalle vom 18. Mai 1859, a. a. O., S. 114.

man weiß, sie sind Marxisten. Wenn dagegen Galilei die Erdumdrehung demonstriert und Andrea ausfragt, enthüllt sich uns sein Wesen, die Gesellschaft, in der er lebt, und die Konflikte, vor denen er steht. Mit einem Wort: es ist alles bereits Handlung, die Fabel wird dabei erzählt. Eine solche Gestaltung regt das Denken in viel höherem Maße an als die bewußt didaktische Szene in der „Mutter". Denn wenn der Zuschauer nicht nur eine Belehrung über einen Gegenstand erhält, sondern auch in das Wesen und Verhalten der Figur eingeweiht wird, die die Belehrung gibt, macht er sich seine eigenen Gedanken über die Konflikte und die Situationen, vor denen diese Gestalt steht. Das aber heißt, daß der Zuschauer nun dem weiteren Verlauf der Fabel kritisch folgt.

Ein weiteres Mittel, um den Lehrwert zu erhöhen, ohne dabei didaktisch zu werden, war für Brecht die Gestaltung der intellektuellen Physiognomie seiner Figuren. Gerade diese Seite einer literarischen Gestalt wird oft als abstrakte Gedanklichkeit mißverstanden. Aber die geistigen Vorstellungen sind doch nicht nur bestimmte Denkresultate, in ihnen verkörpert sich doch das Wesen, die ganze Persönlichkeit eines Menschen. Die Figuren in Brechts „Galilei" sind durch eine besonders sorgfältige Gestaltung der intellektuellen Physiognomie voneinander abgesetzt. Ob es nun Galilei, Sagredo, Andrea, der kleine Mönch oder der Kardinal Barberini, der spätere Papst ist, jede der Figuren hat ihr eigenes, unverwechselbares geistiges Gesicht. Untersucht man nun, was diese Gestalten interessant macht, warum nicht im geringsten der Eindruck einer gedanklichen Abstraktheit entsteht, so liegt das weniger am Inhalt der Gespräche selbst als vielmehr daran, daß Brecht die Gedanken der Figuren stets im Zusammenhang mit ihrer ganz persönlichen Haltung und all ihren anderen Eigenschaften bringt. So sind Galileis Äußerungen über die Wissenschaft stets Ausdruck der Gesamtheit seiner Lebensbeziehungen, nämlich seiner Arbeitsfreude, seiner Genußsucht, seiner Weichheit usw. Der intellektuelle Standpunkt einer Figur bleibt bei Brecht niemals gedanklich abstrakt, sondern ist Abbild des gesamten Wesens eines Menschen. Wenn der kleine Mönch Galilei seine Meinung über das Dekret der Kongregation sagt, so schwingt dabei alles mit: die Erinnerung an seine Eltern, die sich als Campagnabauern mühen, seine Erziehung als Mönch, seine unbezwingbare Liebe zur Wissenschaft. Diese umfassende Gestaltung des Menschen in seiner Totalität ist es, die die Gestalten Brechts so interessant, so fesselnd und erregend werden läßt.

Vergleicht man dagegen die Charaktere in den Werken der bürgerlichen Autoren, so ist das Versagen selbst der besten bürgerlichen Dramatiker in der Gestaltung der intellektuellen Physiognomie der Figuren geradezu auffällig. Natürlich ist das keine zufällige Erscheinung. Die inhaltslos gewordene bürgerliche Welt treibt die Dichter immer mehr zu einem extremen Subjektivismus. Die ästhetische Auswirkung dieser subjektivistischen Weltanschauung ist die Zerstörung jeder wirklich bedeutenden Menschengestaltung. In der bürgerlichen Literatur zerfasert die intellektuelle Physiognomie der Figuren in Stimmungen und Nuancen, sie zerrinnt in lauter Einzelheiten. Es ist daher auch nicht weiter verwunderlich, daß bürgerliche Dramatiker, die sich später einem ähnlichen, wie dem von Brecht im „Galilei" behandelten Thema zuwandten, auch nicht annähernd die Gestaltungskraft des Brechtschen Werkes erreichten.

Das bürgerliche Drama hat heute keinen wirklichen Ideenreichtum und keine Gedankentiefe mehr aufzuweisen. Das offenbart wohl am deutlichsten eines der letzten Werke Carl Zuckmayers. Er, der als der repräsentative bürgerliche Dramatiker Westdeutschlands gilt, machte den Versuch, mit seinem Schauspiel „Das Kalte Licht" eine ähnliche Thematik aufzugreifen, wie sie Brechts „Galilei" zugrunde liegt, nämlich die Verantwortung des Wissenschaftlers im Atomzeitalter. Und was ist daraus geworden? Ein „Reißer", dessen Niveau trotz der Antisowjethetze nicht einmal vor der Westberliner Tagespresse Gnade fand. Wilfried Adling schrieb in seiner Zuckmayer-Dissertation: „Mit dem Drama ‚Das Kalte Licht‘ hat Zuckmayer den bislang tiefsten Punkt seiner Entwicklung als Dramatiker erreicht.“[110]

Eine solche Entwicklung aber ist kein Einzelfall, sie ist symptomatisch für die gegenwärtige bürgerliche Dramatik in Westdeutschland. Während sie nicht mehr zu den großen Leistungen der Vergangenheit aufzuschließen vermag, hat sich eine sozialistische Dramatik in Deutschland herausgebildet, die die großen Traditionen der deutschen Klassik fortführt. Brecht hat mit seinem Stück „Leben des Galilei“, das neben den Werken von Friedrich Wolf und Johannes R. Becher zu den besten der neuen sozialistischen Dramatik zählt, das deutsche Drama erstmals wieder auf die Höhe und Größe des Gedankenreichtums geführt, wie wir ihn in den klassischen Dramen von Lessing, Schiller und Goethe bewundern. Die Traditionen des klassischen Dramas, die Gedankentiefe und vollendete Gestaltung des Gesellschaftlichen und Individuellen sind in Brechts „Galilei“ auf einer anderen, höheren gesellschaftlichen Entwicklungsstufe weitergeführt. Gerade der „Galilei“ beweist deutlich, daß die Größe der deutschen klassischen Dramatik heute nur noch von der sozialistischen Literatur fortgesetzt wird.

Brecht zählte seinen „Galilei“ zu den Versuchen einer nichtaristotelischen Dramatik. Dennoch kommen die Kritiker, die in Brechts Werken lediglich den formalen Effekt suchen, nicht auf ihre Kosten. Sie vermissen in diesem Stück das „Epische“ und bezeichnen den „Galilei“ oft als ein konventionelles Werk. Nun könnten sich solche Kritiker auf eine Äußerung Brechts berufen, der am 25. Februar 1939 in sein Tagebuch eintrug: „‚Leben des Galilei‘ ist technisch ein großer Rückschritt, wie ‚Frau Carrars Gewehre‘. Allzu opportunistisch. Man müßte das Stück vollständig neu schreiben, wenn man diese ‚Brise, die von neuen Küsten

110 W. Adling, „Die Entwicklung des Dramatikers Carl Zuckmayer“; in: „Schriften zur Theaterwissenschaft“, Band I, Berlin 1959, S. 253.

kommt', diese rosige Morgenröte der Wissenschaft haben will. Alles mehr direkt, ohne die Interieurs, die ‚Atmosphäre', die Einfühlung. Und alles auf planetarische Demonstration abgestellt. Die Einteilung könnte bleiben, die Charakteristik des Galilei ebenfalls, aber die Arbeit, die lustige Arbeit, könnte nur in einem Praktikum gemacht werden, im Kontakt mit einer Bühne. Es wäre zuerst das ‚Fatzer'-Fragment und das ‚Brotladen'-Fragment zu studieren. Diese beiden Fragmente sind der höchste Standard technisch."[111]

Es ist bekannt, daß Brecht über seine eigenen Arbeiten oft sehr extreme Urteile fällte, die sich die Literaturgeschichtsschreibung nicht in jeder Hinsicht zum Maßstab nehmen kann. Was Brecht an der Technik des „Galilei" „opportunistisch" nannte, bezieht sich auf die Möglichkeit einer Einfühlung im Sinne Aristoteles'. Tatsächlich sind in diesem epischen Werk die Neuerungen in viel stärkerem Maße mit den Elementen des traditionellen Theaters verbunden als in anderen nichtaristotelischen Stücken. Aber gerade das wirkte sich, wie die Wirkungsgeschichte des „Galilei" beweist, nicht zum Nachteil des Stückes aus. Als Brecht später den „Kontakt mit einer Bühne" besaß, nahm er auch keine Änderungen vor, die auf das „Fatzer"-Fragment und das „Brotladen"-Fragment orientierten. Er schrieb das Stück nicht „völlig neu". Die Praxis bestätigte ihm die Richtigkeit der angewandten Gestaltungsweise. Die Neuerungen, die er in den beiden Fragmenten ausprobierte und die, wie er bemerkte, technisch den „höchsten Standard" darstellen, erwiesen sich für das praktische Theater erst im höchsten Grade fruchtbar, als er sie mit traditionellen Elementen verband. In jedem einzelnen Werk Brechts vollzog sich diese Verbindung von Tradition und Neuerertum auf verschiedene Weise. Das war jeweils vom Stoff und der politischen Wirkung, die er erzielen wollte, abhängig. So

111 Bertolt Brecht-Archiv, Berlin; „Tagebücher", Archiv-Mappe 275, Blatt 14.

war der Einfluß traditioneller Technik im „Galilei" stärker als beispielsweise in dem später geschriebenen Werk „Der aufhaltsame Aufstieg des Arturo Ui", in dem Brecht ganz andere Mittel brauchte, um seine politische Absicht sichtbar zu machen. In fast allen seinen späteren Werken wandte Brecht die neue Technik nie so absolut an, wie er sie in den beiden Fragmenten herausgearbeitet hatte. Das Experimentelle, das Technisch-Formale der Fragmente wurde in den großen Werken der dreißiger und vierziger Jahre dialektisch aufgehoben.

Eine Betrachtungsweise, die das Werk nur von formalen Aspekten zu erschließen trachtet und womöglich innerhalb des Brechtschen Gesamtwerkes eine scharfe Trennungslinie zwischen den aristotelischen und nichtaristotelischen Stücken ziehen möchte, wird Brecht nicht gerecht, weil eine solche Auffassung nicht den gesellschaftlichen Ausgangspunkt erfaßt, von dem jeder dramaturgische Schritt Brechts bestimmt wurde. In seiner Tagebucheintragung vom 12. Januar 1941 betonte Brecht nachdrücklich: „Bei keiner Betrachtung dürfte vergessen werden, daß *nichtaristotelisches Theater* zunächst nur *eine* Form des Theaters darstellt; es dient bestimmten gesellschaftlichen Zwecken und hat keine usurpatorische Bedeutung, was das Theater im allgemeinen angeht. Ich selbst kann aristotelisches Theater bei gewissen Aufführungen neben nicht-aristotelischem verwenden."[112] Aber gerade den „gesellschaftlichen Zweck" verlieren die bürgerlichen Kritiker – mehr oder weniger bewußt – aus dem Auge. Auch Brechts Werke vom Begriff des Epischen her erschließen zu wollen, führt zu Mißdeutungen. Brecht betonte das selbst und hat wiederholt darauf hingewiesen, daß der Begriff „episch" nur der Ausdruck für einen materialistisch-dialektischen Inhalt sei.[113] Ein solcher Inhalt kann aber nur von den gesell-

112 Bertolt Brecht-Archiv, Berlin; „Tagebücher", Archiv-Mappe 277, Blatt 62.
113 Siehe: K. Rülicke, „Gegen neue Mißverständnisse", a. a. O., S. 31.

schaftlichen und politischen Problemen her begriffen werden.

Die falsche, formale Betrachtungsweise führt dann auch zu den willkürlichsten Auslegungen des Brechtschen Werkes. So besteht eine der häufigen Mißdeutungen bürgerlicher Literaturhistoriker darin, daß sie behaupten, im epischen Theater Brechts sei das Gefühl ausgeschaltet. Margret Dietrich schrieb zum Beispiel in ihrer Studie über das epische Theater: „Warum fürchten die Kinder des wissenschaftlichen Zeitalters bei Brecht das Gefühl? Warum lehnen sie die Einbeziehung in den magischen Kreis des Dramas ab, warum wollen sie keine Erlebnisse? Weil sie mißtrauisch sind gegen diese Magie, gegen die Gefühle und Erlebnisse. Freilich ist oft Mißbrauch getrieben worden mit diesen Erlebnissen und Gefühlen, mit den Suggestionen und dem Stromkreis, der vom Kunstproduzierenden zum Kunstkonsumenten wirkte. Warum konnte dieser Mißbrauch getrieben werden? Weil der Kunstinstinkt versagte. Warum versagte er? Weil wir zuwenig Ursprung haben, zuwenig aus dem Ursprung leben... Brecht aber geht ‚fortschrittlich' vor: vom Ursprung weg – ist seine Parole. Denn seine Kinder des wissenschaftlichen Zeitalters haben nicht mehr jenen Kunstinstinkt, der ihnen ein vertrauensvolles Verhältnis zum Künstler erlaubt."[114] Brecht hat seit seiner Arbeit an der „Mutter" immer wieder darauf aufmerksam gemacht, daß es ihm darauf ankommt, neben dem Denken auch Erlebnis und Gefühl im Zuschauer zu wecken. Für den Marxisten Brecht ist eine Gegenüberstellung von Denken und Gefühl schon deshalb völlig absurd, weil beide in einem dialektischen Zusammenhang stehen. So wie es kein großes Gefühl gibt ohne einen Gedankenprozeß, so hat auch jeder wesentliche Gedanke seine gefühlsmäßige Seite. Das Auseinanderreißen von Gefühl und Denken kennzeichnet gerade den bürgerlichen Literaturzerfall. Die bürgerliche Literatur

114 M. Dietrich, „Episches Theater?"; in: „Maske und Kothurn" (Universität Wien), Graz/Köln 1956, Heft 2/3 und 4, S. 331 f.

ist im imperialistischen Zeitalter nicht mehr in der Lage, die Einheit von Gefühl und Verstand zu gestalten, wie das die klassische Literatur vermochte.

Daß gerade dieser Vorwurf von der bürgerlichen Kritik so massiv gegen Brecht erhoben wurde, erklärt sich aus dem Bestreben Brechts, die Gefühle aus den Klassenkonflikten zu entwickeln und ihnen eine soziale Funktion zu geben. Brecht erweckte die Gefühle nicht aus ausgeklügelt konstruierten Situationen und psychologischen Raffinements, sondern aus den Kämpfen der Ausgebeuteten gegen die Ausbeuter. Was die bürgerliche Kritik vermißte, ist im Grunde genommen nicht das Gefühl, sondern das „reine", von den Klassenbeziehungen losgelöste Gefühl. Aber Brecht zeichnete gerade aus, daß er den Gefühlen der Unterdrückten und sich Empörenden, des Proletariats, Ausdruck verlieh. Seine Mutter Wlassowa, die Carrar, die Courage, Shen Te und die Grusche sind Gestalten von großem Gefühlsreichtum, von einer geradezu mütterlichen Zärtlichkeit, die beim Zuschauer tiefe Erlebnisse auslösen. Allerdings wird das Gefühl nur verhalten zum Ausdruck gebracht; Brecht zelebriert es nicht, denn dann wird es zum Selbstzweck, verliert es seinen Sinn und wird verlogen. Brecht ist auch in dieser Hinsicht ein Dichter seiner Klasse, des Proletariats, das seine Gefühle nicht zur Schau stellt. Er ist kein Feind einer emotionalen Gestaltung, er wandte sich nur gegen das unwahre, unechte Gefühl. Die gefühlsmäßige Seite bei Brecht wurde auch durch das sorgfältige Herausarbeiten der intellektuellen Physiognomie der Figuren nicht beeinträchtigt.

Seit der „Mutter" ist das emotionale Element in keinem Werk Brechts vernachlässigt worden, auch im „Galilei" nicht. Die wissenschaftlichen Darlegungen Galileis haben auch eine stark emotionale Seite. So ist Galileis Glaube an die Vernunft nicht nur das Resultat seines Denkens, sondern in ihm spiegelt sich auch seine gefühlsmäßige Einstellung wider. Hier zeigt sich die dialektische Einheit von Gefühl und Verstand in der Charaktergestaltung. Galilei ist nicht nur der von seiner Wissenschaft besessene Gelehrte, sondern auch einer, der mit den Menschen fühlt und leidet. Man denke nur an die Pestszene. Andrea hat sich in die von der Pest befallene Stadt zurückgeschlichen. Er findet seine Mutter nicht mehr, und Galilei wendet sich entschuldigend an ihn: „Ich habe sie nicht zurückgehalten."[115] Als aber Andrea schweigt, fügt er betroffen und halb schuldbewußt hinzu: „Aber natürlich, wenn ich nicht geblieben wäre, wäre das nicht geschehen."[116] Das ist ein fast zärtlicher Galilei. Das Gefühl aber ist nicht aufgesetzt, sondern aus einer erschütternden Situation hergeleitet.

Brechts Schauspiel, das keine reiche äußere Handlung besitzt, bezieht seine starke Wirkung auch aus der sprachlichen Gestaltung. Was Brecht hier geschaffen hat, ist nicht nur ein Höhepunkt seiner eigenen Entwicklung, sondern der gesamten deutschen Literatur. Die sprachliche Formung des Galilei-Stoffes stellte Brecht vor keine geringen Schwierigkeiten; denn die Gedankengänge Galileis über die beiden Wissenschaften Physik und Astronomie, die im Schauspiel gestaltet werden mußten, hatten bereits in den Schriften Galileis eine bewunderungswürdige sprachliche Darstellung erfahren. Galileis Werke nehmen ja in der Geistesgeschichte nicht nur einen so bedeutenden Rang ein, weil in ihnen erstmalig neue naturwissenschaftliche Entdeckungen niedergelegt wurden, sondern auch wegen ihrer künstlerisch-literarischen Gestaltung. Der Begründer der modernen Physik war auch der Schöpfer einer neuen Prosa seines Landes. Leonardo Olschki, der die enge, untrennbare Verbindung von wissenschaftlicher und literarischer Arbeit im Werk Galileis untersuchte, schrieb über die literarische Bedeutung Galileis: „Zwischen Machiavelli und Manzoni ist Galilei der Meister der italienischen Prosa und der Schöpfer ihres klassischen Stils. Wer an den Urquell

115 B. Brecht, „Stücke", a. a. O., Bd. VIII, S. 81.
116 Ebenda.

der neueren Kunstprosa Italiens gelangen will, muß ihn in Galileis Schriften suchen."[117] Brecht lernte Galileis Schriften hauptsächlich in den Übersetzungen Arthur von Oettingens kennen. Es läßt sich unschwer erraten, daß Brecht an der Schreibweise Galileis, die fern aller Mystik und Allegorie die schöne Einfachheit und Exaktheit besaß, die die sorgfältige Hand des Technikers und Handwerkers verriet und die dabei nie die Eleganz und Leichtigkeit verlor, die voller Humor, Witz und Satire war, seine Freude und sein Vergnügen gehabt haben wird.

Brecht kam es darauf an, für seinen Galilei eine Diktion zu finden, in die die großartige Prosa der „Discorsi" einging, ohne daß er an die direkte Wiedergabe Galileischer Texte gebunden war oder in eine einfache Kopie der Galileischen Schreibweise geriet. Brecht hat diese Aufgabe in bewundernswerter Weise gelöst. Wenn man seinen Galilei sprechen hört, so schwingt der Ton der „Discorsi" mit, ohne daß Brecht Galilei zitiert. Jeder Satz bleibt stets unverwechselbarer Brecht. Das vermag nur ein Dramatiker, der über eine ungewöhnliche sprachschöpferische Gestaltungskraft verfügt. Diese sprachliche Durchdringung und Formung der Galilei-Dialoge durchlief mehrere Stufen. In den ersten Entwürfen verwandte Brecht noch ganze Textstellen Galileis, die er in seinen Dialog mit einbezog. So ist interessant, wie er den Anfang von Galileis Schrift „Unterredungen und mathematische Demonstrationen über zwei neue Wissenszweige, die Mechanik und die Fallgesetze betreffend" verarbeitete. In Galileis „Discorsi" heißt es da zwischen Salviati und Sagredo:

„*Salviati:* Die unerschöpfliche Tätigkeit Eures berühmten Arsenals, Ihr meine Herren Venetianer, scheint mir den Denkern ein weites Feld der Spekulation darzubieten, besonders im Gebiet der Mechanik: da fortwährend Maschinen und Apparate von zahlreichen Künstlern ausgeführt wer-

117 L. Olschki, „Galilei und seine Zeit", a. a. O., S. 167.

den, unter welch letzteren sich Männer von umfassender Kenntnis und von bedeutendem Scharfsinn befinden.

Sagredo: Sie haben vollkommen recht, mein Herr; und ich, der ich (von Natur) wißbegierig bin, komme häufig hierher, und die Erfahrung derer, die wir wegen ihrer hervorragenden Meisterschaft ‚die ersten' (Proti) nennen, hat meinem Verständnis oft den Kausalzusammenhang wunderbarer Erscheinungen eröffnet, die zuvor für unerklärbar und unglaublich gehalten wurden: und wirklich war ich oft verwirrt und verzweifelt darüber, daß so viele Dinge der Erfahrung nicht erklärt werden konnten, Dinge, die sogar sprichwörtlich bekannt sind, wie denn manche vulgäre Meinung geäußert wird, um etwas über Dinge zu sagen, die die guten Leute selbst nicht fassen können."[118]

Der schon einmal zitierte Entwurf der Arsenal-Szene soll hier des Vergleichs wegen noch einmal angeführt werden. Er begann folgendermaßen:

„*Galilei:* Die unerschöpfliche Tätigkeit Eures berühmten Arsenals, Ihr meine Herren Venetianer, scheint mir den Denkern ein weites Feld der Spekulation zu eröffnen, besonders im Gebiet der Mechanik. Könntet Ihr Eure Doktoren der Philosophie und der Theologie hierherbringen, so würden sie mancherlei wunderbare Erscheinungen beobachten können, die zuvor für unerklärbar und unglaublich gehalten wurden, bis die Erfahrung selber sie für möglich erfand. Viele Sätze aber, die durchaus sicher erschienen, sind hier elend zusammengefallen, das könnte manchem eine Lehre sein."[119]

Der erste Satz ist fast wörtlich Galileis Werk entnommen, aber Brecht setzte dann die Rede eigenständig fort, ohne

118 G. Galilei, „Unterredungen und mathematische Demonstrationen über zwei neue Wissenszweige, die Mechanik und die Fallgesetze betreffend", Übersetzung Arthur von Oettingen, Leipzig 1917, S. 3.

119 Bertolt Brecht-Archiv, Berlin; „Leben des Galilei", Galilei – Unbenutztes Material, Archiv-Mappe Nr. 426, Blatt 01.

den ganz bestimmten Tonfall von Galileis Schriften zu verlieren. Zugleich aber wurde der Dialog gestisch und rhythmisch reicher. Wo Brecht auch die Diktion Galileis aufnahm, goß er sie sofort in eine neue Qualität um. In der weiteren Arbeit verwandte Brecht dann kaum noch Texte Galileis. Er entwickelte die Sprache seiner Titelgestalt selbständig aus der Handlung des Stückes. Den Tonfall der „Discorsi“ mischte der Dichter jedoch in die verschiedenen Ausdrucksweisen und Temperamentsentladungen seines Helden. Er erreichte dadurch jene Geschlossenheit der sprachlichen Gestaltung, die auch die widersprüchlichsten Seiten Galileis mit einbezog.

Es ist überhaupt erstaunlich, wie vielfältig, wie reich an sprachlichen Nuancen Brechts Galilei ist. Dieser Reichtum wurde jedoch nicht allein durch die Kunst der Sprache geschaffen; denn eine dramatische Figur läßt sich nur dann sprachlich formen, wenn sie aus einer konfliktreichen und gedankenträchtigen Handlung hervorgeht. Ist diese nicht vorhanden, so vermag ein sprachgewaltiger Dichter dem Dialog wohl einigen literarischen Glanz zu geben, aber eine wirklich tiefe, ergreifende Sprache entsteht dadurch nicht. Wenn hier also von der Sprachkunst Brechts die Rede ist, so muß sie immer aus der Gesamtheit seiner dramatischen Gestaltung verstanden werden. Man betrachte nur, mit welcher sprachlichen Einfachheit und Klarheit Brecht die erste Szene gestaltete. Der spröde Stoff ist ohne jeden literarischen Schnörkel dargestellt, mit dem großen Sinn für das Echte, Schlichte und Schöne. Nichts ist aufgeputzt! Die Sprache allein charakterisiert schon die klare, zweckgerichtete Welt des Naturwissenschaftlers. Und wieviel Heiterkeit und Humor steckt darin, ein Humor, der aus dem tiefen und fröhlichen Denken und Betrachten hervorgeht. Brecht steigerte diese Szene zu einem aufrüttelnden Loblied auf das Denken und auf die Vernunft, wenn er seinen Galilei sagen läßt: „... Und es ist eine große Lust aufgekommen, die Ursachen aller Dinge zu erforschen: warum der Stein fällt, den man losläßt, und wie er steigt, wenn man ihn hochwirft. Jeden Tag wird etwas gefunden. Selbst die Hundertjährigen lassen sich noch von den Jungen ins Ohr schreien, was Neues entdeckt wurde ... Ich sage voraus, daß noch zu unsern Lebzeiten auf den Märkten von Astronomie gesprochen werden wird. Selbst die Söhne der Fischweiber werden in die Schulen laufen. Denn es wird diesen neuerungssüchtigen Menschen unserer Städte gefallen, daß eine neue Astronomie nun auch die Erde sich bewegen läßt."[120] Die Sprache verselbständigt sich jedoch niemals, auch nicht, wo sie fast lyrisch hervortritt, immer charakterisiert sie, fordert sie die schauspielerische Geste heraus.

So einfach, klar und durchsichtig die Sprache in den wissenschaftlichen Werken Galileis ist, der historische Galilei schrieb seine Briefe an die Fürsten und Vertreter der Kirche größtenteils in jenem höfischen Stil, der durch barocke Überladenheit und weitschweifige Perioden auffällt. In der zweiten Szene, in der Galilei das Fernrohr an die Republik Venedig überreicht, bediente sich Brecht dieses Stilelements. In der Art, wie Brecht diesen Stil verwandte, bekam er eine ungewöhnliche Ausdruckskraft. Er charakterisierte, daß Galilei die hochtrabenden Redewendungen als nichts Ungewöhnliches aussprach, sondern als eine Geste empfand, die man im Leben vor den Mächtigen machen muß. Zugleich aber enthielt diese Sprache eine Ironie, die gesellschaftlich entlarvte, weil sie das Unwürdige und die auf den Kopf gestellten Verhältnisse offenbarte.

Diese Ironie steigerte sich in der vierten Szene, in dem Disput Galileis mit den Hofgelehrten zur bissigen, aber eleganten und glanzvollen Satire. Die Parteien sind sprachlich so gezeichnet, daß jeder Ton, jede Satzperiode und Redewendung die ganze Weltanschauung und den Charakter des Redners entblößt. So der ölige, gleisnerische Ton des Philosophen, der seine ganze scholastische Borniertheit und

120 B. Brecht, „Stücke", a. a. O., Bd. VIII, S. 10 f.

Buchstabengelehrtheit zelebriert, wenn ihn Brecht beginnen läßt: „Herr Galilei, bevor wir Ihr berühmtes Rohr applizieren, möchten wir um das Vergnügen eines Disputs bitten. Thema: ‚Können solche Planeten existieren?'" Oder: „Und, ganz absehend von der Möglichkeit solcher Sterne, die der Mathematiker (er verbeugt sich gegen den Mathematiker) zu bezweifeln scheint, möchte ich in aller Bescheidenheit als Philosoph die Frage aufwerfen: Sind solche Sterne nötig? Aristotelis divini universum..."[121] Und auf der anderen Seite Galilei, mit seinem einfachen, das Zweckmäßige und Vernünftige betonenden Satz: „Ich dachte mir, Sie schauen einfach durch das Fernrohr und überzeugen sich?"[122] Brecht steigerte den Disput sprachlich, indem er den mühsam zurückgehaltenen Zorn Galileis ungehemmt zum Ausdruck kommen ließ, wobei Galilei alle höfische Konvention, alle Taktik und Vorsicht vergißt und seinen Gegnern den kraftvollen, leidenschaftlichen Satz entgegenschleudert: „Es scheint, daß man heute, um die hohe Neugierde zu finden, die den wahren Ruhm des alten Griechenland ausmachte, sich in die Schiffswerften begeben muß."[123] Das ist eine neue Art von Pathos, das nicht in privatem Gefühl stecken bleibt, sondern gesellschaftliche Einsichten und Parteinahme vermittelt.

Gefühlsäußerungen werden bei Brecht nicht durch einen hochgespannten Ton mit übersteigerten sprachlichen Bildern erfaßt, sondern sie gehen aus der dramatischen Situation selbst, aus dem radikalen Zuendedenken aller Möglichkeiten hervor. Der Kontrast zwischen einer starken, bezwingenden Situation und der verhaltenen, nach Fassung und Mäßigung suchenden Sprache schafft eine außerordentliche emotionale Wirkung. Brecht bevorzugt mehr die leisen, verhaltenen Töne, die Maßlosigkeit des Wortes und die laute Selbstentäußerung sind ihm fremd.

121 B. Brecht, „Stücke", a. a. O., Bd. VIII, S. 63.
122 Ebenda.
123 B. Brecht, „Stücke", a. a. O., Bd. VIII, S. 71.

Brechts sprachliche Meisterschaft beweist sich vor allem in der vierzehnten Szene. Hier, in der großen Unterredung Galileis mit seinem ehemaligen Schüler, gewann Brecht dem Dialog mehrere Dimensionen ab, entwickelte er Ausdrucksmöglichkeiten, die der Szene die starke innere Spannung gaben. Der Dialog bekam einen hintergründigen Ton, der die beabsichtigte Aussage aber nicht zwielichtig werden ließ, sondern im Gegenteil, sie noch verdichtete. Man betrachte nur den Beginn der Unterredung zwischen Galilei und Andrea:

„*Galilei:* Ich befinde mich wohl. Man schenkt mir große Aufmerksamkeit... Fabrizius wird erfreut sein, es zu hören. Und du kannst ihn informieren, daß ich in angemessenem Komfort lebe. Durch die Tiefe meiner Reue habe ich mir die Gunst meiner Oberen so weit erhalten können, daß mir in bescheidenem Umfang wissenschaftliche Studien unter geistlicher Kontrolle gestattet werden konnten...

Leider gibt es Länder, die sich der Obhut der Kirche entziehen. Ich fürchte, daß die verurteilten Lehren dort weitergefördert werden."[124]

Brechts Galilei spricht hier eine Sprache, die für die ihn bespitzelnde Tochter unverdächtig klingen soll, mit der er aber auch Andrea aus seiner kühlen Zurückhaltung herauslocken will. Deshalb hat seine Sprache einen provokatorischen Klang. Gleichzeitig verrät jedoch jeder Ton sein wahres, unverstelltes Denken. Das: „Ich fürchte, daß die verurteilten Lehren dort weitergefördert werden", ist im Grunde ein verkleidetes, antwortheischendes „ich hoffe"; es klingt im ganzen Satz unüberhörbar mit. Eine solche Sprache ergibt im wahrsten Sinne des Wortes einen dramatischen Dialog, der den Schauspieler zu mimischer und gestischer Ausdeutung anreizt und dem Wort geradezu etwas Plastisches, etwas Körperhaftes verleiht.

124 B. Brecht, „Stücke", a. a. O., Bd. VIII, S. 170 f.

Die Sprache des historischen Galilei war bei aller Exaktheit, Eleganz und Würde, mit der er seinen Stoff vortrug, oft von ungestümen Temperamentsausbrüchen durchsetzt, bei denen es an zornigen, sarkastischen Ausdrücken, ja Schimpfworten nicht fehlte. Brecht hat bei allem sprachlichen Reichtum und bei aller Vieltönigkeit seines Galilei starke kontrastierende Töne vermieden. Sein Galilei spricht im Grunde nur die Sprache des Gelehrten, wenn auch in den verschiedensten Abstufungen und vielfachen Ausdrucksmöglichkeiten. In anderen Werken hat Brecht den herzhaft groben Ton und die Schimpfrede als Stilelement nicht gescheut und oft virtuos gehandhabt. Eine solche Sprache jedoch, wenn auch als charakterisierendes Moment, in die geistige Welt der Galilei-Fabel hingetragen, wäre keine Bereicherung gewesen, denn sie hätte die strenge sprachliche Form des Werkes beeinträchtigt. Es gibt deshalb im Stück auch nur eine Stelle, an der die klare, exakte Gelehrtensprache des Galilei jäh in einen anderen Ton umschlägt. Es ist die Szene, in der Andrea seinem Lehrer verkündet, die Wissenschaft kenne nur ein Gebot und das sei der wissenschaftliche Beitrag. Darauf ruft ihm Galilei zu: „Willkommen in der Gosse, Bruder in der Wissenschaft und Vetter im Verrat! Ißt du Fisch? Ich habe Fisch. Was stinkt, ist nicht mein Fisch, sondern ich. Ich verkaufe aus, du bist ein Käufer. O unwiderstehlicher Anblick des Buches, der geheiligten Ware! Das Wasser läuft im Mund zusammen, und die Flüche ersaufen. Die Große Babylonische, das mörderische Vieh, die Scharlachene, öffnet die Schenkel, und alles ist anders! Geheiliget sei unsre schachernde, weißwaschende, todfürchtende Gemeinschaft!“[125] Diesen jähen Wechsel im Tonfall und Vokabular verwandte Brecht klug als dramaturgisches Mittel, um die Ablehnung von Andreas These mit aller Wucht und Eindeutigkeit herauszuarbeiten. Diese Stelle ist auch ein Beispiel dafür, wie die Sprache der Brechtschen Gestalten überall szenisch wirksam wird.

125 B. Brecht, „Stücke“, a. a. O., Bd. VIII, S. 178.

Auch von den anderen Figuren des Stückes hat jede ihre unverwechselbare sprachliche Eigenheit. Selbst die vielen Vertreter der Kirche sind in der Sprache genau voneinander abgesetzt. Da ist die grüblerische, empfindungsvolle des kleinen Mönchs; in dem großen Gespräch mit Galilei charakterisierte Brecht diese Gestalt durch den ruhigen, breiten Fluß der Sprache, die aber die innere Unruhe dieses Menschen dennoch verrät. Man betrachte dagegen den alten Kardinal mit seiner hochfahrenden, eifernden Sprache. Jedes Wort, das er spricht, drückt aus, wie fanatisch er von der Mittelpunktstellung des Menschen im Weltall überzeugt ist, daß er bereit ist, sich auf jeden zu stürzen, der daran rühren will. Dagegen ist die Sprache des Papstes von taktischer Klugheit und diplomatischer Überlegenheit, die diese Gestalt zugleich sympathisch und so gefährlich machen. Seine Reden sind ein artistisches Meisterstück in der Balance mit Rechentafel und Bibel. Dabei weiß er um den tiefen Widerspruch, der durch die Entdeckungen Galileis heraufbeschworen wurde. Aber gerade das gibt seinen Worten jene vorsichtige Geschmeidigkeit und dieses diabolische Raffinement.

Es ist aufschlußreich, hier die Meinung eines bürgerlichen Kritikers über die Sprache der Kardinäle und Mönche in Brechts Stück wiederzugeben. Walther Karsch, der in seiner Kritikerlaufbahn schon zu manchem Kuriosum beigetragen hat, schrieb: „Brecht macht es sich zu billig. Seine Mönche und seine Kardinäle, sein Papst sind nahezu Marionetten. Selten nur, daß sie sich zu jener Eloquenz und jener Eleganz der Formulierungen aufraffen dürfen, die etwa der doch viel oberflächlichere Cocteau seinem Kardinal im ‚Bacchus' beigelegt hat."[126] Da es für Walther Karsch unmöglich ist, die Sprache des Kommunisten Brecht zu loben, ist für ihn die Sprache des „oberflächlichen" Cocteau immer noch besser. Das Oberflächliche ist das Schöne, weil das

126 W. Karsch, „Lehrstück über Wissenschaft und Glaube"; in: „Der Tagesspiegel", Berlin, vom 19. April 1955.

Schöne nicht schön sein darf. Nicht die wirkliche, aus dem Inhalt sich ergebende tiefe Sprachgestaltung, sondern die literarische Koketterie, der witzige Schnörkel und der oberflächliche Glanz werden zum Maßstab der Sprache gemacht.

Die westdeutschen Literaturkritiker vermeiden sonst nach Möglichkeit, sich mit der Sprache des „Galilei" zu befassen; denn ein Lob ist nicht opportun, aber auch nicht jeder kann sich leisten, wie Walther Karsch das Obere nach unten und das Untere nach oben zu kehren. Die sprachliche Meisterschaft und Genialität Brechts ist nun einmal für jeden schönheitsempfänglichen Menschen selbstverständlich. Um diese Meisterschaft nicht anerkennen zu müssen, bedient sich ein Teil der westdeutschen Literaturkritiker der Taktik, die Sprache der Frühwerke, wie „Baal", als die eigentliche große Leistung Brechts herauszustreichen. Besonders aggressiv ist diese Linie bei solchen Schreibern wie Herbert Lüthy und W. E. Süskind betont. Für sie ist die Sprache Brechts im Grunde überhaupt kein Gegenstand ästhetischer Auseinandersetzung. Vielmehr verfolgen sie mit ihrer Polemik einen eindeutig politischen Zweck, der auch ganz unverhüllt zutage tritt. So schrieb Süskind in seiner biographischen Brecht-Skizze: „Von großer literarischer Bedeutung ist ‚Baal' schon deshalb, weil darin die ursprünglich lyrische, elementar-dichterische Beschaffenheit von Brechts Talent überzeugend zutage tritt – so daß, wer von da aus weiterschreitet, niemals wird urteilen können, Bert Brecht gehöre mit seinem Lebenswerk der politischen, geschweige der parteipolitisch-pamphletistischen Sphäre an, in die er – halb hingezogen, halb hingesunken – während seiner letzten zehn Lebensjahre geraten ist."[127] Die große Entwicklung im Werk Brechts, vor allem auch in seiner sprachlichen Meisterschaft, die durch seinen Übergang auf die Seite des revolutionären Proletariats erfolgte, läßt sich aber nicht verschweigen und verfälschen, am wenigsten in

127 W. E. Süskind, „Bert Brecht", a. a. O., S. 512.

der primitiven Manier von W. E. Süskind. Gewiß, die Sprache seines „Baal“ hob Brecht schon damals weit über die zerflatterte Diktion der expressionistischen Dramatik heraus, die zu jener Zeit den Ton angab. Aber Brechts Dichtung war noch beeinflußt vom Vorbild der französischen modernen Lyrik; er hatte noch nicht zu seiner eigenen Handschrift gefunden. Der lyrisch-monologische Zug dieser Sprache war wenig geeignet, Gestalten zu charakterisieren, sie mimisch und gestisch zu formen, er kam dem Drama wenig entgegen.

Das Charakteristische der Brechtschen Sprache ist die schöne Einfachheit und Klarheit, ist die gedankenschwere Prägnanz seines Wortes, ist die heitere Eleganz seines Stils. Aber gerade diese Züge bildeten sich im Prozeß der Überwindung seiner früheren Schreibweise heraus. Dieser Prozeß aber beinhaltete nicht nur die Ablösung eines literarischen Stils durch einen anderen, sondern ihm lagen weltanschauliche Veränderungen zugrunde, nämlich Brechts Übergang vom Bürgertum zur revolutionären Arbeiterklasse. Und die Schönheit und Klarheit seiner Sprache ist die Widerspiegelung der von ihm neugewonnenen Welt und ihrer fortschrittlichen Klasse; denn die Sprache, ihre Diktion und ihr Wesen sind losgelöst von dem weltanschaulichen Denken eines Menschen unvorstellbar. Die Sprache ist, wie es Marx einmal sehr treffend ausdrückte, „die unmittelbare Wirklichkeit des Gedankens“[128]. Es ist deshalb nicht zufällig, daß die Ideologen der imperialistischen Bourgeoisie keinen Zugang zu ihr finden und den Beifall, der dem Wort des Dichters überall entgegengebracht wird, mit schmähenden Pamphleten und verfälschenden Untersuchungen zu übertönen versuchen; deshalb werden verblichene Werte plötzlich „neu“ entdeckt.

An dieser Stelle sei an einen Essay Thomas Manns über Richard Wagner erinnert, in dem er sich die Kunst einer

128 K. Marx und F. Engels, „Die deutsche Ideologie“; in: Marx/Engels, „Werke“, Bd. 3, Berlin 1958, S. 432.

neuen, menschenfreundlicheren Gesellschaft vorzustellen bemühte. Liest man heute die Worte Thomas Manns, so wirken sie fast wie ein prophetischer Hinweis auf die Sprache Bertolt Brechts: „Denke ich aber an das Meisterwerk des zwanzigsten Jahrhunderts, so schwebt mir etwas vor, was sich von dem Wagnerschen sehr wesentlich und, wie ich glaube, vorteilhaft unterscheidet – irgend etwas ausnehmend Logisches, Formvolles und Klares, etwas zugleich Strenges und Heiteres, von nicht geringerer Willensspannung als jenes, aber von kühlerer, vornehmerer und selbst gesunderer Geistigkeit, etwas, das seine Größe nicht im Barock-Kolossalischen und seine Schönheit nicht im Rausche sucht, – eine neue Klassizität, dünkt mich, muß kommen."[129]

129 Th. Mann, „Gesammelte Werke", Berlin 1955, Bd. XI, S. 662.

BRECHTS HEIMKEHR

Am 1. November 1947 verließ Brecht Amerika, wo er die letzten sechs Jahre des Exils verbracht hatte, um in seine Heimat zurückzukehren. Er, der immer Wert darauf gelegt hatte, nicht weit von Deutschland entfernt zu sein, um nach der Zerschlagung des Hitlerreiches schnell zurückkehren zu können, war durch die Ausbreitung des Krieges bis in das ferne Kalifornien verschlagen worden. Seine Heimkehr erfolgte nicht so rasch, wie es der Dichter wünschte. Bereits 1946 hatte er die Ausreise beantragt. Die amerikanischen Behörden nahmen jedoch die Ausbürgerungsverfügung Hitlers, durch die Brecht staatenlos geworden war, zum Anlaß und machten Schwierigkeiten. Erst 1947 erhielt er die Ausreiseerlaubnis. Aber da schleppte man ihn vor das berüchtigte „Unamerican Activities Committee". Wie viele andere Gelehrte und Künstler wurde Brecht wegen seiner aufrechten antifaschistischen Gesinnung vernommen. Am 30. Oktober 1947 stand er vor dem Untersuchungsausschuß. Einen Tag nach dem Verhör bestieg Brecht in New York das Flugzeug nach Paris und verließ Amerika für immer. Der Dichter, der vor dem antikommunistischen Terror Hitlers geflohen war, mußte sich jetzt in der Emigration vor den Kommunistenverfolgungen McCarthys retten.

Von Paris aus reiste Brecht weiter in die Schweiz und bezog hier kurze Zeit Quartier. In Chur, wo er die „Mutter Courage" für Berlin voreinstudieren wollte, brachte er seine neue Bearbeitung der „Antigone" von Sophokles zur Aufführung. Im Frühjahr 1948 kehrte Brecht mit seiner Frau,

Helene Weigel, über Österreich und die ČSR nach Deutschland zurück. Brecht war heimgekehrt in das Land seiner Sprache. Als Wohnsitz wählte er sich jenen Teil Deutschlands, in dem den Faschisten und Kriegsschuldigen alle Macht und aller Einfluß genommen war. In diesem Teil Deutschlands fand Brecht seine wahre Heimat. Hier hatte man eine antifaschistisch-demokratische Ordnung geschaffen, in der die arbeitenden Menschen den Staat leiteten und in dem es, wie es Brecht in einem Vers aus den dreißiger Jahren gefordert hatte, „nicht mehr zweierlei Menschen" geben sollte.

Brecht sah in der Deutschen Demokratischen Republik verwirklicht, wofür er ein Leben lang gekämpft hatte. Das konnten ihm die reaktionären westlichen Literaturkritiker nicht verzeihen. Es hat deshalb auch nicht an plumpen Entstellungen und gehässigen Kommentaren gefehlt, um das Verhältnis Brechts zum ersten deutschen Arbeiter-und-Bauern-Staat zu entstellen. Brecht war mit dem deutschen sozialistischen Staat tief verbunden; er hat in mehreren Institutionen dieses Staates maßgebend mitgearbeitet. In diesem Staat wurden seine Ratschläge gehört, und hier konnte sich der Dichter selbst jederzeit Rat holen. Johannes R. Becher charakterisierte Brechts Verhältnis zum deutschen Arbeiter-und-Bauern-Staat mit den treffenden Worten: „Die Deutsche Demokratische Republik war darum sein Staat. Er stand mit ihm auf du und du, er war ganz der seine."[1]

Die neuen gesellschaftlichen Verhältnisse in der Deutschen Demokratischen Republik ermöglichten eine großzügige Unterstützung der Künste. Hier waren alle Bedingungen für die Blüte einer sozialistischen Nationalkultur gegeben. Angeregt und unterstützt vom Ministerium für Volksbildung und von der Partei der Arbeiterklasse gründeten Bertolt Brecht und Helene Weigel 1949 das Berliner Ensemble, das in wenigen Jahren Weltruf errang und den Triumph

1 J. R. Becher, „Dem Genossen Brecht", „Neues Deutschland", Berlin, Nr. 198, vom 19. August 1956.

sozialistischer Theaterkunst durch Europa trug. In seinem Ensemble fand der Dichter ein Betätigungsfeld, nach dem er sich zeit seines Lebens gesehnt hatte, das ihm aber unter kapitalistischen Bedingungen versagt geblieben war.

Wie alle großen Dramatiker war Brecht ein leidenschaftlicher Theaterpraktiker, den es nicht am Schreibtisch litt, der seine dichterischen Einfälle auf der Bühne ausprobieren wollte. Um Theater zu machen, mußte Brecht experimentieren können. Er brauchte „die lustige Arbeit", wie er den Kontakt mit der Bühne oft nannte. Bereits in den zwanziger Jahren hatte er gelegentlich Regie geführt, und als Piscator für eine Spielzeit ein eigenes Haus besaß, wurde Brecht ein reger Mitarbeiter. In der Emigration bot sich für ihn fast keine Möglichkeit zur praktischen Theaterarbeit. Nun aber war er mit vielen neuen Ideen und Plänen nach Berlin gekommen, deren praktische Erprobung er lange Jahre hatte zurückstellen müssen. Kein Wunder, daß sich Brecht nach seiner Heimkehr zur praktischen Theaterarbeit hingezogen fühlte. Diese Arbeit erwies sich aber auch als unbedingt notwendig, hatte der Faschismus doch zu einem ungeheuren Niedergang der Schauspielkunst geführt. Brecht schrieb darüber: „Als wir nach Beendigung des Hitlerkrieges wieder darangingen, Theater zu machen, Theater im Geiste des Fortschritts und der Versuche, gerichtet auf die Veränderung der Gesellschaft, die so sehr dringend war, waren die Kunstmittel des Theaters, welche so lange Zeit zu ihrer Ausbildung brauchen, so gut wie zerstört durch den Geist des Rückschritts und der Abenteuer. Das Poetische war ins Deklamatorische entartet, das Artistische ins Künstliche, Trumpf war Äußerlichkeit und falsche Innigkeit. Anstatt des Beispielhaften gab es das Repräsentative, anstatt der Leidenschaft das Temperament. Eine ganze Generation von Schauspielern war ausgewählt nach falschen Gesichtspunkten, ausgebildet nach falschen Doktrinen."[2]

2 B. Brecht, „Theaterarbeit", a. a. O., S. 8.

In den Jahren nach der Gründung des Ensembles erwies sich Brecht als ein hervorragender Lehrer und Erzieher. Er bildete Schauspieler und Regisseure heran, die seinen Stücken zu großartigen Aufführungen verhalfen und die verstanden, die schauspielerische Technik zur Aufdeckung der gesellschaftlichen Kausalität zu verwenden. Er lehrte sie, sich der politischen Verantwortung des Theaters bewußt zu sein.

Die Tatsache, daß Brecht in seinen letzten Lebensjahren einen großen Teil seiner Zeit der praktischen Theaterarbeit widmete, haben westliche Kritiker und Literaturhistoriker zu schamlosen Verfälschungen benutzt. Kritiker dieses Schlages vergessen, daß auch die praktische Tätigkeit Brechts ein Teil seines dichterischen Schaffensprozesses war. Seine gestische und mimische Sprache brauchte die Bühne, brauchte den Schauspieler. Viele Schönheiten seiner Sprache und der Szenengestaltung sind erst durch die Bühnenarbeit gefunden worden. Die Anregungen, die er auf den Proben empfing, reizten ihn immer wieder zu neuen Veränderungen.

Die Aufführung von „Mutter Courage" 1949, Brecht inszenierte das Stück gemeinsam mit Erich Engel, wurde zu einem großen Ereignis in der Geschichte des deutschen Theaters nach 1945. Durch diese Aufführung machte der Dichter die deutschen Menschen mit seinem im Exil gereiften Werk und mit den neuen Prinzipien seiner Theaterkunst bekannt. Es wurde ein Modell geschaffen, wie der Dichter sein Stück aufgeführt wissen wollte. Mit der Inszenierung des „Puntila" und der „Mutter" setzte Brecht diese Arbeit fort. Die Werke des Dichters lösten eine tiefe und nachhaltige Wirkung aus. Sie trugen dazu bei, ein neues, sozialistisches Bewußtsein zu entwickeln. Neben Friedrich Wolf lehrte Brecht die junge Generation, das Theater zur Durchsetzung der Lebensinteressen des deutschen Volkes zu gebrauchen. Er bewies am Beispiel seiner Stücke, daß nur der Dramatiker den Menschen etwas zu sagen hat, der ihnen Einsicht in die gesellschaftlichen Verhältnisse vermittelt, der die Kämpfe der Klassen zeigt und an ihnen teilnimmt. Brecht betonte immer wieder, daß der weltanschauliche Standpunkt, die Parteinahme für die Entfaltung eines dichterischen Talents bestimmend ist: „Ich selbst bin natürlich der Ansicht, daß ein Künstler, der nur – im allgemeinen Sinne – fortschrittlich ist, das Beste aus seinem Talent nicht herausholen kann."[3]

Brecht wandte sich mit seinen Stücken vor allem an die Arbeiterklasse. Alle Bemühungen seines Theaters waren auf dieses neue Publikum gerichtet. Den Arbeitern und Bauern, die eine neue Gesellschaftsordnung errichtet und die Führung des Staates übernommen hatten, wollte er praktikable Lehren vermitteln, und von ihnen wollte er selbst lernen. Was Brecht den Arbeitern gegeben hat, das faßte der Ofenmaurer und Held der Arbeit Hans Garbe in seinen Worten über die Aufführung der „Mutter" zusammen: „Ich gehe so wenig ins Theater. Aber bei der ‚Mutter' ist mir zum erstenmal aufgefallen: Man lernt auch die Politik im Theater. Das weiß ich jetzt, aber früher habe ich das nicht gewußt. Man verstand ja auch nichts vom Theater, und das Theater verstand von unsereinem nichts... Als sie (die Pelagea Wlassowa – W. M.) so mitgeholfen und aufgeklärt hat, habe ich an meinen Kampf und meine Arbeit gedacht. Im Stück ist das etwas anders, aber die Menschen dort wollten die neue Sache auch nicht erkennen. Die Mutter hat für die Menschen gekämpft, die etwas Gutes wollten. Und ich habe mir auch gesagt, ich werde euch zeigen, daß das Neue doch das Beste ist."[4]

Die Regierung des ersten deutschen Arbeiter-und-Bauern-Staates würdigte die großen Verdienste des Dichters um die deutsche sozialistische Nationalliteratur, als Brecht 1950 aus der Hand Wilhelm Piecks den Nationalpreis erster Klasse erhielt. Seine Dichtung, mit der er unerschrocken

3 B. Brecht, „Kulturpolitik und Akademie der Künste", „Neues Deutschland", Berlin, Nr. 187, vom 12. August 1953.

4 „Hans Garbe über die Aufführung"; in: „Theaterarbeit", a. a. O., S. 169 f.

gegen den kriegslüsternen deutschen Faschismus und Militarismus kämpfte, brachte ihm die Liebe und Verehrung der friedliebenden Menschen in aller Welt. 1953 wurde ihm in Moskau der Internationale Friedenspreis verliehen, von dem Brecht sagte: „Ein solcher Preis scheint mir der höchste und meist erstrebenswerte von allen Preisen, die heute verliehen werden können."[5]

Seit den dreißiger Jahren kämpfte Brecht unermüdlich gegen den deutschen Imperialismus. Deshalb verfolgte er nach dem Kriege aufmerksam und besorgt die Entwicklung im Westen Deutschlands. Noch vor seiner Heimkehr äußerte er vor der Presse in Los Angeles, er sei alarmiert über die Auslöschung der Potsdamer Beschlüsse durch die Westmächte. Nach seiner Rückkehr unterstützte er den von der Partei der vereinten Arbeiterklasse geführten Kampf für die Vernichtung des Faschismus und den Aufbau wahrhaft demokratischer Verhältnisse. Nach den bitteren Jahren der Emigration und dem Elend des Krieges mußte der Dichter sehen, wie in Westdeutschland mit Unterstützung amerikanischer imperialistischer Kreise die gleichen Kräfte, die Deutschland in die größte Katastrophe gestürzt hatten, wieder Einfluß gewannen. „Ich selbst habe zwei Weltkriege erlebt", schrieb Brecht, „jetzt, an der Schwelle des Alters, weiß ich, daß von neuem ein ungeheurer Krieg vorbereitet wird."[6] Er resignierte nicht. Von neuem mobilisierte er alle Mittel seiner Kunst, um die Lebensinteressen der deutschen Nation vor dem wieder entstehenden Faschismus und Militarismus zu verteidigen. So schrieb er für die Aufführung der „Dreigroschenoper" in München neue Verse, die gegen die alten Verderber des deutschen Volkes gerichtet waren, die im Bonner Staat ihr neues Wirkungsfeld gefunden hatten. Im Kampf gegen diese Kräfte wandte sich Brecht an die friedliebenden Menschen:

5 B. Brecht, „Der Friede ist das A und O", „Neues Deutschland", Berlin, Nr. 123, vom 28. Mai 1955.

6 Ebenda.

„Die euch in Krieg und Schande trieben
Und betten euch auf blutigen Steinen
Die euch gepreßt zu Mord und Raub
Und nunmehr winseln ihr ‚Vergieb!' –
Stopft ihnen's Maul und mit dem Staube
Der von euren schönen Städten blieb!
Und die da reden vom Vergessen
Und die da reden vom Verzeihn –
All denen schlage man die Fressen
Mit schweren Eisenhämmern ein."[7]

Brecht sammelte Material zu einem Einakter „Bonn im Spiegel", in dem er mit satirischen Mitteln die Zustände im Bonner Staat darstellen wollte. Er wandte sich aber bei politischen Fragen auch direkt an die Öffentlichkeit. Als sich die Westmächte auf der Konferenz in Washington über die Bedingungen zur Remilitarisierung Westdeutschlands einigten, appellierte die Volkskammer an den Bundestag und an alle Deutschen, sich für die Durchführung gesamtdeutscher Beratungen und freier Wahlen einzusetzen. Brecht unterstützte diese Politik der Regierung der Deutschen Demokratischen Republik durch einen offenen Brief an die deutschen Künstler und Schriftsteller, in dem es hieß: „Mit Entsetzen habe ich, wie viele andere, der Rede Otto Grotewohls, in der er eine gesamtdeutsche Beratung zur Vorbereitung allgemeiner freier Wahlen forderte, entnommen, wie ernst die Regierung der Deutschen Demokratischen Republik die Lage in Deutschland beurteilt. Werden wir Krieg haben? Die Antwort: Wenn wir zum Krieg rüsten, werden wir Krieg haben. Werden Deutsche auf Deutsche schießen? Die Antwort: Wenn sie nicht miteinander sprechen, werden sie aufeinander schießen."[8] Brecht schloß seinen Brief mit den Sätzen, die in wenigen

7 B. Brecht, Aus den Nachträgen zur „Dreigroschenoper"; in: „Stücke", a. a. O., Bd. III, S. 164.

8 B. Brecht, „Offener Brief an die deutschen Künstler und Schriftsteller", „Neues Deutschland", Nr. 224, vom 27. September 1951.

Tagen im ganzen Volk von Mund zu Mund gingen: „Das große Karthago führte drei Kriege. Es war noch mächtig nach dem ersten, noch bewohnbar nach dem zweiten. Es war nicht mehr auffindbar nach dem dritten."[9] Brechts Worte wurden zu einer mächtigen Volkslosung gegen die Remilitarisierung.

Einen Monat vor seinem Tode, als er seine Kräfte schon schwinden sah, wandte Bertolt Brecht sich abermals an die Öffentlichkeit, da in Westdeutschland die Wiedereinführung der Wehrpflicht vorbereitet wurde. In einem Brief an den Bundestag protestierte Brecht gegen einen solchen Schritt und forderte darüber eine Volksabstimmung in beiden Teilen Deutschlands. „Gegen wen ist der dritte Krieg geplant? Gegen Franzosen? Gegen Polen? Gegen Engländer? Gegen Russen? *Oder gegen Deutsche?* Wir leben im Atomzeitalter, und 12 Divisionen können einen Krieg nicht gewinnen – wohl aber beginnen. Und wie sollten es bei allgemeiner Wehrpflicht 12 Divisionen bleiben!"[10] Es war Brechts letzte Veröffentlichung.

Am 14. August 1956 starb der Dichter.

In den nicht einmal sechzig Jahren, die Brecht zu leben vergönnt waren, erreichte sein Werk einen einzigartigen Rang in der Weltliteratur. Seine Stücke werden in den meisten Ländern der Welt gespielt. Je mehr sie die Menschen begeisterten, desto gehässiger und erbitterter wurden die Angriffe der reaktionären Kräfte, war doch sein dichterisches Schaffen der lebendige Beweis dafür, daß große Kunst heute nur möglich ist, wenn sich der Künstler eins weiß mit dem weltweiten Kampf der Arbeiterklasse. Brechts Werk legt das beste Zeugnis ab für die Weite und Vielfalt des sozialistischen Realismus. In der deutschen Literatur hat Brecht neben Friedrich Wolf die Periode der sozialistischen deutschen Dramatik eingeleitet und zu unvergleichlicher Größe

9 Ebenda.

10 B. Brecht („Bertolt Brecht appellierte an den Bundestag"), „Neues Deutschland", Berlin, Nr. 158, vom 4. Juli 1956.

geführt. Mit seinen Stücken erreichte das deutsche Drama erstmals wieder die große Gedankentiefe und den Ideenreichtum, wie wir sie in den Werken von Lessing, Goethe und Schiller bewundern. So offenbart auch Brechts Werk, daß die Größe und Weltbedeutung der deutschen Klassik heute von der sozialistischen Literatur weitergeführt wird. Brechts Bedeutung hat der erste Präsident der Deutschen Demokratischen Republik, Wilhelm Pieck, in klaren und schönen Worten zu würdigen gewußt, als er schrieb: „Er war uns allen nicht nur der bedeutendste deutsche Dramatiker unserer Gegenwart. Er war zugleich Sprecher und Lehrer der einfachen werktätigen Menschen, die er vor den tragischen Fehlern der Vergangenheit warnte, denen er eine bessere Zukunft durch friedliches Schaffen verkündete. So wird er über den Tod hinaus unserem Volke und allen friedliebenden Menschen lebendig bleiben."[11]

11 „Präsident Wilhelm Pieck an Helene Weigel", „Neues Deutschland", Berlin, Nr. 195, vom 16. August 1956.

ANHANG

ANMERKUNGEN

Zur Einleitung

(1) In der Programmschrift der KPD sind die kulturpolitischen Aufgaben in acht Punkten zusammengefaßt:

„1. Kampf gegen die kleinbürgerlich-bürgerliche Ideologie, den Nationalismus, die imperialistische Kriegshetze, den Vereinsgeist, theoretische Schulung der Mitgliedschaft in der marxistischen Weltanschauung.

2. Aktivisierung der Mitgliedschaft, Wecken ihrer schöpferischen kulturellen Kräfte, ihrer Erziehung zum Kollektivismus, Eingliederung der Kulturarbeit in den proletarischen Klassenkampf zum Sturze der Herrschaft der Bourgeoisie.

3. Beseitigung des Gewaltregimes der Bürokratie über die Mitglieder, Wiederherstellung der Demokratie in allen Arbeiterkulturorganisationen, Wahl aller Funktionäre anstelle des Systems der Ernennung von oben, ständige Kontrolle der Leitungen.

4. Keine Abkapselung in arbeiteraristokratischen Zirkeln, Massenarbeit, Eroberung der breiten Arbeitermassen auch außerhalb der Organisation.

5. Kampf gegen die reformistischen Spalter für die revolutionäre Einheit der Arbeiterkulturorganisationen, kein Zurückweichen der von den Mitgliedern gewählten Leitungen vor der Diktatur der Bürokratie. Massenmobilisierung der Mitglieder zur Durchführung revolutionärer Aktionen gegen die Spalter.

6. Zusammenschluß aller Arbeiterkulturorganisationen in der IFA, gegenseitige Information über alle wichtigen Vorgänge in der gesamten Arbeiterkulturbewegung und gegenseitige Unterstützung aller revolutionären Kämpfe auf dem Kulturgebiet.

7. Politisierung der Arbeiterkulturbewegung, Eingliederung ihrer Arbeit in den Rahmen unseres gesamten wirtschaftlich-politischen

Kampfes, Erkenntnis sowohl der Entfaltungsmöglichkeiten der revolutionären Arbeiterkulturbewegung im Kapitalismus als auch ihrer Grenzen unter dem kapitalistischen System der Ausbeutung und Unterdrückung.

8. Ausdehnung der Arbeiterkulturbewegung auch auf kleinbürgerliche Kreise, unter Sicherung der Führung der Bewegung durch das revolutionäre Proletariat."

(„Die kulturpolitischen Aufgaben der KPD und die Arbeit in der IFA [Interessengemeinschaft für Arbeiterkultur]", „Kampf um die Massen", Nr. 5, herausgegeben vom Zentralkomitee der Kommunistischen Partei Deutschlands. Als Manuskript gedruckt, Berlin 1929, S. 4 f.)

(2) In den „Richtlinien für die Arbeit unter den Intellektuellen" des Sekretariats der Exekutive der IRH, Moskau, vom 19. Mai 1927 an die einzelnen Sektionen hieß es u. a.:

„Die Intellektuellen (Künstler, Journalisten, Advokaten, Ärzte, Professoren), die unter dem Kleinbürgertum eine wichtige Rolle spielen und dank ihrer Stellung in der Gesellschaft ein großes Ansehen genießen, sind die eigentlichen Sprecher und Träger der bürgerlichen Ideologie. Ihr Einfluß ist bedeutend. Die letzten Vertreter der Intellektuellen wurden infolge der fortgesetzten Steigerung des weißen Terrors und der Zunahme des Faschismus im allgemeinen, trotz angeblich herrschender Demokratie in den meisten Ländern an die Seite des Proletariats gedrängt. Die Intellektuellen sind bereits gewillt, gegen diese Gewaltmaßnahmen der Bourgeoisie und der Regierung zu protestieren, ohne den richtigen Weg zur Beseitigung dieser Zustände zu finden.

Es muß deshalb unsere Aufgabe sein, nicht nur aufklärend unter ihnen zu wirken, sondern sie möglichst auch zu bewußten Mitstreitern im Kampf gegen den weißen Terror und Klassenjustiz zu machen. Diese Schichten sind bereit, den Opfern dieser Klassenkämpfe ihre Solidarität zu beweisen, und bei richtiger Leitung und Führung werden sie sich den Protesten der Internationalen Roten Hilfe im nationalen wie internationalen Maßstabe nicht nur anschließen, sondern sind auch bereit, selbständig Maßnahmen zu treffen. Diese Schichten zu gewinnen, ist unsere Aufgabe."

(Institut für Marxismus-Leninismus beim ZK der SED, Berlin; Archiv, Nr. 12/227/456, Blatt 66–72.)

(3) Der Anschluß an die Revolutionäre Gewerkschaftsopposition wurde nach einer Rede des Schauspielers Ernst Karchow auf einer Versammlung des Lokalverbands der Volksbühne am 22. Mai 1931 einstimmig beschlossen. Der Beschluß war jedoch nach den Statuten der RGO nicht zulässig, da diese nur den Individualbeitritt vorsahen. (Außerdem wurde von einem Genossenschaftsmitglied der Beschluß wegen nicht satzungsgemäß einberufener Versammlung angefochten.)

In einer Geheimabstimmung der Lokalverbandssitzung vom 4. Juni stimmte die überwiegende Mehrheit der anwesenden Schauspieler der Volksbühne wiederum für die RGO.

(Siehe hierzu:

„Die RGO und die Intellektuellen" in: „Rote Fahne", Nr. 109, vom 27. Mai 1931;

F. Ziege, „Bühnengenossenschaft und RGO" in: „Arbeiterpolitik", Nr. 120, vom 27. Mai 1931;

„Volksbühnenbelegschaft antwortet Neft" in: „Rote Fahne", Nr. 117, vom 7. Juni 1931;

„Not der stellungslosen Schauspieler" in: „Vorwärts", Nr. 262, vom 8. Juni 1931.)

(4) In der „Roten Fahne" vom 1. September 1927 wurde aus der „Deutschen Zeitung" zitiert, deren Kritiker die rechten bürgerlichen Kräfte zur geistigen Aktivität aufforderte. In der „Roten Fahne" hieß es: „Die ‚Deutsche Zeitung' schrieb in ihrer Besprechung über Piscators Inszenierung von ‚Gewitter über Gottland' u. a.: ‚Wenn das so weitergeht mit der linksgeistigen Aktivität und rechtsgeistigen Passivität, dann überschwemmt dieser Kulturbolschewismus in einigen Jahren ganz Deutschland ... Uns fehlt die aktuelle Kulturpropaganda, das Weltanschauungstheater der Rechtsgeistigen.'"

Und in der „Deutschen Zeitung" vom 30. August 1927 schrieb Fritz Gilow in einem Artikel:

„Halten wir mit derselben Treue zu der Theaterfront *unserer* Seite. Sie wurde aus dem Protest gegen Piscator geschlossen. Wir wollen das nicht vergessen. Piscator spielt auf seine Weise Theater. Es richtet sich *gegen uns*, gegen unsere Weltanschauung und Kultur. Das Piscator-Theater untersteht keiner kritischen Geschmacksfrage, sondern der Abwehr, der Besinnung und Tatbereitschaft der nationalen Kulturfront. Unsere Ablehnung ist Selbstschutz."

(A. A., „Heute Eröffnung der Piscator-Bühne", „Rote Fahne", Nr. 205, vom 1. September 1927;

F. Gilow, „Der kommunistische Mode-Regisseur", „Deutsche Zeitung", Nr. 202 b, vom 30. August 1927.)

(5) Friedrich Wolf nannte folgende Dramatiker: Walter Hasenclever, Fritz von Unruh, Reinhard Goering, Ernst Toller, Friedrich Wolf, Bertolt Brecht, Franz Werfel, Georg Kaiser, Carl Zuckmayer, Hanns Johst.

(F. Wolf, „Aufsätze über Theater", a. a. O., S 65 f.)

(6) Gerade das Stück „Napoleon greift ein" ist ein interessantes Objekt, um diesen Übergang von der Gestaltung sehr ernsthafter Weltanschauungsfragen zur unverbindlichen, wirklichkeitsfremden Unterhaltung zu studieren.

Hasenclever balancierte in diesem Stück zwischen Zeitkritik und Unterhaltung und machte Zugeständnisse an die Reaktion. (Wohlgemerkt, es geht hier nicht darum, gegen die Unterhaltung zu polemisieren, sondern gegen die wirklichkeitsfremde Unterhaltung.)

Alfred Kerr schrieb darüber in seiner Kritik: „So endet ein Versuch, zwischen dem Weltanschauungsstück und dem Unterhaltungsstück in der Mitte durchzuhuschen, fragwürdig."

(A. Kerr, „Die Welt im Drama", Köln/Berlin 1954, S. 180.)

(7) Als es Brecht gelungen war, Szenen der „Heiligen Johanna der Schlachthöfe" am Rundfunk herauszubringen, hetzte die faschistische Zeitschrift „Die Neue Literatur", deren Herausgeber Will Vesper war:

„Über die Uraufführung eines Stückes von Bert Brecht im Rundfunk schreibt Erich Franzen in der ‚Frankfurter Zeitung' u. a.: ‚Keine Bühne hat es bisher gewagt, Bert Brechts jüngsten dramatischen Versuch »Die heilige Johanna der Schlachhöfe« zu zeigen. Jetzt sind die Berliner und die Schlesische Funkstunde in die Bresche gesprungen ...'

Ja es bleibt abzuwarten, ob das deutsche Volk sich noch länger solch ‚von innen aushöhlende' Verhöhnung und Vernichtung seiner wertvollsten Güter, unter Mitarbeit des staatlichen Rundfunks, und solche kaltschnäuzigen Berichte darüber wird gefallen lassen, oder ob es – nicht nur seine ‚Stilformen höchsten Ranges', sondern sein Heiligstes, das sich in diesen Stilformen verkörpert, seine Seele selber, vor der ‚Destruktion' wird zu schützen wissen."

(„Die Neue Literatur", Leipzig 1932, Heft 8, S. 382.)

(8) Über die Art und Weise der ständigen Bespitzelung, der die fortschrittlichen Schriftsteller in den dreißiger Jahren ausgesetzt waren, gibt ein Schriftwechsel zwischen der Polizeidirektion München und dem Polizeipräsidium Berlin über Bertolt Brecht Auskunft:

Polizeidirektion München

Betreff: München, den 2. Sept. 1932
Kommunistische Bewegung

An
das Polizeipräsidium
Berlin.

Vertraulich!

Der Schriftsteller Bertolt *Brecht,* geb. 10. 2. 98 in Augsburg, hat im Sommer 1931 von Ende Juni bis 1. September und heuer von Ende Juli bis vor wenigen Tagen in einem Landhaus am Ammersee gewohnt. Vor kurzer Zeit ist er mit seiner Familie in ein Landhaus in Utting umgezogen, das er von dem Polizeioberst a. D. Ritter v. Reis käuflich erworben hat. Ob er dort ständigen Aufenthalt nehmen wird, ist noch nicht bekannt.

Vertraulich wurde mitgeteilt, daß Brecht überzeugter Kommunist und als solcher auch schriftstellerisch für die KPD tätig ist. Öffentlich ist er jedoch politisch noch nicht hervorgetreten. B. soll durch seine Schriftstellerei, die sich angeblich auf einem ziemlichen sittlichen Tiefstand bewegt, sehr viel verdienen.

Hier ist von Brecht folgendes bekannt:

1. Nach einer Pressenotiz der Bayer. Staatszeitung Nr. 30 v. 6. 2. 23 wirft der „Berliner Lokalanzeiger" dem Deutschen Theater in Berlin grobe Taktlosigkeit vor, weil es in seinen Heften ein Gedicht „Die Ballade vom toten Soldaten" von Bert Brecht veröffentlicht.

2. Nach einem Ausschnitt aus dem Neuen Wiener Journal Nr. 11.123/24 vom 4. 11. 24 wurde im Berliner Deutschen Theater das Drama „Dickicht" von Bert Brecht mit problematischem Erfolge uraufgeführt. Dabei wird ihm der Vorwurf gemacht, daß er einige Stellen aus Artur Rimbauds „Leben und Dichtung" entlehnt hat.

3. Nach einer Notiz der Münchener Zeitung Nr. 226/227 vom 20./21. 8. 27 hat sich die Berliner Piscator-Bühne, ein ausgesprochen kommun. Institut, ein „Dramaturgisches Kollektiv" zugelegt, dem u. a. Bert Brecht angehört.

Brecht soll sich längere Zeit in Berlin aufgehalten haben. Auch im vergangenen Jahre soll er nach Beendigung seines Sommeraufenthalts am Ammersee wieder nach Berlin-Charlottenburg zurückverzogen sein.

Personalien:

Brecht, Bert (Berthold), verh., Schriftsteller, geb. 10. 2. 98 in Augsburg, Eltern: Berthold und Sophie Brecht, geb. Brezing, bayer. St.A., dessen Ehefrau: Brecht, Helene, geb. Weigl, geb. 12. 5. 1900 in Wien.

Kinder: Brecht, Stefan, geb. 3. 11. 28 in Berlin; Brecht, Barbara, geb. 28. 7. 30 in Berlin.

Ich ersuche um Mitteilung, was dort über Brecht, insbes. in politischer Beziehung, bekannt ist.

I. A. (Unterschrift)

I Ad II

Berlin, den 13. 9. 32

Der Schriftsteller und Regisseur Bertold Brecht, am 10. 2. 98 in Augsburg geboren, dff., ist in Berlin, von Augsburg kommend, seit 8. 3. 22 mit einer kurzen Unterbrechung polizeilich gemeldet und wohnhaft, seit 2. 11. 28 in Charlottenburg, Hardenbergstraße 19, als Mieter. Brecht ist in zweiter Ehe mit Helene Weigel, am 12. 5. 00 in Wien geboren, verheiratet. Der Name Bertold Brecht ist hier des öfteren in der kommunistischen Bewegung bekannt geworden. In einer bei der I.A.H. vorgefundenen namentlichen Liste der kommunistischen Schauspieler und Rezitatoren ist Brecht wie folgt verzeichnet: „Bert. Brecht, Telefon Amt Frauenhofer 2217".

In dem diesseitigen Archiv hat Brecht noch keine Vorgänge.

Wodtke
Krim. Sekretär

Der Polizeipräsident
Landeskriminalpolizeiamt (I)

Berlin, den 20. Sept. 1932

1. *Schreiben:*
An die Polizeidirektion
in *München*
Abteilung V Ia.

Zum Schreiben vom 2. 9. 1932 – VI a 2655/32. –

Der Schriftsteller und Regisseur Bertold *Brecht,* Personalien wie angegeben, ist seit 8. 3. 1922 mit kurzer Unterbrechung in Berlin gemeldet und seit 2. 11. 28 in Berlin-Charlottenburg, Hardenbergstr. 19, wohnhaft. Der Name des Br. ist hier des öfteren in der kommunistischen Bewegung bekannt geworden. Bei der Internationalen Arbeiterhilfe ist Br. als kommunistischer Schauspieler und Rezitator verzeichnet. Besondere Tatsachen über ihn sind sonst weiterhin nicht bekannt.

2. *Archiv* zur Kenntnis.

3. Zu den Akten. I. A. (Unterschrift)

(Institut für Marxismus-Leninismus beim ZK der SED, Berlin; Archiv Nr. 01/17, Blatt 00049/50.

Alle handschriftlichen Vermerke und Aktennotizen auf dem Original wurden weggelassen. – W. M.)

(9) Dem dramaturgischen Kollektiv der Piscator-Bühne gehörten die Autoren Balász, Becher, Brecht, Herzog, Jung, Kläber, Kisch, Lania, Mehring, Mühsam, Paquet, Tucholsky, Welk, Wolfenstein an.

Der Reichskommissar für Überwachung registrierte am 5. August 1927 unter Nr. 648527 II alle Mitglieder des Kollektivs. Der Name Bert Brecht erhielt den Vermerk „bek. not. 3510/27 II" (als bekannt notiert unter Aktennummer – W. M.).

(Institut für Marxismus-Leninismus beim ZK der SED, Berlin; Archiv, Nr. 12/227/456, Blatt 3.)

(10) Um Piscators Forderungen an den Bühnenapparat zu charakterisieren, soll ein kurzer Abschnitt aus seinem Buch zitiert werden:

„Mir schwebte so etwas wie eine Theatermaschine vor, technisch durchkonstruiert wie eine Schreibmaschine, eine Apparatur, die mit den modernsten Mitteln der Beleuchtung, der Verschiebungen und Drehungen in vertikaler und horizontaler Weise, mit einer Unzahl von Filmkabinen, mit Lautsprecheranlage usw. ausgerüstet war. *Deshalb brauchte ich in Wirklichkeit einen Theaterneubau*, der die Durchführung des neuen dramaturgischen Prinzips technisch ermöglichte. Ein solcher Bau war selbstverständlich ein Objekt, dessen Kosten in die Millionen gingen."

(E. Piscator, „Das politische Theater", a. a. O., S. 122 f.)

So berechtigt die Forderungen Piscators vielleicht in einer Zeit sein mögen, in der die Arbeiterklasse die Produktionsmittel besitzt und damit auch die Theater, so politisch und künstlerisch falsch mußten sie in einer Zeit sein, da die herrschende bürgerliche Klasse den Gebrauch des Apparats ausschließlich für ihre Klassenziele erzwang.

Zum ersten Kapitel

(1) Brecht fügte in das Manuskript der „Maßnahme" (Archiv-Mappe Nr. 401 des Bertolt Brecht-Archivs) verschiedene Änderungen ein, die bei späteren Ausgaben nicht berücksichtigt wurden. Den größten Teil dieser Korrekturen faßte er dann gesondert zusammen. Diese von Brecht zusammengestellten Korrekturen zur „Maßnahme" werden hier wiedergegeben. Unter die vom Dichter angegebene Seitenzahl wird zur besseren Übersicht noch die Seitenzahl der Ausgabe des Aufbau-Verlages, Band IV, angegeben.

„Korrekturen zu ‚Die Maßnahme':

Zeile 187 statt ... zu unterstützen die chinesische Partei
(267)
ist zu setzen ... zu unterstützen die chinesischen Arbeiter.

Zeile 219 (eine Einfügung. Das Hervorgehobene ist zur Kenntlich-
(267) machung noch einmal geschrieben.)
In der Stadt Mukden halfen wir den chinesischen Genossen und *trieben Propaganda* ... (das Wort ‚wir' vor Propaganda fällt fort)

Zeile 428 *Den Pfennig, der kein Pfennig* mehr *ist*
(277)

Zeile 565 (Einfügung. Hervorgehobenes nur als Stichwort wieder-
(283) holt)
Wir sind einverstanden. Warum ließet ihr ihn weiterarbeiten?
Die vier Agitatoren: Auch wir hatten Fehler gemacht.
V. Was ist eigentlich ein Mensch

Zeile 946 *uns* hier *gesehen wird* (statt: uns dort gesehen wird ...)"
(302)
(Bertolt Brecht-Archiv, Berlin; „Die Maßnahme", Archiv-Mappe Nr. 406, Blatt 02.)

Weitere Korrekturen, die Brecht im Manuskript (Mappe Nr. 401) vornahm. (Angabe der Seitenzahl nach der Ausgabe des Aufbau-Verlages, Berlin 1955.)

Seite 265 Einfügung:
Die zwei Agitatoren:
Ja. *Auch der junge Genosse sagte ja.* So zeigte er...
statt:
Ja. So zeigte der junge Genosse sein Einverständnis mit der Auslöschung seines Gesichtes.

Seite 274 Wortumstellung:
Der Kuli
Das ist ein Narr, über den lacht man.
statt:
Das ist ein Narr, über den man lacht.

Seite 290 Wortänderung:
Die vier Agitatoren:
Kaum auf der Treppe, erkannte der junge Genosse seinen Fehler. *Er* stellte uns anheim, ...
statt:
Kaum auf der Treppe, erkannte der junge Genosse seinen Fehler und stellte uns anheim, ...

Seite 298 Wortstreichung:
Der Einzelne hat zwei Augen
Die Partei hat tausend Augen.
statt:
Denn der Einzelne hat zwei Augen
Die Partei hat tausend Augen.

Seite 301 Einfügung:
Wir taten es. Wir wiederholen die Analyse.
statt:
Wir wiederholen die Analyse.

Seite 302 Veränderung:
Der Kontrollchor:
Denn wenn der Hungernde
Stöhnend zurückschlägt den Peiniger
Heißt es: wir haben ihn bezahlt
Daß er stöhnt und zurückschlägt.
statt:
Denn wenn der Hungernde
Stöhnend zurückschlägt den Peiniger

Haben wir ihn bezahlt
Daß er stöhnt und zurückschlägt.

Seite 303 Korrektur:
Der Kontrollchor:
Wer den Verzweifelten hilft
Der *gilt als* Abschaum der Welt.
Wir sind der Abschaum der Welt
Wir dürfen nicht gefunden werden.
statt:
Wer den Verzweifelten hilft
Der ist der Abschaum der Welt
Wir sind der Abschaum der Welt
Wir dürfen nicht gefunden werden.

(2) Brechts positive Gestaltung der Kommunisten in der „Heiligen Johanna" mußte die Vertreter der herrschenden bürgerlichen Klasse herausfordern, deshalb strich Gustaf Gründgens bei der Uraufführung des Werkes am 30. April 1959 im Deutschen Schauspielhaus in Hamburg alle Stellen, in denen von den Kommunisten gesprochen wird.

André Müller schrieb in seiner Kritik:

„Gründgens hat hier ungewollt einen Beweis für die Grenzen der Meinungsfreiheit in der Bundesrepublik geliefert; konsequent hat er jede Stelle gestrichen, wo von Kommunisten und Kommunismus die Rede ist.

Dafür einige Beispiele:

Snyder: Sie werden euch noch die Fabriken wegnehmen und sagen: Wir wollen es wie die Bolschewiken machen und die Fabriken in unsere Hand nehmen, daß jeder arbeiten kann und sein Essen habe. – *Gestrichen.*

Johanna: Gibt es hier nicht Leute, die etwas unternehmen?

Der Arbeiter: Ja, die Kommunisten.

Johanna: Sind das nicht Leute, die zu Verbrechen auffordern?

Der Arbeiter: Nein. – *Gestrichen.*

Snyder: ... eine Kapelle in der Hand und anständige Suppen, aber wirklich fetthaltig, und Gott hat ausgesorgt. – *Geblieben; aber der Nachsatz:* Und der ganze Bolschewismus hat ausgelitten. – *Gestrichen.*

Der Eine: Was sind das für Leute?

Der Andere: Keiner von diesen da hat nur für sich gesorgt. Sondern für fremde Leute Brot liefen sie ruhlos.

Der Eine: Warum ruhlos?

Der Andere: Der Ungerechte geht offen über die Straße, aber der Gerechte versteckt sich.

Der Eine: Was geschieht mit ihnen?

Der Andere: Obgleich sie um geringen Lohn arbeiten und für viele nützlich sind, lebt keiner von ihnen seine Jahre zu Ende, ißt sein Brot, stirbt satt und wird in Ehren begraben, sondern vor ihrer Zeit enden sie und sind erschlagen und zerstampft und in Schande verscharrt.

Der Eine: Warum hört man nie von ihnen?

Der Andere: Wenn du in den Zeitungen liest, daß einige Verbrecher erschossen oder in die Zuchthäuser geworfen worden sind, dann sind sie es.

Der Eine: Wird das immer so gehen?

Der Andere: Nein. – *Gestrichen.*

Diese Stiche sind, gemessen am gesamten Text, quantitativ nur gering, aber sie beschädigen die Fabel, bringen das Stück um einen entscheidenden Akzent, nämlich den, der sagt, durch wen das angeprangerte System abgeschafft wird."

(André Müller, „Mit einer Verspätung von 27 Jahren" ‚Die heilige Johanna der Schlachthöfe' von Bertolt Brecht im Deutschen Schauspielhaus Hamburg; in „Theater der Zeit", Berlin 1959, Heft Nr. 6, S. 60.)

(3) Der ehemalige Bonner Außenminister von Brentano antwortete am 9. Mai 1957 dem SPD-Abgeordneten Kahn-Ackermann im Bundestag:

„Sie waren der Meinung, daß Brecht einer der größten Dramatiker der Gegenwart sei. Man mag darüber diskutieren. Aber ich bin wohl der Meinung, daß die späte Lyrik des Herrn Brecht nur mit der Horst Wessels zu vergleichen ist." (Protokoll der Haushaltsdebatte des Bundestags vom 9. Mai 1957.)

Diese unerhörte Beschimpfung eines deutschen Dichters löste bekanntlich einen Proteststurm in aller Welt aus.

Rühle machte sich zum „literaturwissenschaftlichen" Sprecher dieser Linie des damaligen Bonner Außenministers, als er in seinem Buch „Das gefesselte Theater" schrieb:

„Ob man sich dabei nach links wandte, wie Brecht und Becher, oder nach rechts, wie Johst und in einer anderen Ecke der Welt Hamsun, war im Grunde eine zweitrangige Frage . . ." (Seite 201).

An einer anderen Stelle bezeichnete er Brecht als „einen deutschen Hamsun" (S. 247).

Rühle ist nicht nur mit diesem Buch in Erscheinung getreten, sondern auch mit seinen Beiträgen in der Bonner Zeitschrift „Das Parlament".

(4) *Wortlaut der Polizeiberichte:*

Auszugsweise Abschrift 1 AN 2162 e/21. 12. aus den vom Polizeipräsidenten, Landeskriminalpolizeiamts Berlin – I^{2}e 3330/P 13 am 21. Dezember 1932 übersandten Zusammenstellung der in der letzten Zeit bekanntgewordenen Anweisungen und Richtlinien der KPD für die Zersetzungstätigkeit in Reichswehr und Polizei.

pp.

Mit allen Mitteln wird anscheinend versucht, die Parteimitglieder, auch soweit sie nicht zum eigentlichen Am-Apparat gehören, für die Zersetzungstätigkeit zu gewinnen und anzulernen. Über einen neuartigen Versuch nach dieser Richtung berichtet der Polizeipräsident in Köln. Danach ist vom Volkschor Düsseldorf ein Chorwerk aufgeführt worden, das sich „Die Maßnahme" betitelte. Das Chorwerk ist nach außen hin getarnt; es soll angeblich in China spielen. Der Inhalt zeigt aber, daß nur anstelle des Wortes „China" das Wort „Deutschland" eingefügt werden brauchte und daß das gesamte Chorwerk auf deutsche Verhältnisse anzuwenden war. Es wurde in ihm u. a. gezeigt, wie der revolutionäre Gedanke in die Polizei-Militärkasernen zu tragen sei. In einem anderen Bilde wurde dargestellt, wie verbotene Druckschriften verteilt und die Polizei dabei hinters Licht geführt werden könne. Zu diesem Bilde wurde eine Auseinandersetzung zwischen kommunistischen Zettelverteilern und einem chinesischen Polizisten inszeniert, in deren Verlauf der Polizist zuerst lächerlich gemacht und dann meuchlings erstochen wurde. Wie der Polizeipräsident in Köln mitteilt, wurden bei der Vorführung dieser Szene Bravorufe aus dem Zuhörerkreis laut.

pp.

(Institut für Marxismus-Leninismus beim ZK der SED, Berlin; Archiv, Nr. 10/235/691, Blatt 430.)

Aus „Mitteilungen" Nr. 4 vom 15. Februar 1933 des LKP-Amts Berlin (in Akt 2164 p)

Chorwerk „Die Maßnahme"

Die Aufführung des Chorwerkes „Die Maßnahme" (Text von Bert Brecht, Musik von Hanns Eisler) hat in Erfurt zur Auflösung einer kommunistischen Veranstaltung geführt. Es handelt sich um ein proletarisch-revolutionäres Lehrstück, das nach außen hin getarnt ist. Es wird der Anschein erweckt, als ob China der Ort der Handlung sei. Der Inhalt zeigt aber, daß nur anstelle des Wortes „China" das Wort „Deutschland" eingefügt zu werden braucht, um auf deutsche Verhältnisse Anwendung finden zu können. Das Stück ist ein kommunistisches Lehrstück. In den

einzelnen Szenen wird die Strategie und Taktik der illegalen kommunistischen Arbeit (insbesondere der Zersetzungsarbeit in Armee und Polizei) dargestellt. Die Auflösung ist auf Grund des § 14, Ziffer 5 des Reichsvereinsgesetzes erfolgt. Gegen die Veranstalter ist ein Verfahren wegen Vorbereitung zum Hochverrat eingeleitet worden.
21 62a/2
21 62e
21 60c

(Institut für Marxismus-Leninismus beim ZK der SED, Berlin; Archiv, Nr. 10/236/692, Blatt 10.)

(5) Die Ausgabe von Brechts „Mutter", die zu Beginn des Jahres 1933 im Verlag Gustav Kiepenheuer erschien, enthielt nicht vierzehn, sondern fünfzehn Szenen. Die Szene, die Brecht später nicht mehr mit in das Stück einbezog, hatte folgenden Vorspann:
„10. Kramladen

Auch bei den kleinen Gelegenheiten des Alltags sucht die Mutter die Gleichgültigkeit der Ausgebeuteten gegen ihre Leiden zu bekämpfen."

Diese Szene zeigt, wie eine Frau einen Wintermantel für ihren Jungen kaufen möchte, aber ihr fehlt das Geld. Die Wlassowa hängt dem Jungen einen Schnittmusterbogen um, der im Preis dem entspricht, was die Frau ausgeben kann.

„Die Mutter: Natürlich ist das kein Mantel: er gibt nicht warm. Und das (sie zeigt auf die sechs Mäntel an der Stange) sind auch keine Mäntel: das sind Waren. Wenn der Mantelfabrikant einen Profit machen soll, kann Iljitsch keinen anderen Mantel bekommen. Dieser Mantel, Iljitsch, ist das kleinere Übel. Gar keiner wäre das größere. Geh also hinaus, Iljitsch, mit diesem Mantel, sag dem Schnee, er soll dich verschonen, da Herr Muratow dich nicht verschonen will. Du hast den falschen Mantel und die falschen Eltern, Iljitsch. Sie wissen nicht, wie man Mäntel für dich bekommt. Jetzt sag dem Schnee und dem Wind, hierher sollen sie schneien, hier hängen die Mäntel."

(Bertolt Brecht-Archiv, Berlin; „Die Mutter", Versuche, Kiepenheuer Verlag, Heft VII, Archiv-Mappe Nr. 1368, Blatt 26 und 27 – Seite 48 bis 50 der Kiepenheuer-Ausgabe.)

(6) Die angeführten Stellen aus der „Mutter" richten sich nach dem Text der Malik-Ausgabe „Bertolt Brecht, Gesammelte Werke", London 1938, der auch von der Schweizer Ausgabe übernommen wurde.

Die Szene „Landstraße“ hat Brecht mehrfach umgeschrieben. In späteren Fassungen strich er u. a. den Satz Jegors, der, nachdem die Pelagea mit den Zeitungen in die Gutsküche gegangen ist, sagt: „Das ist eine Dickköpfige. Solche Leute kümmern sich einfach nicht um die Wirklichkeit. Bauer ist Bauer und Arbeiter ist Arbeiter.“ („Die Mutter“, Basel 1946, S. 107.) Dafür erhielt die Pelagea Wlassowa, nach Abgang von Jegor, den neuen Schlußsatz: „So zerfleischen wir uns, Arbeiter und Arbeiter, und die Ausbeuter lachen über uns.“ („Die Mutter“, Berlin 1957, S. 72.)

In dem Buch „Theaterarbeit“ wird ausführlich dargelegt, wie der Text der achten Szene (Landstraße) nach der Premiere 1951 erneut verändert wurde: „Auf Grund von Diskussionen wurde der Text geändert. Die Änderungen betonen das Bündnis zwischen Arbeitern und Bauern.“ („Theaterarbeit“, S. 134.)

Wenn man chronologisch die Änderungen verfolgt, die Brecht allein an dieser Szene vornahm, so ergibt das ein sehr anschauliches Bild seiner Bemühungen, immer deutlicher die politische Bedeutung des Bündnisses zwischen Arbeitern und Bauern herauszuarbeiten. Das jedoch genau zu verfolgen und mit den entsprechenden Textstellen zu belegen, würde eine spezielle Untersuchung erforderlich machen.

(7) Brecht verwandte für die Aufführung zum Teil andere Namen als in der Buchfassung. So heißt in der Buchfassung des Stückes (Berlin 1957) zum Beispiel der Lehrer: Wessowtschikow, in der Aufführung: Lapkin; der Bruder des Lehrers heißt in der Buchausgabe: Iwan Wessowtschikow, in der Aufführung dagegen: Semjon Lapkin.

(8) Auf eine Anfrage aus Schweden, in der der Wunsch ausgedrückt wurde, die „Maßnahme“ aufführen zu dürfen, antwortete Brecht am 21. April 1956 mit folgendem Brief:

„Sehr geehrter Herr Patera,

‚Die Maßnahme‘ ist nicht für Zuschauer geschrieben worden, sondern nur für die Belehrung der Aufführenden. Aufführungen vor Publikum rufen erfahrungsgemäß nichts als moralische Affekte für gewöhnlich minderer Art beim Publikum hervor. Ich gebe daher das Stück seit langem nicht für Aufführungen frei. Viel besser eignet sich das kleine Stück ‚Die Ausnahme und die Regel‘ für Einstudierungen für unprofessionale Theater.

Mit herzlichen Grüßen“

(Bertolt Brecht-Archiv, Berlin; Archiv-Mappe 708, Blatt 137.)

(9) Die Oper arbeitete Claudel später zu dem Schauspiel „Das Buch von Christoph Columbus“ (Le Livre de Christophe Colomb) um. Die Uraufführung des Werkes fand 1953 bei den Festspielen in Bordeaux unter der Regie von Jean L. Barrault statt.

In seiner Dissertation „Probleme der Dramaturgie und Spielweise in Bert Brechts ‚epischem Theater‘“ (Göttingen 1956) verglich Walter Hinck die dramatische Technik Claudels mit der des epischen Theaters Bertolt Brechts: „Die Übereinstimmung dramaturgischer Gesetzmäßigkeiten bei Claudel und Brecht rückt das Claudelsche Schauspiel aber noch unter einen anderen, spezielleren Aspekt. Die Gemeinsamkeit einer heteronomen Ästhetik und der offenen Dramaturgie verbirgt ja nicht den tiefen Gegensatz, der durch die verschiedenartige Bindung und Relativierung des Dramas und Theaters Claudel von Brecht trennt. Dieser Gegensatz ist derart exemplarisch, daß Claudel und Brecht als die beiden Pole des zeitgenössischen (mehr oder weniger) heteronomen Theaters anzusehen sind.“ (S. 271.) Obwohl Hinck die gegensätzliche Wirkung der dramaturgischen Technik von Brecht und Claudel durchaus treffend charakterisierte, wurde er Brecht nicht gerecht, weil er die dramaturgische Technik nicht aus den gegensätzlichen Welten, nicht aus den grundverschiedenen Inhalten entwickelte. Zwar erkennt auch Hinck, daß beide Dichter ihre Werke aus zwei einander ausschließenden „Entwürfen menschlichen Seins“ schufen, aber er analysierte die Werke nicht aus den gegensätzlichen „Entwürfen menschlichen Seins“, die weiter nichts sind als die gegensätzlichen Klassenstandpunkte beider Dichter. Er verglich nur formal bestimmte Techniken und kommt dann zu einer „Übereinstimmung dramatischer Gesetzmäßigkeiten bei Claudel und Brecht“. (S. 271.) Das heißt aber am Wesentlichen vorbeigehen.

(Für eine Auseinandersetzung mit Hinck ist hier nicht der Ort, weil der Verfasser seine vergleichenden Betrachtungen zwischen Brecht und Claudel an den späteren Werken Brechts vornahm.)

(10) Interessant ist hierzu ein Artikel des Schweizer Dramatikers Max Frisch über die Nachahmung der Brechtschen Lehrstücktechnik durch modernistische Dramatiker, zum Beispiel durch Thornton Wilder.

(Max Frisch, „Brecht als Klassiker“ in: „Weltwoche“, Zürich, vom 1. Juli 1955.)

(11) Weisenborn und Stark schufen für ihre Dramatisierung der „Mutter“ folgende Exposition:

„I. (Kleine Hütte, die aus zwei Kammern besteht. Die linke Kammer stellt mehr einen Verschlag dar und ist als Küche eingerichtet. Wenn der Vorhang aufgeht, sitzt die Mutter allein und bewegungslos am Tisch vor dem Samowar in der Stube. In der Ferne ertönt eine Fabriksirene. Durch das geöffnete Fenster im Hintergrund sieht man Arbeiter vorübergehen, die zur Mutter hineinrufen. Zwei Arbeiter treten ans Fenster.)

1. Arbeiter: Ist Pawel schon da?

2. Arbeiter: Hast du schon gehört: Heute ist Saidor verhaftet worden. Man hat Flugblätter bei ihm gefunden.

1. Arbeiter: Dem geht's bestimmt schlecht, Mütterchen.

2. Arbeiter: Du mußt mehr auf deinen Sohn achten, Mütterchen, auf den Pawel. Na, guten Abend! (Sie gehen ab.)

Marja (ein Weib wie ein Pfannkuchen, weiß und rund, lehnt sich prächtig von außen ins Fenster): Wlassowa, bist du drin? Guten Abend, Wlassowa! Wartest wohl auf Pawel, das Söhnchen, wie? (Die Mutter löst sich aus ihrer Bewegungslosigkeit.)

Mutter: Kommt er?

Marja: Wird schon kommen! (Tritt in die Tür.) Heute in der Mittagspause steckten sie wieder alle ihre Köpfe zusammen. Was die bloß zu bereden haben? Man macht sich Sorge, Wlassowa! Große Sorge macht man sich, wenn man sieht, mit welch finsteren Gesichtern sie da herumstehen.

Mutter: Große Sorge macht man sich, Marja!

Marja (kommt in die Stube): Ich steh auf dem Fabrikhof und rufe: Borscht! Borscht! Kohlsuppe, Nudeln, Tabak; aber keiner kauft. Kein Geld haben sie. Alles nimmt ihnen die Fabrik. Schlechte Zeiten, Wlassowa, schlechte Zeiten! Willst du nicht in die Fabrik gehen, Wlassowa, an meiner Stelle, morgen mittag? Dann versuche ich es in der Stadt auf meine alten Tage. Verkaufe da mein Essen. Man muß doch leben. Aber auf Pawel, dein Söhnchen, mußt du mehr achten, kommt in schlechte Gesellschaft, das Hühnchen, in schlechte Gesellschaft.

Mutter: Was du sagst, Marja! Schlechte Gesellschaft? Schlechte Gesellschaft – man muß sich Sorgen machen.

Marja: Wenn er tanzen wollte und mal ein bißchen trinken! Aber wozu diese Neuerungen? Er will sicher ein besserer Herr werden.

Mutter: Er trinkt wie ein Zeisig und geht nie tanzen. Und von einer Braut ist mir nichts bekannt.

Marja: Seltsam sind sie, die jungen Leute, heutzutage!

Mutter: Man muß wohl Sorge haben, Marja!

Marja: Du mußt ihn warnen, Pelagea! Vor seinen Freunden mußt du ihn warnen ... Da ist z. B. ein Kleinrusse, so ein großer, mächtiger Mensch, ein Mann mit Gotteskraft, aber er arbeitet nicht, er ist dumm und faul und bringt deinen Pawel noch auf schlechte Gedanken, dieser Tagedieb ... der ... (Der Kleinrusse tritt plötzlich ein.)

Kleinrusse: Guten Abend!

Mutter: Gott segne Ihren Eintritt!

Marja: Guten Abend. Dies ist der Freund von Pawel, Wlassowa! Von dem ich dir eben soviel Gutes erzählte.

Kleinrusse: Ist Pawel zu Hause?

Marja (steht auf): Dann will ich nicht länger stören!

Mutter (antwortet dem Kleinrussen): Nein.

Kleinrusse: Dann werde ich warten, wenn Sie erlauben.

Marja (im Abgehen): Bis morgen also, Wlassowa!

Mutter: Bis morgen, Marja! Ich danke dir, Marja! (Marja ab.)

Der Kleinrusse (zieht seine Pelzjacke aus, prüft einen Stuhl auf seine Tragfähigkeit, setzt sich endlich): Ist das Ihr Haus oder wohnen Sie zur Miete?

Mutter: Wir wohnen zur Miete!

Kleinrusse: Na, eher ein Stall als ein Palast!

Mutter: Auch unser Herr ist in einem Stall geboren. Pawel kommt gleich.

Kleinrusse: Ich habe Zeit. (Pause.) Wer hat Ihnen denn dieses Loch in den Kopf geschlagen, Mütterchen?

Mutter: Wieso interessiert Sie das, mein Herr?

Kleinrusse: Sind Sie mir böse? Ich frage nur, weil meine Mutter auch eine Narbe auf dem Kopf hat, so wie Sie. Viele Mütter in Rußland haben Narben auf dem Kopf. Das kommt, weil es arme Leute sind.

Mutter: Ich bin nicht böse. Aber Sie haben so gefragt! Meinem lieben Mann verdanke ich das.

Kleinrusse: Aber von lange her, was? – (Verlegenheitspause.) Ich heiße Andrej!

Mutter: Sie sind doch kein Tartar?

Kleinrusse: Ach wo!

Mutter: Aber Sie sprechen wie die aus dem Süden!

Kleinrusse: Ich bin ein Kleinrusse aus Kanew! Ich bin erst vor einem Monat in diese Gegend gekommen und arbeite in Eurer Fabrik. Habe hier gute Kollegen gefunden, Ihren Sohn und andere.

Mutter: Vielleicht trinken Sie ein Gläschen Tee?

Kleinrusse: Natürlich. Aber erst wenn alle da sind!

Mutter: Alle...? Kommen denn noch mehr hierher?

Kleinrusse: Nur einige Freunde von Pawel!

Mutter (mißtrauisch): Sie gehören doch auch zu den Freunden von ihm, die auf dem Fabrikhof herumstehen? Was hat er bloß im Kopf? Ich verstehe ihn nicht! Er hat ein blasses Gesicht gekriegt, er lebt wie ein Mönch! Viel zu streng! Ich habe Angst um ihn. So lebt sonst niemand hier in der Vorstadt. Wenn ich es mir genau überlege, so fürchte ich manchmal, daß er unzufrieden ist.

Kleinrusse: Unzufrieden?

Mutter: Ja, unzufrieden! Wie darf ein christlicher Mensch unzufrieden sein, man muß sich bescheiden...

Kleinrusse: Holla, Mütterchen, Sie regen sich ja ordentlich auf!

Mutter: Nein, ich rege mich nicht auf, ich habe nur Sorge um Pascha, meinen Sohn. Wenn er unzufrieden ist, so wird ihm sein Leben nicht gut geraten.

Kleinrusse: Schauen Sie sich um, Mütterchen! Ist Ihnen das Leben gut geraten?

Mutter: Mir?

Kleinrusse: Sie haben doch auch keinen Engel zum Mann gehabt! Weil der Ihnen die Stirn zerschlagen hat, und Sie wohnen in einer halben Hütte, und Pawel muß für einen Hungerlohn in der Fabrik arbeiten. Heute haben sie uns wieder eine Kopeke abgezogen! Im ganzen großen Rußland arbeiten die Männer, aber nur wenige haben genug. Und die Mütter hocken müde unter der Petroleumlampe und flicken. – Die Not ist groß geworden, Mutter!

Mutter: Und warum macht Pawel ein so finsteres Gesicht?

Kleinrusse: In ganz Rußland gehen die Männer mit finsteren Gesichtern nach Haus. Und viele mit der Faust in der Tasche.

Mutter: Beim Herzen Christi, sollte das gegen die Obrigkeit gehen, was Sie da sagen? Das ist doch wohl nicht möglich!

Kleinrusse: Auch der Frühling kämpft gegen den Winter!

Mutter: Pawel sollte gegen die Obrigkeit kämpfen? Was reden Sie denn da? Das kann doch nicht wahr sein! Sie dürfen nicht so von Pawel sprechen! Wer sind Sie überhaupt??!

Kleinrusse: Ich bin Arbeiter.

Mutter: Ja, Arbeiter... Marja hat mir alles erzählt! Taugenichtse sind das alles, die er mitbringt.

Kleinrusse: O nein, Mutter. Es sind alles ehrenhafte Leute! Sie werden noch lachen, wenn Sie Fedja Masin, den Dichter hören, der ist noch so klein ... nein so. Er hat Augen, schwarz wie Käfer. Und eine Stimme hell wie Erzengeltrompeten! Na, und Wessowtschikow! Das ist der Sohn vom alten Dieb Danilo. Der ist ein ganz brauchbarer Junge. Und nun erst Rybin. Seine Gedanken sind dunkel wie Ölrauch, aber er gibt sein letztes Hemd weg. Na, und Sascha und Natascha werden Ihnen sicher gefallen. Sascha ist gesund und stark. Die könnte Kinder gebären wie andere Blumen pflanzen. Und Natascha ist weiß wie Schnee und gebildet wie ein Polizeikommissar.

Mutter: Sie sind so fröhlich, und ich habe Schlechtes von Ihnen gedacht."

(Bertolt Brecht-Archiv, Berlin; „Die Mutter", von Stark und Weisenborn, Archiv-Mappe Nr. 441, Blatt 03–07.)

Zum zweiten Kapitel

(1) Vor dem sogenannten „Unamerican Activities Committee", vor das Brecht 1947 in den USA gezerrt wurde, führte er aus, wann er Deutschland verlassen habe:

„I had to leave Germany in February, 1933, the day after the Reichstags fire."

(Bertolt Brecht-Archiv, Berlin; Archiv-Mappe Nr. 523, Blatt 23.)

(2) Wie sich auch in die Sprache Brechts während der Emigrationszeit fremde Klänge und Wörter einschlichen, darüber gibt eine interessante Untersuchung von F. C. Weiskopf in seinem Buch „Unter fremden Himmeln" Auskunft. Da heißt es:

„In den verschiedensten Formen geht diese Erscheinung vor sich: dieses Abfärben der fremden Sprache, dieses Einsickern, Eindringen, Zur-Nachahmung-Anregen. In Bertolt Brechts Gedicht ‚Ich lese von der Panzerschlacht', das er im skandinavischen Exil geschrieben hat, stoßen wir auf ein aus dem deutschen Wort ‚Panzer' und dem dänischen ‚Bil' (Auto) zusammengesetztes Novum ‚Panzerbil':

> ‚Du Färbersohn vom Lech, im Kluckerspiele
> Dich messend mit mir in verflossenen Jahren,
> Wo bist du in dem Staub der Panzerbile,
> Die nun das schöne Flandern niederfahren?'

Bertolt Brecht schafft nach dem Muster des englischen Zeitwortes *to muscle in* ein ‚sich hineinmuskeln' (in ‚Der unaufhaltsame Aufstieg des Arturo Ui'): ‚Und so versucht er sich hineinzumuskeln in den Gemüsehandel.'"

(F. C. Weiskopf, „Unter fremden Himmeln – Ein Abriß der deutschen Literatur im Exil 1933–1947", Berlin 1948, S. 38 f.)

(3) In welchem Maße die Vertreter der dänischen Regierung und Verwaltung den Ansprüchen Hitlerdeutschlands entgegenkamen, zeigte sich besonders deutlich im Frühjahr 1933, als in Kopenhagen der Antifaschistische Arbeiterkongreß Europas sattfinden sollte. Der Kongreß mußte später nach Paris verlegt werden, da die Polizei Maßnahmen anordnete, die die Veranstaltung praktisch unmöglich machten. Die dänische Polizei informierte die deutschen Dienststellen genau über alle ihre Maßnahmen.

Interessant ist ein Schreiben der Deutschen Gesandtschaft an das deutsche Auswärtige Amt:

„Die hiesigen Kommunisten haben, nachdem die Druckerei *Krohn* den Druck der bestellten Flugblätter nicht ausgeführt hat, inzwischen eine andere Druckerei, die Gebrüder *Thögersen*, hier gefunden, die den Druck angenommen hat und trotz Intervention der Polizei ausführen will. Ich habe gestern die Angelegenheit beim Außenminister zur Sprache gebracht, aber der Regierung stehen, wie bekannt, Handhaben zu einem Verbot des Drucks oder zur Beschlagnahme der Drucksachen nicht zur Verfügung.

Wir haben hierbei auch die Frage der für Ostern in Kopenhagen geplanten kommunistischen Versammlung besprochen. Herr *Munch* meinte, es würden nach den der Regierung vorliegenden Mitteilungen nur Vertreter aus den skandinavischen Staaten erscheinen. Er maß der Sache keine große Bedeutung bei. Öffentliche Umzüge würden keinesfalls gestattet werden. gez. Richthofen."

(Institut für Marxismus-Leninismus beim ZK der SED, Berlin; Archiv-Nr. 011/3, Blatt 00087.)

Eine Zusammenarbeit gab es vor allem auch zwischen den deutschen Faschisten und der dänischen Kriminalpolizei, um kommunistische Emigranten aufzuspüren. In einem faschistischen Polizeibericht wurde darüber folgendes ausgeführt:

„Um auch von amtlicher Seite Näheres über die Tagungen der KPD, insbesondere den Kongreß zu hören, setzte sich der Unterzeichnete am

1. Pfingstfeiertag *mit dem Leiter der dänischen politischen Polizei, dem Krim.-Kom. Andreas Hansen,* in Verbindung. Im Speisesaal des Dampfers ‚Rugard' fand in Gegenwart des Krim.-Sekr. Lindner eine längere Unterredung mit Hansen statt."

Weiter heißt es:

„Eine strenge Überwachung des Dampferverkehrs nach Dänemark erscheint zwar notwendig, ist jedoch praktisch fast nur dann durchführbar und erfolgreich, wenn in irgendeiner Form das Zusammenarbeiten zwischen der deutschen und dänischen Kriminalpolizei gewährleistet ist."

(Institut für Marxismus-Leninismus beim ZK der SED, Berlin; Archiv-Nr. 011/3, Blatt 000371 u. 00373.)

(4) Fast zur gleichen Zeit unterstützte Brecht in Amerika die Bildung eines Rates für ein demokratisches Deutschland.

„In den Vereinigten Staaten wurde kürzlich ein ‚Council for a Democratic Germany' gegründet. Dem Council gehören Persönlichkeiten an, die in Deutschland die verschiedensten politischen Richtungen vertraten, Katholiken, Demokraten, Sozialisten verschiedener Gruppen, Schriftsteller, Künstler, Professoren. Der Vorsitzende ist Prof. Tillich, der bekannte deutsche Theologe. Von den bekannten Mitgliedern seien genannt: Siegfried Aufhäuser (früheres Reichstagsmitglied der SPD und Gewerkschaftsführer), Dr. Felix Boenheim, Bert Brecht, Dr. Friedrich Bärwald."

(Politische Information, Stockholm 1944, II. Jahrgang, Nr. 18, vom 15. September 44.)

(5) Über die illegale Verbreitung von Brechts Schrift „Fünf Schwierigkeiten beim Schreiben der Wahrheit" schrieb F. C. Weiskopf in seinem Abriß über die deutsche Exilliteratur: „Bertolt Brechts ‚Fünf Schwierigkeiten beim Schreiben der Wahrheit' verbargen sich unter dem Titel ‚Praktischer Wegweiser für Erste Hilfe'."

(F. C. Weiskopf, „Unter fremden Himmeln", Berlin 1948, S. 67.)

(6) Brecht verwandte in seinem Ballett „Die sieben Todsünden der Kleinbürger" das Sündenregister aus der Hoch-Zeit des Mittelalters: Faulheit, Stolz, Zorn, Völlerei, Unzucht, Habsucht und Neid. Durch die dialektische Umkehrung der Begriffe sah er jedoch die Todsünden der Kleinbürger nicht in der gewohnten bürgerlichen Betrachtungsweise. Er sah sie so:

„*Faulheit* (im Begehen des Unrechts) / *Stolz* auf das Beste des Ichs (Unkäuflichkeit) / *Zorn* über die Gemeinheit / *Völlerei* (Sättigung, Selberessen) / *Unzucht* (selbstlose Liebe) / *Habsucht* bei Raub und Betrug / *Neid* auf die Glücklichen."

(B. Brecht, „Gedichte", Berlin 1961, Bd. III, S. 139.)

(7) Einer der ersten Entwürfe, die Brecht noch mit dem Shakespeare-Titel „Maß für Maß" versah, hatte folgenden Wortlaut:

„1. Der Herzog übergibt angesichts eines allgemeinen Bankrotts seines Staates die Regierung dem Herrn von Angeler. Der neue Herr beschließt: Reform.

2. Auf der Straße äußern die Oberen (Schwindt und Schaum und Lutz) und die Unteren (Mildner und Überley) ihre Meinung über die neuen Verordnungen der Ära Angeler.

Das erste prominente Opfer der Elendsverordnungen wird vorgeführt. Herr von Klausner. Er bittet v. Lutz, seine Schwester zu veranlassen, beim Angeler für ihn zu sprechen.

3. Der Herzog verkleidet sich mit Hilfe des Gefängnisdirektors als Arzt, um ‚dem Angeler zuzuschauen' und um die Auswirkung der Verordnungen zu beobachten, welche Opfer sie fordert.

4. Lutz sucht Frl. v. Klausner im Gefängnis auf. Sie verspricht in Sachen ihres Bruders zu Angeler zu gehen.

Akt II

1. Der erste Gerichtstag.

Der Fall Schwindt-Schaum-Mildner. Angeler verläßt mit der Ankündigung, daß Polizei verstärkt wird, den Saal. Sabotage Eskalers.

Der Fall verläuft im Sande. Bestraft wird Schaums Kutscher.

2. Erster Besuch Isabellas beim Angeler. Angeler, durch sie irritiert, bestellt sie auf den nächsten Tag.

Angeler beschließt gegen inneren und äußeren Feind vorzugehen!

1. Verschärfung.

3. Umzug der Überley	Bäckerstraße
Mauerschauszene. Herzog	Sonnenfelsstraße
sieht zu	Krügerstraße
	Annagasse

4. Zweiter Besuch der Isabella beim Angeler.
Angelers Bedingung.
Isabellas Klagearie.

Akt III

1. In dem noch wenig besetzten Gefängnis wird einer verrückt und hält sich für Napoleon. Wasser und Zwangsjacke.

2. Isabellas Unterredung mit ihrem Bruder. Sie verläßt empört das Gefängnis, nicht ohne vorher dem Herzog auch ihre Empörung mitgeteilt zu haben. Dieser ist auch empört (über Angeler) und fängt Feuer.

Will alles regeln.

3. Verschärfung: Der Herzog hört und sieht, wie sich im Gefängnis Schnellgerichte etablieren usw.

4. Ausbruch des Herzogs: Er will Schluß machen. Er sagt, er sei der Herzog. Man hält ihn für verrückt und sperrt ihn ein. Was kann er tun?

5. Folgen der Verschärfung: Die ersten Schwalben strömen ins Gefängnis, darunter die Bankiers, Mildner und Ueberley.

(*Frau Ueberley,* als sie die Bankiers sieht: Wenn das nur gut geht!)

Akt IV

1. Eskalers Rausschmiß.

(Bankiers im Gefängnis. Eskaler zeigt Listen vor. Sabotage durch strikte Ausführung von Angelers Anweisung.)

Angeler: Nein, die Hinrichtung des Klausner ist jetzt schon eine prinzipielle Angelegenheit. Prestigefrage. Muß ganz groß und exemplarisch erledigt werden.

2. Pompejus' Monolog im überfüllten Gefängnis. Sein Engagement als Henkersknecht.

(*Pompejus:* Man muß sich überall nützlich machen, dann ist man beliebt.)

3. Isabella kommt zurück, will bei ihrem Bruder bleiben und beten. (*Er:* Schwesterliebe, die nichts kostet – danke. Die ganze Religion – überhaupt.) Er schmeißt sie raus.

Ueberley zu v. Klausner: Worum handelt es sich?

4. Auswahl der Braut. Nutte in Nonne verwandelt.

Klausner: „Die langt nicht aus."

Ueberley: Er ist ja schwachsinnig.

Entweder ist er wirklich schwachsinnig oder wirklich ein Herzog.

„Das merkt ja sogar der!"

Gespräch Mildner – Herzog: Mildner erklärt an Hand eines Messers die Wahrheit.

(Wenn ich das und das nicht sage, habe ich auch die Wahrheit gesagt.)

Herzog: Wie wollen sie denn herauskommen?

Ueberley: So was von Weltfremdheit! Das ist direkt interessant.

Anweisungen an die Nutte:

1. Es muß dunkel sein.

2. Sie muß verschleiert zu und von ihm gehen.

3. Nicht sprechen, was überhaupt und immer nötig ist.

4. Widerstrebendes Einwilligen, um am End sich zu vergessen nach der Art der Keuschheit.

5. Ablieferung der Braut. Als Nutte drin ist, ist Isabella verheult und ebenfalls bereit.

Diener: Die nächsten Stunden ist der Gouverneur nicht zu sprechen.

Ueberley: Ich habe schon viele trösten müssen, weil sie ihre Tugend verloren hatten. Sie sind die erste, die ich tröste, weil sie sie behält.

...

...

Sie weinen, wenn sie ihre Tugend verlieren, sie weinen, wenn sie ihre Tugend behalten. Unfähigkeit der Jugend, auch bei Bereitwilligkeit.

6. Lethargie im Gefängnis. Da kommt der Bote und verlangt schnellste Hinrichtung. Herzogs Tobsuchtsanfall. „Auch im Verbrechen muß Maß sein. Auch ein Verbrecher muß Wort halten. Sonst hat man gar keinen Halt mehr."

Ueberley zurück: „Drum komme ich ja, ich wußte es. Ja, es hat nichts genützt. Post (lateinisch, nicht Reichspost).

Bindestrich, lang oder kurz usw.

7. Auswahl des Verbrechens.

Bernardino beklagt sich über den Lärm.

Ueberley: Sie Masse Unmensch.

8. Bernardino wird abgelehnt, er will einfach nicht. Der Herzog behält sich jetzt selbst die Lösung vor.

Erstaunen der Leute. Mildner und Ueberley immer höflicher.

Herzog: Ich kenne einen, um den es nicht schad wär."

(Bertolt Brecht-Archiv, Berlin; Maß für Maß – Material und Pläne, Archiv-Mappe Nr. 266–1–, Blatt 22–28.)

(8) Die Malik-Ausgabe von „Furcht und Elend des Dritten Reiches" (London 1938) enthielt siebenundzwanzig Szenen. In die späteren Ausgaben wurden folgende vier Szenen nicht mehr aufgenommen: „Die Internationale", „Die Wahl", „Das neue Kleid", „Was hilft gegen Gas?"

Der Szene „Internationale" liegt das gleiche Thema zugrunde wie der Szene „Moorsoldaten", die sich noch nicht in der Malik-Ausgabe befand.

In der Szene „Das neue Kleid“ wird gezeigt, wie ein junges Paar sich vor dem Regen flüchtend unterstellt. Die Frau schimpft, daß die paar Regentropfen ihr neues Kleid verdorben haben:

„Aber sie müssen ja Uniformen machen aus der Wolle. Und wir können bald nackicht gehen. Alles Beschiß! Ich hab drei Monate darauf gespart. Nicht Kaffee getrunken. Das bringt mir keiner mehr zurück. Das sind ...“

Da treten zwei SA-Leute hinzu und die Frau stammelt: „Ich meinte doch nur, es sollte doch nicht regnen, nicht?“

(Bertolt Brecht-Archiv, Berlin; „Furcht und Elend des Dritten Reiches“, Malik-Ausgabe 1938, London, Archiv-Mappe 1007, Seite 83.)

Die Szene „Was hilft gegen Gas?“ ist die Unterhaltung einer Frau mit ihrem Bruder. Die Frau ist erschrocken, weil man jetzt schon die Kinder mit Gasmasken ausrüstet. Als ihr Bruder sagt, Gasmasken würden gegen Gas sowieso nicht helfen, fragt sie: Was hilft dann?

Der Bruder (halblaut): Ich war 1917 an der Ostfront. Die im Schützengraben gegenüber haben das gemacht, was hilft. Sie haben ihre Regierung weggejagt. Das war das einzige, was half, und es war das erste Mal in der Weltgeschichte, daß es gemacht wurde.

Die Frau: Du weißt doch, wie dünn die Wände sind.

Der Bruder: Verdammter Maulkorb! (Er wirft die Gasmaske in die Ecke.) Wir halten so lange das Maul, bis wir's aufmachen müssen, wenn das Gas ist.“

(Bertolt Brecht-Archiv, Berlin; „Furcht und Elend des Dritten Reiches“, Malik-Ausgabe, London 1938, Archiv-Mappe 1007, S. 106.)

(9) Die Uraufführung der Szenenfolge „Furcht und Elend des Dritten Reiches“, in Paris unter dem Titel „99 %“, stand unter dem Protektorat des Schutzverbandes Deutscher Schriftsteller, Sektion Paris. Es wurden acht Szenen aufgeführt: „Das Kreidekreuz“, „Winterhilfe“, „Der Spitzel“, „Die jüdische Frau“, „Zwei Bäcker“, „Rechtsfindung“, „Der Bauer füttert die Sau“ und „Arbeitsbeschaffung“.

Unter der Regie von S. Theodor Dudow spielten: Helene Weigel als Gast, Ernst Busch als Gast, Erich Schoenlank als Gast, Steffi Spira, Günter Ruschin, Hans Altmann, Friedel Ferrari, Nora Reißmann, Jup Leininger, Erich Berg.

Der Reinertrag der Aufführung wurde dem deutschen Nationalkomitee der Spanienhilfe zur Verfügung gestellt.

(10) Die theoretische Literatur der Partei sowie die Protokolle der III. Kommunistischen Internationale gehörten zu den Handbüchern in Brechts Bibliothek.

(11) Vorarbeit Brechts zu der Szene „Rechtsfindung“:

„*Der Richter.*

Falls der Richter dem Referendar recht gibt: Gut, er hält die Hand über mich, aber über was hält er die Hand? Vielleicht über ein Wrack.

Entscheidet er sich für den Sturm, kann er Schwierigkeiten in der Karriere haben.

Entscheidet er sich für den Referendar, kann ihn der Sturm herrichten wie den Juden.

Der Kommissar erzählt lachend, was der Jud sich ausgedacht hat.

(Die Frau – Mutter – des Juden kommt weinend): Nichts ist geschehen. Der Jud ist die Treppe herabgefallen. Typisch jüdischer Dreh. Krumme Winkelzüge und ins Gesicht hinein lügen.

Das könnte dem Juden so passen. Liegt in seinem hübschen weißen Spitalbett und sein Name ist Meier, er weiß von nichts.

Aussage des Sturms:

Ein einfacher SA-Mann muß doch noch ruhig über die Straße gehen können. Wir wollten ein Glas Bier trinken gehen und Kegeln schieben, da kam der Jude heraus und rief uns gemeine Sachen nach.

Einer von uns wollte die Sache noch mit einem Scherz abtun, hier, dieser (ein Riese tritt vor), da hat ihn der Jude einfach überfallen.

Nein, die Juden dürfen dann doch nicht eine derartige Tyrannei über die Straße ausüben.“

(Bertolt Brecht-Archiv, Berlin; „Furcht und Elend des Dritten Reiches“, Archiv-Mappe Nr. 415, Blatt 42.)

(12) Über die Aufführung des Stückes „Die Gewehre der Frau Carrar“ in Kopenhagen gibt ein interessanter Briefwechsel zwischen Brecht und den an der Aufführung beteiligten Schauspielern Aufschluß.

(Bertolt Brecht-Archiv, Berlin; „Die Gewehre der Frau Carrar“, Material zu Carrar u. a., Archiv-Mappe Nr. 239, Blatt 49 u. 51.)

(13) Ein erster Entwurf der Fabel von „Die Gewehre der Frau Carrar“ (Generäle über Bilbao):

„1. Der Besuch des Bruders.

2. Die Mißtrauische überrascht ihren Bruder und ihren Sohn über dem Gewehrkasten ihres toten Mannes. Sie zerreißt die Fahne, in welche die Gewehre eingepackt sind.

3. Das Kartenspiel.
4. Wo ist Juan?
5. Wer zum Schwert greift, soll durch das Schwert umkommen.
6. Hier ist Juan.
7. Der Aufbruch."

(Bertolt Brecht-Archiv, Berlin; „Generäle über Bilbao", Archiv-Mappe 410, Blatt 21.)

(14) Bei der Aufführung von Brechts „Gewehre der Frau Carrar" durch die Freie Deutsche Bühne in Schweden (1938/45) wurde auch der von Brecht geschriebene Prolog und Epilog gespielt.

(Siehe: Curt Trepte, „Freies deutsches Theater in Schweden 1938 bis 1945", Theater der Zeit, Berlin 1946, Heft 2, August 1946.)

Der vollständige Text des Prologes und des Epiloges:

Prolog zu „Die Gewehre der Frau Carrar":

(Konzentrationslager für spanische Flüchtlinge in Perpignan. Ein Stacheldraht trennt zwei Franzosen, Soldaten, von denen der eine Wache hat und der andere eine Zeitung liest, von drei Spaniern, einem Arbeiter in der Uniform der spanischen Miliz, einem Jungen mit Soldatenmütze und einer Frau, die reglos gegen einen Pfahl gelehnt auf dem nackten Boden sitzt.)

Der Zeitungsleser: Es ist jetzt heraußen, warum die Tschechoslowakische Republik nicht gekämpft hat, als die Deutschen sie überfielen. Der frühere Präsident, der nach Chicago in den Vereinigten Staaten geflüchtet ist, hat endlich den Mund aufgemacht.

Der Wachposten: Und was kam da raus?

Der Arbeiter tritt neugierig an den Drahtverhau und hört zu.

Der Zeitungsleser: Ja, hör nur zu du, das ist die zweite Republik, die unterging in diesem Jahr. Dieser frühere Präsident, ein gewisser Beneš...

Der Arbeiter nickt ungeduldig.

Der Zeitungsleser: Ach, du kennst den Namen? Woher?

Der Arbeiter: Wir haben im September alles in unseren Zeitungen gelesen, wir hatten da eine Hoffnung, wenn die Tschechoslowakei gekämpft hätte...

Der Zeitungsleser: Sie kämpfte aber nicht, und warum? Sie hatte ein Bündnis mit der Sowjetunion, und als die Deutschen zu drohen anfingen, fragte dieser Beneš in Moskau an, ob die Sowjetunion zu Hilfe kommen würde, sie antwortete: ja, sie würde. Aber was geschah? Zu Beneš kamen die Großgrundbesitzer und verboten ihm, diese Hilfe anzunehmen und drohten mit einem Aufstand, wenn er diese Hilfe annähme. Sie wollten das Land lieber unter dem Stiefel der Preußen haben, als das Volk an der Seite der Sowjetunion kämpfen lassen.

Der Wachposten: Ob das wahr ist?

Der Zeitungsleser: Ja, das wissen wir natürlich nicht, da es in den Zeitungen steht, ist es wohl unwahr.

Der Arbeiter: Ich denke, es ist wahr, obwohl es in den Zeitungen steht. Unsere Großgrundbesitzer haben ja auch die Fremden hereingerufen gegen das Volk.

Der Wachposten: Und warum haben sie das?

Der Arbeiter: Weißt du das nicht? Immer noch nicht? Das ist schlimm, Kamerad. Daß sie die Flugzeuge gegen uns geschickt haben, um uns bei unsern Holzpflügen zu halten? Und natürlich, die Mächte der Unterdrückung sind auch eine Internationale.

Der Zeitungsleser: Du meinst, das eine Volk wird im Innern überfallen, und dann machen die Großen die Tür auf und lassen die fremden Eroberer ein, damit die ihnen helfen, und das andere Volk wird von außen überfallen von fremden Eroberern, und dann machen ihnen die Großen die Tür auf und helfen ihnen beim Überfall?

Der Arbeiter: Ja, das muß man wohl annehmen, wenn man es erlebt hat.

Der Wachposten: Vielleicht hat es überhaupt keinen Zweck zu kämpfen, die Tschechen haben nicht gekämpft, da sind sie natürlich geschlagen worden. Aber ihr habt gekämpft, nun, ihr seid auch geschlagen. Wozu also kämpfen?

(Letzter Satz handschriftliche Einfügung von Brecht in das mit Schreibmaschine geschriebene Manuskript. – W. M.)

Der Zeitungsleser: Was sagst du dazu?

Der Arbeiter: Allerhand, die beste Antwort könnte euch die Frau dort geben, aber sie versteht eure Sprache nicht. Sie ist meine Schwester. Sie lebte mit zwei Söhnen in einem kleinen Fischerdorf in Katalonien, der Junge ist derjenige ihrer Söhne, der noch lebt. Sie stellte ebenfalls die Frage: Wozu kämpfen? Sie fragte das nicht bis zuletzt, aber sehr lange, fast bis zuletzt, und wie sie stellten diese Frage „Wozu kämpfen?" viele ihresgleichen sehr lange, fast bis zuletzt. Und daß sie diese Frage so lange stellten, das war einer der (Haupt-) Gründe dafür, daß wir geschlagen wurden, seht ihr. Und wenn ihr diese Frage einmal stellen werdet wie sie, dann werdet auch ihr geschlagen werden.

(Das Wort „Haupt" wurde von Brecht handschriftlich gestrichen. Im vorletzten Satz, zwischen den Wörtern „ihr – diese" und „werdet – wie" befinden sich unleserliche Einfügungen von Brechts Hand. – W. M.)

Der Zeitungsleser: Erzähl uns, wie das zuging, willst du?

Der Arbeiter: Ja, das will ich, wie gesagt, sie lebte in einem Dorf in Katalonien, als der Aufstand der Generale und Großgrundbesitzer losbrach, sie hatte zwei Söhne und hielt sie vom Kampf fort lange Zeit. Aber eines Abends ...

Epilog zu „Die Gewehre der Frau Carrar":

(Das Konzentrationslager von Perpignan. Der Arbeiter hinter Stacheldraht hat seine Erzählung beendet. Der Zeitungsleser reicht ihm eine Zigarette.)

Der Arbeiter: Ja, so ging Maria Carrar in den Kampf, auch sie, gegen unsere eigenen Generale und gegen eine ganze Welt, von der der eine Teil uns niederringen half und der andere Teil zuschaute. Und so wurde sie geschlagen, und ihre Gewehre verschwanden wieder unter irgendeinem Fußboden.

Der Zeitungsleser: Meinst du, sie werden eines Tages wieder herausgeholt werden?

Der Arbeiter: Ich weiß es, denn sie dort weiß jetzt: wozu kämpfen?

(Bertolt Brecht-Archiv, Berlin; „Die Gewehre der Frau Carrar", Archiv-Mappe 167, Blatt 24, 25, 26, 27 und 28 a.)

(15) Auszug aus der Dialektfassung der Szene „Das Kreidekreuz":

„*Der SA-Mann:*

Ich sage jar nischt, det hab ick schon mal gesagt. Und wenn de wat dajejen hast, wat ick in Erfüllung meiner Flicht tue, so muß ich dir sagen, det de in ‚Mein Kampf' lesen kannst, det der Führer selber sich nicht zu jut dafür war, det er die Jesinnung des Volkes prüfte, und det war sojar ne janze Zeitlang sein Beruf, war det, als er bei der Reichswehr anjestellt war, und det war für Deutschland und hat die jrößten Foljen jezeitigt."

(Bertolt Brecht-Archiv, Berlin; „Furcht und Elend des Dritten Reiches" – Originalszenen, Archiv-Mappe Nr. 420, Blatt 21.)

(16) Brecht hat sich in den späteren Jahren, besonders nach seiner Heimkehr aus der Emigration, wiederholt zum sozialistischen Realismus geäußert. So schrieb er im September 1954 fünf Grundsätze zum „Sozialistischen Realismus auf dem Theater". Sie stellen ein literarisches und künstlerisches Programm dar.

„1. Sozialistischer Realismus bedeutet eine wirklichkeitsgetreue Wiedergabe des Zusammenlebens der Menschen vom sozialistischen Standpunkt aus, mit den Mitteln der Kunst. Die Wiedergabe ist von der Art, daß Einsichten in das soziale Getriebe gewährt und sozialistische Impulse erzeugt werden. Ein Großteil des Vergnügens, das jede Kunst zu verschaffen hat, ist beim sozialistischen Realismus das Vergnügen an der Meisterungsmöglichkeit des menschlichen Schicksals durch die Gesellschaft.

2. Das sozialistisch realistische Kunstwerk deckt die dialektischen Bewegungsgesetze des sozialen Getriebes auf, deren Kenntnis die Meisterung des menschlichen Schicksals erleichtert. Es verschafft Vergnügen an ihrer Entdeckung und Beobachtung.

3. Das sozialistisch realistische Kunstwerk zeigt Charaktere und Vorgänge als historische und veränderliche und als widersprüchliche. Dies bedeutete einen großen Umschwung; ernste Bemühungen um neue Mittel der Darstellung sind nötig.

4. Das sozialistisch realistische Kunstwerk geht von den Gesichtspunkten der proletarischen Klasse aus und wendet sich an alle Menschen guten Willens. Es zeigt ihnen das Weltbild und die Absichten der proletarischen Klasse, welche sich anschickt, die Produktivität der Menschen durch eine neue Gestaltung der Gesellschaft ohne Ausbeutung in bisher unerhörter Ausdehnung zu steigern.

5. Die sozialistisch realistische Wiedergabe alter klassischer Werke geht von der Auffassung aus, daß die Menschheit solche Werke aufgehoben hat, die ihre Fortschritte in der Richtung auf immer kräftigere, zartere und kühnere Humanität künstlerisch gestalteten. Die Wiedergabe betont also die fortschrittlichen Ideen der klassischen Werke."

(Bertolt Brecht-Archiv, Berlin; Archiv-Mappe Nr. 12, Blatt 47–48.)

Diese und andere Schriften und Bemerkungen Brechts nach 1948 konnten nicht in die Analyse der Schaffensprobleme der Jahre von 1930 bis 1938 einbezogen werden, ohne den historischen Rahmen der Arbeit zu sprengen.

Zum dritten Kapitel

(1) In Brechts Material und Plänen für den „Galilei" befanden sich Skizzen für die Szeneneinteilung des Stückes. Einige sollen hier wiedergegeben werden:

„LEBEN DES GALILEI

1. *Padua* / Begrüßung der neuen Zeit / Die Hypothese des Kopernikus / Autoritätswirtschaft in Italien

2. *Signoria*

3. *Forschungen* / Warnung vor der Wahrheit / Rede über die Vernunft und ihre Verführungskraft

4. *Demonstration* / Beschwörung der Autoritätssüchtigen, zu sehen

5. *Pest*

6. *Collegium romanum* / Verspottung des Kopernikanischen Systems

7. *Das Dekret* / Über die Verantwortung der Kirche / Das K-System zu weitläufig

7 a. *Zwiegespräch* / Die Eltern des Mönchs / Horaz

8. *Die Sonnenflecken* / Über die Wissenschaft / Keunos / Die neue Zeit ohne Furcht / Strenge Forschung / Hoffnung auf die Arbeitenden

9. *Moritat*

10. *Ruf der Inquisition*

11. *Inquisition* / Verdammung des Zweifels

12. *Widerruf* / Lob der Standhaftigkeit

13. *Der Gefangene* / Stelle aus den Discorsi über die Verpflichtung der Wissenschaftler / Über Enteignung / Die neue Zeit, eine Vettel

14. *„Der Schmuggel"*

(Bertolt Brecht-Archiv, Berlin; „Leben des Galilei" – unbenutztes Material, Archiv-Mappe Nr. 426, Blatt 57.)

„LEBEN DES GALILEI

(Fassung für Arbeiter)

1. Galilei erzählt dem Kind von Entdeckungen und Schwierigkeiten der Astronomie.

2. Ein Fund auf der Straße.

3. Entdeckungen am Himmel. Warnung des Freundes.

4. Die Gelehrten lehnen ab, durch das Rohr zu schauen. („Wer recht hat, brüllt nicht.")

5. Der Großinquisitor beauftragt den Astronomen Clavius, das Fernrohr zu widerlegen.

6. Clavius bestätigt es.

7. Die Kardinäle verbieten dem Galilei die Verbreitung seiner Lehre.

8. Der Tod des Papstes gibt dem G. den Vorwand, an den Sonnenflecken die Lehre zu bekräftigen.

9. Ganz Italien durchläuft die Kunde, daß die Bibel falsch ist.

10. Galilei wird nach Rom beordert.
11. Der neue Papst.
12. Die Schüler erfahren den Widerruf.
13. Galilei forscht weiter.
14. Ein Buch überschreitet die Grenze."

(Bertolt Brecht-Archiv, Berlin; „Leben des Galilei", Sammelmappe Galilei-Material u. a., Archiv-Mappe Nr. 366, Blatt 13.)

(2) Über die Fassungen des „Galilei" schrieb Vera Böhm eine Staatsexamensarbeit: „Die Früh- und Spätfassung von Bertolt Brechts ‚Leben des Galilei' – Ein Vergleich" (Staatsexamensarbeit 1958, Humboldt-Universität, Theaterwissenschaftliches Institut).

Vera Böhm ging in dieser Arbeit sehr ausführlich und gründlich auf die textlichen Unterschiede der verschiedenen Fassungen ein und registrierte die einzelnen Veränderungen. Leider blieb sie bei einer bloßen literarisch-statistischen Erhebung stehen. Als Ausgangspunkt ihres Vergleichs nahm Vera Böhm das Handexemplar der Mitarbeiterin Brechts, Margarete Steffin, da die eigentliche Urschrift des „Galilei" durch viele handschriftliche Verbesserungen Brechts schlecht lesbar ist. Das Buch M. Steffins umfaßt zwar nicht alle Szenen des Stückes, unterscheidet sich aber sonst nicht von dem Brechts.

(In dem als Urschrift anzusehenden Manuskript – Archiv-Signatur: 143 – sind einige geringe Zusätze, die Brecht noch in Dänemark schrieb, nicht enthalten. Aus diesem Grunde wurde in der vorliegenden Arbeit nicht das von Vera Böhm gewählte Manuskript zum Ausgangspunkt der Untersuchung gemacht, sondern die in Dänemark abgeschlossene Fassung zugrunde gelegt, die Brecht dann an mehrere europäische Bühnen sandte und die später bei Suhrkamp als Bühnenmanuskript erschien.)

Ein weiterer Mangel der Arbeit von Vera Böhm besteht darin, daß sie die dänische Version immer nur von der Aussage des Stückes sieht, die in Amerika entstand. Sie bemühte sich nicht, in die politischen Absichten einzudringen, die Brecht während der Arbeit an der ersten Fassung in Dänemark bewegten. So entsteht aus ihrer Untersuchung mehr oder weniger der Eindruck, als habe Brecht in den verschiedenen Versionen nur ein und dieselbe Idee gestalten wollen, vor allem, wenn sie in ihren Schlußbemerkungen schreibt: „Gab es in der ersten Fassung immer noch Hintertürchen und ein Herabmindern der Schuld Galileis, so spricht er in der letzten Version unmißverständlich aus: Ich habe durch meinen Verrat das Recht verwirkt, ein volles Mitglied der menschlichen Gesellschaft zu sein." (Seite 93.)

LITERATURVERZEICHNIS

1. Quellen

a) Archiv-Material

Institut für Marxismus-Leninismus beim ZK der SED, Berlin; Archiv. Nr. 12/227/456. Nr. 10/235/691. Nr. 10/236/692. Nr. 10/238/694. Nr. 10/239. Nr. 10/339/796. Nr. 10/318/774. Nr. 10/356/812. Nr. 12/76/305. Nr. 10/391/847. Nr. 10/392/848. Nr. 10/393/849. Nr. 10/377/833. Nr. 10/219/675. Nr. 01/17. Nr. 12/130. Nr. 10/397/853. Nr. 10/369/825. Nr. 10/424/880. Nr. 10/364/820. Nr. 12/28/257. Nr. 12/69/298. Nr. 10/244/700. Nr. 10/245/701. Nr. 10/246/702. Nr. 10/247/703. Nr. 10/152/606. Nr. 10/157/611. Nr. 10/299/755. Nr. 10/249. Nr. 21^{62} cl. Nr. 011/3. Nr. 38/9 a.

b) Bertolt Brecht-Archiv, Berlin

Nr. 373. Die Maßnahme.
Nr. 401. Die Maßnahme, 1–41.
Nr. 406. zu Die Maßnahme, 1–20.
Nr. 1014. Die Maßnahme, Versuche 1–12, 1–379.
Nr. 404. Die Mutter, Kritiken – Deutschland, 1–55.
Nr. 405. zu Die Mutter, 1–19.
Nr. 441. Die Mutter, dramatisiert von Günther Stark und Weisenborn, 1–79.
Nr. 618. Die Mutter, Fabel – Theaterarbeit – Kritiken, 1–104.
Nr. 253. Maß für Maß oder Die Salzsteuer.
Nr. 254. Reich und reich gesellt sich gern. Nach Shakespeare von Brecht.
Nr. 255. Die Rundköpfe und die Spitzköpfe oder Reich und reich gesellt sich gern. Dem Stück liegt die Fabel von Shakespeare: „Maß für Maß" zugrunde.

Nr. 256. Die Spitzköpfe und die Rundköpfe. Nach Motiven aus Shakespeares „Maß für Maß".

Nr. 257. Die Rundköpfe und die Spitzköpfe.

Nr. 258. Die Rundköpfe und die Spitzköpfe (B).

Nr. 259. Die Rundköpfe und die Spitzköpfe (C).

Nr. 260. Die Spitzköpfe und die Rundköpfe. Bühnenfassung. Spitzköpfe und die Rundköpfe oder Reich und reich gesellt sich gern.

Nr. 261. Die Spitzköpfe und die Rundköpfe. Korrekturfahnen. Gustav Kiepenheuer, Berlin 1933.

Nr. 262. Bearbeitung Maß für Maß – 1 –.

Nr. 263. Bearbeitung Maß für Maß – 2 –.

Nr. 264. Bearbeitung Maß für Maß – 3 –.

Nr. 265. Rundköpfe und Spitzköpfe. Anmerkungen und Kritik Kopenhagen.

Nr. 266. Maß für Maß. Material und Pläne – 1 –.

Nr. 267. Maß für Maß. Material und Pläne – 2 –.

Nr. 268. Maß für Maß. Material und Pläne – 3 –.

Nr. 430. Die Rundköpfe und die Spitzköpfe – A –.

Nr. 431. Die Rundköpfe und die Spitzköpfe – B –.

Nr. 432. Rundköpfe und Spitzköpfe – C –.

Nr. 414. Spitzköpfe und Rundköpfe, IV. Akt.

Nr. 1252. Mappe Eisler – 3 –. Zu Spitzköpfe und Rundköpfe.

Nr. 2. Furcht und Elend des Dritten Reiches, dazu 15 Zeichnungen von Caspar Neher.

Nr. B 28. Furcht und Elend des Dritten Reiches u. a. Die Stunde des Arbeiters.

Nr. B 38. Zu Furcht und Elend des Dritten Reiches.

Nr. 79. Furcht und Elend / Paris. Furcht und Elend des Dritten Reiches.

Nr. B 230. Furcht und Elend des Dritten Reiches.

Nr. 306. Furcht und Elend des Dritten Reiches. 27 Szenen.

Nr. 415. Furcht und Elend des Dritten Reiches – Szenen.

Nr. 420. Furcht und Elend des Dritten Reiches. Originalszenen.

Nr. 422. Furcht und Elend des Dritten Reiches. (Kritiken zur schweizerischen Erstaufführung in Basel) 1–15.

Nr. 428. Furcht und Elend des Dritten Reiches. Exemplar Steffin.

Nr. 1008. Furcht und Elend des Dritten Reiches. Moskauer Ausgabe 1941.

Nr. 1088. Furcht und Elend des Dritten Reiches. Programmhefte 1, u. a. *Die Tribuene* für freie deutsche Literatur in Amerika (Amerik. Urauff.) Urauff. „99 %“ Paris.

Nr. 1089. Furcht und Elend des Dritten Reiches. Programmhefte 2, Basel 1947.

Nr. 1091. Furcht und Elend des Dritten Reiches. Programmhefte Berliner Ensemble 2.

Nr. 1156. Furcht und Elend des Dritten Reiches. Manuskripte englisch – Mappe Berlau.

Nr. 1160. Furcht und Elend des Dritten Reiches. Programmhefte und Noten – Mappe Berlau.

Nr. 1228. Zu Furcht und Elend des Dritten Reiches u. a.

Nr. 1485. Furcht und Elend des Dritten Reiches. Material zu Don Juan und Furcht und Elend des Dritten Reiches.

Nr. 167. Die Gewehre der Frau Carrar, u. a. Prolog und Epilog zu Gewehre der Frau Carrar.

Nr. 239. Gewehre der Frau Carrar, u. a. Material zu Carrar.

Nr. 314. Die Gewehre der Frau Carrar. Generäle über Bilbao – A –.

Nr. 315. Die Gewehre der Frau Carrar. Generäle über Bilbao – B –.

Nr. 316. Die Gewehre der Frau Carrar. Generäle über Bilbao – C –.

Nr. 317. Die Gewehre der Frau Carrar. Generäle über Bilbao – D –. Letzte Fassung.

Nr. 318. Gewehre der Frau Carrar. Generäle über Bilbao – E –.

Nr. 319. Generäle über Bilbao – F –.

Nr. 410. Die Gewehre der Frau Carrar. Generäle über Bilbao.

Nr. 411. Die Gewehre der Frau Carrar. Schreibmaschinenskript mit Korrekturen von B. und Steffin.

Nr. 616. Die Gewehre der Frau Carrar. Fernsehdrehbuch.

Nr. 681. Die Gewehre der Frau Carrar. Ensemble – Material 1.

Nr. 1092. Die Gewehre der Frau Carrar. Programmhefte Berliner Ensemble 3.

Nr. 1121. Die Gewehre der Frau Carrar. Verschiedene Programme. Fru Carrars Gevaerer.

Nr. 1140. Die Gewehre der Frau Carrar. Regieexemplar – Mappe Berlau. Malik-Verlag, London.

Nr. 1376. Die Gewehre der Frau Carrar. Schwedische und finnische Emigration.

Nr. 1587. Die Gewehre der Frau Carrar. Text mit Regiebemerkungen.

Nr. 1590. Die Gewehre der Frau Carrar. Zur Modellmappe.

Nr. 1592. Die Gewehre der Frau Carrar. Bildunterschriften – Notate / Diskussionen.

Nr. 17. Leben des Galilei. Anmerkungen zu Galilei.

Nr. 39. Leben des Galilei – Anmerkungen.

Nr. 141. Leben des Galilei. Laughton als Galilei mit Photos.

Nr. 142. Leben des Galilei. Galilei-Modellbuch. Korrekturfahnen.

Nr. 143. Leben des Galilei – 1. bis 14. Szene.

Nr. 167. Leben des Galilei, u. a. zum Laughtonschen Galilei.

Nr. 239. Leben des Galilei – Material.

Nr. 343. Leben des Galilei. Sammelmappe aus der Truhe u. a. zu Galilei.

Nr. 366. Leben des Galilei. Sammelmappe Galilei-Material u. a.

Nr. 418. Leben des Galilei. Geheftetes Exemplar – Szenen 1–12 mit Einfügungen.

Nr. 426. Leben des Galilei. Galilei unbenutztes Material.

Nr. 456. Leben des Galilei. Zwischentexte Galilei-Film.

Nr. 496. Leben des Galilei. (Englisch.)

Nr. 497. Leben des Galilei. (Englisch – Bruchstücke.)

Nr. 498. Leben des Galilei. (Deutsch – Bruchstücke.)

Nr. 608. Galileo. (Englisch.) Adapted by Charles Laughton.

Nr. 609. Leben des Galilei. Galilei-Material.

Nr. 634. Leben des Galilei.

Nr. 636. Leben des Galilei – Szene 1–14.

Nr. 645. Leben des Galilei. Galileo Galilei – A – englisch, Szene 1–13. Englisch Adaption by Charles Laughton.

Nr. 646. Galileo Galilei – B – englisch.

Nr. 648. Leben des Galilei. Galilei-Notizen deutsch.

Nr. 649. Leben des Galilei. Notizen englisch.

Nr. 657. Leben des Galilei. Aus allen Mappen – B – u. a. Galilei.

Nr. 673. Leben des Galilei. Gedichte, Entwürfe, Verschiedenes, u. a. Notate Rülicke zu den Proben Galilei.

Nr. 681. Leben des Galilei. Ensemble-Material 1 u. a. zu: Galilei

Nr. 1005. Leben des Galilei. Brechts Regiebuch 1955.

Nr. 1033. Leben des Galilei. Versuche Heft 14. Suhrkamp Verlag 1955.

Nr. 1080. Leben des Galilei. Zusammengelesenes I – u. a. Galilei.

Nr. 1081. Leben des Galilei. Zusammengelesenes II – u. a. zu Galilei.

Nr. 1127. Leben des Galilei. Galileo Brecht – Laughton Manuskript mit Zeichnungen des Walt Disney-Studios.

Nr. 1134. Leben des Galilei. Galilei / Regienotate. Käthe Rülicke vom 14. Dezember 1955 bis 22. März 1956.

Nr. 1217. Leben des Galilei. Schreibmaschinenskript mit Korrekturen Brechts – Durchschlag.

Nr. 1257. Leben des Galilei. Galilei-Hörspiel – Fassung M. Scheers 8. Juni 1956.

Nr. 1312. Galileo Galilei – Leben des Galilei. Bühnenmanuskript Suhrkamp Verlag, gemäß Brief vom Suhrkamp Verlag vom 31. Januar 1958 nicht mehr benutzt.

Nr. 1515. Leben des Galilei. Text nach Rülicke und Tonbandaufnahmen.

Nr. 1535. Leben des Galilei – Rülicke, Buschs Galilei.

c) Gedruckte Quellen: Brecht, B.

Versuche 1–3, (Heft) 1, Der Flug der Lindberghs / Radiotheorie / Geschichten vom Herrn Keuner / Fatzer. Gustav Kiepenheuer Verlag, Berlin 1930.

Versuche 4–7, (Heft) 2, Aufstieg und Fall der Stadt Mahagonny / Über die Oper / Aus dem Lesebuch für Städtebewohner / Das Badener Lehrstück. Gustav Kiepenheuer, Berlin 1930.

Versuche 8–10, (Heft) 3, Die Dreigroschenoper / Der Dreigroschenfilm / Der Dreigroschenprozeß. Gustav Kiepenheuer, Berlin 1931.

Versuche 11–12, (Heft) 4, Der Jasager und der Neinsager / Schuloper / Die Maßnahme / Lehrstück. Gustav Kiepenheuer, Berlin 1931.

Versuche 13, (Heft) 5, Die heilige Johanna der Schlachthöfe / Geschichten vom Herrn Keuner. Gustav Kiepenheuer, Berlin 1932.

Versuche 14, (Heft) 6, Die drei Soldaten. Gustav Kiepenheuer, Berlin 1932.

Versuche (Heft) 7, Die Mutter. Gustav Kiepenheuer, Berlin 1933.

Versuche (Heft) 8 / Versuche Heft 8 sollten das Stück Die Rundköpfe und die Spitzköpfe enthalten, der Faschismus machte das Erscheinen

des Heftes unmöglich. Aber Korrekturfahnen vorhanden. (Siehe Archiv Nr. 261.)
Versuche (Heft) 9, Mutter Courage und ihre Kinder. Suhrkamp Verlag vorm. S. Fischer, Frankfurt/Main 1950.
Versuche 20–21, (Heft) 9, Mutter Courage und ihre Kinder. Aufbau-Verlag, Berlin 1951.
Versuche 22/23/24, (Heft) 10, Herr Puntila und sein Knecht Matti. Aufbau-Verlag, Berlin 1951.
Versuche 25/26/35, (Heft) 11, Der Hofmeister nach Jacob Michael Reinhold Lenz. Aufbau-Verlag, Berlin 1952.
Versuche 27/32, (Heft) 12, Der gute Mensch von Sezuan. Aufbau-Verlag, Berlin 1953.
Versuche 31, (Heft) 13, Der kaukasische Kreidekreis. Aufbau-Verlag, Berlin 1954.
Versuche 19, (Heft) 14, Leben des Galilei. Aufbau-Verlag, Berlin 1955.
Versuche 29/37, (Heft) 15, Die Tage der Commune. Aufbau-Verlag, Berlin 1957.
Versuche Sonderheft, Die Gewehre der Frau Carrar. Aufbau-Verlag, Berlin 1953.
Gesammelte Werke, Bd. I und II. Malik-Verlag, London 1938.
Stücke, Bd. I–XII. Aufbau-Verlag, Berlin 1955–1959.
Die Mutter, mit Anmerkungen des Dichters und Geleitwort von Karl Götting. Mundus Verlag A 6, Basel 1946.
Furcht und Elend des Dritten Reiches. Aufbau-Verlag, Berlin 1948.
Die Gewehre der Frau Carrar, Szenenphotos der Aufführungen Paris, Kopenhagen, Greifswald. VEB Verlag der Kunst, Dresden o. J.
Galileo Galilei – Leben des Galilei, als Bühnenmanuskript verwendet. Suhrkamp Verlag vorm. S. Fischer, Theaterabteilung, Berlin-Zehlendorf o. J.
Antigonemodell 1948. Henschel-Verlag Kunst und Gesellschaft, Berlin 1955.
Couragemodell 1949, herausgegeben von der Deutschen Akademie der Künste, Henschel-Verlag Kunst und Gesellschaft, Berlin 1958.
Aufbau einer Rolle – Galilei, herausgegeben von der Deutschen Akademie der Künste. Henschel-Verlag Kunst und Gesellschaft, Berlin 1958.
Taschenpostille. Aufbau-Verlag, Berlin 1958.

Hundert Gedichte. Aufbau-Verlag, Berlin 1951.

Geschichten vom Herrn Keuner. Aufbau-Verlag, Berlin 1958.

Dreigroschenroman. Aufbau-Verlag, Berlin 1950.

Die Geschäfte des Herrn Julius Caesar. Aufbau-Verlag, Berlin 1957.

Kalendergeschichten. Verlag Neues Leben, Berlin 1949.

Kriegsfibel, herausgegeben von Ruth Berlau. Eulenspiegel-Verlag, Berlin 1955.

Schriften zum Theater. Suhrkamp Verlag, Berlin und Frankfurt/Main 1957.

Berlau, Claus Hubalck, Peter Palitzsch, Käthe Rülicke, Theaterarbeit – 6 Aufführungen des Berliner Ensembles. Herausgeber: Berliner Ensemble – Helene Weigel, VVV Dresdner Verlag, Dresden 1952.

Die sieben Todsünden der Kleinbürger. Suhrkamp Verlag, Frankfurt am Main 1959.

Notizen zur Barlach-Ausstellung – in: Sinn und Form, Rütten & Loening, Berlin, 1. Heft 1952.

Zum Tode Stalins – in: Sinn und Form, Verlag Rütten & Loening, Berlin, 2. Heft 1953.

Thesen zur Faustus-Diskussion – in: Sinn und Form, Verlag Rütten & Loening, Berlin, 3. und 4. Heft 1953.

Erwin Strittmatters „Katzgraben" – in: Sinn und Form, Verlag Rütten & Loening, Berlin, 3. und 4. Heft 1953.

Erklärung Bertolt Brechts und Prof. Dr. Walter Friedrich über die Pariser Verträge – in: Sinn und Form, Verlag Rütten & Loening, Berlin, 1. Heft 1955.

Briefe des jungen Brecht an Herbert Jhering – in: Sinn und Form, Verlag Rütten & Loening, Berlin, 1. Heft 1958.

Der Brotladen – in: Sinn und Form, Verlag Rütten & Loening, Berlin, 1. Heft 1958.

Erwin Strittmatters „Katzgraben" – in: Junge Kunst, Verlag Junge Welt, Berlin, 1. Heft 1958.

Aus den Gedichten im Exil – in: Sinn und Form, Verlag Rütten & Loening, Berlin 1959, Heft 1.

Volkstümlichkeit und Realismus – in: Sinn und Form, Verlag Rütten & Loening, Berlin, 1. Heft 1959.

Über experimentelles Theater – in: Studien, Beilage Nr. 11/59 zu Heft 4/59, Theater der Zeit.

2. *Veröffentlichungen über Bertolt Brecht*

Altmann, S.: Wo beginnt die Dekadenz? – in: Tägliche Rundschau, Berlin, Nr. 60, vom 12. März 1949.

Auer, A.: Die vorgeschobene Position – in: Neue Deutsche Literatur, Berlin, Heft 8/1957.

Balluseck, L. von: Dichter im Dienst, Limes Verlag, Wiesbaden 1956.

Becher, J. R.: Dem Genossen Bertolt Brecht – Rede auf der Trauerfeier – in: Neues Deutschland, Nr. 198, vom 19. August 1956 (Berlin).

Benjamin, W.: Was ist das epische Theater? – in: Akzente, Zeitschrift für Dichtung, München, Heft 2/1954.

Berendsohn, W. A.: Die humanistische Front – I. Teil. Von 1933 bis zu Kriegsausbruch 1939, Europa Verlag, Zürich 1946.

Bernstein, K.: Zum Thema Bert Brecht – in: Der Monat, Berlin, Nr. 47, August 1952.

Bloch, E.: Ein Leninist der Schaubühne – in: Die Neue Weltbühne, Paris, Nr. 20, vom 19. Mai 1938.

Bonk, J.: Studienmaterial zu Analysen von Werken der deutschen Literatur – Ausgearbeitet von einem Lektorenkollektiv unter Leitung von Jürgen Bonk, Deutscher Verlag der Wissenschaften, Berlin 1954.

Bunge, H.-J.: Einige Mißverständnisse – in: Theater der Zeit, Berlin, Heft 3/1955.

Bunge, H.-J.: Der Streit um das Tal – Studie zu Bertolt Brechts Stück „Der kaukasische Kreidekreis“ – in: Theater der Zeit, Berlin, Beilage Nr. 2 zu Heft 11/1956.

Bunge, H.-J.: Über das Bertolt Brecht-Archiv – in: Sinn und Form, Berlin, 1. Heft 1959.

Dietrich, M.: Episches Theater – in: Maske und Kothurn, Vierteljahresschrift für Theaterwissenschaft, herausgegeben vom Institut für Theaterwissenschaft an der Universität Wien, Verlag Hermann Böhlaus Nachf., Graz – Köln 1956, Heft 2 und 3/4/1956.

Dudow, S.: Der denkende Dichter – in: Tägliche Rundschau, Berlin, Nr. 34, vom 10. Februar 1948.

Dudow, S.: Bertolt Brecht und das moderne Theater – in: Sonntag, Berlin, Nr. 2, vom 18. Januar 1948.

Emrich, W.: Zur Ästhetik der modernen Dichtung – in: Akzente, München, Heft 4/1954.

Erpenbeck, F.: Lebendiges Theater – Aufsätze und Kritiken, Henschel-Verlag, Berlin 1949.

Erpenbeck, F.: Aus dem Theaterleben – Aufsätze und Kritiken, herausgegeben von Martin Linzer, Henschel-Verlag, Berlin 1959.

Fiedler, P.: Bertolt Brechts „Die Gewehre der Frau Carrar" – in: Deutschunterricht, Berlin, 2. Heft 1959.

Fradkin, I.: Bertolt Brecht – Ein Realist und Aufklärer – in: Kunst und Literatur, Berlin, Heft 4/1956.

Fradkin, I.: Die Verantwortung vor der Menschheit – in: Aufbau, Berlin, Nr. 9/1956.

Фрадкин, И. М.: Литература новой Германии, Советский писатель, Москва 1959 г.

Frisch, M.: Brecht als Klassiker – in: Weltwoche, Zürich, vom 1. Juli 1955.

Fugger, J.: Der archimedische Punkt des Bertolt Brecht – in: Geist und Zeit, Düsseldorf, Nr. 3/1956.

Гасснер Дж.: Форма и идея в современном театре (J. Gassner, Form and Idea in Modern Theatre), Издательство иностранной литературы, Москва 1959 г.

Geissler, R.: Zur Struktur der Lyrik Bertolt Brechts – in: Wirkendes Wort, VIII 1957/58.

Goldhahn, J.: Bertolt Brechts „Furcht und Elend des Dritten Reiches" – in: Deutschunterricht, Berlin, 6. Heft 1959.

Grimm, R.: Bertolt Brecht – Die Struktur seines Werkes, Erlanger Beiträge zur Sprach- und Kunstwissenschaft, Bd. V, Verlag Hans Carl, Nürnberg 1959.

Grözinger, W.: Bert Brecht zwischen Ost und West – in: Hochland, München, Nr. 5, Oktober 1950.

Haas, W.: Die literarische Welt – Erinnerungen, Paul List Verlag, München 1957.

Haas, W.: Bert Brecht (Köpfe des XX. Jahrhunderts, Bd. 7), Colloquium Verlag, Berlin 1958.

Hacks, P.: Aristoteles, Brecht oder Zwerenz? – in: Theater der Zeit, Berlin, Beilage Nr. 3 zu Heft 3/1957.

Hecht, W.: Bearbeitung oder Umgestaltung – Über die Dreigroschenoper und ihr Urbild – in: Theater der Zeit, Berlin, Beilage Nr. 7 zu Heft 5/1958.

Hecht, W.: Die Entwicklung von Brechts Theorie des epischen Theaters 1918–1933 – in: Theater der Zeit, Beilagen Nr. 9 und 10 zu den Heften 12/1958 und 3/1959.

Heinitz, W.: Das Epische in der Sprache Bertolt Brechts – in: Neue Deutsche Literatur, Berlin, Heft 4/1957.

Hennenberg, J.: Kommentare zu der Oper „Die Verurteilung des Lukullus“ von Paul Dessau und Bertolt Brecht – in: Theater der Zeit, Berlin, Beilage Nr. 4 zu Heft 5/1957.

Herzfelde, W.: Bertolt Brecht – Ein Porträt – in: Tägliche Rundschau, Berlin, Nr. 271, vom 21. November 1951.

Herzfelde, W.: Theorie und Praxis eines Ensembles – in: Sinn und Form, Berlin, Heft 5/1952.

Herzfelde, W.: Über Bertolt Brecht – in: Neue Deutsche Literatur, Berlin, Heft 10/1956.

Hinck, W.: Die Dramaturgie des späten Brecht, Palaestra, Bd. 229, Vandenhoeck & Ruprecht, Göttingen 1959.

Hurwicz, A.: Rezitierter Kommentar – Zur Diskussion „Episches Theater oder Dramatik?“ – in: Theater der Zeit, Berlin, Heft 2/1955.

Hurwicz, A.: Was ist dramatisch? – in: Weltbühne, Berlin, Heft 5/1959.

Jens, W.: Protokoll über Brecht – Ein Nekrolog – in: Merkur, Deutsche Zeitschrift für europäisches Denken, Nr. 10/1956.

Jens, W.: Statt einer Literaturgeschichte, Verlag Günther Neske, Pfullingen 1957.

Jens, W.: Moderne Literatur – moderne Wirklichkeit, Günther Neske Verlag, Pfullingen 1958.

Jhering, H.: Der Gegenspieler – Bemerkungen über Bertolt Brecht – in: Berliner Zeitung, Nr. 25, vom 30. Januar 1948.

Jhering, H.: Berliner Dramaturgie, Aufbau-Verlag, Berlin 1947.

Jhering, H.: Die zwanziger Jahre, Aufbau-Verlag, Berlin 1948.

Jhering, H.: Theater der Welt – Ein Almanach, Henschel-Verlag, Berlin 1949.

Jhering, H.: Von Reinhardt bis Brecht, Aufbau-Verlag, 1. Band, Berlin 1958, 2. Band, Berlin 1959.

Kaim, L.: Bert Brecht – Entwicklung und Bedeutung eines revolutionären Dichters – in: Deutschunterricht, Berlin, Nr. 6/1949.

Kerr, A.: Was wird aus Deutschlands Theater? S. Fischer Verlag, Berlin 1932.

Kerr, A.: Die Welt im Drama, herausgegeben von Gerhard F. Hering, Kiepenheuer & Witsch, Köln/Berlin 1954.

Kesting, M.: Das epische Theater, W. Kohlhammer Verlag, Stuttgart 1959.

Klotz, V.: Bertolt Brecht – Versuch über das Werk, Hermann Gentner Verlag, Darmstadt 1957.

Kraemer, H.-A.: Brechts „Leben des Galilei“ – Versuch einer Interpretation für die Schule – in: Deutschunterricht, Berlin 1959, Heft 5.

Lukács, G.: Skizze einer Geschichte der neueren deutschen Literatur, Aufbau-Verlag, Berlin 1953.

Lukács, G.: Mitten im Aufstieg verließ er uns – in: Neues Deutschland, Berlin, Nr. 199, vom 21. August 1956.

Lüthy, H.: Vom armen Bert Brecht – in: Der Monat – Eine internationale Zeitschrift, Berlin-Dahlem, Heft 44, Mai 1952.

Mann, O.: Maß oder Mythos? – Ein kritischer Beitrag über die Schaustücke Bertolt Brechts, Wolfgang Rothe Verlag, Heidelberg 1958.

Mayer, H.: Gelegenheitsdichtung des jungen Brecht – in: Sinn und Form, Berlin, Heft 2/1958.

Michaelis, K.: Der kleine Kobold – Die Lebenserinnerungen der Dichterin, Humboldt-Verlag, Wien 1948.

Michelsen, P.: Bertolt Brechts Atheismus – in: Eckart, Januar/März-Heft 1957.

Olles, H.: Von der Anstrengung der Satire – in: Akzente, München, Heft 2/1954.

Piscator, E.: Das politische Theater, Adalbert Schultz Verlag, Berlin 1929.

Podszus, F.: Das Ärgernis Brecht – in: Akzente, München, Heft 2/1954.

Reich, B.: Bertolt Brechts „Leben des Galilei“ – Vorwort zur sowjetischen Ausgabe – in: Sonntag, Berlin, Nr. 2/1957.

Rilla, P.: Literatur – Kritik und Polemik, Henschel-Verlag, Berlin 1950.

Rilla, P.: Essays, Henschel-Verlag, Berlin 1955.

Rohrmoser, G.: „Leben des Galilei“ – Interpretation – in: Das deutsche Drama – Vom Barock bis zur Gegenwart, Herausgeber Benno von Wiese, Bd. II, August Bagel Verlag, Düsseldorf 1958.

Rühle, J.: Das gefesselte Theater – Vom Revolutionstheater zum Sozialistischen Realismus, Kiepenheuer & Witsch, Berlin 1957.

Rülicke, K.: Brecht und Obraszow – Eine Gegenüberstellung – in: Sinn und Form, Berlin, Heft 4/1955.

Rülicke, K.: Bertolt Brecht und die Arbeiterklasse – in: Kulturelles Leben, Berlin, Nr. 3/1957.

Rülicke, K.: Die heilige Johanna der Schlachthöfe – Notizen zum Bau der Fabel – in: Sinn und Form, Berlin, Heft 3/1959.

Rülicke, K.: Gegen neue Mißverständnisse – in: Theater der Zeit, Berlin, Beilage Nr. 12 zu Heft 7/1959.

Sachawa, B.: Stärken und Schwächen des Brecht-Theaters – Bemerkung eines Regisseurs – in: Kunst und Literatur, Berlin, Heft 12/1957.

Sinn und Form, herausgegeben von der Deutschen Akademie der Künste, Erstes Sonderheft Bertolt Brecht, Rütten & Loening, Berlin o. J.

Sinn und Form, herausgegeben von der Deutschen Akademie der Künste, Zweites Sonderheft Bertolt Brecht, Rütten & Loening, Berlin o. J.

Знаменская, Г. Н.: Бертольт Брехт — Сатирик; in: Литература Германской Демократической Республики, Издательство Академии наук СССР, Москва 1958 г.

Süskind, W. E.: Bert Brecht – in: Die großen Deutschen – Deutsche Biographie – Herausgegeben von Hermann Heimpel, Theodor Heuss, Benno Reifenberg, V. Bd., Propyläen Verlag/Ullstein, Berlin 1957.

Schöne, A.: Bertolt Brecht – Theatertheorie und dramatische Dichtung – in: Euphorion, Bd. 52/1958.

Schriftsteller der Gegenwart: Bertolt Brecht/Friedrich Wolf – Erläuterungen und Leseproben für die Schule, Volk und Wissen Verlag, Berlin 1953.

Schroeder, M.: Aufsätze über Brecht – in: Aufbau, Berlin, Nr. 1/1957.

Schumacher, E.: Die dramatischen Versuche Bertolt Brechts 1918–1933, Rütten & Loening, Berlin 1955.

Schumacher, E.: Er wird bleiben – in: Neue Deutsche Literatur, Berlin, Heft 10/1956.

Schumacher, E.: Geschichte und Drama – in: Sinn und Form, Berlin, Heft 4/1959.

Strittmatter, E.: Dem Genossen Brecht – Rede auf der Trauerfeier, Neues Deutschland, Nr. 198, vom 19. August 1956.

Thieme, K.: Des Teufels Gebetbuch? – Eine Auseinandersetzung mit dem Werke Bertolt Brechts – in: Hochland, Kempten und München, Heft 5/1932.

Ulbricht, W.: Dem Genossen Bertolt Brecht, Rede auf der Trauerfeier, Neues Deutschland, Nr. 198, vom 19. Augut 1956.

Viertel, B.: Bert Brecht – in: Die Neue Weltbühne, Paris, Nr. 5, vom 3. Februar 1938.

Wandel, P.: Dem Genossen Brecht, Rede auf der Trauerfeier, Neues Deutschland, Berlin, Nr. 198, vom 19. August 1956.

Weiskopf, F. C.: Unter fremden Himmeln – Ein Abriß der deutschen Literatur im Exil 1933–1947, Dietz Verlag, Berlin 1948.

Wekwerth, M.: Sechs Punkte zum erzählenden Arrangement Bertolt Brechts – in: Theater der Zeit, Berlin, Beilage Nr. 2 zu Heft 11/1956.
Wekwerth, M.: Das Beste aus Margret Dietrichs Studie „Episches Theater“ – in: Theater der Zeit, Berlin, Beilage Nr. 4 zu Heft 5/1957.
Weyrauch, W.: Fragmente über Bertolt Brecht – in: Aufbau, Berlin, Nr. 2/1948.
von Wiese, B.: Das deutsche Drama, Herausgeber Benno von Wiese, in 2 Bänden, August Bagel Verlag, Düsseldorf 1958.
Zweig, A.: Essays – I. Bd., Aufbau-Verlag, Berlin 1959.

3. Dissertationen

Bunge, H.-J.: Antigonemodell 1948 von Bertolt Brecht und Caspar Neher – Zur Praxis und Theorie des epischen (dialektischen) Theaters Bertolt Brechts, Dissertation, Greifswald 1957.
Hinck, W.: Probleme der Dramaturgie und Spielweise in Bert Brechts „epischem Theater“, Dissertation, Göttingen 1956.
Kopotzki, E.: Das dramatische Werk Bertolt Brechts nach seiner Theorie vom epischen Theater, Dissertation, Wien 1949.
Luthardt, T.: Vergleichende Studien zu Bertolt Brechts „Kleines Organon für das Theater“ – Versuch einer Interpretation, als Beitrag zur zeitgenössischen Theatersituation gedacht, Dissertation, Jena 1955.
Schlenstedt, S.: Die Chroniken in den „Svendborger Gedichten“. Eine Untersuchung zur Lyrik Brechts, Phil. Dissertation, Berlin 1959.
Tolksdorf, C.: John Gays „Beggars' Opera“ und Bert Brechts „Dreigroschenoper“, Dissertation, Bonn 1932.

4. Zeitschriften- und Zeitungsmaterial über die Aufführungen der einzelnen Stücke Brechts[1]

a) Die Maßnahme:

Durus: „Die Maßnahme“, ein Lehrstück, Arbeiterbühne und Film, Berlin, Heft 2/1931.
Feld, H.: Bert Brecht, Die Maßnahme – Film-Kurier, Berlin, vom 15. Dezember 1930.
Biha, O.: Die Maßnahme, Linkskurve, Berlin, Heft 1/1931.

1 Alphabetische Reihenfolge nach dem Titel der Zeitungen.

Kurella, A.: Ein Versuch mit nicht ganz tauglichen Mitteln? Literatur der Weltrevolution, Moskau, Heft 4/1931.

Weltmann, L.: Bert Brecht, Die Maßnahme, Der Neue Weg, Berlin, vom 1. Januar 1931.

anon.: Die Maßnahme – Revolutionäres Lehrstück von Brecht und Eisler, Rote Fahne, Berlin, Nr. 293, vom 16. Dezember 1930.

D.: Hat die „Maßnahme" Lehrwert?, Rote Fahne, Berlin, Nr. 300, vom 24. Dezember 1930.

Durus: „Die Maßnahme" im Großen Schauspielhaus, Rote Fahne, Berlin, Nr. 16, vom 20. Januar 1931.

B.: Aussprache über „Die Maßnahme", Die Welt am Abend, Berlin, Nr. 298, vom 22. Dezember 1930.

b) Die Mutter:

Pinthus, K.: Lehrstücke am laufenden Band, Acht-Uhr-Abendblatt, vom 18. Januar 1932.

Osborn, M.: Die Mutter – Politisches Lehrstück im Komödienhaus, Berliner Allgemeine Zeitung, vom 19. Januar 1932.

H. Jh.: Premieren-Vorbericht – Die Mutter, Berliner Börsen-Courier, vom 17. Januar 1932.

Jhering, H.: Gorki, Pudowkin, Brecht, Berliner Börsen-Courier, Berlin, vom 18. Januar 1932.

Köppen, F.: Die Mutter – Im Komödienhaus, Berliner Börsen-Zeitung, vom 18. Januar 1932.

Stx.: Gorki – Brecht: Die Mutter, Berliner Lokal-Anzeiger, vom 17. Januar 1932.

Stx.: Roter Trug, grauer Spuk – Seltsame Theaternacht, Berliner Lokal-Anzeiger, vom 18. Januar 1932.

Me.: Die Gruppe Junger Schauspieler spielte: Die Mutter, Berlin am Morgen, vom 19. Januar 1932.

anon.: Kennen Sie schon das Lehrstück „Die Mutter", Berlin am Morgen, vom 24. Januar 1932.

M. O.: Die Mutter, Berliner Morgenpost, vom 17. Januar 1932.

Osborn, M.: Die Mutter, Politisches Lehrstück im Komödienhaus, Berliner Morgenpost, vom 19. Januar 1932.

B. P.: Kommunistisches Theater – „Die Mutter" im Komödienhaus, Berliner Morgen-Zeitung, vom 18. Januar 1932.

Kerr, A.: Die Mutter – Berliner Tageblatt, vom 18. Januar 1932 (Abend-Ausgabe).

Weltmann, L.: Vorhang auf – Die Mutter – Komödienhaus, Berliner Volkszeitung (Abend-Ausgabe), vom 18. Januar 1932.

anon.: Brechts neues Lehrstück, B. Z. am Mittag, vom 9. Dezember 1931.

Bert Brecht: Die Mutter – Versuchsstück der Gruppe Junger Schauspieler, Danziger Volksstimme, Januar 1932.

Fechter: Brecht, „Die Mutter", D.A.Z., vom 18. Januar 1932.

H. K.: Die Mutter – Komödienhaus, Deutsche Tageszeitung, vom 17. Januar 1932.

H. K.: Parteitheater und Bluff – „Mutter" im Komödienhaus, Deutsche Tageszeitung, vom 18. Januar 1932.

Dr. B.: Bert Brecht – Die Mutter, Deutsche Zeitung, Berlin, vom 17. Januar 1932.

Dr. Biedrzynski, R.: Marxistische Theaterschule – Bert Brecht – Maxim Gorki, Die Mutter, Deutsche Zeitung, Berlin, vom 18. Januar 1932.

Kienzl, F.: Veraltetes Zeittheater, Dresdner Anzeiger, vom 26. Januar 1932.

Jäger, E.: Die Mutter – Film-Kurier, Berlin 1932.

anon.: Gorki & Co. – Frankfurter Zeitung, vom 24. Januar 1932.

Bachmann, H.: Die kommunistische „Mutter", Gastspiel im Komödienhaus, Germania, Berlin, Nr. 19, vom 19. Januar 1932.

anon.: Unhaltbare Passivität – Germania, Berlin, Nr. 29, vom 29. Januar 1932.

anon.: Eine Anfrage – Nochmals „Die Mutter" – Germania, Berlin, Nr. 37, vom 6. Februar 1932.

anon.: Die Mutter – Hallische Nachrichten, vom 23. Januar 1932.

anon.: Berliner Theaterbrief – Die Mutter, Heidelberger Tageblatt, vom 26. Januar 1932.

anon.: Theater als Bürgerkriegsschule – Der Jungdeutsche, Berlin, Nr. 15, vom 19. Januar 1932.

anon.: Die Mutter – Katholisches Kirchenblatt, Nr. 6, vom 7. Februar 1932.

Mysing: Berliner Theater – Bertolt Brecht. Die Mutter, Kölnische Zeitung, vom 23. Januar 1932.

Fechter, P.: Theater ohne Direktor – Königsberger Allgemeine Zeitung, vom 23. Februar 1932.

Guttmann, O.: Versuchstheater – Theaterversuche in der Reichshauptstadt, Königsberger Hartungsche Zeitung, vom 27. Januar 1932.

Benjamin, W.: Ein Familiendrama auf dem epischen Theater – Zur Uraufführung „Die Mutter“ von Brecht, Die Literarische Welt, Berlin, vom 5. Februar 1932.

Jhering, H.: Gorkis „Mutter“ auf dem Theater, Mannheimer Tageblatt, vom 25. Januar 1932.

Kogart, Dr. H. F.: Das Theater sucht neue Formen – Brechts „Mutter“ in Berlin, Mannheimer Tageblatt, vom 27. Januar 1932.

Jhering, H.: Theater in Berlin – Gorkis „Mutter“ auf dem Theater, Magdeburgische Zeitung, vom 24. Januar 1932.

F. K.: Uraufführung im Berliner Komödienhaus – Gorki – Brecht – Stark – Weisenborn – Eisler: Die Mutter, Der Mittag, vom 22. Januar 1932.

anon.: Bühnen-Versuche. Die Mutter im Komödienhaus, Der Montag; Die illustrierte Montagszeitung, vom 18. Januar 1932.

W. H.: Brecht (nach Gorki) „Die Mutter“, Montag Morgen, Berlin, vom 18. Januar 1932.

O. A. P.: Drei Premieren in 15 Stunden, Montagspost, Berlin, vom 18. Januar 1932.

anon.: Die Mutter – Lehrstück nach Gorkis Roman von Brecht, Weisenborn und Eisler, Die Nachrichten, Berlin, Nr. 15, vom 19. Januar 1932.

Junghans: Man sieht nur noch die Trümmer rauchen – Gruppe junger Schauspieler und Aufricht im Komödienhaus, Neue Preußische Kreuzzeitung, vom 18. Januar 1932.

S. M.: „Ast“ oder „Klassenkampf“, Illustrierte Neue Welt, Berlin, Nr. 1/32.

M.: Kleine Chronik, Neue Züricher Zeitung, vom 24. Januar 1932 (Morgenblatt).

anon.: Berliner „Kollektiv“-Aufführungen, Rhein-Westfalen-Zeitung, Essen, vom 22. Januar 1932.

Schabbel, O.: Die Mutter, Rostocker Anzeiger, vom 23. Januar 1932.

anon.: „Die Mutter“ im Wallnertheater, Rote Fahne, Berlin, Nr. 8, vom 10. Januar 1932.

anon.: Junge Volksbühne e. V., Rote Fahne, Berlin, Nr. 9, vom 12. Januar 1932.

anon.: Brechts Lehrstück ein großer Erfolg – Gorkis „Mutter“ von Bert Brecht, Eisler und Weisenborn, Rote Fahne, Berlin, Nr. 14, vom 19. Januar 1932 (Beilage Dienstag).

anon.: Eislers Musik zur „Mutter“ – Rote Fahne, Berlin, Nr. 17, vom 22. Januar 1932.

anon.: Mit Thälmann gegen Unterdrückung der Geistesfreiheit! – Die feuergefährliche „Mutter" - Rote Fahne, Berlin, Nr. 45, vom 1. März 1932.

anon.: Aufführung der „Mutter" in Spandau verboten, Rote Fahne, Berlin, Nr. 48, vom 4. März 1932.

anon.: Die Mutter – Ill. Rote Post, Berlin, Nr. 4, vom 24. Januar 1932.

anon.: Theaterpleite? – Unser Theater lebt – „Mutter" und „Mausefalle" im Mittelpunkt der Diskussion, Ill. Rote Post, Nr. 5, Januar 1932.

anon.: Die Mutter – Gruppe junger Schauspieler im Komödienhaus, Der Tag, vom 15. Januar 1932.

Rdl.: Die Mutter – Der Tag, 19. Januar 1932.

Lustig, G. H.: Dreimal Theater – Die Mutter, Tempo, Berlin, vom 18. Januar 1932.

anon.: Brechts bolschewistische „Mutter" – Propaganda, Völkischer Beobachter, München, Januar 1932.

Eloesser, A.: Die Mutter – Komödienhaus, Vossische Zeitung, Berlin, vom 18. Januar 1932.

K. Kn.: Die Mutter – Aufführung der Gruppe Junger Schauspieler, Welt am Abend, Berlin, Nr. 14, vom 18. Januar 1932.

anon.: Massendiskussion über Brechts Lehrstück, Welt am Abend, Nr. 41, vom 18. Februar 1932.

anon.: „Mutter" mit Hindernissen – Die Umwege der Zensur, Welt am Abend, Berlin, Nr. 50, vom 29. Februar 1932.

Polgar, A.: Die Mutter, Die Weltbühne, Berlin, Heft 4, vom 26. Januar 1932.

H. S–n.: Gruppe Junger Schauspieler – B. Brecht: Die Mutter, Welt am Montag, Berlin, vom 18. Januar 1932.

h. p.: Die Mutter – Komödienhaus, Die Weltstadt, Berlin, vom 25. Januar 1932.

H. A.: Uraufführung: Die Mutter, Der Westen, vom 19. Januar 1932.

anon.: Bert Brechts neues Lehrstück „Die Mutter", Das 12-Uhr-Blatt, Berlin, vom 13. Januar 1932.

Rilla, P.: Die Mutter – Zur Aufführung des Berliner Ensembles im Deutschen Theater, Berliner Zeitung, vom 16. Januar 1951.

Garbe, H.: Immer wieder stieß ich meine Frau an, B. Z. am Abend, Berlin, vom 28. Januar 1952.

Anders, F.: Beispiel mutigen Friedenskampfes, National-Zeitung, Berlin, Nr. 11, vom 14. Januar 1951.

Lüdecke, H.: Ein Wiedersehen mit Brecht-Eislers „Mutter", Neues Deutschland, Berlin, Nr. 16, vom 19. Januar 1950.

Rudolph, J.: Wertvolle Bereicherung des Berliner Theaterlebens, Neues Deutschland, Berlin, vom 14. Januar 1951.

Pollatschek, W.: Die Bühne als Anleitung zum Handeln – Brechts Stück „Die Mutter" vom Berliner Ensemble im Deutschen Theater aufgeführt, Tägliche Rundschau, Berlin, Nr. 12, vom 14. Januar 1951.

anon.: Das kommunistische ABC, Telegraf, Berlin, vom 14. Januar 1951.

Edel, P.: Den Müttern der ganzen Welt, Die Weltbühne, Berlin, vom 25. Januar 1950.

Schnog, K.: Die Mutter – Die Weltbühne, Berlin, Nr. 3, vom 17. Januar 1951.

c) Furcht und Elend des Dritten Reiches

F., G.: Brecht – Uraufführung in Paris, Deutsche Volkszeitung, Paris, vom 15. Mai 1938.

Br., R.: Bei den Proben für die Brecht-Uraufführung, Deutsche Volkszeitung, Paris, vom 22. Mai 1938.

F., G.: „99 Prozent", Deutsche Volkszeitung, Paris, vom 29. Mai 1938.

anon.: Furcht und Elend des Dritten Reiches, Nationalzeitung, Basel, vom 27. Mai 1938.

Mehring, W.: 99 Prozent, Das Neue Tagebuch, Paris, vom 28. Mai 1938.

Benjamin, W.: Brechts Einakter, Die Neue Weltbühne, Paris, Heft 26, vom 30. Juni 1938.

Br., R.: Helene Weigel spielt Bert Brecht, Pariser Tageszeitung, vom 22. Mai 1938.

anon.: Furcht und Elend des Dritten Reiches – Bert Brechts Szenenfolge im Stadttheater, Baseler Arbeiter-Zeitung, vom 10. Januar 1947.

anon.: Furcht und Elend des Dritten Reiches, Basellandschaftliche Zeitung, Liestal, vom 8. Januar 1947.

anon.: Reportage – durch die Bühne, Basler Nachrichten, Basel, vom 7. Januar 1947 (Abendblatt).

Kfl.: Furcht und Elend des Dritten Reiches – eine Szenenfolge von Bert Brecht, Basler Woche, Basel, vom 10. Januar 1947.

anon.: Schweizer Erstaufführung in Basel, Berner Tagblatt, vom 10. Januar 1947.

Fricker, R.: Bert Brecht, Furcht und Elend des Dritten Reiches, Das Buch, Zürich, vom 2. Februar 1947.

–st.: Bert Brecht sagt Nein, Der Bund, Bern, vom 11. Januar 1947.

anon.: Schweizer Erstaufführung in Basel – Furcht und Elend des Dritten Reiches, Grenchener Tageblatt, vom 10. Januar 1947.

A. M.: Eine Brecht-Erstaufführung in Basel – Furcht und Elend des III. Reiches, Luzerner Neuste Nachrichten, vom 12. Januar 1947.

–tz.: Furcht und Elend des Dritten Reiches – Schweizerische Erstaufführung von Bert Brechts Szenenfolge, National-Zeitung, Basel, vom 8. Januar 1947 (Morgenblatt).

anon.: Schweizer Erstaufführung in Basel, Oltener Tagblatt, Olten, vom 10. Januar 1947.

Frisch, M.: Zu Bert Brechts „Furcht und Elend des Dritten Reiches“, Schweizer Annalen, Aarau, vom 8. Februar 1947.

anon.: Eine Brecht-Premiere in Basel, Furcht und Elend des III. Reiches, Die Tat, Zürich, vom 13. Januar 1947.

anon.: Schweizer Erstaufführung in Basel, Vaterland, Luzern, vom 11. Januar 1947.

f.: Furcht und Elend des Dritten Reiches, Zur schweizerischen Erstaufführung der Szenenfolge von Bert Brecht im Stadttheater Basel, Vorwärts, Basel, vom 9. Januar 1947.

Lennig, W.: Stationen deutscher Agonie, Berliner Zeitung, Nr. 27, vom 1. Februar 1948.

Fiedler, W.: Bilderbogen von der Angst, Echo der Woche, München, Nr. 29, vom 21. Februar 1948.

Schimming, W.: Furcht und Elend des Dritten Reiches, Süddeutsche Zeitung, München, vom 14. Februar 1948.

Pfeiffer, H.: Furcht und Elend des Dritten Reiches, Der Tagesspiegel, Berlin, vom 1. Februar 1948.

Furcht und Elend des Dritten Reiches von Bert Brecht (Querschnitt der Berliner Pressekritiken), Theaterdienst, Berlin, Heft 7, vom 16. Februar 1948.

Furcht und Elend des Dritten Reiches, Szenenfolge von Bertolt Brecht. Deutsche Uraufführung in Max Reinhardts Deutschem Theater, Berlin, Theater der Zeit, Berlin, Heft 2/1948.

Cramer, H. von: Brechts Sektionsbericht, Die Welt, Hamburg, vom 3. Februar 1948.

Lommer, H.: Berliner Theaterabende, Deutsches Theater, Die Weltbühne, Berlin, Heft 9/10/1948.

d) Die Gewehre der Frau Carrar

Franck, W.: Die Gewehre der Frau Carrar – Brecht-Uraufführung in Paris, Deutsche Volkszeitung, Paris, vom 24. Oktober 1937.

Seghers, A.: Helene Weigel spielt in Paris, Internationale Literatur, Moskau, Heft 4/1938.

anon.: Die Gewehre der Frau Carrar (Aufführung in Paris), Nationalzeitung, Basel, vom 24. Oktober 1937.

Scheer, M.: Der neue Brecht, Die Neue Weltbühne, Paris, Heft 45, vom 4. November 1937.

Andersen Nexö, M.: Die Gewehre der Frau Carrar – Ein deutscher Emigrantendichter über den spanischen Volkskampf, Das Wort, Moskau, Heft 3, vom 6. Juni 1938.

Regler, E.: Probenarbeit bei Bert Brecht, Berliner Zeitung, Berlin, Nr. 275, vom 25. November 1952.

Eylau, H. U.: Entscheidung ohne Kompromiß, Berliner Zeitung, Nr. 22, vom 27. Januar 1953.

Keisch, H.: Zu zwei Erstaufführungen des Berliner Ensembles, Neues Deutschland, Berlin, Nr. 66, vom 19. März 1953.

Erpenbeck, F.: Die Gewehre der Frau Carrar von Bertolt Brecht in den Kammerspielen des Deutschen Theaters, Theater der Zeit, Berlin, Heft 3/1953.

Kusche, L.: Unser Verhalten gegenüber Haifischen, Die Weltbühne, Berlin, Heft 4, vom 28. Januar 1953.

e) Leben des Galilei

Grannik, H.: Galilei-Premiere in New York, Tagebuch, Düsseldorf, I, vom 1./2. September 1948.

Winge, J. H.: Galileo Galilei – Bertolt Brecht-Uraufführung in Kalifornien, Theater der Zeit, Berlin, Heft 9/1947.

Quadflieg, E.: Brecht wider Brecht – Europäische Erstaufführung des „Galileo Galilei“ in Köln, Aachener Nachrichten, vom 19. April 1955.

Thiem, W. H.: Brechts „Galileo Galilei“ entdeckte manche gefährliche Wahrheit, Abendpost, Frankfurt, vom 18. April 1955.

F. H.: Brechts „Galileo Galilei“, Abend-Zeitung, München, vom 20. April 1955.

Neger, F. O.: Brechts „Galilei“ und der Kompromiß, 8-Uhr-Blatt, Nürnberg, vom 28. Mai 1956.

Jacobi, J.: Brechts Galilei-Schauspiel in Köln, Allgemeine Zeitung, Mainz, vom 20. April 1955.

Trouwbont, R.: Das Universum als dialektischer Ort – Brecht, Galileo Galilei, Deutsche Erstaufführung in Köln, Badische Neusten Nachrichten, Karlsruhe, vom 28. April 1955.

Kramberg, K. H.: Deutsche Erstaufführung von „Galileo Galilei" von B. Brecht in Köln, Bayerischer Rundfunk, vom 15. April 1955.

T. V.: Die Abschaffung des Himmels – Erstaufführung des Bert Brecht-Stückes „Galileo Galilei", Der Bote, vom 29. Mai 1956.

Karsch, W.: Lehrstück über Wissenschaft und Glaube – Zur Aufführung von Bertolt Brechts „Galileo Galilei" in Köln, Deutsche Kommentare, Berlin, vom 23. April 1955.

F. H.: Galileo Galilei, Deutsche Uraufführung in Köln, Deutsche Tagespost, Regensburg, vom 25. April 1955.

Semmer, G.: Die Wissenschaft hatte die Marktplätze erreicht, Deutsche Volkszeitung, Fulda, vom 23. April 1955.

G. S.: Und sie bewegt sich doch ... Brecht-Renaissance in der Bundesrepublik – Ein Sieg der besseren Einsicht, Deutsche Volkszeitung, vom 16. April 1955.

E. S.: Die Schizophrenie der Kritik – Zur Würdigung der Aufführung von Brechts „Galilei", Deutsche Woche, München, vom 4. Mai 1955.

E. S.: Die Masken des Bertolt Brecht, Deutsche Zeitung und Wirtschaftszeitung, Stuttgart, vom 14. Mai 1955.

ASV.: Bertolt Brechts „Galileo Galilei", Erstaufführung in Köln, Frankfurter Allgemeine Zeitung, vom 20. April 1955.

Schön, G.: Schreibt er aus Sinnlichkeit – Brechts Drama „Galileo Galilei", Frankfurter Nachtausgabe, vom 19. April 1955.

eln: Verteidigung der vermeintlichen Vernunft, Frankfurter Neue Presse, Ausgabe: Südhessen, vom 19. April 1955.

ds.: Bert Brecht ante portas, Frankfurter Rundschau, vom 20. April 1955.

F. S.: Es gibt keinen Himmel mehr, Fränkische Tagespost, vom 28. Mai 1956.

anon.: Bert Brecht und sein „Galilei", Fränkischer Volksfreund, Würzburg, vom 25. Mai 1956.

Hofer, R.: „Galileo Galilei" von Bert Brecht, Freie Deutsche Presse, vom 2. Juni 1956.

Johannsen, P.: Bert Brecht – Der alte Schwejk, Freie Presse, Bielefeld, vom 28. April 1955.

F. S.: Entscheide dich, Wissenschaft!, Freies Volk, Düsseldorf, vom 19. April 1955.

L. B.: Soll man Bert Brecht bei uns spielen? – Zur Aufführung seines Werkes „Galileo Galilei" in der Woche des Gegenwartstheaters, Fürther Nachrichten, vom 25. Mai 1956.

Lg.: Der ewige Widerstand – Deutsche Erstaufführung von Bert Brecht, Galileo Galilei, Generalanzeiger, Wuppertal, vom 19. April 1955.

F. H.: „Galileo Galilei" von Brecht, Hamburger Echo, 2. Mai 1955.

Trouwbont, R.: Er hatte sein Leben geliebt, Hessische Nachrichten, Kassel, vom 20. April 1955.

Be.: Der schöpferische Widerruf, Kölner Stadt-Anzeiger, vom 18. April 1955.

Gatter, L.: ... auch wenn sie Geschenke bringen – Anmerkungen zur Kölner deutschen Erstaufführung von Brechts „Galilei", Kölnische Rundschau, vom 20. April 1955.

Ebert, W.: Wo der Wissenschaftler sich einschüchtern läßt, Der Kurier, Berlin, vom 20. April 1955.

Luyhen, S.: Und sie bewegt sich doch, Mannheimer Morgen, Ausgabe: Rhein-Neckar, Ried, vom 19. April 1955.

Jeremias, B.: Galilei widerruft im Heiligen Köln, Der Mittag, Düsseldorf, vom 18. April 1955.

Dr. Poerschke, K.: Galilei stirbt nicht auf dem Scheiterhaufen, Neue Ruhr-Zeitung, Moers, vom 29. April 1955.

anon.: Brechts „Galileo Galilei" in Köln, Nordsee-Zeitung, Bremerhaven, vom 7. Mai 1955.

anon.: Brechts „Galileo Galilei", Nordwest-Zeitung, Oldenburg, vom 19. April 1955.

L. B.: Der ewige Kampf zwischen Geist und Macht, Nürnberger Nachrichten, vom 28. Mai 1956.

Merck, H.: Brechts Schauspiel Galileo Galilei, Nürnberger Zeitung, vom 28. Mai 1956.

P. I.: Ein neuer Brecht und der alte Schwejk, „Galileo Galilei" nach 13 Jahren auf einer deutschen Bühne, Ostholsteinische Kreis-Rundschau, Oldenburg, vom 27. April 1955.

Driesch, K.: Galileo Galilei, Rhein-Neckar-Zeitung, Heidelberg, vom 21. April 1955.

S. G. J.: Bert Brechts „Galilei"-Analyse, Radio München sendet Brechts Galileo Galilei, Schwäbische Landeszeitung, Augsburg, Nr. 77, vom 18. September 1948.

Dannecker, H.: Woche des Gegenwartstheaters in Nürnberg – Beginn mit Bert Brechts „Galileo Galilei", Schwäbische Landeszeitung, Augsburg, vom 30. Mai 1956.

anon.: Brechts „Galilei" für Deutschland erstaufgeführt, SVZ-Sozialistische Volkszeitung, Frankfurt, vom 20. April 1955.

D.: Brechts „Galilei" in Nürnberg, Stuttgarter Zeitung, vom 6. Juni 1956.

Kramberg, K. H.: Ist Bert Brecht ein Verführer?, Süddeutsche Zeitung, München, vom 21. April 1955.

Karsch, W.: Lehrstück über Wissenschaft und Glaube – Bertolt Brecht: Galileo Galilei, Der Tagesspiegel, Berlin, vom 19. April 1955.

Scheer, M.: Brechts „Galilei" in den Kölner Kammerspielen, Tägliche Rundschau, Berlin, vom 26. Mai 1955.

F. S.: Entscheide Dich, Wissenschaft! – Zur deutschen Erstaufführung von Bert Brechts „Galileo Galilei" in den Kammerspielen; Unser Tag, Ludwigshafen, vom 22. April 1955.

A. v. H.: Bühnen brechen nicht mit Brecht – „Galilei" in Köln erstaufgeführt, Wanne-Eickeler Zeitung, Wanne, vom 26. April 1955.

Luft, F.: Bert Brecht, Wehe dem Volk, das Helden braucht, „Galileo Galilei", die Zone darf ihn nicht spielen, Die Welt, Essen, vom 20. April 1955.

Luft, F.: Hauptdarsteller: das Atom – Von Morgan bis Zuckmayer – Ein hochexplosives Thema erobert jetzt unsere Bühnen, Welt am Sonntag, Hamburg, vom 29. Mai 1955.

Tamms, W.: Die Nacht des Genies ist hell ..., Westdeutsche Allgemeine, Essen, vom 18. April 1955.

Schön, G.: Von der Unruhe des Gehirns, Brechts „Galileo Galilei" in Köln, Westfälische Nachrichten, Münster, vom 24. April 1955.

F. H.: Galilei – Drama von Brecht, Westfälische Zeitung, Bielefeld, vom 19. April 1955.

Jacobi, J.: Episches Theater – Brechts „Galileo Galilei" erstmals in Deutschland, Die Zeit, Hamburg, vom 21. April 1955.

Wf.: Bert Brecht und die Kölnische Rundschau, National-Zeitung, Berlin, vom 29. April 1955.

anon.: Brechts „Galilei" in der Scala, Der Abend, Wien, vom 17. Mai 1956.

Loos: Brechts „Leben des Galilei", Der Abend, Wien, vom 12. Juni 1956.

Kauer: Gedanken über Galileo Galilei, Österreichische Volksstimme, Wien (E), vom 3. Juni 1956.
anon.: Die Brecht-Premiere in der Scala, Österreichische Volksstimme, Wien, vom 8. Juni 1956.
H. H.: Bertolt Brechts „Leben des Galilei" in der Wiener Scala, Tagebuch, Wien, vom 16. Juni 1956.
Winge, H.: Die Wirklichkeit bewies die Wahrheit, Brecht-Erstaufführung in der Scala, Tagebuch, Wien, vom 30. Juni 1956.
Bronnen, A.: Brecht richtet Galilei, Berliner Zeitung, Nr. 14, vom 17. Januar 1957.
Stahnke, G.: Leben des Galilei, Junge Welt, Berlin, Nr. 15, vom 18. Januar 1957 (B).
Funke, C.: Das neue Zeitalter der Wissenschaft, Der Morgen, Berlin, Nr. 15, vom 18. Januar 1957 (B).
Hofmann, H.: Triumph des Lebendigen, Nationalzeitung, Berlin, Nr. 15, vom 18. Januar 1957.
Winzer, K. D.: „Galilei" – ein modernes Faust-Drama?, Neue Zeit, Berlin, vom 18. April 1956 (A).
Döderlin, K. R.: Am Anfang der wissenschaftlichen Epoche, Neue Zeit, Berlin, Nr. 18, vom 22. Januar 1957.
Ullrich, H.: Bertolt Brecht und die Weisheit, Neue Zeit, Berlin, Nr. 34, vom 9. Februar 1958.
Keisch, H.: Bertolt Brechts „Leben des Galilei", Neues Deutschland, Berlin, Nr. 25, vom 29. Januar 1957 (A. u. B.).
anon.: Erste Bekanntschaft mit Brechts „Leben des Galilei", Norddeutsche Neusten Nachrichten, Rostock, vom 27. März 1956.
Keisch, H.: Bertolt Brecht ist nicht totzuschweigen, Sonntag, Berlin, Nr. 30, vom 22. Juli 1956.
Jhering, H.: Und es bewegt sich doch!, Sonntag, Berlin, Nr. 4, 1957.
Erpenbeck, F.: Verurteilung oder Mitleid? – Einige Bemerkungen zur Berliner Aufführung vom „Leben des Galilei", Theater der Zeit, Berlin, Nr. 3, 1957.
Kusche, L.: Brechts Vermächtnis: Es lebe die Vernunft!, Weltbühne, Berlin, Nr. 6/1957.
Upred: Leben des Galilei, Zu einer Aufführung des Berliner Ensembles, Die Tat, Frankfurt a. M., vom 23. März 1957.

VERZEICHNIS DER IM TEXT GENANNTEN DRAMEN UND DRAMENENTWÜRFE VON BERTOLT BRECHT

PERSONENREGISTER

INHALT

Drittes Kapitel

Anhang